अग्निस्नान एवं अन्य उपन्यास

अग्निस्नान एवं अन्य उपन्यास

राजकमल चौधरी

संकलन एवं सम्पादन
देवशंकर नवीन

राजकमल प्रकाशन

ISBN : 978-81-267-0280-0

मूल्य : 895

पहला संस्करण : 2001
तीसरा संस्करण : 2024

प्रकाशक : राजकमल प्रकाशन प्रा.लि.
1-बी, नेताजी सुभाष मार्ग, दरियागंज
नई दिल्ली-110 002
शाखाएँ : अशोक राजपथ, साइंस कॉलेज के सामने, पटना-800 006
पहली मंजिल, दरबारी बिल्डिंग, महात्मा गांधी मार्ग, प्रयागराज-211 001
1, अनमोल सोराबजी संतुक लेन, धोबी तलाव, मरीन लाइंस, मुम्बई-400 002
वेबसाइट : www.rajkamalprakashan.com
ई-मेल : info@rajkamalprakashan.com

मुद्रक : बी.के. ऑफसेट
नवीन शाहदरा दिल्ली-110 032

AGNISNAN EVAM ANYA UPANYAS
Collection of Five Novels by Rajkamal Choudhary
Compiled by Deveshankar Naveen

भूमिका

व्यक्ति, समाज और प्रकृति ही उपन्यास का विषय होता है। एक जीवन का सांगोपांग चित्रण, जीवन जीनेवालों के समाज और प्रकृति से सम्बन्धित सन्दर्भों के साथ, ही उपन्यास कहलाता है; ऐसी आम राय है। शायद यह राय सच भी है, लेकिन इसमें थोड़ा-सा अव्याप्ति दोष है। दरअसल किसी भी पात्र का जीवन उतना ही नहीं होता, जितना उपन्यास कह पाता है। उसके आगे भी और उसके पीछे भी बहुत-सी बातें रह जाती हैं। राजकमल चौधरी जैसे श्रेष्ठ कथा-शिल्पी के उपन्यासों को ध्यान में रखकर चलने पर यह और स्पष्ट हो जाता है।

कुछ घटना-प्रसंग ऐसे होते हैं, जो पात्र के जीवन के कई प्रसंगों से सम्बन्ध रखते हैं और भरपूर मांसलता की अपेक्षा रखते हैं। लिहाजा उसका फलक विस्तृत हो जाता है, मूल प्रसंग को पूर्णता देने हेतु कई अवान्तर प्रसंग आ जुटते हैं। सर्जक अपनी बात पूरी तरह कह पाने के लिए कथा में मांसलता भरते हैं, पात्र के जीवन के उन सारे सम्बद्ध प्रसंगों को रेखांकित करते हैं। उपन्यास इसी तरह के घटना-प्रसंग का मांसल एवं पूर्णतायुक्त चित्रण है। राजकमल के उपन्यासों को इसी दृष्टि से देखने की जरूरत है।

रैल्फ फॉक्स की राय में उपन्यास का विषय है व्यक्ति। यह समाज के विरुद्ध, प्रकृति के विरुद्ध, व्यक्ति के संघर्ष का महाकाव्य है। जहाँ व्यक्ति और समाज के बीच का सन्तुलन नष्ट हो चुका हो और जहाँ मानव का अपने सहजीवियों के साथ अथवा प्रकृति के साथ युद्ध ठना हो, केवल उसी समाज में उपन्यास का विकसित होना सम्भव है। राजकमल के उपन्यास को देखते हुए बहुलांश में यह बात सच साबित होती है।

वर्तमान शताब्दी के पाँचवें दशक में आकर हिन्दी उपन्यास में कथ्यगत एवं शिल्पगत नवीनता पूरी तरह आ गई थी। एक तरफ कथानक का विस्तार सिमटने लगा तो दूसरी तरफ नए-नए शिल्प-प्रयोग की ताजगी आने लगी। कथात्मक विस्तार में उपन्यास नायक की व्यक्तिगत समस्याओं और उन समस्याओं से जुड़े अपरिहार्य तत्त्वों को तीव्र प्रकाश देने लगे, अर्थात् उन बिन्दुओं को हाइलाइट करने लगे। उदाहरण बहुत हैं। राजकमल चौधरी इसी कथ्यगत एवं शिल्पगत नवीनता तथा वैविध्य के महत्त्वपूर्ण उदाहरण हैं। इनके उपन्यासों में शिल्प एवं कथ्य प्रयोग अनूठे एवं एक सीमा तक चौंकानेवाले हैं। सन् 1961 में इनका पहला उपन्यास 'नदी बहती थी' प्रकाशित हुआ। कलकत्ते की छोटी बस्ती को केन्द्र में रखकर लिखा गया यह उपन्यास हिन्दी उपन्यासों

के क्षेत्र में इस शिल्पगत एवं कथ्यगत नूतनता का सार्थक कदम है। वैयक्तिक सन्त्रास, सामाजिक एवं मानवीय सम्बन्धों का लोप, राजनीतिक षड्यन्त्र इस उपन्यास का मूल विषय है। इन्हीं सन्दर्भों में कलकत्ते की निष्ठुर परिस्थिति ने हर व्यक्ति के अन्दर एक अजीब-सी विकृति पैदा कर दी है। सोमेश गांगुली की राजनीति, विमल ठाकुर की बौद्धिकता, रनजीत की स्वार्थपरक वैयक्तिकता, शेफाली की वेश्यावृत्ति, पूरबी की आवारगी...जो कुछ भी हो, हर बिन्दु पर, हर पात्र में राजकमल अपनी पूरी ईमानदारी के साथ विद्यमान हैं। सामाजिक निष्ठा और रचनाकार का जन-सम्बन्ध बड़े स्पष्ट रूप में दिखता है। जिस समाज में मानवीय सम्बन्धों का कोई व्याकरण न हो वहाँ अगर शेफाली रात को देह बेचे, सुबह स्नान कर ले और इतवार को कालीघाट की भगवती के चरणों में चवन्नी चढ़ा आए—तो वह लड़की लेखक की नजर में या अन्य ईमानदार लोगों की नजर में भी सच्ची एवं ईमानदार क्यों न हो ? उस लड़की की ऐसी हालत करने के पीछे सारा योगदान भी तो इसी समाज का है !

नारी समलैंगिकता, यौन विकृति, फिल्म-कल्चर, महानगरों के निम्नवर्गीय समुदाय आदि विषयों को राजकमल ने अपने उपन्यास-लेखन का मूल केन्द्र बनाया। हिन्दी में लिखे इनके करीब-करीब सभी उपन्यास इन्हीं विषयों पर आधारित हैं। निम्न मध्यवर्ग से उच्च मध्यवर्ग के बीच के इनके सारे पात्र हैं। इनके उपन्यासों के अवलोकन से सहज रूप से जो बातें सामने आती हैं वो यह कि सारे पात्र अपनी आवश्यक आवश्यकताओं की अभिलाषा एवं उनकी पूर्ति हेतु घनघोर समस्याओं, विवशताओं से आक्रान्त रहते हैं। उपन्यास इन्होंने मैथिली में भी लिखे। 'आदिकथा,' 'आन्दोलन,' 'पाथर-फूल' के अतिरिक्त 'माटि पानि,' 'आंगी,' 'पारवती मठ' आदि उपन्यासों के नाम भी गिनाए जाते हैं। लेकिन अभी तक तीन ही उपन्यास देखने को मिले हैं। दोनों भाषाओं के उपन्यासों के पात्रों पर तुलनात्मक दृष्टि डालने पर तय होता है कि जहाँ मैथिली उपन्यास एवं कथा के भी पात्र अपनी प्रवृत्ति में, मनोदशा में थोथे ढंग से ही सही, सामाजिक शिष्टाचार के घेरे में रहते हैं, उन्हें लोकलाज का एक भय रहता है, सारा कुछ अपने विकृत आचरण के अनुरूप करते हुए भी लोकाचार की सीमा मानते हैं; वहीं हिन्दी उपन्यासों के पात्र टूटे हुए, बिखरे हुए, लोकाचार से परे, दिग्भ्रमित होते हैं। हिन्दी उपन्यासों के पात्रों की यह स्थिति कॉस्मोपॉलिटन कल्चर की ही देन है, जहाँ मानवीय सम्बन्धों के नाम पर षड्यन्त्र और समकालीन संस्कृति के नाम पर सिर्फ हैवानियत दिखती है। कतरा भर सुख-सुविधा के लिए, अपनी अस्मिता बचा लेने के लिए जहाँ व्यक्ति को घोर संघर्ष करना पड़े, वहीं से राजकमल का उपन्यास शुरू होता है। इसी अव्यवस्था और बिखराव को राजकमल की सृजनशीलता एक लय देती है और बेतरतीबी से सजे लौहकण चुम्बक की भाँति ध्रुवानुकूल सज जाते हैं, जीवन की गहरी संवेदना अपने स्पष्ट स्वरूप में निखर उठती है।

'मछली मरी हुई' (सन् 1966 में पहला संस्करण राजकमल प्रकाशन से) का केन्द्र-बिन्दु नारी समलैंगिकता और अर्थतन्त्र का व्यूह है। यद्यपि मूल विषय अर्थचक्र ही है और एक अर्थ में नारी समलैंगिकता विषय-प्रस्तावना के साथ-साथ उसी अर्थचक्र का

प्रतिफल है। शीरीं, प्रिया, निर्मल पद्मावत, डॉ. रघुवंश...सबके सब अजीबोगरीब पात्र हैं। सर्वथा नए तरह के इस कथ्य के साथ इन पात्रों के चारित्रिक विश्लेषण ने पाठकों को काफी चौंकाया। यह उपन्यास काफी विवादास्पद साबित हुआ। यूँ राजकमल की पूरी सृजनात्मकता को विवादग्रस्त बनाने के प्रयास तो सतत् होते ही रहे, एक सीमा तक इस क्रिया में स्वयं राजकमल भी कम दोषी नहीं थे।

राजकमल की रचनाओं पर अक्सर अश्लीलता का आरोप लगता रहा है। श्लीलता, अश्लीलता और साहित्य में इसकी प्रयुक्ति के मसले पर काफी कुछ लिखा जाता रहा है। दरअसल अश्लीलता है क्या—सामान्य लोग इसे परिभाषित करने में ही एकांगी हो जाते हैं। जब स्त्री-पुरुष सम्बन्धों की चर्चा चिकित्साशास्त्र के पन्नों पर अश्लील नहीं है, व्यक्ति के दैनिक क्रिया-कलाप में अश्लील नहीं है, वह साहित्य में आकर कैसे अश्लील हो जाएगी ? यदि मुट्ठी-भर लोग पूरे देश के आम नागरिक की सुख-सुविधा अपने फ्लैट में कैद कर लेते हैं, अभावग्रस्त एवं विवश नारियों को थोड़े से अर्थ के बल पर अपने बिस्तर पर खिलौना बनाकर अवैध सम्बन्धों को वैध और उचित ठहराते हैं, और यह आचरण अश्लील नहीं है, तो फिर इसकी चर्चा कैसे अश्लील है ? जन-जीवन में घटती किसी भी घटना के चित्रण में राजकमल ने अश्लीलता खोजने की इच्छा नहीं की, इस तरह अश्लीलता खोजनेवाले पाठकों को बल्कि हिदायत दी कि 'साहित्य में अश्लीलता आरोपित करनेवाली 'पुलिस' मनोवृत्ति के लोग यह किताब न पढ़ें। उनकी सेहत के लिए यही अच्छा रहेगा।' यूँ यह हिदायत 'एक अनार : एक बीमार' के लिए है, पर जहाँ मनोवृत्ति का सवाल आए तो उन्हें राजकमल के पूरे साहित्य से अलग रहना चाहिए।

शीरीं और प्रिया समलैंगिक यौनाचार में लीन स्त्रियाँ हैं। निर्मल पद्मावत, डॉ. रघुवंश की मृत पत्नी कल्याणी का प्रेमी है और उसके द्वारा अपनी लेस्बियन पुत्री के बलत्कृत होने पर भी उन्हें कोई क्रोध नहीं आता, बल्कि स्वयं अपने हाथों उसकी मरहम-पट्टी करते हैं। यह मनोविज्ञान गम्भीर विश्लेषण की अपेक्षा रखता है। साहित्य के समाजशास्त्रीय चिन्तन की जरूरत यहीं है। हालाँकि तटस्थतापूर्वक यह प्रश्न उठाया जा सकता है कि अपनी युवावस्था में कल्याणी की यौन-लिप्सा को कभी सन्तुष्ट नहीं कर पानेवाले निर्मल पद्मावत के साथ ऐसा कौन-सा परिस्थितिगत बदलाव आया कि ढलती उम्र में आकर एकाएक पुंसत्व आ गया और वह उसी कल्याणी की जवान बेटी के साथ बलात्कार और फिर उन्मुक्त समागम कर पाया ? इस प्रश्न को 'मछली मरी हुई' उपन्यास अछूता छोड़ जाता है।

'देहगाथा' उपन्यास पारिजात प्रकाशन, पटना से प्रकाशित हुआ। इसका परिमार्जित संस्करण 1979 में छपा। मूल रूप में कब छपा, इसकी सूचना प्रकाशक ने नहीं दी है। पर 1979 में ही रूपसी प्रकाशन, इलाहाबाद से यही पुस्तक 'सुनो व्रजनारी' के नाम से छपी मिलती है। 'देहगाथा' और 'सुनो व्रजनारी' एक ही पुस्तक है। अन्तर मात्र इतना है कि 'सुनो व्रजनारी' में 'देहगाथा' की तरह अध्यायों की संख्या नहीं दी गई है, 'सुनो व्रजनारी' में कहीं-कहीं कुछ पंक्तियाँ ज्यादा कर दी गई हैं। वे पंक्तियाँ, जो

'सुनो ब्रजनारी' से इसमें जोड़ी गई हैं, बोल्ड अक्षरों में दी जा रही हैं। इसके अलावा 'सुनो ब्रजनारी' में कहीं-कहीं नामों के उच्चारण और शब्दों-वाक्यों के स्वरूप बदल दिए गए हैं, पर मूल कथा पर उसका कोई असर नहीं पड़ा है। 'देहगाथा' उपन्यास के बारे में राजकमल स्वयं कहते हैं, "यदि इसे उपन्यास की सफलता का पैमाना मानकर मेरे ही खिलाफ इस्तेमाल न किया जाए तो मैं कहना चाहूँगा कि वह कहानी कुछ आपबीती-सी है।" और फिर आगे एक उलझाव पैदा कर देते हैं कि "किसी भी अर्थ में यह उपन्यास लेखक की व्यक्तिगत और अनुभूत कथाभूमि नहीं है।" फिलहाल इन बातों से परे होकर यह साफ है कि एक सीमा तक यह उपन्यास लेखकीय अनुभव का सत्य और सृजनात्मक कल्पनाशीलता से मिली एक कृति है। लेखक के जीवन में प्रवेश करने का सावकाश यहाँ नहीं है, अस्तु उससे बचते हुए उपन्यासों पर ही बात हो तो बेहतर है। यह सच है कि अपनी हर कृति में कहीं न कहीं से राजकमल झाँकते नजर आते हैं।

'देहगाथा' का टूटा हुआ नायक अपने संवाद से ही स्पष्ट कर देता है कि वह निराशावादी नहीं है पर आशावादी होने का धैर्य और ऊर्जा उसकी खो गई है। पत्नी से प्यार कर नहीं पाता, पत्नी की भतीजी से प्यार करता, अपने संस्कारों को तोड़ने की इच्छा रखता, पर तोड़ नहीं पाता—ये सारी स्थितियाँ मिल-जुलकर एक अकेला और निराश व्यक्ति उत्पन्न करती हैं और वह व्यक्ति है देवकान्त और उसके आसपास हैं—राधारानी, मीनल, उसकी मनोदशा...।

'शहर था शहर नहीं था' उपन्यास (अप्रैल, 1966 में इस उपन्यास का पहला संस्करण बिहार ग्रन्थकुटीर, पटना से प्रकाशित हुआ। इसका लेखन-काल जुलाई-सितम्बर, 1965 है और यह सेन्ट्रल होटल पटना में लिखा गया। इस पुस्तक में वर्णित सूचनाओं एवं आँकड़ों के लिए पटना कारपोरेशन, सर्चलाइट दैनिक पत्र व जनसम्पर्क विभाग (बिहार) के मित्रों के प्रति लेखक ने आभार प्रकट किया है।) का प्रमुख पात्र, एक अर्थ में पटना शहर की नई बस्ती—कुसुमपुर कॉलोनी है। मन्त्री से लेकर सन्तरी तक, औरत से लेकर मर्द तक, कई पात्र हैं। उपन्यासकार ने सबों के अन्तर्मन में गहराई तक उतरकर टटोला है। सभ्य, सुसंस्कृत लोगों की आबादी से भरा यह सुव्यवस्थित शहर किन अर्थों में शहर है और किन अर्थों में शहर नहीं है—इसके आँकड़े स्पष्ट हो जाते हैं। इस शहर अथवा यूँ कहें की इस उपन्यास के पात्र, जो हमारे पड़ोस के प्रतीक हैं, वे सारे किस तरह एक सभ्यता के नाते एक-दूसरे से जुड़े हैं और वास्तविक अर्थों में एक-दूसरे से कितने दूर हैं...। क्या इतनी ईर्ष्या, इतना घात जंगली हिंस्र पशुओं के मन में भी रहता होगा ?

मानवीय सम्बन्धों के ऐसे लोप राजकमल को हर जगह व्यथित करते हैं। जहाँ पर श्रीमती और लूलू जैसी औरतें समाज की अन्य औरतों की तरह घर-परिवार और थोड़ी-सी हँसी-खुशी, थोड़े-से प्यार के सपने देखती रह जाएँ, जो अन्ततः टूट-बिखर जाएँ; जहाँ पर इस तरह टूटे सपने के साथ औरत यह सोचने को मजबूर हो कि अगर किसी औरत के पास औरत का मन है, औरत का शरीर है, तो गरीबी क्यों सहे ? जहाँ स्त्री-शरीर के कुआँरपन और व्यक्ति की नैतिकता को भंग करने पर समाज उतारू हो

जाए—वैसी ही सामाजिक अव्यवस्था के कारण टूटते हुए जीवन-मूल्यों की सर्प कुंडलियों में ग्रस्त, कुछ अनैतिक व्यक्तियों की नैतिक कथा है 'अग्निस्नान' उपन्यास। नैतिकता और अनैतिकता के बीच का फर्क कितना आडम्बरपूर्ण और कितना कमजोर और कितना बेमानी है—यह 'अग्निस्नान' उपन्यास साफ कर देता है। इस उपन्यास का प्रकाशन पहले संस्करण के रूप में सन् 1978 में सम्भावना प्रकाशन, हापुड़ से हुआ था। इसके साथ इनकी तीन कहानियाँ—स्विच, छिन्नमस्ता, एक आदमी गुस्से में, भी प्रकाशित हुई थीं। संतोष जड़िया ने इसका आवरण चित्र बनाया था।

अनैतिकता के सारे अंकुर सामाजिक वैषम्य की कोख से फूटते हैं। जब समाज में पनपी स्वार्थपरक हैवानी और दुनियावी बर्बरता जनसामान्य की छोटी-छोटी अभिलाषाओं को कुचल डालती है, तो व्यक्ति के लिए निष्ठा, नैतिकता, अनैतिकता, धर्म, समाज आदि का सारा खेल बेमानी साबित हो जाता है। इसी निरर्थकता के उदाहरण हैं, 'अग्निस्नान' की श्रीमती लूलू और 'एक अनार : एक बीमार' की नायिका सीता। महानगर की आधुनिक एवं यान्त्रिक व्यापार की दुनिया में वर्ग-विशेष के जीवन में अभाव की पराकाष्ठा कोई बड़ी बात नहीं है। उसी अभाव, घनघोर अर्थाभाव, अर्थोपार्जन की अशक्यता, पुंसत्वहीनता के पर्याय की कहानी है 'एक अनार : एक बीमार'। पूरी तरह अभाव के ग्रास में तब्दील हुए व्यक्ति के लिए धर्म, नैतिकता, सामाजिक मर्यादा, ईश्वर आदि जैसे खोखले शब्द अर्थहीन हो जाते हैं। ऐसे पात्रों के साथ संवेदनशून्य सामाजिक स्थितियों की बेचैनी और उन सामाजिक स्थितियों से उत्पन्न कई सामाजिक विकृतियों को राजकमल ने इस उपन्यास में उकेरा है। इस उपन्यास की नायिका के लिए इस बात में कोई फर्क नहीं नजर आता कि उसके पास एक देह है, उस देह को वह अपने पति ईश्वर के लिए अर्पित कर दे अथवा अमर सिंह या अन्य किसी भी व्यक्ति के लिए। इस मनोदशा और इस अभिक्रिया के लिए यह समाज कितना उत्तरदायी है—इसका उत्तर श्लीलता और अश्लीलता के चोंचले नहीं, समाजशास्त्र और मानवशास्त्र ही दे सकता है। जहाँ व्यक्ति इतना संवेदनशून्य हो जाए, जहाँ भावनाएँ इस तरह पाषाण हो जाएँ कि पत्नी का स्वैराचार पति को कहीं से उद्वेलित न करे; जहाँ किसी भी तिकड़म से पैसे कमाए जाने का उद्देश्य परम हो जाए; जहाँ औरत के मन में पुरुषों के लिए कोई कोमल उद्वेग नहीं, उसे अपने सुडौल शरीर के बल पर आकर्षित करने और चूसकर, कुचलकर फेंक देने की उपभोक्तावादी धारणा हो—वैसे सामाजिक माहौल में किस नैतिकता की बात की जा सकती है ? एक सीमा तक राजकमल समाज से इस नैतिकता की अपेक्षा रखते हैं। यही कारण भी है कि समाज की इन सारी अनैतिकताओं को नैतिक स्वरूप में तब्दील करने हेतु बेरहमी से उसके आवरण हटाते जाते हैं। 'बीस रानियों का बाइस्कोप' फिल्म कल्चर पर लिखा उसी कड़ी का उपन्यास है। यूँ यह सन् 1965 में ही धारावाहिक रूप में प्रकाशित हो चुका था, जो बाद में 'एक अनार : एक बीमार' के साथ पुस्तकाकार हुआ। शिवाजी सिंह और कुन्दन बाई के बहाने फिल्म कल्चर की आन्तरिक दशा-परिदशा को देखने का यह सफल प्रयास है। नायक-नायिका

के जीवन के दर्द, बिखरे हुए स्वप्न, उनकी कटुताएँ बड़ी मार्मिकता से प्रस्तुत हुई हैं। 'बीस रानियों का बाइस्कोप' तथा 'एक अनार : एक बीमार'—दोनों उपन्यासिकाओं का पहला संस्करण एक ही जिल्द में अगस्त 1972 में सम्भावना प्रकाशन, हापुड़ से आया।

महानगरीय सभ्यता, अर्थात् एक खास सीमा तक कलकत्ता ही और इस कलकत्ते के भयावह परिवेश में ही राजकमल ने अपना करीब-करीब औपन्यासिक कथा-सूत्र ढूँढ़ा है। 'ताश के पत्तों का शहर' (सन् 1986 में पहला संस्करण वाणी प्रकाशन से) भी उसी परिवेश की उपज है। जहाँ सन् उन्नीस सौ इकसठ के 'कॉस्मोपॉलिट' को बेनी और चन्द्रावती के माध्यम से देखने का प्रयास किया गया और जब देखने को मिला तो आँखें बिफर गईं, नसें झनझना उठीं। जहाँ एक साँस जीने के लिए व्यक्ति हरेक साँस में मरता है—वैसे ही महानगरीय और पूँजीवादी सभ्यता की देन के बीच आम जिन्दगी का झुलसता स्वरूप यहाँ प्रस्तुत हुआ है, जैसे मजे से कोई कबाब सेंका जा रहा हो। व्यंग्य ही राजकमल का मूल स्वर है। यही व्यंग्य इन स्थितियों के चित्रण के लिए राजकमल हर जगह करते हैं, जो अपने उद्देश्य में काफी सफल और जीवन्त हो उठता है।

'आरण्यक' की दो छोटी-छोटी किस्तें लहर में आईं। इसके अतिरिक्त चर्चा तो 'तीसरा आदमी' की भी है, जो कहीं दिखती नहीं। कुल मिलाकर राजकमल का उपन्यास कॉस्मोपॉलिटों द्वारा सृजित शामतों के प्रतिफल के रूप में; पूँजीपतियों, राजनीतिज्ञों और अन्य कई-कई उपादानों द्वारा सृजित हिंस्र प्रवृत्तियों और विकृतियों का अलबम है। विकृतियों की इन अन्धी सुरंगों में पलते, पनपते अनाचारों, अत्याचारों को अपने सृजन-कौशल के बल पर राजकमल ने एक स्वरूप दिया है, ऐसा स्वरूप जो मनुष्य की निश्चेष्ट होती संवेदनाओं पर गहरी खरोंच मारता है और वह चौंक उठता है।

सामान्य जनजीवन के अछूते सन्दर्भों को राजकमल के साहित्य में यथेष्ट स्थान मिला है। श्लीलता-अश्लीलता के पचड़े से परे हटकर राजकमल साहित्य के तटस्थ अवलोकन की अपेक्षा है। आज तक जैसी-जैसी टिप्पणियाँ होती रही हैं, उनका मूल कारण है कि राजकमल को कायदे से पढ़ा नहीं गया। पुरानी लघु-पत्रिकाओं में बिखरे और संकलित न होने के कारण अब तक फतवेबाजी के अखाड़ों के पहलवानों के पास एक बहाना भी था कि राजकमल ने लिखा ही क्या है ! पर अब उन्हें इस बहाने की भी गुंजाइश नहीं है। वे उद्यम करें, नीयत साफ रखें तो राजकमल पर तटस्थता से विचार करने लायक पर्याप्त सामग्री उन्हें मिल जाएगी। इस प्रस्तुति का उद्देश्य यही है कि इन कृतियों से राजकमल की जीवन-दृष्टि और उनके जन-सम्बन्ध को जोड़कर इसका विश्लेषण हो, राजकमल के बारे में फैली भ्रान्तियों को जोड़कर नहीं। स्त्री और धन के उपयोग को घालमेल करने की पूँजीवादी संस्कृति; महानगरीय यान्त्रिकता में नष्ट हुई मानवता, मानवमूल्य, नीतिमूल्य, अर्थमूल्य, सम्बन्धमूल्य, संवेदना, स्पन्दन, इच्छा, आकांक्षा आदि के कारण व्याप्त हैवानी की जमीन पर उपजा राजकमल का साहित्य पाठकों के समक्ष है, पाठक ही इस पर निर्णय लेने के हकदार हैं।

—देवशंकर नवीन

उपन्यास-क्रम

अग्निस्नान

तय है, इस उपन्यास की नायिका के साथ मैं न्याय नहीं कर सका हूँ। श्रीमती को बहुत समीप से देख सकूँ, ऐसा अवसर नहीं मिला है, इच्छा भी नहीं हुई है। यह भी सोचता हूँ कि न्याय करना आवश्यक भी नहीं है—क्योंकि, उद्योग करके भी मैं उसके प्रति अन्याय नहीं कर सकूँगा।

कृतज्ञ हूँ अवश्य। 'महेश' का, इसलिए कि उसी ने श्रीमती से मेरा परिचय कराया। और, 'बेला सेन' का, इसलिए कि उसके कारण ही यह परिचय अपूर्ण रहा। और, 'शशिकान्ता' का भी, इसलिए कि उसे विश्वास ही नहीं हुआ कि श्रीमती नाम की कोई भी औरत कहीं है।
इति।

राजकमल चौधरी

शी ब्ल्यू ए राउंड ब्लू क्लाउड अव स्मोक
एक्रास द गोल्डेन मूविंग वाटर,
(व्हेयर अंडर इन माइ हालो आइ सैट स्लीपिंग)
एंड स्माइल्ड;
शी लीन्ड, एंड देन, आइ सी हर वीपिंग।

कानरैड आइकेन
('द डिवाइन पिलग्रिम')

पार्क स्ट्रीट, चौरंगी रोड, धरमतल्ला स्ट्रीट, और लोअर सरक्यूलर रोड, ये चारों सड़कें मिलकर टेढ़ी-मेढ़ी रेखाओं का एक आयत बनाती हैं। यह आयत कलकत्ते की रात है। रात के शहर की स्याह जिन्दगी...

जो अभी तक जन्मे नहीं हैं, या जो बूढ़े हो चुके हैं, उनके लिए यह शहर, यह रात, यह जिन्दगी नहीं है। उनके लिए है, जो मर चुके हैं, पैदा होने का या वृद्ध होने का कोई सवाल ही जिनके लिए नहीं उठता। मर चुके हैं, क्योंकि अब भी उनमें प्यार की बातें करने का साहस है। साधारण लोग तो और ही बातें करते हैं...अमरीका और रूस...स्पुतनिक...तिब्बत...दलाई लामा...इन्दिरा गाँधी...नेपाल की तराई में हवाबाज अमरीकन टूरिस्ट...केरल में राष्ट्रपति का शासन...चावल का कंट्रोल, आस्ट्रेलिया का गेहूँ...अनीता एकबर्ग और आड्रे हेप्बर्न !

प्यार, और सिर्फ प्यार ! किसी मशहूर हिन्दी फिल्म का वह फौजी गाना—जिन्दगी है प्यार से प्यार में बिताए जा ! खासकर वेलेस्ली स्ट्रीट, रिपन स्ट्रीट, फ्री स्कूल स्ट्रीट की गलियाँ और मकान।

गलियाँ और अँधेरे में तैरती हुई सर्द परछाइयाँ। मकान और अँधेरे में रेंगते हुए स्याही के लगातार धब्बे।

स्याही के इन्हीं धब्बों की कतार में श्रीमती रहती है।

श्रीमती टैक्सी से नीचे उतरी तो उसे लगा कि वह बैग से पर्स निकालकर सीधे बूढ़े सरदारजी के दाढ़ीदार-झुर्रीदार चेहरे पर मार दे और चीखती-चिल्लाती हुई, सामने के किसी भी इलेक्ट्रिक खम्भे से टकराकर अपना सिर फोड़ ले।

सरदारजी का कोई दोष नहीं था। उसे बख्शीश मिलनी चाहिए कि वह कुल ग्यारह मिनट में बालीगंज से पार्क एवेन्यू चला आया था। दोष किसी का नहीं था। मगर, श्रीमती से पूछो तो उसकी भारी और स्याह पलकोंवाली बेतरह बड़ी-बड़ी आँखें कह देंगी कि दोष सारे जमाने का था। श्रीमती गुस्से में सिर से पाँव तक डूबी हुई थी और उसका गोरा चेहरा बर्फ के खूबसूरत कटे टुकड़े की तरह नुकीला चेहरा कानों से झूलते हुए नीलम के टाप्स से भी ज्यादा नीला हो रहा था।

आज शहर के सभी बार-हाउस का 'ड्राइ-डे' था इसलिए। यानी, कहीं चले जाओ, कोई भी कीमत दो, शराब नहीं मिलेगी। न ही बँगला, (देसी शराब को कलकत्ते में 'बँगला', कह लेते हैं) और न ही ह्विस्की या रम ! श्रीमती सुबह से ही बालीगंज के अपने एक डॉक्टर मित्र के यहाँ एक्सेंजा खेल रही थी...पेयर...रन...सीक्वेंस...चार-चार बादशाह और एक ही बीवी...। श्रीमती बहुत सारे प्वाइंट्स हार गई तो पहले उसे

सिर-दर्द शुरू हुआ। वह हारती गई। पैसा रहने पर हारती जाना उसे अच्छा लगता है। सिर-दर्द भी अच्छा लगता है। और कोई काम न हो तो 'हेडएक' से बढ़कर मनोरंजन और किसी चीज में नहीं होता—वह पूछे जाने पर मुस्कुराती हुई कहती है। मगर, सिर-दर्द के साथ उसे अभी शराब लेने की इच्छा हुई। इच्छा हुई, क्योंकि 'ड्राइ-डे' था। श्रीमती की इच्छाएँ ऐसी ही हैं। सरकार इतनी मेहरबान है, हफ्ते में सिर्फ एक दिन शराब बन्द करती है, और इस बन्दी के दिन उसे व्हिस्की की भरी बोतल चाहिए।

श्रीमती एक्सेंजा के पत्ते फेंककर टैक्सी से सीधे पार्क एवेन्यू आ गई। उतरने के बाद इतने मजबूत झटके से फिएट-110 का दरवाजा बन्द कर सकती है, ऐसी बदमिजाज और बदताकत लड़की किसी का खून भी कर सकती है—सरदारजी ने सोचा, फिर रोंएदार गर्दन बाहर निकालकर कहा—"एक रुपए तेरह आने जी !"

सामने ही एक बड़ी-सी बिल्डिंग है, गोएथिक खम्भों और मेहराबोंवाली, चौड़ी और पुरानी बिल्डिंग, डाइना-टैरेस ! अब इसका मालिक, कोई पंजाबी व्यापारी है। बिल्डिंग को नया नाम मिला है, गुलस्तान ! कई मंजिलें हैं, और हर मंजिल में बीस-बीस फ्लैट। हर फ्लैट का अपना अलग व्यक्तित्व है। जर्मन और फ्रेंच सिखानेवाले ट्यूटोरियल स्कूल, हाथ करघे के कपड़ों की सरकारी दुकानों में काम करनेवाली सेल्स-गर्ल्स और फैशन मॉडल लड़कियों के कमरे, सेल्वेशन-आर्मी की पादरिनें और नन, रेसकोर्स के घोड़े दौड़ानेवाले जाकी, और ऐसे लोग जो कुछ काम नहीं करते, सिर्फ जीते हैं, शान और ठाट-बाट से जीते हैं—तरह-तरह के व्यक्तित्व डाइना-टैरेस को अपने पहलू में समाए बैठे हैं। सबसे ऊपर की मंजिल पर एक छोटा-सा रेस्तराँ है और रेस्तराँ में केबिन हैं। केबिनों पर पर्दे टँगे हैं और पंखे की हवा से ही ऊपर उठ जाते हैं।

श्रीमती केबिन में नहीं गई, वह अकेली थी। हाल में बैठकर, उसने बेयरे से कहा—"रम और बिअर का काकटेल बनाकर ले आओ !"

बेयरे श्रीमती को जानते हैं, जानते हैं कि उसके लिए 'ड्राइ-डे' नहीं होता ! श्रीमती के लिए 'डे' भी नहीं होता, सिर्फ रात होती है। और, श्रीमती रात की आवाज है, रात का संगीत है, रात की जिन्दगी है।

इसलिए, बिअर का पूरा गिलास और उसमें घुलती हुई रम की बीस-पच्चीस बूँदें। कोने के टेबल में दुबकी हुई, पतली-सी मद्रासी लड़की कौन है ? सतरंगी छतरी से अपनी देह छिपाए, काउंटर के ऊपर रेडियो फ्रेम में लेटी हुई लड़की कौन है ? सीढ़ियों के पास, रिसेप्शनिस्ट की बातों पर खिलखिलाती हुई लो-कट लड़की...बालकनी पर खड़ी नीचे की भीड़ देखती हुई हाइ-ब्रो लड़की...रेडियो फोनोग्राम में 'आइ एम ए डेमोक्रैटिक लेडी' गाती हुई लड़की...नीली वर्दीवाले नेवी के छोकरों की कुर्सी पर टिकी हुई लड़की...काउंटर पर बैठी, पीटर चेनी की किताब पढ़ती हुई लड़की...इतनी सारी लड़कियाँ यहाँ किसलिए हैं ? मैं ही यहाँ क्यों हूँ ?

मेरा क्या प्रयोजन ? मेरे साथ बैठकर एक गिलास बिअर पीने की भी फुर्सत किसी आदमजात को नहीं है। फिर मेरा क्या प्रयोजन ?—श्रीमती ने स्काच का एक बड़ा पेग

मँगवाया और बेयरे से बोली—"एक पैकेट चारमीनार ले आओ !"

श्रीमती शराब के साथ सिर्फ चारमीनार पीती है, दूसरी सिगरेट नहीं, वैसे उसे अमरीकन सिगरेट पीने का अभ्यास है, कैमेल या फिर लकीस्ट्राइक ! श्रीमती कैमेल या लकीस्ट्राइक पीती है और नगर के सुसंस्कृत लोगों के साथ एक्सेंजा खेलती है। वह रवि ठाकुर के गीति नाटकों और बल्लटोल के बैले, पिकासो की 'गैरेनिका' और लुई अरागों की 'ले कम्यूनिस्ते' सुररिअलिज्म और एबस्ट्रेक्ट आर्ट पर बहस कर सकती है। कभी-कभी फुर्सत के वक्त उसने लुई मैक्लीश, कानरैड आइकेन और कार्लसैंडबर्ग को भी पढ़ा है।

श्रीमती में वह सब कुछ है, जो आज की महिलाओं को शोभनीय है। जैसे, शराबी आँखें और ब्लाउज से झाँकती हुई चट्टान जैसी चिकनी और चौड़ी पीठ !

चारमीनार के पैकेट का आखिरी सिगरेट खत्म हो गया तो बेयरे ने पास आकर कहा—"कोने के टेबल पर लाल बाजार बैठा है।"

"ठीक है। बिल ले आओ"—श्रीमती उड़ती निगाह से लाल बाजार के पुलिस आदमी को देखती हुई बोली। फिर, मुस्कुराई और उठकर काउंटर के पास चली गई।

"हलो लूलू ?"—उसने उस तरफ बैठी लड़की से कहा। सीने के नीचे का भाग काउंटर की डेस्क से छिपा था, और पीटर चेनी में डूबी हुई लूलू मूर्ति लगती थी।

"बस, शींरी।"...लूलू ने किताब डेस्क पर रख दी।

"आज रात वहाँ जाओगी ?"

"आना होगा हमको। हम आएगा। फ्रिड बोला है, हमको आना होगा।"...लूलू के चेहरे पर विवशता का उदास जलतरंग बजने लगा।

"नहीं चाहती हो, तो नहीं जाओ ! 'कंट्री' अच्छी जगह है भी नहीं। अच्छा, बाइ...स्वीट लूलू...," बिल के पैसे चुकाकर श्रीमती सीढ़ियों से नीचे उतरने लगी। फिर वापस आई। टेबल पर उसका बैग छूट गया था। फिर बाहर चली आई। क्योंकि, अब शाम हो रही थी, और उसे 'कंट्री' जाना था। 'कंट्री' एक रेजिडेंशियल होटल है और इसी के एक फ्लैट में श्रीमती रहती है। श्रीमती, उसका पहाड़ी नौकर, उसकी आया, और उसका सलाहकार। किशन बीस-बाईस साल का लड़का है और दोनों शाम पुलिस चौकी के अखाड़े में कुश्ती लड़ता है। वह पहाड़ी लड़का है, मगर किसी सेठ की तिजोरी के सामने बन्दूक लेकर खड़ा रहने की इच्छा नहीं होती। वह पहाड़ी लड़का है मगर गुरखा राइफल्स में भर्ती होकर लकड़ी के सलीबों पर बुलेट मारने का अभ्यास करना उसे पसन्द नहीं है। वह एक दिन किंगकांग और दारा सिंह से फ्री स्टाइल दंगल लड़ना चाहता है, बस।

किशन को अपनी माँ का पता है। वह हैरिंगटन स्ट्रीट में एक मुस्लिम बावर्ची के साथ रहती है। चालीस-पैंतालीस साल की दोहरी हड्डीवाली मजबूत और ईमानदार पहाड़िन। जब वह अपने बेटे से मिलने श्रीमती के फ्लैट में आती है, किशन पिछले दरवाजे से बाहर भाग जाता है।

श्रीमती की आया, बंगालिन है। अभी जवान है, मगर न झूठ बोलती है, न चोरी ही करती है। श्रीमती इसे एक दिन सिआलदह स्टेशन से उठा लाई थी...टाइफाइड में बेहोश, प्लेटफार्म पर अधनंगी पड़ी, वीभत्स-सी लड़की। अब वह मुस्कुराती है तो श्रीमती को इतालवी फिल्मों में देखी हुई आलप्स की बर्फीली पर्वतमालाएँ याद आ जाती हैं...साँवले कुहरे से घिरी हुई उजली पहाड़ियाँ, कभी-कभी उन पर सूरज की चमक।

और तीसरा व्यक्ति है—चिम्मनलाल, श्रीमती का एडवाइजर और गाइड। चिम्मनलाल रात में वहाँ नहीं रहता, किड स्ट्रीट में अपने किराए के कमरे में चला जाता है, जहाँ उसने अपने लिए एक अल्शेसियन नस्ल की कुतिया और एक मोटी क्रिश्चियन औरत पाल रखी है। क्रिश्चियन औरत का नाम है, मिस सिसली सिल्वाना बेकर; और वह मद्रासी औरत है। मगर किड के सभी लड़के उसे मिस सिल्ली कहते हैं, और मानते हैं कि वह मद्रास की नहीं मैनहट्टन या होनोलुलु की है। काठ की विशाल कुन्दे की तरह उसका शरीर है, और नर्म चूजे की तरह उसका दिल। मास्टर चिम्मनलाल इस शरीर और दिल की हरकतों से पिसा जा रहा है।

श्रीमती परिवार में यही व्यक्ति हैं, किशन, लिलि, चिम्मन और कभी-कभी अचानक आ गई हुई, मिस सिसली। दो साल पहले श्रीमती टालीगंज के मूर एवेन्यू में रहती थी। तब भी यही लोग थे। अब मूर एवेन्यू न सही, 'कंट्री' होटल सही। आदमी को जीना है तो उसे कहीं न कहीं रहना ही होगा। किराए के मकान में, या होटल में, या अस्पताल में। लोग तो पागलखाने में भी रह लेते हैं...

श्रीमती भी पागलखाने में रह चुकी है। तब पाकिस्तान नया-नया ही बना था और श्रीमती अपने मामाजी के साथ चटगाँव में थी। टेम्पुल होटल के करीब ही ग्लैक्सो का बड़ा कारखाना था और मामाजी थे चीफ इंजीनियर। श्रीमती अक्सर पोर्ट जाती थी और लंगर डाले मालजहाजों की कतारें गिनती रहती थी। फिर, समाँ बदल गया। अचानक ही स्याह बुर्के डाले हुए गरीब मुस्लिम औरतों की कतारें बिना पाल की नावों की तरह सड़कों पर तैरने लगीं। हर एक रास्ते पर टिन की छतवाले लगातार होटल खुल गए...एक आने का गोश्त, दो पैसे की चपाती। 'कायदे आजम' की नारे लगाती हुई बिहार और यू.पी. की मुस्लिम जनता चटगाँव जंक्शन के मुसाफिरखानों से लेकर गैरआबाद मैदानों में बस गई। बस जाने का उपक्रम करने लगी। शहर का ही नहीं, जिन्दगी का रूप ही बदल गया।

और, श्रीमती डरने लगी। ग्लैक्सो फैक्टरी के बिक जाने की बातें उठने लगीं। खरीदने को मुस्लिम करोड़पतियों के नाम आने लगे। मामाजी ने श्रीमती से कुछ कहा नहीं, किन्तु उसके सामने एक सवालिया निशान उठ खड़ा हुआ—अब ?

क्योंकि मामाजी का नाम था, मिस्टर आइ.ई. क्लिपमैन और वे विशुद्ध जर्मन रक्त के थे। तीस साल पहले ग्लैक्सो फैक्टरी खुली थी, तो वे सीधे लेप्जिग से बुलाए गए थे। साथ आई थी उनकी क्वाँरी बहन, हरेने। हरेने कुइंसबर्ग यूनिवर्सिटी में इंडोलाजी पढ़ती थी और भारतीय संस्कृति के नाम पर पागल थी।

बंगाली के एक प्रसिद्ध रोमांटिक कवि से हरेने ने शादी कर ली, और लड़की का नाम कवि ने रक्खा—श्रीमती। यह श्रीमती दो साल की थी, तभी मिसेज हरेने चक्रवर्ती का देहान्त हो गया। बर्लिन और लैप्जिग के थिएटरों, आर्ट गैलरियों, पुस्तकालयों और क्लबों में जिन्दगी काटनेवाली हरेने कलकत्ते की गर्मी और गन्दगी बर्दाश्त नहीं कर सकी। उसने देखा कि कलकत्ते की हर शानदार बिल्डिंग अंग्रेजों की है और अंग्रेजियत के सामने हर हिन्दुस्तानी अपने अस्तित्व को बेच रहा है। और, उसे दुख हुआ। वह मर गई।

किंडर गार्टन स्कूलों की नर्सों और कान्वेंटों की पादरिन टीचरों के हाथों श्रीमती का पालन हुआ। क्योंकि श्रीमती के पिता ने अपनी जाति की किसी भद्र युवती से विवाह कर लिया, जिसे श्रीमती सहन नहीं हुई। जब श्रीमती ने स्काटिश चर्च से ग्रेजुएशन किया और कान्वोकेशन से डिग्री लेकर गाउन पहनकर अकेली एक स्टूडियो में तस्वीरें लेने गई, उसने महसूस किया कि वह वाकई अकेली है, नदी की धार में बहती हुई बिना पाल की नाव की तरह। उसने महसूस किया और डरने लगी।

स्टूडियो के अंग्रेज फोटोग्राफर ने कहा—"मिस क्लिपमैन, कान्वोकेशन की गाउन आपके शरीर पर अच्छी नहीं पड़ती है। आपको तो न्यूयार्क या पेरिस के किसी बड़े आर्टिस्ट की मॉडल होना चाहिए।"

श्रीमती ने आदमकद शीशे के सामने खड़ी होकर पहली बार अपने शरीर को निहारा था। स्याह पुतलियोंवाली आँखों और, और भी स्याह, घने केशों के अलावा और कुछ नहीं था, जो श्रीमती को भारतीय कन्या सिद्ध कर सके। श्रीमती ने अपने बाल क्लिप करवा लिए थे और बनारसी जारजेट की साड़ी पहनकर बाहर निकलती थी तो लोगों को आश्चर्य होता था। भारतीय स्त्री के लिए ऐसा स्वरूप, ऐसी आकृति, इतना सौन्दर्य पाना असम्भव है।

इसलिए, श्रीमती को पहली बार अहसास हुआ कि उसकी सम्पत्ति और पूँजी, एकमात्र उसका शरीर है। स्त्री को जब यह अहसास हो जाता है तो उसकी जिन्दगी बदल जाती है, वस्तुओं को देखने-परखने का उसका तरीका बदल जाता है। क्लियोपैट्रा और हेलेन को यह अहसास हुआ था। इजिप्ट और ग्रीस की तारीख के पन्ने बदल गए थे। श्रीमती जानती थी कि वह तबारिख में एक पन्ना भी जोड़ नहीं सकेगी, मगर यह भी जानती थी कि जीने के लिए, अच्छी तरह जीने के लिए दस रुपए किराए का यूनिवर्सिटी गाउन काम नहीं देगा, गाउन के अन्दर सोया हुआ शरीर ही काम देगा।

"पेरिस तो बहुत दूर है, मिस्टर...आप ही मुझे अपनी मॉडल बना लीजिए"—श्रीमती ने खुलकर हँसते हुए, फोटोग्राफर से कहा था।

श्रीमती एम.ए. नहीं कर सकी। आइ.ई. क्लिपमैन, चीफ इंजीनियर, ग्लैक्सो कम्पनी की आज्ञा के अनुसार वह चटगाँव चली गई और वहीं रहने लगी। मामाजी ने चाहा कि वह अपनी पसन्द के लायक कोई आइ.सी.एस. अफसर चुनकर शादी कर ले। किन्तु तभी देश का बँटवारा हो गया और सारे विदेशी अफसर विदेश जाने की तैयारी में

मशगूल हो गए।

"अब ?"—मामाजी की फैली हुई शून्य निगाहों ने सवाल किया। वे श्रीमती को अपने साथ वापस जर्मनी ले जाना नहीं चाहते थे। वहाँ उनके रिश्तेदारों को हरेने और उसकी इस बेटी के बारे में कुछ पता नहीं था। क्लिपमैन ने हरेने की शादी तक की बात छिपा रखी थी। फिर ?

श्रीमती ने अपने जीवन का रास्ता चुन लिया, और मामाजी से कहा—"आप जाइए, अंकिल ! मैं इस देश में जी नहीं सकी, तो कभी जर्मनी अवश्य जाऊँगी।"

अपने फ्लैट में वापस आई, तो श्रीमती बहुत उदास थी। किशन खिड़की के पास खड़ा बाहर का अँधेरा देख रहा था और लिलि बीच के टेबल पर अंग्रेजी गुलाब के फूल सजा रही थी। खिड़की के बाहर से आते अँधेरे को फूलों पर झाँकते देखकर उसकी उदासी और बढ़ गई। उदासी बढ़ गई तो वह मुस्कुराई, फिर फूलों का साथ देने के लिए खिलखिलाने लगी...

"आज बहुत मजा आया, लिलि ! आज बड़ा मजा आया !"—श्रीमती ने जापानी सैंडिल पाँव से फेंकते हुए कहा ! पलंग के सिरहाने में आबनूस का मयूर पंख फैलाए उड़ने की कोशिश में था, श्रीमती उसी से टिककर बैठ गई।

"डॉ. परिमिल के यहाँ एक्सेंजा चल रहा था। डॉक्टर के कई दोस्त थे, मैं अकेली थी। मिस चड्ढा आनेवाली थी, आई नहीं। जानती है लिलि, मैं शुरू में बहुत सारे प्वाइंट्स जीत गई, फिर मुझे लगा कि डॉक्टर के सारे दोस्तों की निगाहें मुझी पर टिकी हैं, ताश के पत्तों पर नहीं। मुझे लगा कि सभी मुझी को जीतने देने की कोशिश कर रहे हैं। फिर, ऐसा हुआ लिलि, कि..."—बात पूरी किए बगैर श्रीमती हँसने लगी। पलंग पर फैली हुई श्रीमती का समूचा शरीर संगीत की एक तेज, तीखी लहर बनकर सिहरने लगा।

लिलि जानती है कि फिर क्या हुआ। यही हुआ कि श्रीमती जानबूझकर हारने लगी और लोग उसे जिताने की कोशिश करते-करते थकने लगे, मगर, श्रीमती नहीं थकी। प्वाइंट्स चुकाते-चुकाते उसकी पर्स खाली होती गई, और उसे प्यास लगी और वह उठकर डाइना-टैरेस भाग आई।

लिलि जानती है कि उसकी मालकिन का स्वभाव ही ऐसा है। स्वभाव की तीव्रता ही उसके अस्तित्व का एकमात्र कारण है। यह तेजी नहीं होती तो वह जिन्दा नहीं रहती, स्कूल की मास्टरनी या अस्पताल की नर्स बन जाती। श्रीमती जिन्दा नहीं रहती, मास्टरनी या नर्स बन जाती। स्कूल-टीचर या नर्सिंग की अपनी विशेषताएँ हैं, सामाजिक महत्ताएँ हैं, देश-निर्माण और मानव-सेवा की महानताएँ हैं, तय है। तय यह भी है कि लिलि की मालकिन टाइप नहीं है, व्यक्ति है। उसे टाइप-फाउंडरी के ढले अक्षरों की तरह एक निश्चित अर्थ, एक निश्चिन्त सीमा देकर बाँध नहीं दिया गया है। वह एक कविता की तरह है, निर्बन्ध और सीमाहीन।

"दीदी, चिम्मन के साथ में एक सरदारजी आया था। हम उसको पहचानता नहीं।

पहले कभी नहीं आया। आज प्रथम-प्रथम आया।"...किशन खिड़की के पास से ही बोला। श्रीमती अब पूरे नशे में थी। खुमार उसे काफी देर से चढ़ता है। चेष्टा करती हुई बोली—"उसका नाम क्या था ? चिम्मनलाल कहाँ है ? बुला लाओ उसे। लिलि, मेरा सिर चक्कर मार रहा है। कॉफी बना लाओ और एनासिन की टिकिया भी।"

श्रीमती आँखें बन्द करके निश्चेष्ट-सी बिस्तरे पर लेट गई। ठीक उसी तरह जैसे खरीदी हुई औरतें लेटती हैं।

किशन चला गया। लिलि कॉफी का पाट और प्याला ले आई। श्रीमती ने दो-तीन घूँट कॉफी ली, जी का स्वाद तीखा हो गया। जब दस बजने लगे तो श्रीमती कपड़े बदल कर तैयार होने लगी। गहरे लाल रंग की फ्राक और गहरे लाल रंग का स्कर्ट और गहरे लाल रंग की लिपस्टिक।

"लिलि, आज तू भी मेरे साथ चल !" श्रीमती ने खुश होकर कहा—"आज ड्राइ-नाइट है, शराब नहीं पीनी पड़ेगी। तू भी मेरे साथ चल !"

"नहीं दीदी, हम नहीं जाएँगे। आमि एइ खानेइ भालो..." लिलि की निगाहों में आतंक छा जाता है, जब कभी रात के दस बजे सज-धजकर बाहर जाने की बात उठती है। वह जानती है बाहर जाने का मतलब क्या होता है और वह मतलब से डरती है। सिआलदह-जंक्शन की रिफ्यूजी-बस्ती में थी तभी एक बार उसे बाहर ले गए थे। माँ तो नहीं थी, माँसी नाम की एक औरत थी, उसने बड़ी प्रसन्नता से कहा था—"चली जा, भले लोग हैं, सिनेमा दिखा देंगे, चाहेंगे तो एक पल्ला धोती भी खरीद ही देंगे..."

"लेकिन तेरे से कोई कुछ नहीं कहेगा, लिलि ! मैं जो रहूँगी। ऐसे कब तक कमरे में बन्द रहेगी ?"—श्रीमती वाकई चाहती थी कि यह लिलि दुनिया के तमाशे देखे। लिलि को वह अपनी नौकरानी नहीं समझती थी, छोटी बहन मानती थी। और, छोटी बहन से उसे प्यार ही नहीं था, ईर्ष्या भी थी। ईर्ष्या का मूल कारण था कि लिलि को इच्छा नहीं थी। किसी वस्तु की इच्छा नहीं। यहाँ तक कि एक पुरुष की भी नहीं।

"जाबार की लाभ, दीदी ? तुम्हारे इस फ्लैट में ही बन्द रहकर कोई अभाव नहीं मुझको ! जाने से अभाव शुरू होगा..."

"तुमको अभाव है, पगली ! तुझे एक पुरुष का अभाव है। अभी नहीं समझेगी, मगर, अचानक जब समझेगी तो देह के सारे कपड़े उतारकर मर्दों के पीछे दौड़ती फिरेगी ! तू चली चल, लिलि..."

दीदी की बात से लिलि सुर्ख हो उठी...वह अपने इस अभाव से अनजान नहीं है, वह सब समझती है...दीवार पर एक किनारे टँगे विवेकानन्द महाराज की बड़ी-बड़ी आँखों से उसे इश्क है !...कहाँ मिलेगा ऐसी आँखोंवाला मुखड़ा ? लिलि को केवल पुरुष का शरीर ही नहीं चाहिए, पुरुष की आँखें भी चाहिए !

आँखों की बात श्रीमती की समझ से बाहर है...

लिलि शरमाकर बोली—"सिर्फ आदमी ही मुझे नहीं चाहिए दीदी, आदमी तो हर

जगह मिलता है।"

जैसे इस चोट को श्रीमती ने सीधे अपने कलेजे पर महसूस किया। जैसे लिलि ने उस पर व्यंग्य किया हो। श्रीमती तड़प उठी, फिर चुपचाप आईने के सामने खड़ी होकर जूड़े में नकली बालों की रेशमी लटें डालने लगी। बहुत देर बाद बोली—"आदमी सिर्फ आदमी होता है। हर आदमी। यह तो हम पर है कि उसे कैसा आदमी रह जाने दें, या कैसा बना लें !"

लिलि ने कुछ उत्तर नहीं दिया, श्रीमती को कपड़े बदलने में सहायता करती रही। श्रीमती जब हिन्दुस्तानी कपड़े पहनकर तैयार होती तो लिलि को उसके सामने ठहरने का साहस नहीं होता। श्रीमती तब संगमरमर की बुत की तरह लगती है, जिसे कपड़ों से सजीव करने की चेष्टा की गई हो...

लिलि सीढ़ियों तक आई, फिर लौट गई। श्रीमती रात का खाना घर में नहीं खाती है, लिलि और किशन भी ज्यादातर डबल रोटी, मक्खन, और दूध से ही काम चला लेते है। यों भी, खाना पकाने की जरूरत नहीं होती, होटल से ही जरूरत की सारी चीजें आ जाती हैं।

"मैं ज्यादा देर बाहर नहीं रुकूँगी, जल्दी चली जाऊँगी। अगर कोई मुझे पूछने आए, पार्क प्लेस में भेज देना। अगर अली आ जाए, फोन से बात करवा देना"—श्रीमती धीरे-धीरे सीढ़ियों से नीचे उतर गई।

होटल के नीचे लॉबी में चिम्मन और सरदारजी खड़े थे।

सरदारजी का नाम था सन्त सिंह, यानी सन्ता सिंह। एयर इंडिया इंटरनेशनल के जहाज से वे दमदम पर उतरे थे और उसके हाथ में बड़ा-सा पोर्टेब्ल बैग था। वे कुछ जरूरी कामों से कलकत्ते आए थे और कुल दो दिन ठहरकर रंगून लौट जाना चाहते थे, जहाँ उनकी बीवी और बच्चे थे और अपना होटल था, जिसमें सौ से ज्यादा बेयरे और बावर्ची थे, पच्चीस-तीस लड़कियाँ भी थीं।

अपने काम-धाम पूरे करने के बाद, वापसी का टिकट बुक करने के पहले वे डाइना-टैरेस गए; गोल्डेन ईगल की एक बोतल से थकान दूर करना बुरा काम नहीं है। डाइना-टैरेस में लूलू काउंटर पर थी, और सन्ता सिंह बल्द बन्ता सिंह, जिला होशियारपुर, पंजाब, वापसी का टिकट खरीदना भूल गए।

"पास !"—चिम्मनलाल ने कहा।

"मैं भी पास !"—सुमेरचन्द बोला।

सन्ता सिंह ने दुबारा अपने कार्ड गौर से देखे और कहा—"पास !"

"पास !"—मेक्लाड मुँह बनाते हुए बोला—"सभी पास हो तो हम भी पास ! चिम्मनलाल, योर चांस, कार्ड फ्लश करो।"

पत्ते फिर बाँटे गए। चिम्मनलाल फिर पास बोल गया। सुमेरचन्द ने खेल शुरू

किया। मेक्लाड थोड़ा और आगे बढ़ा। सन्ता सिंह ने पत्ते उठाए, छोटा-सा स्ट्रेट था, चिड़िए का छक्का, सत्ता, अट्ठा और नहला, और पान का दहला। सन्ता सिंह ने जिन्दगी के तीस साल ताश के पत्तों में ही बिता दिए थे। लाहौर के 'खालसा होटल' से रंगून के 'फ्रंटियर लक्जरी' तक के तीस साल...

घंटे भर बाद, चिम्मनलाल के अलावा बाकी सारे लोगों के सारे पैसे सन्ता सिंह की जेब में थे। ज्यादा नहीं, यही दो-ढाई सौ रुपए ! बात साफ थी कि सन्ता सिंह बेईमानी से खेल रहा था, वैसे नई जगह में इस तरह जीतना असम्भव है। चिम्मनलाल हारा नहीं था, अठारह-बीस उसकी जेब में अब तक थे, और जेब में इकन्नी भी रह गई तो हारना कैसा ! लूलू काउंटर पर खड़ी तमाशा देख रही थी, समझ रही थी कि सरदारजी हाल से निकलकर सीढ़ियों तक पहुँचे नहीं कि मेक्लाड उनके सामने होगा और सुमेरचन्द उनकी पीठ पर।

मेक्लाड भला लड़का है। 'हिमालय'-बारहाउस में आर्गनिस्ट है। सुमेरचन्द भी लड़का है। चौरंगी में बाप की बड़ी-सी घड़ियों की दुकान है, और सुमेरचन्द इन्तजार कर रहा है, क्योंकि बाप को दिल के दौरे आते रहते हैं। लूलू भी अच्छी लड़की है, क्योंकि जब मेक्लाड और सुमेरचन्द उठकर नीचे चले गए और चिम्मन सन्ता सिंह का बिअर पीने लगा, तो वह काउंटर के घेरे से निकलकर बाहर आई।

"यू आर ग्रेट, मिस्टर सिंह ! यू आर लिटल बच्चा सक्का !"—चिम्मन जब प्रसन्न होता है, तब प्रसन्नता के कारण व्यक्ति को 'बच्चा सक्का' कहता है। बच्चा-सक्का यानी बच्चा सक्का। चिम्मन को मालूम नहीं कि बच्चा-सक्का पश्चिम एशिया का बहुत बड़ा सिपाही, लुटेरा और बादशाह था, और पेशावर से काहिरा तक उसने अपने नाम के डंके बजवाए थे। चिम्मन ने एक बार किसी के सामने श्रीमती को यह नाम लेते सुना था, और उसे याद रह गया।

लूलू आज चार दिन से सरदारजी को देख रही थी। बहुत पीता है, बहुत खेलता है और हर किसी से मजाक करता है। खासकर लूलू से...

"और क्या माँगता है ?"—अपनी चीनी-जापानी जुबान को और भी ऐंठती हुई, लूलू ने पूछा। उसके होंठों के किनारों पर मुस्कुराहट छिपी हुई थी, और आँखों में शरारत। सन्ता सिंह कैसे कुर्सी से उछल पड़ा। फिर, इधर-उधर झाँकता हुआ, जैसे चोरी करने पर आमादा हो, बोला—"गुड ईवनिंग मिस...मिस...मिस !" और कमीज की आस्तीन से दाढ़ी सहलाने लगा।

"और क्या माँगता"—लूलू को वाकई जैसे गुस्सा आने लगा।

"क्या माँगता ? हम माँगता एक पिंट स्काच, और माँगता दो प्लेट फिशफ्राई, और माँगता दो प्लेट मटन करी, और माँगता दो प्लेट थ्री-इन-वन आइसक्रीम और माँगता दो पाट हाट कॉफी, और माँगता एक टिन लकी स्ट्राइक, और माँगता..."—सन्ता सिंह खुद होटल का मालिक है, मगर उसे ऑर्डर देना नहीं आता है। चिम्मनलाल हँसने लगा।

लूलू ने सन्ता सिंह के हाथ से मीनू कॉर्ड छीन लिया और दूसरे टेबल पर जाने

लगी। उसे लगा कि वह रो देगी। चालीस-पचास से कम का क्या होगा, फिर भी बच्चों की तरह मजाक करता है। फिशफ्राई और आइसक्रीम और कॉफी, ईडियट...

"सरदारजी, तुम जब तक बैठो, मैं अभी नीचे से टेलीफोन करके आया। आज तुमको शीरीं से जरूर मिलाएगा"—सन्ता सिंह की पीठ थपथपाकर चिम्मन नीचे चला गया। अगर दोनों शैतान नीचे सन्ता सिंह के उतरने का इन्तजार करते होंगे तो उन्हें समझा देगा। उसके जाते ही लूलू लौट आई। ऑर्डर लेने का काम उसका नहीं, बेयरों का है। वह सिर्फ काउंटर पर बैठती है, या खास आनेवालों का आगत-स्वागत करती है।

"तुम समझता क्यों नहीं, मिस्टर सिंह ! पागल जैसा करता है। तुम इतना रुपया जीत गया...वो लोग तुमको ऐसे छोड़ देगा !"—लूलू की बात पर वह मुस्कुराया, बोला कुछ नहीं। वह जानता है कि नीचे उसका इन्तजार हो रहा है।

"तुम पिछले दरवाजे से चले जाओ"—लूलू की बात में अनुरोध नहीं था, आज्ञा थी। वह जान रही थी कि सन्ता सिंह उसी के लिए डाइना-टैरेसा आता है। वह जानती थी कि ज्यादा लोग उसी के कारण यहाँ आते हैं..."तुम भी साथ चलो। मैं अकेला नहीं जाना चाहता।"

"हाय-हाय, क्या बोला, मिस्टर सिंह ! तुम भी साथ चलो ! तुम समझता क्या है ?"

"वही समझता है, जो तुम समझता है, मिस लूलू ! हम अकेला नहीं जाता। रंगून में मेरा होटल है। नाम तुम जरूर सुना होगा..."

"तुम्हारा होटल हमारा..."—लूलू ने दोनों हाथों के दोनों अँगूठे सन्ता सिंह को दिखा दिए। एक अपरिचित व्यक्ति अन्दर आया और बेयरे को ऑर्डर देकर बैठ गया। दूसरे टेबल पर बैठी एक औरत उसे देखकर मुस्कुराई और सहमति पाकर उसके टेबल पर आ गई।

"हलो डियर !"—अपरिचित लड़की ने अपरिचित डियर से कहा।

"हलो स्वीटी !"—अपरिचित लड़के ने अपरिचित स्वीटी से कहा।

जिन्दगी कितनी आसान है। कोई खतरा नहीं, कोई दुस्साहस नहीं, कोई दुविधा नहीं, कोई दुख नहीं। वे दोनों एक-दूसरे की कुर्सी पर बाँहें डाले जिन्दगी और मौसम की बातें करने लगे। सन्ता सिंह को रंगून के एक फ्लैट में बैठी अपनी बीवी याद आई—हरबंस कौर, जो ग्रन्थ साहब का पाठ करती है और चेकबुक सिरहाने में रखकर सोती है। हरबंस कौर और उसकी बेटियाँ—सत्या, सावित्री और सीता।

बेयरे ने बिल लाकर रख दिया। सन्ता सिंह बिल उठाकर लड़खड़ाता हुआ टेबल से उठा और काउंटर पर चला गया।

"मिस लूलू।"—उसने बिल और सौ रुपए का नोट डैस्क पर रख दिया। मिस लूलू के हाथ काउंटर पर थे और वह हाथों से अपना चेहरा दबाए थी। उसकी आँखों में अजीब कमजोरी थी, कोमलता थी।

"गुड ईवनिंग, मिस लूलू।"

''प्लीज हैव योर चेंज।''—लूलू ने दस के दो नोट और कुछ भुने पैसे उसकी ओर बढ़ाए।

''गुड नाइट, मिस लूलू। मेरी तरफ से व्हिस्की खरीद लो''—सन्ता सिंह ने पैसे वापस रख दिए।

''मैं यहाँ नहीं पीती। अपना पैसा अपना पास रक्खो।''

''तो चलो, दूसरी जगह चलें। चलती हो।''

''हुश।''—लूलू चिढ़ती हुई बोली—''मुझको मालूम है, तुम अमीर आदमी हैं। मगर, तुम अच्छा आदमी नहीं है, मिस्टर सिंह। शराब और गेम्बलिंग तो कोई औरत पसन्द नहीं करेगा। तुम अच्छा आदमी बनो, तब शायद, तुम्हारा उमर का कोई औरत...''

''औरत तो शराब और जुए से भी बुरी चीज है।''

लूलू ने अपनी बाँहों से चेहरा ऊपर उठाया और उसकी आँखों में इस प्रौढ़ सरदारजी के लिए अजीब सहानुभूति छा गई। सरदारजी की ही उम्र का उसका बाप था। चितपुर रोड में जूतों की उसकी दुकान थी। बहुत पुरानी और बहुत मशहूर दुकान। शहर के ज्यादातर अंग्रेज उसी के यहाँ जूते बनवाते थे। फिर, जूते की बड़ी-बड़ी कम्पनियाँ आ गईं...और लूलू का बाप अफीम खाने लगा। जब लूलू जवान हुई तो अफीम के पैसे तक बाप के पास नहीं थे। माँ पहले ही मर चुकी थी और लूलू माँ के फटे-पुराने कपड़े पहनकर ही सारी उम्र नहीं चला सकती थी। लूलू ने नए कपड़े पहने।

मिस्टर सिंह की बेटियाँ भी क्या नए कपड़े पहना करेंगी।—लूलू के मन में प्रश्न उठ रहा था।

''मगर, रंगून में मैं शराब नहीं पीता हूँ, मिस लूलू। मैं वहाँ शान्ति कमेटी का मेम्बर हूँ। तुम वहाँ मुझे अपने मनमाफिक आदमी पाओगी...'' सन्ता सिंह काउंटर से सटकर खड़ा हो गया।

''फूल ! तुम समझते हो मैं तुम्हारे साथ रंगून चली जाऊँगी। समझते हो तुमसे शादी कर लूँगी और तुम्हारा चेकबुक सिरहाने में रखकर सोऊँगी और इन्तजार करूँगी कि तुम कब मरोगे। ईडियट।''

''लूलू।''—सन्ता सिंह एकदम गुस्से में भर गया और रुक-रुककर बोलता रहा—''मैंने तुम्हें देखा और वापस लौटना भूल गया। तुम बहुत खूबसूरत हो, इसलिए नहीं। मैं तुम्हें बिस्तरे में सुलाना चाहता हूँ, इसलिए भी नहीं। सिर्फ इसलिए कि तुम्हें देखकर कोई भी आदमी पिघल सकता है और जेब का सारा रुपया तुम्हारे काउंटर पर रख दे सकता है।''

''तो इससे क्या ?''

''इससे यही कि तुम चाहो तो 'फ्रंटियर लक्जरी' की चीफ होस्टेस बन सकती हो। चार सौ रुपए महीने सेलरी और दो पर्सेंट कमीशन।''

''मैं नहीं जाती। मैं इतनी बेवकूफ नहीं कि बहकावे में आ जाऊँगी। यहाँ फिड है और मैं उसके बिना...''

''गुड नाइट मिस लूलू। वी मीट एगेन।''—सन्ता सिंह तेजी से नीचे उतर गया।

"ये हैं सरदार सन्ता सिंह। रंगून के 'फ्रंटियर लक्जरी' के मालिक।" चिम्मनलाल ने कहा।

"मुझे पता है। लूलू कल रात मुझे बता चुकी है। मगर इन्हें मेरे पास क्यों लाए हो, चिम्मन।"—श्रीमती 'कंट्री' का लान पार कर सड़क पर आ गई। चिम्मन उसकी बगल में चल रहा था और सन्ता सिंह पीछे था। श्रीमती को देखते ही वह समझ गया था कि इस औरत के आगे-आगे चलना नामुमकिन है।

कुछ औरतें होती हैं, जिनमें यह बात होती है। आस्कर वाइल्ड ने ऐसी औरतों को 'द वूमेन विद ए पास्ट' कहा है। ऐसी औरतें जिनका एक इतिहास होता है, उद्घाटित और रहस्यमय। भविष्य नहीं होता, वर्तमान भी स्याही की दीवारों में बन्द होता है, सिर्फ होता है अतीत। कहा नहीं जा सकता कि श्रीमती का अतीत क्या था। वह पेरिस के किसी प्रसिद्ध औपेरा में बैलेरीना थी, या रोम के किसी महान गिर्जे में पादरिन गायिका। अतीत की कोई छाप उसके चेहरे पर नहीं है। न अपनी माँ, हरेने क्लिपमैन का स्मृतिचिह्न, न कलकत्ता यूनिवर्सिटी की स्टूडेंट-लाइफ की कोई भावुक कोमल निशानी...

श्रीमती बस, श्रीमती है, जिसे नजदीक के लोग बड़े स्नेह और आदर से 'शीरीं' कहते हैं। पहली बार देखने पर वह हिन्दुस्तानी औरत नहीं लगती। ऐसा स्वास्थ्य, ऐसी पर्सनलिटी इस देश में कहाँ। मगर, बाद में लगता है कि श्रीमती काबुल-कन्धार की युवती है, जिसे बचपन से ही शान्तिनिकेतन के वातावरण में पाला गया है...खजुराहो की 'शालमंजिका' की तरह उसका शरीर है, प्रस्तर निर्मित, किन्तु पुष्प-पाटल से भी कोमल। और मन ? श्रीमती का मन जानने की किसी ने इच्छा ही नहीं की है।

"मिस्टर सिंह कुछ रुपया इन्वेस्ट करना चाहते हैं। लूलू..." श्रीमती ने चिम्मन को आगे कुछ कहने नहीं दिया, टैक्सी का दरवाजा खोलकर अन्दर बैठती हुई बोली—"मिस्टर सिंह, लूलू बिकनेवाली लड़की नहीं है। उसे एक अच्छे लड़के से लव है। आपके पास बहुत रुपया है और मैं जानती हूँ, आपका इरादा भी बुरा नहीं है। आप ऐसा कीजिए, डाइना-टैरेसवाला वह बारहाउस खरीद लीजिए, जहाँ लूलू काम करती है। आप खरीदेंगे ?" सन्ता सिंह आश्चर्यचकित रह गए। बिना कहे ही श्रीमती सारी बातें कैसे जान गई है...सन्ता सिंह ने आज दोपहर में ही बारहाउस खरीद लेने की बात सोची थी। सारी उम्र रंगून में ही काट देने से क्या फायदा है। रंगून और कलकत्ता दोनों जगह क्यों न रहा जाए।

'चिम्मन, तुम अली को लेकर पार्क प्लेस आ जाओ। मैं वहीं जा रही हूँ। और, मिस्टर सिंह। आप तय कर लीजिए। लूलू या नो लूलू। लूलू यानी डाइना-टैरेस बार हाउस। मैं आपसे कल शाम को डाइना-टैरेस में मिलूँगी। शाम को पाँच बजे"—श्रीमती के इशारे पर टैक्सी आगे बढ़ गई। चिम्मनलाल सरदारजी की ओर मुस्कराया। सन्ता सिंह भी हँसने लगा। सन्ता सिंह पक्का बिजनेसमैन है, रुपयों का हिसाब जोड़-तोड़कर ही पाँव आगे बढ़ाता है। डाइना-टैरेस खरीदकर उसे दोहरा फायदा होगा। लूलू न सही,

दूसरी लड़कियाँ वह रंगून भेज सकेगा, और बर्मीज लड़कियाँ यहाँ इम्पोर्ट कर सकेगा।

सन्ता सिंह ने सिर्फ डबल रोटी और क़बाब ही नहीं बेचे हैं, औरतें भी बेची हैं। पाकिस्तान बनने से दस-बारह साल पहले तक वह पंजाबी औरतें, कश्मीरी औरतें, गढ़वाल और कुमायूँ की औरतें बम्बई पहुँचाता था। एक पंजाबी औरत यानी हजार रुपए से दस हजार रुपए तक। ऐसी औरतें, जिनके शौहर फौज में भर्ती होकर गए थे और वापस नहीं लौटे। ऐसी औरतें, जो 'माधुरी देवी' और 'खुर्शीद बानो' और 'नूरजहाँ बेगम' बनने के सपने देखती थीं। ऐसी औरतें, जिनके पास शरीर के अलावा कुछ नहीं था।

इसीलिए श्रीमती से मुलाकात के तीसरे दिन ही सरदार सन्ता सिंह डाइना-टैरेस बार हाउस के प्राइवेट चैम्बर में सिंहासनासीन हो गया।

सन्ता सिंह जब लाहौर से अपने बच्चों के साथ भागकर रंगून पहुँचा था, तो बीवी के जेवरों के सिवा और चौदह-पन्द्रह साल की सत्या के सिवा उसके पास कुछ नहीं था। सावित्री कुल पाँच-छः वर्ष की थी और सन्तोष का जनम भी नहीं हुआ था। सन्ता सिंह ने बीवी के सारे जेवर बेच डाले और सत्या को हर वक्त अपने साथ रखना शुरू किया। एक-एक पैसे के लिए उसने मिहनत किया और एक-एक पैसा फ्रंटियर लक्जरी पर लगा दिया।

सन्ता सिंह बातूनी आदमी था, मगर बेवकूफ नहीं। आदतन वह मजाक पसन्द करता था, मगर मजाक में भी किसी का दिल नहीं दुखाता था। सरदारों के बारे में उसे हजारों मजाकिया किस्से याद थे, और वह रस ले-लेकर होटल में आनेवालों को सुनाता था। कभी वह कहता था कि पहले वह पंजाब रेजीमेंट में कप्तान था, और कभी कहता था कि वह डी.ए.वी. कॉलेज में लेक्चरार था, और कभी कहता था कि होशियारपुर जिले में उसकी रियासत थी, वहाँ उसने गिनकर सौ हाथी पाल रक्खे थे।

मगर, जब वह डाइना-टैरेस बारहाउस के प्राइवेट चेम्बर में बैठा, तो उसने किसी को कुछ नहीं कहा। सिर्फ अपने लिए बिअर मँगवाया और अकेला पीता रहा। शाम हो रही थी और वह अपने को लूलू से बातें करने के लिए तैयार कर रहा था।

सन्ता सिंह अक्लमन्द था, लेकिन पुराणकथाओं का विश्वामित्र ऋषि भी अक्लमन्द था, जिसने सारी तपस्या नष्ट करके मेनका का आलिंगन स्वीकार किया था। सन्ता सिंह स्थिर बुद्धि था, लेकिन बादशाह सोलोमन भी स्थिर बुद्धि था, मगर उसने बालिम के सामने घुटने टेक दिए थे और फिलिस्तीन की चन्द हसीन रक्कासाओं के लिए नरक-यातनाएँ भुगती थीं। सन्ता सिंह जिन्दगी के सारे दाँव-पेंच खेल चुका था, मगर जुलियस सीजर और मार्क एन्टनी भी सारे दाँव खेल चुके थे, फिर भी मिस्र की एक टेढ़ी नाकवाली विधवा ने उन्हें नए-नए तमाशे दिखाए थे।

सन्ता सिंह की जिन्दगी में हर तरह की औरतें आ चुकी हैं। वह औरतों की सारी आदतें जानता है, उसने औरतों को खुली किताब की तरह पढ़ा है। मगर लूलू।

सन्ता सिंह ने बिअर का गिलास खत्म किया और लूलू आ गई। सन्ता सिंह ने

भूमिकाएँ बाँधना उचित नहीं समझा। उसने व्यावसायिक लहजे में कहा—"मिस लूलू, क्या तुम अब भी यहाँ काम करना पसन्द करोगी ?"

"करेगा। तुम ठीक तरह से काम लेगा, हम ठीक तरह से काम करेगा।"

"थैंक्स, मिस लूलू। हम ठीक तरह से काम लेना जानता है। मिस लूलू, मेरे साथ काम करके तुम अपने लिए और अपने दोस्त, फिड के लिए एक कैरियर बना सकती हो।"

"थैंक्यू।"—लूलू ने बड़े ही संक्षेप में कहा। लूलू अब अपने सामने एक नए सरदारजी को देख रही थी, जो उसके प्रणय का भिखारी नहीं था, उसे अपने साथ रंगून नहीं ले जाना चाहता था, अपने बिस्तर पर नहीं लाना चाहता था, यह सन्ता सिंह बिजनेसमैन था, साफदिल और साफगो।

"मगर, मेरे साथ काम करने का तरीका दूसरा है, मिस लूलू।"—सन्ता सिंह अपने मूविंग चेयर पर बैठ गया। लूलू खड़ी ही रही।

"क्या तरीका है।"

"पहली बात कि तुम्हें काउंटर पर नहीं बैठना होगा। यू विल बी ए रिशेप्सनिस्ट, एंड नाट ए काउंटर गर्ल।"

"ठीक है। मगर रिशेप्सनिस्ट को क्या करना होगा।"—लूलू उतावली हो रही थी। आज फिड यहाँ आनेवाला है...

"जो सेलरी मिलती है, उसके अलावा तुम्हें कमीशन मिलेगा। वैसा ही कमीशन जो बार गर्लों को मिलता है। मगर जानती हो लूलू, सौ में निन्यानबे बार गर्ल बुद्धू होती हैं, नम्बर वन बुद्धू। बार-गर्ल चाहती है कि कस्टमर कम से कम देर में उसके साथ बैठकर ज्यादा से ज्यादा शराब पिए जिससे उसे ज्यादा कमीशन मिले। अक्सर बार-गर्लें लालची, कमअक्ल, बेशऊर, बेअदब और चोर होती हैं। वह शराब में बुत बने कस्टमर की जेब से पैसा चुरा लेंगी, उनके साथ थोड़ी दूर टैक्सी में जाकर चुपचाप भाग आएँगी या शोर करने लगेंगी। मैं तुमसे या किसी भी लड़की से यह सब नहीं चाहता।"—सन्ता सिंह चुप हो गया और लूलू के चेहरे पर अपनी बातों का असर देखने लगा।

"फिर तुम क्या चाहता है ? तुम मुझसे क्या चाहता है ?"

"मैं चाहता हूँ कि इस डाइना-टैरेस को ऐसी जगह बना दूँ, जिसे लोग बार-हाउस नहीं समझें, अपना घर समझें, अपना मन्दिर समझें। जानती हो मिस लूलू, लोग शराबखानों में क्यों आते हैं ?"—सन्ता सिंह के सवाल पर लूलू मुस्कुराई। फिर थोड़ी देर रुककर बोली—"मौज के लिए आता है। अपना मुसीबत भूलने का वास्ते आता है। है तो ?"

"मिस लूलू, जिसका घर टूट जाता है, जिसकी जिन्दगी आग का शोला बन जाती है, जिसकी बीवी और बच्चे दुश्मन बन जाते हैं, जिसे किसी जगह चैन नहीं मिलता—वही शराबखाने में आता है, द स्केप फ्राम लाइफ ! है न ?"

"यस मिस्टर सिंह !"—लूलू की आँखों में सच्चाई की एक पीली-सी चमक फैल

गई। उसका बाप अफीम क्यों खाता था ? वह खुद पहले-पहल किसी बार में क्यों घुसी थी ? व्हिस्की की पहली बोतल अपने गालों से सटाकर वह देर तक क्यों रोती रही थी ? उसने शराब पीकर सारे कपड़े उतार फेंकना क्यों चाहा था ? क्यों चाहा था कि निपट नंगी हो जाए और शराब की खुली बोतल हाथों में लिए, सड़कों पर दौड़ती फिरे, नाचती फिरे ? "और लूलू, हमें डाइना-टैरेस को ऐसे लोगों का मन्दिर बना देना है जहाँ वे आकर, अपने लिए शान्ति खरीद सकें, सुरक्षा खरीद सकें। जहाँ उनकी बीवी उनको याद नहीं आए (जो उनके पीठ पीछे दूसरों के साथ बिस्तरों में घुसती रहती हैं !) उनका दफ्तर, उनका बिजनेस, उनकी कोई भी मुसीबत उन्हें याद नहीं रहे। इसमें तुम मेरी मदद करोगी, लूलू ?"

"करूँगी !" लूलू सन्ता सिंह की बातों से प्रभावित होने लगी। उसे लगा कि वह एक तरह से आदमी नहीं है, देवता है।

"मैं जब पहली बार यहाँ आया तो मैं उदास था, थका हुआ था, लूलू ! और तुम्हारी आँखों की खूबसूरती ने मुझे शान्ति दी, किसी भी शराब के नशे से ज्यादा शान्ति दी। मैं चाहता हूँ, यहाँ आनेवाले हर आदमी को तुम वैसी ही शान्ति दो। मैं डाइना-टैरेस को शराबखाना नहीं, दिमागी सुकून पाने का अस्पताल बनाना चाहता हूँ। यहाँ की हर लड़की नर्स जैसी हो, सेवा करनेवाली, लूटनेवाली नहीं !" सन्ता सिंह ने एक सिगरेट जलाई और दीवार पर टँगी सलीब ढोते हुए ईसामसीह की तस्वीर की तरफ खो गया।

"शुड आइ गो नाउ ?"—लूलू ने धीमे स्वर में पूछा।

"यह तो डाइना-टैरेस की फिलासफी हुई। अब तुम्हें करना सिर्फ इतना ही है। जो भी कस्टमर आएँ, उनके पास मिनट दो मिनट बैठो, बातें करो। उनको सहानुभूति दो, प्यार दो और उन्हें ज्यादा से ज्यादा ऑर्डर देने को प्रेरित करो। वे जो करें, अपनी ख्वाहिश से करें। बस। जितनी शराब बिकेगी, तुम्हें उसमें अच्छा कमीशन मिलेगा। तुम किसी कस्टमर के पास देर तक नहीं बैठो, बल्कि बार-गर्लों को मौका दो। क्योंकि किसी भी बार-गर्ल को सैलरी नहीं मिलती है सिर्फ कमीशन मिलता है। आल राइट ?" सन्ता सिंह मुस्कराया।

"आल राइट !"—लूलू मुस्कुराई और मुस्कुराती हुई बाहर चली गई।

"सरदारजी क्या कहता था ?"—दरवाजे के बाहर खड़े फिड ने पूछा।

"कुछ नहीं !" लूलू ने जवाब दिया और फिड का हाथ पकड़कर उसे पास के एक टेबल पर ले गई।

फिड अभी तक मरा नहीं है; पता नहीं क्यों, जिन्दा है। शायद जमाने की आग की लपटें किसी-किसी पेड़ को छू नहीं पाती हैं; उनकी जड़ें इतनी नीचे धँसी होती हैं, उनकी डालें इतनी ऊपर उगी होती हैं। फिड भी अभी तक झुलस नहीं सका है।

पेशे से वह 'हिमालय' बारहाउस में वायलिनिस्ट है, मेक्लाड ने ही उसे लूलू के

कहने पर यह नौकरी दिलवाई है। मगर फिड का मन वहाँ नहीं लगता। वह वायलिनिस्ट है और वाकई वायलिन से निकलनेवाले प्रत्येक स्वर से प्यार करता है। वह वायलिनिस्ट है और 'हिमालय' बारहाउस की रातों में गूँजती हुई अपनी वायलिन की हर धुन से नफरत करता है। मगर लूलू कहती है—"फिड डियर, नौकरी अलग चीज है, आर्ट अलग चीज। दोनों को एक में मिलाओ मत !"

फिड कहता है—"ठीक है ! जीने के लिए नौकरी करनी ही होती है ! मगर सारी जिन्दगी नहीं, लूलू, आठ-दस महीने से भी ज्यादा नहीं। मैं जरा हिन्दुस्तानी राग-संगीत पर कंट्रोल कर लूँ, फिर..."

फिड की आँखों में सपनों की रंगीन मछलियाँ तैर रही हैं। वह इन मछलियों को पकड़ना चाहता है...हम सभी की आँखों के नीले जल में मछलियाँ तैरती हैं, किरणों की मछलियाँ; और समय की आग में जल सूख जाता है, और मछलियाँ तड़प-तड़पकर नई तलाश में निकल जाती हैं। आदमी अपनी इन मछलियों के पीछे भागता है, औरतों के जिस्म की तरफ, जुए और शराब की तरफ, इस तालाब से उस तालाब की तरफ, डूबने के लिए, डूब मरने के लिए।

फिड डूब मरना नहीं, जीना चाहता है। जीने की उसकी इतनी ताकतवर हविस के दो कारण हैं। दो किनारे हैं, जिन पर लंगर डाल-डालकर उसकी नाव जलभँवर से बचती चलती है। फिड की वायलिन और फिड की लूलू। वैसे तो, वायलिन का आर्केडियन या मेंडोलिन या गिटार या जापानी बैंजो जिन्दगी के इस हलके में लोगों की रोटी का सहारा है। रेस्तराँ के दरवाजों पर खड़े होकर भिखमंगे गिटार बजाते हैं और कोई न कोई उदार व्यक्ति (अपनी बगल में खड़ी प्रियतमा पर रोब डालने के लिए ही सही) रुपए आठ आने दे डालता है। शाम को पार्कों में अन्धे एंग्लो-इंडियन छोकरे बैंजो और मेंडोलिन पर हिन्दी-अंग्रेजी फिल्मों के गीत गुँजाते हैं और मद्रासी आयाएँ सुनती हैं और पत्थर की बेंचों पर बैठे 'रिटायर्ड' पति-पत्नी सुनते हैं और हूलाहूप करती हुई लड़कियाँ और लड़के सुनते हैं...इस युग में संगीत का उद्‌देश्य रह गया है—उद्‌दीपन ! साहित्य का भी यही उद्‌देश्य रह गया है। संगीत क्या, साहित्य क्या, जीवन स्वयं क्षणिक उद्‌दीपनों के अतिरिक्त और कुछ है भी या नहीं, विश्वास नहीं होता। मनुष्य सड़क समतल करनेवाले भीमकाय 'रालर' के नीचे दबा पड़ा बीमार कुत्ता है और उद्‌दीपन ढूँढ़ता है—स्त्री-मांस के लोथड़ों में, स्त्री-संगीत की कड़ियों में, स्त्री-साहित्य के वर्णनों में ! कुत्ते...मांस के लोथड़े...और, कालिदास का मेघ अब भी रामगिरि के यक्ष का सन्देश लेकर देश-देश घूम रहा है।

फिड मेघदूत के सन्देश को अपनी वायलिन में बाँधना चाहता है! फिड बारहाउस की रातों में फरमाइशी गाने बजाता है—

ओ बेबी, ओ
लेट अस वाक् इन द नाइट्स
टु आल डेप्थ्स एंड हेल हाइट्स

ओ बेबी, ओ
लेट अस वाक् इन द नाइट्स

क्योंकि, लोगों को वाकई स्त्री-मांस के लोथड़ों या निरी हड्डियों के साये में रात का सफर काटना है।

फिड और लूलू आमने-सामने की कुर्सियों पर बैठ गए। फिर, लूलू बोली—

"आज हमारा आफ-डे है। चलो, पिक्चर देखने चलेंगे।"

"मैं पिक्चर नहीं जाता। कहीं घूमने चलेंगे। विक्टोरिया-मेमोरियल..."

"ठीक है !...अनिता, सुनो, कॉफी ले आओ, और फिड साब के लिए सिगरेट लाएगा !"

और, फिड उदास हो गया। कॉफी...सिगरेट...उदासी ! उदासी से कहा—"जी चाहता है, बारहाउस छोड़ दूँ। जी चाहता है, यह शहर ही छोड़ दूँ। यहाँ मैं मर जाऊँगा..."

"ह्वाई ? ह्वाई ? इस तरह क्यों बोलते हो फिड डियर ?"—लूलू ने डियर की बाँहें थाम लीं।

"मैं सच बोलता हूँ, लूलू। इसमें कोई झूठ नहीं है। ये होटल, ये बारहाउस, ये औरतें, ये पागल निगाहें, दीवारों पर नंगे जिस्मों की तस्वीरें, रात की गलियों के गाने, ये सारा कुछ आदमी को मारने के लिए है। मैं मर जाऊँगा। इस सिचुएशन में हम कितने दिन जी सकेंगे ?"—जाहिर था कि फिड कहीं से पीकर आया था। पिएगा नहीं तो ऐसी बातें क्यों करेगा। नशे में होते हैं, तभी तो हम जीने की और जीवित रहने की बातें करते हैं ! मगर, लूलू होश में थी।

"इसमें लाइफ और डेथ का क्या सवाल है ? हम तो सर्विस करता है। कहीं भी करेगा, यहाँ करता है ! गवर्नमेंट शराब का परमिट देता है, होटल चलाने का परमिट देता है, पीने का परमिट देता है, और लोग पीता है। इसमें हमारा क्या ? हम तो सिर्फ ऑर्डर लेता है ?"

"यही तो असली बात है, लूलू ! कि तुम नासमझ हो। तुम सिर्फ शराब और सिर्फ शराब नहीं बेचती हो, अपने-आपको भी बेचती हो। आज तुम्हें एक बोतल व्हिस्की का कमीशन मिलता है तीन रुपया ! तुम खुश होकर ले लेती हो। कल तुम्हें तुम्हारे जिस्म का दाम मिलेगा पचास रुपया। और तुम डिनाइ नहीं कर सकोगी। और पचास रुपया तुम्हारी कीमत हो जाएगी और तुम मर जाओगी और औरत नहीं रहोगी, लाश बन जाओगी !"

फिड पागल है, एकदम पागल है। हर एक आर्टिस्ट पागल होता है।

लूलू हँसी और देर तक फिड की इस बात पर हँसती रही। लूलू फिड से प्यार करती है, वह कभी नहीं बिकेगी !

"तुम सोचते हो कि रुपए के लिए हम किसी के साथ सोना मंजूर कर लेगा ?"—बहुत ही शान्त और स्थिर स्वर में लूलू ने फिड से पूछा और सिर झुकाकर कॉफी पीने लगी।

"क्यों ?" तुम किसी मर्द के साथ नहीं सोई हो क्या ?"—फिड ने अपनी आँखें उसके लाल होंठों पर जमाईं, और सवाल किया। लूलू ने अपने होंठ दाँतों से चबा लिए, और नफरत से भरकर बोली—

"नहीं ! कभी नहीं ! तुम मुझे प्रास्टीच्यूट समझते हो, फिड ?"

फिड चुप रह गया। लूलू भी चुप रह गई। धीरे-धीरे हाल भरने लगा और दोनों बिना कुछ बोले नीचे उतरकर सड़क पर चले आए। फुटपाथ के उस पार, एक नई पोंटियाक गाड़ी के साए में श्रीमती खड़ी थी और सिगरेट पी रही थी। और, थोड़ी ही दूर पर चिम्मनलाल कलकत्ते के एक जूट-किंग के सिरफिरे बेटे से बातें कर रहा था। श्रीमती ने लूलू को हल्का-सा इशारा किया, और वे दोनों उसके पास गए नहीं, सीधे अपनी राह बढ़ गए। लूलू ने कहा—

"रिअली, शीरीं इज लाइक ए ग्रीक गाडेस !"

"तुम भी एफ्रोदिती या हेलेन बन सकती हो !"—फिड ने उत्तर दिया।

स्त्री के जीवन का क्या उद्देश्य है ? दिति-अदिति का, या ईव का, या उर्वशी और ट्राय की हेलेन का क्या उद्देश्य था ? और, अगर इन स्त्रियों का कोई उद्देश्य नहीं तो फिर कालिदास की शकुन्तला या दान्ते की बिएट्रिस का क्या उद्देश्य था ? हो सकता है, वंशवृद्धि और मातृत्व स्त्री-जीवन का उद्देश्य हो। मगर, यह तो उद्देश्य नहीं, मात्र शरीर-धर्म है। पुरुष भी तो पिता बनना चाहता है। अपने को खंड-खंड में विभक्त करके, प्रत्येक खंड को सम्पूर्ण और स्वतन्त्र करना चाहता है। यह भी शरीर-धर्म है। आत्मा का धर्म नहीं, अस्तित्व का धर्म नहीं ! तो, स्त्री के अस्तित्व का धर्म क्या है ? या स्त्री का कोई स्वतन्त्र अस्तित्व ही नहीं है, अपनी कोई अलग इकाई नहीं है ?

स्त्री क्या बन सकती है, क्यों बन सकती है, बनने की इस प्रक्रिया में उसकी आत्मा और उसके अस्तित्व का क्या धर्म है, क्या उद्देश्य है—प्रश्न कितने हैं, और उत्तर नहीं है। एक ही औरत होती है, जो श्रीमती बन जाती है और अपने और पराई औरतों के शरीरों का सौदा करती फिरती है; और वही औरत होती है जो लूलू बनती है और अपने प्रियपात्र से कहती है कि उसका शरीर कच्चे घड़े की तरह पवित्र और कोमल है; और फिर वही लूलू उसी श्रीमती को देखकर आदर से भर जाती है, और कहती है—शी इज ए ग्रीक गाडेस !

श्रीमती ग्रीक की भगवतियों की तरह जरूर है, वैसी ही सुन्दरी, और उतनी ही कामासक्ता !

फिड और लूलू के जाने के दो-तीन मिनट बाद चिम्मन और दामोदर पोंटियाक के पास आ गए। श्रीमती ने चिम्मन को डाँटते हुए कहा—"यू आर फूल, चिम्मन ! यू वेस्टेड ट्वेंटी मिनट्स !"—और ड्राइवर की सीट पर बैठ गई। वे दोनों पिछली सीट पर बैठे। दो मिनट बाद गाड़ी पार्क स्ट्रीट में 'हिमालय' बारहाउस के सामने रुकी और

गाड़ी अब श्रीमती की थी। पैंसठ हजार रुपयों की नई कार ! श्रीमती मुस्कुराई, और चिम्मन ने कार का दरवाजा खोला तो उतरकर दामोदर से बोली—"यू आर ए लव्ली चाइल्ड, दामोदर !"

ओवर गाउन चिम्मन को थमाकर, दामोदर की बगल में गुजरती हुई श्रीमती 'हिमालय' के नए, सजे-सजाए, शीशोंवाले हाल में पहुँची तो एक बार ही सारी आँखें उसके जिस्म से चिपक गईं। जिस्म से चिपकी हुई आँखों की बेबसी श्रीमती को बहुत प्यारी-प्यारी लगी। उसने पास के टेबल पर बैठे रामलाल श्यामलाल बोतलवाला को दो-तीन उँगलियाँ दिखाकर 'चिअरिओ' किया और लव्ली चाइल्ड से बोली—"सो मैनी थैंक्स, ब्वाय।"

यानी, अब दामोदर वापस लौट जाए और अपने घर चला जाए। मगर, दामोदर जूट-किंग का इकलौता बेटा था और उसकी बीवी राजस्थानी घूँघट डालती थी और दामोदर ने मेरेलिन मुनरो की फिल्में देखी थीं। दामोदर ने कहा—"मैं चला जाऊँ ? आप एकाध पेग शैम्पेन नहीं लेंगी ? मैं चाहता था..."

श्रीमती हाल में भरे मर्दों और औरतों की आँखों में तैरती हुई आगे बढ़ती गई। रैयन सिल्क के शर्ट्स में वह स्कूल से भाग आई हुई किसी लड़की की तरह दीख रही थी। उसके हाथों में न बैग था, न पर्स; मगर उँगलियों में जलते हुए नीलम हजार कैंडिल पावर के बल्बों में उछल रहे थे। श्रीमती नहीं थी, एफ्रोदिती थी और 'हिमालय' नहीं था, पुराने ग्रीस का कोई पुराना शहर...चारों तरफ नीले सागर की नीली-नीली लहरें, जैसे अतृप्त आकांक्षाएँ, जैसे पिपासा के ज्वार, और बीच में सफेद संगमरमर की एक बड़ी-सी बेडौल, अनगढ़ी चट्टान पर अकेली विवस्त्रा एफ्रोदिती !

एफ्रोदिती कोने के एक खाली टेबल पर बैठ गई और बेयरे से बोली—"शैम्पेन !"

दामोदर भी बैठ गया और चिम्मनलाल क्लाकरूम से लौटकर आया और बैठ गया। दामोदर की दोनों आँखें श्रीमती पर रुक-रुक जाती थीं। उसने हजार-हजार नोटों के हजार बंडल देखे थे, इतनी पूरी औरत कभी नहीं देखी। वह स्तब्ध तो था ही, भयभीत और आतंकित भी था। श्रीमती की कितनी उम्र होगी ? यही सतरह या अठारह या बीस ! और मैं तो पूरे इक्कीस साल का लड़का हूँ। पापाजी ने श्रीमती को एक पोंटियाक दी है। मैं तो राल्स भी दे सकता हूँ...

चिम्मन ने श्रीमती के गिलास में ज्यादा और बाकी दोनों गिलासों में थोड़ी शैम्पेन डाली। श्रीमती ने आलस से गिलास उठाया और पी गई। न 'आइ ड्रिंक योर हेल्थ' की फार्मलिटी, न जैसे फिल्मों में पीते हैं, वैसे रुक-रुककर पीने की अदा ! दामोदर ने कहा—

"आप शायद बहुत ज्यादा पीती हैं !"

"नहीं तो ! किसने कहा तुमसे ? मैं तो बस, लोगों का साथ देती हूँ।"—श्रीमती नटखट लड़की की तरह, मासूमियत से हँसने लगी और वह झेंप गया। श्रीमती सिर्फ लोगों का साथ देती है। औरतों के जीवन का उद्देश्य शायद, यही है। लोगों का साथ

देना, जैसे चौराहों पर जलते हुए लैंप पोस्ट राहगीरों का साथ देते हैं। जैसे संगीत की लय, जैसे कोई यादगार...

किसी न किसी तरह रास्ता काटना ही है, तो रास्ते के लिए कोई शगल चाहिए। ट्रेन के डिब्बों में अपरिचित मुसाफिर ताश के पत्ते खोलकर बैठते हैं...ताश के बादशाह, ताश के गुलाम, ताश की बीवियाँ...और, श्रीमती लालपान की बीवी है ! उसे, मुसाफिरों का साथ देना ही है !

और पहले औरत नहीं थी, सिर्फ पुरुष ही था, एकमात्र पुरुष ! जब उसे अकेलापन खलने लगा तो उसे एक साथी की जरूरत महसूस हुई और उसने अपने-आपके दो टुकड़े कर डाले। दूसरा टुकड़ा औरत हो गई और औरत ने पहले टुकड़े का साथ देना शुरू किया...

और, कबीरदास ने कहा कि साँप के काटने से बचने का तो मन्तर भी है, मगर इस दूसरे टुकड़े के काटने पर कोई मन्तर काम नहीं करता है !

और एक चाइनीज कथा चली आती है कि एक बड़ा भारी साँप था, जिसके दो मुँह थे। एक मुँह बड़ा ताकतवर था, और दूसरा मुँह छोटा और कमजोर था। तो, बड़ा मुँह छोटे मुँह को कुछ भी खाने नहीं देता था, सारा कुछ छीन-झपटकर खुद ही खा लेता था। बर्दाश्त करते-करते छोटे मुँह से रहा नहीं गया और उसने बदला लेने की ठानी। उसने ऐसा किया कि एक जहरीले पौधे में लिपट गया। बड़े मुँह ने छोटे मुँह को भगाकर, समूचा पौधा खा लिया। और, पौधा जहरीला था, इसलिए बड़ा मुँह मर गया और इसलिए छोटा मुँह भी मर गया, क्योंकि एक ही साँप था जिसके दो मुँह थे।

और मर्द बड़ा मुँह है, और औरत छोटा मुँह है, और दोनों को साथ ही रहना है, छोटे मुँह को बड़े का साथ देना ही है।

"देखो चिम्मन ! तुम दामोदर साब की कार के लिए इनकी कोठी पर फोन कर दो। गाड़ी आ जाए तो इन्हें छोड़ आओ। मैं रिपन स्ट्रीट जा रही हूँ। आइ हैव थिंग्स टु डू ! और, डियर दामोदर, तुम पापाजी से मेरा थैंक्स बोलेगे और कहोगे कि वे चाहे जितनी चाय की पेटियाँ नाव के रास्ते से ले जाएँ, कोई रुकावट नहीं पड़ेगी। शर्त यही है कि नाव से ही ले जाएँ और इसी महीने भर ! अगले महीने की पहली तारीख को कस्टम ऑफिसर बदल जाएँगे।"—श्रीमती ने बहुत आहिस्ते से कहा। चाय की पेटियाँ, कस्टम ड्यूटी पाकिस्तान, स्मगलिंग और श्रीमती ! श्रीमती और पैंसठ हजार की नई कार।

मगर, दामोदर सिर्फ श्रीमती में इंटरेस्टेड था। उसने कहा—"मैं पापाजी से कह दूँगा। आप जहाँ हैं, कोई दिक्कत नहीं होगी ! आप तो 'कंट्री' में रहती हैं न ? मैं कभी वहाँ आऊँ...यों ही...मुझे अच्छा लगेगा..."

एफ्रोदिती मुस्कुराई और दामोदर के कन्धे पकड़कर बोली—"यू आर ए नाइस चाइल्ड, दामोदर ! तुम्हारा घर है, जब आओ...।"

दामोदर को शैम्पेन से दूना नशा चढ़ आया। उसका चेहरा उत्तेजना के सुर्ख धब्बों

से भर उठा और निगाहें नीचे झुक गईं। वह अपने तईं ताउम्र श्रीमती को छूने की हिम्मत नहीं कर सकता था। उसे बराबर यही डर बना रहता कि वह छुएगा तो उसकी उँगलियाँ जल जाएँगी...

"मिस शीरीं, योर फोन..." एक बेयरे ने आकर कहा। श्रीमती काउंटर पर चली गई। ओमप्रकाश का फोन था।

"मैं दस बजे तक आ जाऊँगी। तुम इन्तजार करोगे !"—श्रीमती ने उत्तर दिया और क्लाकरूम में चली गई। श्रीमती बहुत दुखी थी, उसके सीने में एक गीत उठ रहा था, एक मामूली-सा गीत, जिसे एक बार उसने कॉलेज के कन्सर्ट में गाया था—

चाँदवाले—जामिनी गो
घुमाओ ना, घुमाओ ना
चाँदवाले—जामिनी गो

(जिन्दगी एक सफर है जो एक अँधेरे कमरे में शुरू होती है। जिन्दगी एक सफर है जो एक अँधेरे कमरे में खत्म होती है। अँधेरे कमरे की इन लड़कियों को मनोविज्ञान की कौन-सी उलझन या अर्थशास्त्र का कौन-सा सूत्र या समाज-व्यवस्था का कौन-सा आईन-कानून यहाँ ले आया है, किसी को पता नहीं। इन लड़कियों को पता नहीं। इन्हें सिर्फ यह पता है कि आदमी माने रुपया। पाँच रुपया, दस रुपया, बीस रुपया, पचास रुपया। पाँच रुपया माने एक बोतल गोल्डेन ईगल बिअर ! पचास रुपया माने एक नई साड़ी और नई ब्लाउज !)

मेमसाहब का नाम लगभग बीस साल पहले, श्रीमती योगमाया घोष था। लगभग बीस साल से लोग उन्हें 'मेमसाहब' के नाम से जानते हैं। मेमसाहब के पास लगभग पन्द्रह स्थायी लड़कियाँ रहती हैं। इनमें अधिक एंग्लो-इंडियन लड़कियाँ हैं, मगर वेरायटी के ख्याल से मेमसाहब ने कुछ एंग्लो-बर्मीज, एक-दो पंजाबी और एकाध बंगाली लड़कियाँ पाल रखी हैं। पन्द्रह लड़कियाँ हैं, रिपन स्ट्रीट पर एक पाँच मंजिले मकान की तीसरी मंजिल है, चार-पाँच नौकर बेयरे हैं, और एक पुरानी फोर्ड गाड़ी है, जो सिर्फ शाम के लिए आनेवाली लड़कियों को लाती है और वापस पहुँचाती है।

मेमसाहब कैंची-सिगरेट पीती है, और अपनी लड़कियों को हर हफ्ते डॉक्टर से दिखाती है। मेमसाहब आँखों में काजल और होंठों पर लिपिस्टिक लगाती है, और अपनी लड़कियों से पचहत्तर नए पैसे प्रति रुपया कमीशन लेती है। इस पचहत्तर नए पैसे में ही मेमसाहब को मकान-भाड़ा, डॉक्टर का खर्च, पुलिसवालों को इनाम-बख्शीश, मुहल्ले के पेशेवर लड़कों की खातिरदारी, नौकरों का खर्च, आदि-आदि चलाना पड़ता है। लड़कियों के पास जो पचीस नए पैसे बचते हैं, उनमें वे अपने खाने-पीने, कपड़ों, सिगरेट, शराब आदि का खर्च चलाती हैं और होशियार रहीं तो बरसात के लिए कुछ पैसे बचाती भी हैं।

कभी-कभी मेमसाहब बरामदे में आरामकुर्सी पर बैठती है और सस्ते रम की दुर्गन्धित से विकल आवाज में कहती है—"ओ क्राइस्ट, मैं इस जेलखाने से कैसे छूटूँगी। मैंने अपना जीवन बर्बाद कर लिया...ओह, यह सब क्यों शुरू किया मैंने..."

मगर, दूसरे मिनट ही कोई लड़की आकर बोलती है—"मेमसाहब, दो-ठो सेठ आया है !" और मेमसाहब की आँखें भाव-विभोर हो जाती हैं—"देखो, लीला, तुम चली जाओ और अपने साथ उस मोटी पंजाबिन को ले जाओ !" और मेमसाहब क्राइस्ट को धन्यवाद देती है।

मेमसाहब का लड़का, तापस घोष जुआ खेलता है और शराब पीता है और इस दुनिया का फिलासफर माना जाता है। मेमसाहब चाहती थी कि वह बहुत बड़ा सर्जन बने। तापस ने मेडिकल कॉलेज में पढ़ना शुरू भी किया था। मगर, जिस गर्ल-स्टूडेंट से वह मुहब्बत करता था, फिल्म-एक्ट्रेस बन गई, और तापस को फिलासफर बना गई। मेमसाहब कई वर्षों तक रोती रही और मेमसाहब अब भी रोती है। मगर तापस फिलासफर बन गया है और जब कभी रुपए-पैसे माँगने आता है, तो कहता है—

"मेमसाहब, मैं तुम्हारी धनवन्ती कौर को साथ ले जा रहा हूँ ! मेमसाहब, तुम्हारी शोभारानी बीमार है, उसे डॉक्टर को दिखा लाओ। मेमसाहब, तुम्हारे आलमीरे में स्काच की दो बोतलें हैं, निकालकर ले आओ !"

मेमसाहब रोती है, बहुत रोती है। फिर तुरन्त ही आँसू सूख जाते हैं। हर लड़की की आँखें सूख जाती हैं। मेमसाहब या मेमसाहब की कोई लड़की किसी बात पर रो नहीं पाती है। सारे आँसू पहले ही बहाए जा चुके हैं। सारी खुशियाँ पहले ही बेच डाली गई हैं, सारी जिन्दगी पहले ही नीलाम हो चुकी है। कुछ नहीं बच गया है, सिवा इसके कि धुँधले अँधेरे कमरे में बैठे रहा जाए, रेडियो पर फिल्मी गीत बजता रहे, और जब कोई आदमी आए और उँगलियों से बताए—'वह लड़की, लाल फ्राकवाली', तो उठकर दूसरे कमरे में चले जाएँ और मुस्कुराते हुए कहें—"पचास रुपए !"

और, पचास रुपए के बाद, एक बिस्तरा, एक तौलिया, एक साबुन हाथ धोने का, एक बेसिन और कभी-कभी एक गिलास शराब !

धनवन्ती कौर पंजाबी लड़की है। शोभारानी बंगाली है। दोनों मेमसाइब के पास तीन-तीन साल से हैं। दोनों लड़कियाँ मिहनती हैं और मेमसाहब को खुश रखने की कोशिश करती हैं। जब कोई कस्टमर हर लड़की को नापसन्द कर देता है, तो मेमसाहब एक साथ इन दोनों को पेश करती है। इन दोनों को इनकार करना असम्भव है। ऐसा कभी नहीं हुआ है।

धन्नी और सुभी में दो अलग-अलग स्थितियाँ हैं, एक-दूसरे की पूरक स्थितियाँ नहीं, भिन्न। जैसे सतलज और हुगली के पानी में भिन्नता है। धन्नी सीधी तनी बन्दूक है—चौराहे का रसिक पानवाला कहता है, और शायद इससे सही उपमा दूसरी नहीं कही जा सकती है। धन्नी सीधी है, तनी है, और बन्दूक है। और, सुभी बन्दूक नहीं है, उस घास की तरह है जो रेत पर भी जम जाती है, सूखती नहीं। सुभी रिपन स्ट्रीट में है

और सूखी नहीं है, हरी घास की तरह है, जिस पर छन भर बिता देने का मन हो ही जाता है।

दो ही तरह के लोग रिपन स्ट्रीट आते हैं। वे, जो जानते हैं कि वे खुदकुशी करने जा रहे हैं और यह ज्ञान इन्हें बेइन्तहा शान्ति देता है। इन्हें बिजली की करेंट का शॉक चाहिए, आग की धधकती हुई भट्ठी चाहिए, दानवाकार अजगर का खुला हुआ मुँह चाहिए। ऐसे लोग धन्नी के पास आते हैं। उनके घर में खूबसूरत और सुशील बीवी होती है। बच्चे होते हैं। बैंक बैलेंस भी होता ही है। मगर उन्हें सीधी तनी हुई बन्दूक चाहिए !

फिर, वे लोग होते हैं जो वेश्यागृहों में, बारहाउसों में बदनाम कोठियों में एक बीवी खोजते हैं, एक बहन, एक माँ खोजते हैं। इन्हें औरत का शरीर तो चाहिए ही, शरीर में एक दिल भी चाहिए। और, ये लोग जानते हैं कि दिल नहीं है और सामने खड़ी लड़की हर घंटे-दो घंटे पर इसी अदा में यही डॉयलाग बोलती है (सुभी कहती है—"ग्रामोफोन के रिकॉर्ड तो वही रहते हैं, सिर्फ सुई बदलती जाती है। सुई यानी कस्टमर !" मगर इन्हें बोल से मतलब होता है, बोलने की ईमानदारी से नहीं ! ऐसे लोग सुभी को छोड़कर दूसरी जगह नहीं जाते। क्योंकि, उनकी बीवी किसी दूसरे के साथ सिनेमा-थिएटर गई होती है, या उसे घर में ही सिनेमा-थिएटर जैसी बातें करना नहीं आता है।

सुभी बातें कर सकती है। सुभी बातें करती है, लेक के किनारे बैठकर कोई कोमल गीत गाने की बातें, पाइन और चीड़ के दरख्तों के साए में एकान्त घर बनाकर रहने की बातें, तरह-तरह की सादी और सपनीली बातें। सुभी बातें करती है और उसकी आँखों में गहरी और शान्त नदी की संगीतमय शान्ति फैल जाती है।

बंगश्री जूट मिल्स लिमिटेड के छोटे इंजीनियर, मुखोपाध्याय बाबू की कुर्सी के पीछे खड़ी होकर सुभी उनके खिचड़ी बालों में उँगलियाँ फेरती है और धीमे, और धीमे होते हुए स्वर में कहती है—"जीवन तो ऐसा ही है, दादा। लोग मिलते हैं, अलग हो जाते हैं, भूल जाते हैं। मगर, क्या यह मिलना मिथ्या है, अन्याय है ? भूलना भी ठीक है और मिलना भी ठीक है। जीवन-भर तो कोई किसी का साथ दिया नहीं है। मृत्यु सबको अलग कर ही देता है। तब, अगर एक रात का भी साथ मिल जाए तो दादा, यह सुख की कथा नहीं है ?"

मुखोपाध्याय बाबू के सिर पर बंगश्री जूट मिल के मालिक की ऐतिहासिक तोंद का भार है, दिमाग में मिल की दानवाकार मशीनों की झक-झक। वे मुस्कुराते हैं, और उनकी आँखों में मैट्रिकुलेशन के कोर्स में पढ़ी हुई शेली की 'ओड ठु द वेस्ट विंड' तैरने लगती है।

"हाँ, सुभी, एक रात का ही साथ बहुत है...सुनो, बाहर जाकर बेयरे से कह दो, एक माल्ट व्हिस्की दे जाए"—वे कहते हैं, और सुभी कुर्सी की पीठ छोड़कर सामने आ जाती है।

धनवन्ती कौर की कहानी कुछ विचित्र-सी है। पार्टीशन से पहले उसका नाम था,

मेहरून्निसा खातून और अमृतसर में उसकी माँ एक उर्दू स्कूल में टीचर थी। दंगे-फसाद शुरू हुए और न स्कूल रहा, न माँ ही रह गई। मुहल्ले के एक हिन्दू लड़के के साथ भागती-भागती वह दिल्ली चली आई, जहाँ उस लड़के को सौ रुपए की छोटी-सी नौकरी मिल गई। मेहरून्निसा बन गई धनवन्ती कौर, और अपने हिन्दू मालिक के लिए उसने दो लड़कियाँ पैदा कीं। एक लड़की को गोद में लेकर, दूसरी को प्रॉम में डालकर, धनवन्ती कौर पतिदेव के साथ इंडिया गेट की नहर के किनारे-किनारे टहलती रही। मुगल गार्डेन के फव्वारों के पास बैठकर चालीस रुपए के कोडक-कैमरे से तस्वीरें भी उतारी गईं। कनॉटप्लेस में खोमचेवालों के पास खड़े होकर छोले खाए गए। वह हर कुछ किया गया, जैसा पति-पत्नी को करना चाहिए।

फिर भी, मुहल्लेवाले जान गए कि वेदप्रकाश शर्मा, टाइपिस्ट की बीवी हिन्दू नहीं है, भगाई हुई मुसलमान लड़की है। धनवन्ती ने मुहल्लेवालों को कहना चाहा कि वह मुसलमान नहीं है, हिन्दू भी नहीं है, सिर्फ वेदप्रकाश की बीवी है और बीवी ही रहना चाहती है। मगर, बात बीवी और शौहर के प्यार और रिश्ते की नहीं थी, समाज और मजहब की थी।

इसके अलावा वेदप्रकाश शर्मा टाइपिस्ट ने दूसरे मुहल्ले की एक हिन्दू रिफ्यूजी लड़की के साथ सिनेमा जाना शुरू कर दिया था। धीरे-धीरे उसने घर में खाना-पीना बन्द कर दिया, क्योंकि गोश्त और सब्जियाँ खरीदने धनवन्ती ही जाती थी, और क्या पता मुसलमान लड़की किस चीज का गोश्त खरीदकर ले आए !

दोनों लड़कियों का क्या हुआ, यह सिर्फ धनवन्ती ही जानती है। लोग सिर्फ यही जानते हैं कि धनवन्ती कौर सीधी तनी बन्दूक है और मेमसाहब की कोठी की और कोई लड़की इतना नहीं कमाती है।

चाँद बोले—जामिनी गो
घुमाओ ना, घुमाओ ना

श्रीमती के होंठों पर गीत की यह कड़ी थी और उसने एक लेडीज हेयर कटिंग सैलून के सामने पोंटियाक लगा दी। ओमप्रकाश सामने के फुटपाथ पर टहल रहा था। श्रीमती को देखते ही पास चला आया।

"देर तो नहीं हुई, ओम ?"—श्रीमती ने ओम के चौड़े कन्धे पर हाथ रख दिया।

"दस बजकर दस मिनट हुए हैं। आप ग्यारह तक भी आतीं तो लेट नहीं होतीं !"—ओमप्रकाश मुस्कुराया और बोला—"सीधे मेमसाहब के वहाँ चलेंगे तो ?"

"यस !"

"आप बात करेंगी या मैं करूँ ?"

"तुम बात करोगे। मेमसाहब से मेरा बात करना ठीक नहीं होगा। वह रुपए-पैसों की बात करेगी, हिसाब लगाएगी, घाटा और मुनाफा सोचेगी। मुझे गुस्सा आ जाएगा।"

मेनसाहब के फाटक पर बड़ा-सा ताला जकड़ा हुआ था और अन्दर जैसे अँधेरा ही अँधेरा था। ओमप्रकाश को देखते ही एक नेपाली दरबान आया और ताला खोलने लगा।

"बीबीजी भी अन्दर आएगा ?" उसने सशंकित होते हुए ओमप्रकाश से पूछा। औरतें तो तवायफखानों में नहीं जाती हैं। और, यह तो चाइनीज वेश्यागृह है भी नहीं, जहाँ औरतें भी जा सकें...

"जाएगा !"—सख्त आवाज में उसने कहा और श्रीमती के साथ भीतर चला गया। फाटक पर फिर उसी तरह ताला-बन्दी हो गई।

सीढ़ियों पर घना अन्धकार। ओमप्रकाश ने माचिस की तीलियाँ जलाकर रास्ता बनाना शुरू किया। फिर, दुमंजिले पर पहुँचकर ही जैसे अचानक उजाले के देश में पहुँच गए हों। बीच के हाल में बिना बाँह की कुर्सियों पर एक कतार से लड़कियाँ बैठी हुई थीं।

"हलो ओम डियर !"—मिस फैनी ने उसे पुकारा और उठने लगी, फिर श्रीमती को देखकर चुप हो रही। तब, बगल के कमरे से मेमसाहब निकली—

"शीरीं, तुम !" और श्रीमती का हाथ पकड़कर खींचती हुई अपने प्राइवेट कमरे में ले गई। श्रीमती ने कहा कि वह सिर्फ चाय पिएगी। ओमप्रकाश के लिए मेमसाहब ने ड्राअर से बोतल निकाली, और श्रीमती के लिए चाय मँगवाई। चाय के बाद श्रीमती उठी और बाहर हाल में चली आई। उस वक्त दो-तीन धोती-कुर्तावाले सज्जन लड़कियाँ देख रहे थे। उनमें से एक सज्जन जरा तेज किस्म के थे, श्रीमती को देखते ही उसके पास चले आए, और हर्षमिश्रित ध्वनि में चीखे—"दारूण ! शुधु दारूण।"

ऐसे लोगों से श्रीमती का बहुत पुराना परिचय है। वह शान्त भाव से उनकी तरफ एक नजर देखकर, आइशा के निकट चली गई—

"आइशी, हाउ इज लाइफ ?"

"लाइफ, शीरीं ? लाइफ इज हेल ! पासपोर्ट के लिए फिर एप्लाई किया है। बट, कोई रिप्लाई नहीं। थ्री मन्थ हो गया, नो रिप्लाई। एव्री मन्थ राबर्ट का लेटर आता है—आइशा, एनी हाउ, सिंगापुर चला जाओ। लेकिन, नो रिप्लाइ।"—आइशा अपने पासपोर्ट का किस्सा ले बैठी। आइशा खुद एक किस्सा है। लेबनान के एक यहूदी परिवार में जन्मी और लन्दन में एक स्टूडेंट से मुहब्बत कर बैठी। राबर्ट पढ़ाई खत्म करके नौकरी के लिए हिन्दुस्तान आया, तो आइशा भी आई। फिर, राबर्ट फौज में फ्लाइट-ऑफिसर बन गया और आइशा कलकत्ते में रुकी रही। लड़ाई खत्म हो गई, मगर राबर्ट की नौकरी खत्म नहीं हुई। खिदिरपुर में बड़ा-सा बँगला किराए पर लिया गया और राबर्ट टोकियो-न्यूयार्क-सिंगापुर घूमता रहा। आइशा रेसकोर्स जाती रही, क्लबों में टेनिस और पिंगपांग खेलती रही।

फिर, सिंगापुर में एअर-क्रेश हुआ और राबर्ट की आँखें जाती रहीं। साल-भर वह अस्पताल में रहा और नौकरी भी चली गई। भारतीय वायुयान सेना के ब्रिटिश

फ्लाइट-ऑफिसर को अब कौन पूछता है ! और, अब पिछले आठ बरसों से आइशा अपने शौहर के पास सिंगापुर जा रही है। मेमसाहब की कोठी में आकर और चौरंगी के फुटपाथों पर घूमकर उसने किराए के रुपए तो जमा कर लिए हैं, मगर पासपोर्ट ?

"पासपोर्ट-ऑफिस का कितना ऑफिसर का साथ कितना बार ड्रिंक किया, डांस भी किया, उसका बेड में भी गया। लेकिन, नो पासपोर्ट ! शीरीं, तुम हेल्प करेगा, देन हो जाएगा..."

आइशा के मन में राबर्ट के लिए प्यार है—श्रीमती जानती है। मगर, श्रीमती यह भी जानती है कि सिर्फ प्यार से कुछ नहीं होता है। आइशा सिंगापुर जाएगी तो राबर्ट पागल हो जाएगा; अभी तो सिर्फ अन्धा ही है और अखबारों के लिए टाइपराइटर पर लेख लिख-लिखकर अपनी रोटी कमा लेता है। मगर, तब पागल हो जाएगा।

श्रीमती ने राबर्ट के पत्र पढ़े हैं। वह आइशा को प्यार और सतीत्व की देवी मानता है। वह नहीं जानता है कि उसकी बीवी शरीर का सौदा करती है, और इसी सौदे के रुपयों से उसके लिए जाड़ों के सूट और धूप चश्मे और ब्रेल-सिस्टम की किताबें और मौसमी फल-फलहरियाँ भेजती है।

और, आइशा सिंगापुर जाएगी तो राबर्ट जान जाएगा। जान जाएगा, क्योंकि आइशा आठ बरसों से इस पेशे में है। यह पेशा अब आइशा के लिए सिर्फ आर्थिक विवशता नहीं है, आदत बन गई है। ऐसी आदत, जो कब्र में ही छूटती है। आइशा अब बीवी नहीं है, औरत भी नहीं है, सिर्फ एक वेश्या है। उसके शरीर में मर्द के देह की गन्ध समा गई है और इस गन्ध से छुटकारा नहीं है। उसे यह गन्ध चाहिए ही। इस गन्ध के बिना वह जी नहीं सकती है...

"मैं जरूर हेल्प करूँगी, आइशी ! आइ विल सी..."—श्रीमती ने उत्तर दिया, मगर तभी वही सज्जन फिर पास आ गए—

"आपका नाम क्या है ? आपसे बात करेगा...इधर आइए !"

"आइ एम ए गेस्ट हिअर !"—श्रीमती ने शराफत से कहा—"प्लीज गो टु एनी अव दीज गर्ल्स !"

मगर कहाँ ये लड़कियाँ और कहाँ श्रीमती ! श्रीमती इस वेश्यागृह में आकर भी वेश्या नहीं लगती थी। हालाँकि, सबसे कम और छोटे और तंग लो-कट कपड़े उसी ने पहन रक्खे थे; मगर वह वेश्या नहीं, किसी मॉडर्न बाप की मॉडर्न बेटी जैसी ही लगती थी।

"आप आइए, जी !" सज्जन ने बड़ी ही नजाकत से श्रीमती का हाथ पकड़ लिया, और आइशा भय से चीख पड़ी। और, ठीक उसी क्षण ओमप्रकाश आ गया। उसने स्थिति समझ ली और उन सज्जन को अपनी चौड़ी बाँहों में बाँधकर सैकेंड-भर में हाल के बाहर लेता चला गया। बाकी सज्जन भी पीछे-पीछे भागे। आइशा और धन्नी और सुभी और झरना और फैन और सारी लड़कियाँ चीखने लगीं। क्योंकि वे सभी ओमप्रकाश को जानती-पहचानती थीं।

''ओम तो मर्डर कर देगा''—मेमसाहब दौड़ी हुई आई। दो-तीन बेयरे भी भीतर से निकलकर बाहर भागे। और, तीन-चार मिनटों के बाद ही ओमप्रकाश लौटकर आया, शान्त और स्थिर और गोल्डफ्लेक के मीठे कश खींचता हुआ।

''उस गरीब को क्या किया ओम ?''—फैनी ने पूछा।

''और क्या करता, बालकनी से उठाकर नीचे फेंक दिया''—ओमप्रकाश एक कुर्सी कतार से बाहर खींचकर बैठ गया।

''ओ बाबा !''—सुभी चिल्लाई और आँखें बन्द कर कुर्सी में लुढ़क गई।

''बिचारे का हाथ-पाँव जरूर टूट गया होगा !''—धनवन्ती ने बात में रस लेते हुए कहा।

यही होता है, यही होना चाहिए—मेमसाहब ने सोचा, क्योंकि इतने बरसों से उन्होंने यही देखा है। हाथ-पाँव टूटना क्या है, कभी-कभी तो सचमुच खून हो जाता है। खून का मतलब है, मरनेवाले की मुक्ति और कानून के हाथों मारनेवाले की भी मुक्ति ! मुक्ति उनकी नहीं होती, जो न मरते हैं, न मारते हैं।

''शीरीं, उधर चलो। ओम बाबू की बात आधी रह गई है !''—मेमसाहब ने कहा। फिर, तीनों अन्दर चले गए। दस ही मिनट में तय हो गया कि कल रात में ओमप्रकाश दो नेपाली लड़कियाँ लेकर मेमसाहब के पास आएगा, और मेमसाहब उसे सौ-सौ रुपयों के नोटों में पाँच हजार रुपया देगी। दो हजार रुपया श्रीमती को भी मिलेगा, मेमसाहब दो-एक दिन में स्वयं उसे दे आएगी।

यानी तीन हजार में एक नेपाली लड़की। यही ओमप्रकाश का व्यवसाय है। वह हर साल गर्मियों में गढ़वाल-टिहरी के इलाके से लेकर दार्जिलिंग तक का तूफानी दौरा करता है, और चार-छः लड़कियाँ साथ लेकर वापस लौटता है। ऐसी लड़कियाँ कलकत्ते में काफी महँगी बिकती हैं। नेपाल के जंगल और पहाड़ों की लड़कियाँ...

ऐसी लड़कियाँ, जिन्होंने रेलगाड़ी नहीं देखी है, सिनेमा नहीं देखा है, दसमंजिले मकानोंवाले शहर नहीं देखे हैं। ऐसी लड़कियाँ, जिनका बाप रोटी की तलाश में पहाड़ से नीचे उतरा है और नीचे की जहरीली घाटियाँ उसे खा गई हैं। ऐसी लड़कियाँ, जिनका शौहर पूरब या पश्चिम के किसी शहर में किसी सिनेमाहाल के गेट पर खड़ा रहता है, किसी बैंक के बरामदे में पहरा देता है, किसी सेठ की हवेली पर चौकीदारी-दरबानी करता है। ऐसी लड़कियाँ, जो पहाड़ों की बर्फ में गलकर मरना नहीं चाहती हैं...

ओम लड़कियों को कलकत्ते ले आता है, और लड़कियों को कोई एतराज नहीं होता। एतराज किसलिए होगा ? लड़कियाँ जानती हैं कि जीने के लिए मिहनत करना ही पड़ता है, और मिहनत कहीं भी की जाए, कोई भेद नहीं है।

रास्ते में लौटते वक्त ओम ने श्रीमती से कहा—''मैंने किसी को बालकनी से फेंका-वेंका नहीं। सिर्फ डाँट दिया और वे लोग चोट खाए कुत्ते की तरह भाग खड़े हुए।''

''जानती हूँ।''—श्रीमती का उत्तर संक्षिप्त था, क्योंकि वह मन ही मन टूट रही

थी। श्रीमती के पास नई मोटर थी, रुपए भी थे, मगर वह टूट रही थी। उसे (आश्चर्य है !) अपनी नौकरानी की याद आ रही थी—लिलि कितने मजे से गर्म बिस्तरे में सोई हुई होगी। बेफिक्र, बेहोश ! श्रीमती, लिलि की नींद चाहती है।

मगर नींद कहाँ मिले ? कहते हैं रात डूबती है और संयमी व्यक्ति जागते रहते हैं। श्रीमती संयमी है। उसे नींद नहीं आती है। वह जगी रहती है और हर चौराहे पर जलती हुई रेडलाइट के हरे होने की प्रतीक्षा करती हुई संयम करती है। संयम, यानी चिन्तन। चिन्तन यानी चिन्तन करती है कि अभी कुछ और घंटे बाकी हैं और उसे यह चौराहा पार करना है, इससे आगे का चौराहा पार करना है, और भी आगे का चौराहा...

इंडियन म्यूजियम के पास आकर श्रीमती ने गाड़ी रोक दी, और ओमप्रकाश नीचे उतरकर बोला—"अच्छा, मैं चलता हूँ। आपका रुपया मेमसाहब कल-परसों दे आएगी। ठीक है तो ?"

"ठीक है। तुम जाओ"—श्रीमती ने कहा, और जब ओम चला गया तो वह बहुत देर तक गाड़ी रोके वहीं खड़ी रही। किसी के आने की प्रतीक्षा में नहीं, यों ही खड़ी रही। समय बीतता जाएगा और वह यों ही खड़ी रहेगी...

लिलि डरती है। बात इतनी ही है कि लिलि डरती है। ऐसा नहीं है कि लिलि को इस दुनिया से या रंगीनियों से नफरत है। नफरत नहीं है। भय है। जब श्रीमती नहीं होती है और किशन भी नहीं होता है तो वह आलमारी से बिअर की बोतल निकालती है और उसे छाती से सटाकर कमरे में नाचती रहती है। कितना शीतल स्पर्श है। और, उसे बोतल खोलकर पी जाने की इच्छा होती है। इच्छा होती है, साहस नहीं होता है।

कीमती सूट पहने हुए और खूबसूरत दीखते हुए लड़के 'कंट्री' में आते हैं और कमरे का दरवाजा अन्दर से बन्द करके, लिलि खिड़की से उन्हें देखती रहती है। उसे इच्छा होती है कि वह उनके कोट के बटन होल में गुलाब बनकर समा जाए। इच्छा होती है, साहस नहीं होता है।

साहस इसलिए नहीं होता कि उसे सिआलदह जंक्शन के प्लेटफॉर्म की जिन्दगी याद है। प्लेटफॉर्म पर खड़ी होकर उसे 'कंट्री' की ऊँची बालकनी पर नाचने का साहस नहीं होता। मगर, जब इच्छा और साहस के बीच वह कई दिनों तक झूलती रही तो उसने तय किया। तय किया कि वह बाहर आएगी। कमरे से बाहर आकर देखेगी कि दुनिया कितनी बड़ी है। और, अगर दुनिया की लम्बी, चौड़ी और तिरछी गलियों में भटक गई तो वापस लाने के लिए श्रीमती दीदी तो है ही !

रामलाल श्यामलाल बोतलवाला बहुत बड़ा नाम है, इसलिए औरतें उसे सिर्फ 'लाल' कहती हैं। मिस्टर लाल !

"तुम अपनी मालकिन से बहुत ज्यादा खूबसूरत हो,"—मिस्टर लाल ने कहा—"कौन

कह सकता है कि तुम श्रीमती से भी ज्यादा पैसे नहीं उगाह सकती हो ! कितना शानदार चेहरा...कितनी मुलायम देह ! लिलि, तुम्हें कीमती कपड़ों की जरूरत है, बस !"

"मैं बहुत खुश हूँ, कि तुम मुझे यहाँ ले आए...मगर, अभी श्रीमती दीदी तो नहीं आएगी ?"—लिलि ने पूछा। लिलि और लाल 'कंट्री' के लान में बैठे थे और कॉफी पी रहे थे। पहली मुलाकात में ही किसी नई लड़की को शराब पिला देना, लाल के उसूल के बरखिलाफ है। हफ्तों की चेष्टा के बाद वह लिलि को सीढ़ियों से नीचे उतार सका है और खुश है। खुश है, क्योंकि ज्यादातर लोग यही जानते हैं कि लिलि श्रीमती की छोटी बहन है, नौकरानी नहीं। और, श्रीमती की बहन के साथ लान में बैठकर चाय (चाय ही सही !) पीते हुए बातें करना प्रसन्नता की बात अवश्य है।

"श्रीमती ? श्रीमती तो लेडी डॉक्टर के पास गई है। शायद लंच के वक्त तक भी नहीं लौटेगी"—लाल मुस्कुराते हुए बोला।

"चीनी कितनी ?"

"बस, एक चम्मच।"

"दीदी कल रात वापस नहीं आई थी। सुबह आई और कपड़े बदलकर फिर वापस चली गई।"

"यह लाइन ही ऐसा है ! लोगों के पास अगर रुपए हैं और लोग अगर तुम्हें रोकना चाहते हैं तो तुम्हें सारी रात रुकना पड़ेगा !"—लाल ने दार्शनिक की तरह कहा।

"मगर मैं ऐसा नहीं करूँगी। अगर मेरे पास दीदी के इतना भी रुपया हो जाए तो मैं एक स्कूल खोल दूँगी जहाँ रिफ्यूजी औरतें..."

"मगर रुपया होगा तब तो ?"

"हाँ, रुपया होगा तब ! और मुझको रुपया नहीं होगा।"—लिलि भी दार्शनिक हो गई है।

"तुमको रुपया होने की जरूरत नहीं है, लिलि ! तुमको जरूरत है कि किसी पढ़े-लिखे और पैसेवाले आदमी (जैसा कि मैं हूँ !) से शादी कर लो, और शान्ति से जीवन बिताओ।"

"शादी ! मुझसे कौन आदमी शादी करेगा ?"—लिलि हँसने लगी—"जिसके पास रुपया है, उससे शादी करने के लिए शहर में हजारों लड़कियाँ हैं, मिस्टर लाल। एक लिलि ही नहीं है !"

मगर, लिलि समझ गई कि मिस्टर लाल उससे शादी करना चाहता है। वैसे, लिलि जानती है कि मिस्टर लाल ने अब तक शादी नहीं की है और वह शादी करेगा भी नहीं। किन्तु, अगर वह चेष्टा करे तो सफल हो सकती है। शादी...अपना घर...अपना रुपया...

हो सकता है, लाल शादी कर ले और दो-चार हफ्तों के बाद घर से निकाल दे। हो सकता है, लाल शादी न करे, सिर्फ वादा ही करता रहे और वह गर्भवती हो जाए और लेडी डॉक्टरों के पास मारी-मारी फिरती रहे। फिर भी वही ज्यादा अच्छा है...कमरे

में बैठकर सड़ते रहने से ज्यादा अच्छा है।

रामलाल श्यामलाल बोतलवाला कई महीनों से श्रीमती के फ्लैट में आता रहा है। हर वक्त अच्छे कपड़े पहने रहता है और अच्छी-अच्छी बातें कहता है। श्रीमती उससे कभी नाराज नहीं हुई, भद्दे से भद्दे मजाक पर भी नहीं। लाल, शायद, चौरंगी के किसी बड़ी फर्म में पार्टनर है और उसके पास अपनी मोटर भी है।

"चलो। चौरंगी तक घूम आएँ, लिलि !"—लाल उठने लगा।

"चलो !"—लिलि उठ खड़ी हुई। अभी सुबह ही है, लाल के साथ जाने में कोई नुकसान नहीं है। और, नुकसान है भी तो क्या हुआ ?

जब लिलि रात के ग्यारह-बारह बजे अपने फ्लैट में लौटी और उसने किशन को नुकसान की बात बताई तो किशन पागल हो गया।

"पागल मत बनो, किशन ! दीदी सुनेगी तो मुझे घर से निकाल देगी। आज नहीं तो कल लाल से हमारी मुलाकात जरूर होगी।"—लिलि चुपचाप बाथरूम चली गई। क्योंकि बाथरूम में टैप के ऊपर सिर डालकर रोने के सिवा और कोई चारा नहीं है।

सन्ता सिंह ने अपनी बीवी से कहा—"तुम बिजनेस में टाँग मत अड़ाओ; यहाँ तुम आई क्यों ? बेकार तुम लोगों को रंगून से यहाँ ले आया। बदतमीज औरत !"

"बदतमीज मैं हूँ या तुम ? सत्या तो बर्बाद हो गई। अब तुम सावित्री को अपने साथ होटल में बिठाने लगे हो। उसे भी किसी सेठ-साहूकार के हाथ बेचोगे। यही न ?"—हरबंस कौर ने जीवन में पहली बार अपने शौहर को इतनी कड़ी बात कही।

इसलिए कही कि उसने अब तक सहा है, सन्ता सिंह की सारी जिन्दगी सही है। अब वह सहना नहीं चाहती, सुख करना चाहती है। इतने बड़े 'डाइना-टैरेस' का मालिक है उसका पति। वह दुख क्यों काटे ? बड़ी लड़की सत्या को सन्ता सिंह ने किसी सेठ के हाथ बेच दिया। ठीक है, सत्या चली गई। मगर, अब सन्ता सिंह बारहाउस में किसी टेबल पर बैठता है तो एक ओर मझली लड़की सावित्री होती है और दूसरी तरफ लूलू।

"सावित्री मेरी बेटी है, मैं उसके साथ कुछ करूँ, तुम्हें क्या ?"—सन्ता सिंह ने इस बार नफरत और गुस्से से भरकर कहा।

"सावित्री तुम्हारी बेटी है, मगर वह लूलू कौन है ? मैं सब जानती हूँ, तुम लूलू के साथ क्या करते हो। मैं बहुत सह चुकी सन्ता सिंह, अब नहीं सहती..."

हरबंस कौर पैंतालिस-पचास के बीच की पकी औरत है और जानती है कि सन्ता को काबू में कैसे रक्खा जाता है। अगर काबू में रखना नहीं जानती तो रंगून में कितनी औरतें थीं, जो हरबंस कौर की छाती पर चढ़ जातीं और उसके शरीर का सारा रक्त चूस लेतीं।

सन्ता सिंह के कमरे से बाहर आकर हरबंस कौर रेस्तराँ के हाल में आई और काउंटर के पास खड़ी हो गई। लूलू काउंटर पर नहीं थी। हरबंस कौर ने चारों ओर

निगाहें फैलाईं, देखा कि रेस्तराँ खाली-खाली है। और ओमप्रकाश दरवाजे के समीप खड़ा मुस्कुरा रहा है।

फिर, ओम और हरबंस कौर एक केबिन में बैठकर बिअर पीने लगे। इतनी सर्दी में बिअर पीना सेहत के लिए निहायत जरूरी है।

और, जब हरबंस कौर और ओमप्रकाश को केबिन में बैठे घंटे भर हो गए, तब सावित्री और सन्ता सिंह रेस्तराँ में आए।

"पापाजी, ममी और ओमप्रकाश केबिन में बैठे हैं।"

"जानता हूँ !"

"पापाजी, ममी ने कल ओम को पाँच सौ रुपया दिया है।"

"जानता हूँ।"

"पापाजी..."

"जानता हूँ, सावित्री ! तुम चुप रहो !"—सन्ता सिंह को लगा कि उसका शरीर दो टुकड़ों में बँट गया है और ये टुकड़े अब कभी जुड़ नहीं सकेंगे। एक टुकड़ा है, उसका वह भाग जो एक परिवार चाहता है, एक बीवी चाहता है, जो उसे प्यार करती रहे और उसकी सारी जिन्दगी सहती रहे। दूसरा टुकड़ा है, वह भाग जो रुपया चाहता है, लूलू जैसी लड़कियाँ और शराब चाहता है। एक ऐसा वातावरण चाहता है, जिसमें डूबकर वह उस गाँव को भूल सके, जहाँ उसका जन्म हुआ था, और जिसकी नालियों में आवारा घूमता हुआ वह आवारा कुत्तों को डंडे मारता फिरता था।

"सावित्री, मैं मर जाऊँ तो 'डाइना-टैरेस' चला सकेगी ?"—सन्ता सिंह ने बहुत उदास होकर अपनी बेटी से पूछा।

"हाँ, पापाजी, जरूर चला सकूँगी। तुमसे ज्यादा अच्छी तरह चला सकूँगी ?"—सावित्री ने बहुत खुश होकर अपने पिता को उत्तर दिया।

अपनी बेटी के उत्तर से पिता की उदासी बहुत हद तक दूर हो गई। जैसा सन्ता सिंह अपनी बेटी को बनाना चाहता था, नहीं बना सका। मगर जैसा समाज सन्ता सिंह की बेटी को बनाना चाहता था, उसमें उसने मदद की। समाज की इच्छाओं की मदद करनी ही चाहिए। मदद करनी ही पड़ती है...

"अब क्या होगा, फिड ?"—लूलू बहुत आतंकित थी।

आतंकित इसलिए थी कि हरबंस कौर का खून करने के जुर्म में सन्ता सिंह और सावित्री को पुलिस ने गिरफ्तार कर लिया था, और 'डाइना-टैरेस' बन्द हो चुका था। फिड आतंकित नहीं था। वह जानता था, यही होता है। और जो होता ही है, उससे कब तक आतंकित रहा जाए ?

बल्कि फिड खुश था कि अब उसकी प्रेयसी उससे अलग नहीं रह सकेगी। फिड खुश नहीं था, फिड की आत्मा में कुंडली मारकर बैठा हुआ संगीत खुश था। फिड भी

हर बेवकूफ की तरह, यानी हर रूमानी कलाकार की तरह संगीत में डूब रहा था।

लूलू...शाम की घाटियों में खिलते हुए गुलाब...जल की नीली लहरों का संगीत...लूलू...हिमालय होटल का सस्ता आर्केस्ट्रा नहीं, शराब के गन्दे प्यालों से उफनती हुई और भी गन्दी गन्ध नहीं, कुरूपता नहीं...सौन्दर्य ही सौन्दर्य...लूलू...

नौकरी छूट चुकी थी, इसलिए लूलू साजोसामान के साथ फिड के कमरे में आ गई। एक ही कमरा था और कमरे में एक बिस्तरा था। टेबल पर पीटर चेनी और अगाथा क्रिस्टी, सिगरेट के खाली टिन, टूथपेस्ट और ब्रश, शेविंग के सामान, और टेबुलफेन। दीवारों पर लूलू की और बीथोविन की और सूली पर लटके हुए ईसामसीह की तस्वीर, एक बड़ा-सा वायलिन, कैलेंडर कोई नहीं। और, अस्तव्यस्त कमरा...

लूलू ने कमरे को सजाया नहीं, साफ-सुथरा किया नहीं. चुपचाप बिस्तरे पर लेट गई। लूलू को लेटे देखकर फिड मुस्कुराया और सिगरेट पीने लगा।

फिड शाम के सात ही बजे वापस आ गया। लूलू तब कमरे के लिए एक पर्दा बनाने में लगी हुई थी, दरवाजे और खिड़कियों के लिए पर्दा; ताकि लोगों की आँखें उसे तंग नहीं करें।

"होटल नहीं गए ?"

"नो !"

"क्यों ? होटल क्यों नहीं गए ? आठ बजे से तो आर्केस्ट्रा बजने लगता है...तुम्हें ढूँढ़ेंगे नहीं ?"—लूलू ने पर्दा सीना बन्द कर दिया, और आश्चर्य से उसका चेहरा देखने लगी।

"मैंने नौकरी छोड़ दी है। तुम जानती हो लूलू, मैं राक एंड रोल गाने-बजाने के लिए पैदा नहीं हुआ हूँ। मैं हिन्दुस्तानी क्लासिकल म्यूजिक को प्यार करता हूँ।"—फिड जूता उतारने लगा और बोलता रहा—

"जब तुम भी आ गई हो और तुमने भी बारहाउस की नौकरी छोड़ दी है। अब हम दोनों अपनी नई जिन्दगी शुरू करेंगे।"

"मगर तुम्हें दो सौ रुपए सैलरी मिलती थी, फिड ?"—लूलू का गुस्सा उभर आया।

"आदमी के आर्ट की कीमत क्या रुपयों से तौली जाती है ?"

"मगर, आदमी के पास पेट भी होता है, जरूरतें भी होती हैं।"

"पेट के लिए हम कोई दूसरी नौकरी कर लेंगे, मगर अपना आर्ट नहीं बेचेंगे, लूलू ?"

लूलू आर्ट की बात नहीं समझती है। वह प्यार की बात समझती है। वह समझती है कि फिड को 'हिमालय' होटल में दो सौ रुपए मासिक और पाँच-दस रुपए रोज टिप मिलते हैं। अगर फिड चाहे तो लूलू को भी उसके होटल में नौकरी मिल सकती है। फिर, दोनों मिलकर शानदारी से रह सकते हैं, रविवार को मार्निंग शो में फिल्म देख सकते हैं, इडेन-गार्डेन में पिकनिक कर सकते हैं। और चाहिए ही क्या ?

लूलू आर्ट की बात नहीं समझती है। फिड समझता है। समझता है कि 'हिमालय'

या ऐसी किसी भी जगह में रहकर वह ज्यादा दिन जी नहीं सकेगा। और वह जीना चाहता है, अपने संगीत के साथ जीना चाहता है। फिड को अपनी शक्तियों और सम्भावनाओं का पता है—ठीक उसी तरह जैसे वान गॉग को पता था, जैसे उन सभी कलाकारों को पता था, जो अपनी कला को जीवित और अमर रखने के लिए जीवन की अन्य सभी सुख-सुविधाओं से भागते रहे।

"तुम पागल हो। फिड, मैं जानती हूँ, तुम क्या चाहते हो। तुम यही चाहते हो कि मैं प्रास्टिच्यूट बन जाऊँ और तुम मेरे कमाए पैसों पर ऐश करते रहो और म्यूजिक बजाते रहो। मैंने कितने लोगों को देखा है..."

"हो सकता है, मैं यही चाहता हूँ। तुम ऐसा नहीं चाहती हो, तो इसी वक्त यहाँ से चली जाओ, लूलू। दिस इज माई लास्ट वर्ड टु यू !"—फिड ने बहुत शान्ति से, बड़े ही इत्मीनान से कहा और बिस्तरे पर बैठकर सिगरेट पीता रहा।

लूलू की आँखों में आँसू भर आए। वह चुपचाप खड़ी रही, टूटती हुई, मरती हुई। फिर, चुपचाप बाहर चली आई।

लूलू एकदम खुले रास्ते पर आ गई। और कोई रास्ता नहीं था। उसकी आँखों में सपने थे। हर औरत की तरह साधारण सपने। घर, परिवार और थोड़ी-सी हँसी-खुशी, थोड़ा-सा प्यार ! मगर, वह सपना टूट चुका था। फिड के साथ रहने का मतलब था भूख और गरीबी और सिर्फ गरीबी ! औरत, अगर उसके पास औरत का मन है, औरत का शरीर है, तो गरीबी क्यों सहे ? लूलू अपनी नैतिकता, अपने शरीर का कुँवारापन कायम रखना चाहती है, मगर, जब समाज नहीं चाहता तो वह क्या करे ?

लूलू ने रास्ते पर खड़े होकर सोचा और सीधी तनकर खड़ी हो गई, और मुस्कुराती हुई यहाँ-वहाँ जाते हुए लोगों को देखने लगी और श्रीमती के फ्लैट की ओर चली गई।

श्रीमती का कमरा अन्दर से बन्द था। कमरा अन्दर से बन्द था और कमरे के अँधेरे में बन्द श्रीमती रो रही थी। रो रही थी जैसे अपनी गलती से उँगलियाँ जल जाने पर बच्चे रोते हैं। श्रीमती की उँगलियाँ जल रही थीं। श्रीमती का सारा शरीर जल रहा था। श्रीमती का पूरा अस्तित्व जल रहा था। वह अपने ठंडे बिस्तरे पर औंधी पड़ी थी, मिट्टी के ऐसे बर्तनों की तरह, जो पिकनिक करनेवाले पार्क में छोड़ देते हैं। बर्तनों में कुछ नहीं बच जाता है; सिवा गन्दगी के और कुछ नहीं बच जाता है।

श्रीमती में सिर्फ गन्दगी ही नहीं बची है। बच गई है आग। बच गया है आग का पिंड। और वह जल रही है। जैसे सीता जली थी। और जैसे सीता जलकर भी जल नहीं पाई थी। आग में वह शक्ति कहाँ कि आग के पिंड को जला सके, जलाकर बुझा सके !

जब लूलू कुर्सी पर बैठ गई, और श्रीमती ने अपने लिए और उसके लिए बिअर मँगाई, और लूलू ने उससे कहा कि वह फिड से लड़कर आई है और अब यहीं, यानी श्रीमती के पास ही रहेगी और कहीं किसी की नौकरी नहीं करेगी, जैसे श्रीमती नौकरी नहीं करती है, तो श्रीमती मुस्कुराई। श्रीमती मुस्कुराई, जैसे पौधे से टूटकर गिरे हुए

फूल में धोखे से मुस्कुराहट बच गई हो। श्रीमती मुस्कुराई जैसे वह एक मशीन हो, जो चवन्नी डालने से गाने लगती है, या इकन्नी डालने से वजन बता देती है। श्रीमती मुस्कुराई और बोली—''डॉक्टरों ने बताया है कि मैं गर्भवती हूँ, और मैंने डॉक्टरों से बताया कि मैं एबार्शन नहीं कराऊँगी।''

श्रीमती ने यह बात हर शब्द पर जोर देते हुए कही और लूलू को और कुछ पूछने या बोलने का साहस नहीं हुआ। दोनों औरतें चुपचाप बिअर 'सिप' करती रहीं और सिगरेट का धुआँ उगलती रहीं। दोनों औरतें धुआँ उगलती रहीं, क्योंकि उनके अन्दर आग जल रही थी, क्योंकि उनके बाहर आग जल रही थी। दोनों औरतें आग में नहा रही थीं और खुश थीं। दोनों की आँखों में दो सपने थे।

शहर था शहर नहीं था

इस 'नए' शहर के बारे में लिखी गई
यह 'पुरानी' किताब,
राजेन्द्रनगर (पटना) के निवासी,
मेरे आत्मीय,
श्री शम्भुनाथ मिश्र
को दी जाती है।

—राजकमल चौधरी
15, मार्च, 1966

I never have, I never have, l've never even thought of it. That is, I've never thought of writing a developmental novel in which a self of some kind is discovered or is made, if forged, as they say, No.

—Mary McCarthy
(Told to Elisabeth Niehuhr, in
The Paris Review 7/27)

1
नीलापन, और एक ही सपना बार-बार

सुबह की चाय के दूसरे प्याले के बाद, ललिता ने पिछली रात के सपने की बात कमलनाथ को बताई। वह अब भी ऊँघ रहा था। ललिता चाय के प्याले और केतली उठा ले जाए, तो वह थोड़ी देर के लिए सोने की कोशिश करेगा। हर रोज ऐसा नहीं होता। बगल के मकानों से कोई-न-कोई पड़ोसी, चाय के प्याले पर आ ही जाता है। पड़ोसियों की इसी एक आदत ने कमलनाथ को प्रजा-जनों का घोर विरोधी बना दिया है। अंग्रेजी में इसे 'मॉब' (mob) या 'मास' (mass) स्वभाव कहेंगे। अपने अफसर दोस्तों के बीच, गर्दन उठाकर वह कहता है—"देखो ठाकुर साहब, 'मॉब-मेंटलिटी' (प्रजा-जनों की मनोवृत्ति) से गन्दी और अश्लील सच्चाई इस धरती के गोले में दूसरी नहीं है !" दरअसल, उसे गुस्सा सिर्फ इस बात का है कि लोग उसे सुबह देर तक, अपनी मर्जी से सोने क्यों नहीं देते !

कमलनाथ को मौका दिया जाए, तो वह दफ्तर जाने के बीस मिनट पहले तक सोए रहने की हैसियत रखता है। एक बेहद थकी हुई अँगड़ाई लेकर उसके बिस्तरे से, उसकी नींद उठकर दीवार में लगे आदमकद शीशे के सामने खड़ी हो जाएगी, और अपना खुरदरा, पसीने से लतपथ, खिड़की की धूप में गर्म, चेहरा देखती रहेगी। सवा दस बजे उसकी नींद खुलेगी।

उस वक्त ललिता अपने बाथरूम में होगी। बाथरूम में उसे पूरे तीन, और किसी-किसी दिन सवा-तीन, घंटे लगते हैं। इसी काम के लिए उसने अपने पैसों से एक जापानी ट्रांजिस्टर खरीदा है। वह बर्फ जैसे ठंडे पानी में नहाती रहेगी, और उसके ठंडे शरीर के इर्दगिर्द कोई-न-कोई विदेशी धुन गूँजती रहेगी।

मछलियाँ, नीले पानी की सतह पर, धूप में अबरख के टुकड़ों की तरह चमकती हुईं, उछलती रहेंगी; और जाल फेंकते हुए मछुए, अपनी मोरपंखी नावों पर, नदी और बरसात के उमड़े हुए गीत गाते रहेंगे...धुन गूँजती रहेगी। दिल के इस कोने से उस कोने तक धुन गूँजती रह जाएगी, और ललिता एक नीली मछली बन जाएगी। वह मछली, जो अपने नथ में राजा दुष्यन्त की अँगूठी पहनने की सजा में, मछुए के जाल के साथ राज-दरबार में पहुँचाई गई थी। वही गुनहगार मछली, जिसने शकुन्तला के प्यार का स्मृति-चिह्न चुरा लिया था।

कमलनाथ के लिए चाय के साथ, गुनमन्ती अंडे और रोटी सेंक देती है। 'ऑमलेट'

को वह अपनी भाषा में कहती है—'आमतेल'। यानी, तेल में पकाया गया आम। कमलनाथ पकाए गए आम के हाथ की 'चाय-रोटी' खाकर, चुपचाप अपनी गाड़ी में बैठकर, अपने दफ्तर चला जाता है। कुसुमपुर कॉलोनी से लगभग पाँच मील है नए सचिवालय की बगल में उसके कार्यालय की पुरानी बिल्डिंग। इस पाँच मील को तय करने में उसे कई साल लग जाते हैं। डाक बँगला रोड के चौराहे पर रुककर, वह पान खाएगा। एक रिक्शे पर तीन-तीन लदकर जाती हुईं स्कूल-कॉलेज की लड़कियों को देखेगा। फिर, बीच फुटपाथ पर मुँह का पान थूककर, अपनी गाड़ी में बैठ जाएगा। 1964 मॉडल की यह 'फियट' गाड़ी उसने एक लम्बे आत्म-निर्णय के बाद खरीदी है।

कमलनाथ ने कई दिनों तक सोचने-समझने के बाद निर्णय किया है—ललिता को अपनी कार में, अपने साथ बाहर घुमाने के लिए, वह कभी किसी दिन किसी कीमत पर नहीं, नहीं ले जाएगा, किसी हाल में नहीं।

लेकिन, ललिता अपने बाथरूम में होती है। और, वह दफ्तर जाने के वक्त उसे कह नहीं पाता है कि वह रात में दस बजे के बाद ही घर लौटेगा। ग्यारह बजे वह अपने बिस्तरे में होता है, और 'गीता' के अंग्रेजी अनुवाद का पारायण करता हुआ, सो जाता है। यह अंग्रेजी टीका उसके लिए एक मार्मिक विवशता है। वह सोने के पहले दो-चार श्लोक भी पढ़ लेता है, उसे नींद में तकलीफ नहीं होती है। बुरे सपने नहीं आते। बत्ती बुझने पर भी ऐसा नहीं लगता कि आदमी हवा की तरह हल्का हो गया है, और स्याही की नदी पर तैर रहा है, कागज की नावों की तरह। जब कमलनाथ राँची शहर के एक अंग्रेजी स्कूल में पढ़ता था, उस पर कृपालु एक 'मिशनरी' अंग्रेज शिक्षक ने यह अंग्रेजी 'गीता' उसे उपहार में दी थी।

अपनी एकमात्र पत्नी, ललिता को अपने विवाह के लगभग ग्यारह साल पहले, कमलनाथ ने राँची के एक ईसाई समारोह में ही देखा था। वह अपनी सहेलियों के साथ, यहाँ-वहाँ घूमकर, आए हुए लोगों के हाथ धार्मिक हितोपदेश की किताबें बेच रही थी। कमलनाथ उन दिनों एक अंग्रेजी स्कूल में गणित पढ़ाता था, और सरकारी नौकरी के बड़े इम्तहानों की घनघोर तैयारी करता था। उसने विश्वविद्यालय में पढ़ने के वक्त ही तय किया था कि वह 'फॉरेन सर्विस' में जाएगा। लेकिन, सरकारी 'सर्विस कमीशन' की वार्षिक परीक्षाओं में, वह दो बार फेल हो गया। फिर, उम्र ही खत्म हो गई। अनुभवों, व्यवहारों, और परीक्षाओं के तीस लम्बे-लम्बे साल बीत गए।

अपने बुलन्द बुढ़ापे में, अपने जिला-शहर में मुख्तारी करते हुए उसके पिताजी ने, कमलनाथ को एक लम्बा पत्र लिखा। जिसका आशय यही था कि बूढ़े तोते नया 'राम-राम' नहीं सीखते हैं, अतएव, तुम अब अपनी स्कूल टीचरी की जिन्दगी में ही सन्तुष्ट हो जाओ। सरकारी नौकरी और मोटी तनख्वाह की आशा करना व्यर्थ है।

कमलनाथ अपने सामाजिक अस्तित्व की व्यर्थता को अनुभव करने लगा था, उन्हीं दिनों। उसी आत्म-दीनता में वह अपने एक दोस्त के साथ 'क्रिसमस' के उस मेले में गया था। ललिता ने अपनी किताबों और पर्चों का पूरा बंडल पास में पड़ी हुई तिपाई

पर पटकते हुए कहा था—"आपको हर किताब की एक-एक कॉपी खरीदनी होगी।" ललिता उस वक्त तक उसका नाम भी नहीं जानती थी।

ललिता ने कहा, "मैंने आज फिर वही सपना देखा है।...बिल्कुल वही सपना !...एक मीनाबाजार लगा हुआ है। मैं उसमें पटाखे, फुलझड़ियाँ, और कागजी बम की दुकान पर बैठी हूँ। रंग-बिरंगे पटाखे। मेरी दुकान में सैकड़ों बैलून लटक रहे हैं। छोटी, बड़ी, बहुत बड़ी साइज के बैलून...इसी समय काला सूट पहने, बटन-होल में गुलाब की कलियाँ थामे हुए, मेरी दुकान पर तुम आ जाते हो।"

"तुम अब जाओ, लोली ! अभी मैं एक नींद और सोऊँगा।...तुम्हारे साथ सुबह की चाय पी गई। दाम्पत्य जीवन की इस आधुनिक प्रथा का निर्वाह हो गया।...अब तुम जा सकती हो। नमस्ते !"—ललिता के सपने को टुकड़े-टुकड़े करते हुए, कमलनाथ ने छुट्टी माँग ली। फिर, वह पाँव फैलाकर, पलंग पर लेट गया। उसकी आँखें बन्द हैं। वह बहुत छोटे कद की एक लेटी हुई मूरत की तरह दीख रहा है। उसने मोटी-मोटी लाल-हरी-पीली धारियोंवाला पाजामा, और कमीज पहन रक्खी है। ए 'ब्यूटिफुल जेब्रा' (एक खूबसूरत 'जेब्रा' !)—उसके एक खास दोस्त, डॉक्टर चतुर्भुज ने, इसी सूरत में उसे देखकर, सुबह-सुबह उसे यह विशेषण दिया तो वह नाराज हो गया था। बोला कुछ नहीं, लेकिन, कई दिनों तक उससे नाराज रहा था। नाराजगी कमलनाथ ने तब वापस ली, जब उसे अपना खून जाँच कराने की जरूरत आ पड़ी, और बेकार किसी डॉक्टर को तीस-बत्तीस रुपए दे आने की उसे इच्छा नहीं हुई। वह अपना गुस्सा धोकर डॉक्टर चतुर्भुज की 'क्लीनिक' में गया, और आरामकुर्सी में डूबकर बोला, "ऐसा गुस्सा भी क्या गुस्सा है, प्यारे भाई !...आप कई दिनों से सुबह की चाय पर आए नहीं ?"

ललिता बड़ी ललक और लालच के साथ सपने का किस्सा अपने पतिदेवता को सुना रही थी। उसने सोचा था, कमलनाथ इस बार इस सपने की कोई नई व्याख्या करेगा। वह भारतीय 'सामुद्रिक'-शास्त्र की पद्धति के अनुसार सपनों की व्याख्या, और साथ ही, भविष्यवाणी करता है। इस पद्धति के बारे में लिखी गई एक सचित्र पुस्तक भी उसके पास है। कुसुमपुर 'क्लब' के सदस्यों की पत्नियाँ, इसी विद्या के कारण कमलनाथ को घेरे रहती हैं।...मिसेज तिवारी, आपने सपने में सफेद हाथी का जोड़ा देखा है न ! देखिए, इसका मतलब यही है कि आप बहुत शीघ्र राज-दरबार के व्यय से विदेश यात्रा करेंगी।...सपने में निद्रामग्न साँपों को देखने का मतलब है, गड़े हुए धन की प्राप्ति। यानी, आपको ऐसी धन-सम्पत्ति मिलेगी, जिसकी आपको कोई आशा नहीं थी। साँप और नेवले को लड़ते हुए देखिए, तो समझना चाहिए, आपके नाम 'लॉटरी' खुलेगी, आप सट्टे में, 'रेस' में, 'क्लब' में ताश के पत्ते खेलते हुए, एक लम्बी और मोटी रकम का वारा-न्यारा करेंगे !...रायसाहब, आपने मछलियाँ चुगता हुआ हंस देखा है न ? आइए, आपके कान में एक बात मैं कहूँ; शरमाइए मत, आपका सपना कहता है कि आप इस उम्र में भी हस्तिनियों की कतार को पस्त कर सकते हैं, आपमें वह दैवी शक्ति है !...आपमें वह चमत्कार है।

कई बार, यों ही मजाक-मजाक में, और कभी-कभी ललिता का मजाक उड़ाने के लिए, कमलनाथ ने उस पर अपनी वह 'शक्ति' आजमाई है। उसने ललिता के सपनों को पागलपन की शुरुआत, और दिल की बीमारी का लक्षण बताया है। यह व्याख्या सुनकर, ललिता आतंकित हो जाती थी। उसकी आँखें पूरी-की-पूरी खुली हैं, लेकिन, 'जोत' गायब है। वह देख नहीं पाती। वह बेहोश होने लगती है।

लेकिन, जिस दिन पहली बार ललिता ने उसे अपना यह पटाखों और बैलूनोंवाला सपना सुनाया था, कमलनाथ एक खास कारण से, ललिता को थोड़ी देर के लिए खुश रखना चाहता था। ललिता इस वक्त खुश नहीं रहेगी, और गुस्से में 'हिस्टिरिक' हो जाएगी, तो कमलनाथ का काम नहीं चलेगा। वह रुपए नहीं दे पाएगी।

कुसुमपुर का यह अफसराना मकान खरीदने के लिए ही उसे एक साथ इतने रुपयों की जरूरत थी। वह जानता था, ललिता के पास बीस-बाईस हजार रुपए हैं। ललिता को अपनी माँ के जीवन-बीमे का रुपया मिला था। उसने ये रुपए आज दोपहर तक बैंक से निकालकर कमलनाथ के हाथों में नहीं थमाए, तो लम्बी बालकनी, और सामने के तराशे हुए लॉन में देशी-विदेशी फूलों की क्यारी, और तीन बाथरूम, और पाँच सोने के कमरोंवाला वह मकान उसकी मुट्ठी से निकलकर, बाजार में नीलाम हो जाएगा। ललिता को आज दोपहर तक गर्म, ताजा, और प्रसन्न रखना बेहद जरूरी है।

उस दिन चाय के प्यालों के बाद, ललिता ने इसी लहजे में कहना शुरू किया था—"रात एक अजीब-सा सपना मैंने देखा है।...पटाखे और बैलूनों की दुकान...मैं बैठी हूँ। आप आते हैं। और, जैसे मेरी दुकान में तूफान आ जाता है। ज्वालामुखी भड़कने लगती है।"

कमलनाथ उस दिन इस कदर नाराज नहीं हुआ था। बल्कि, वह पेशेवर ज्योतिषियों की तरह मुस्कुराने लगा था। वह बोला था—"इस सपने के बारे में हमारे सामुद्रिक-शास्त्र में कुछ भी नहीं लिखा गया है। क्योंकि, उस जमाने में पटाखे और बैलून का ईजाद नहीं हुआ था। लेकिन मैंने फ्रायड, कीरो, सेंट-जर्मेन की किताबें भी पढ़ी हैं।...कीरो ने स्वप्नशास्त्र की अपनी प्रसिद्ध पुस्तक में लिखा है कि पटाखा काम-इच्छा का 'सिम्बल' है, और बैलून पुत्रगर्भा होने का प्रतीक। पीटर मार्टिन ने भी जलते हुए कोयले और कोयले की खान का उदाहरण देकर, यही बात कही है..."

यह कहते वक्त कमलनाथ ने अन्दाज नहीं किया था कि इस छोटी-सी बात का इतना महत्त्वपूर्ण प्रभाव ललिता पर पड़ सकेगा। सपने का यह प्रतिफल सुनकर, ललिता की आँखों में बिजलियाँ फूटने लगीं। उसने नशे में मस्त होते हुए पूछा—"तुम सच कहते हो ?...एकदम सच ?" और, इतना कहकर, वह निढाल होकर, बेशऊर होकर, अपने पति, अपने भाग्यविधाता के सोफे में बैठ गई।

कमलनाथ ने कहा,—"देखो, लोली, दस बज गए हैं। अब बैंक चलना चाहिए। रुपए निकल आएँ तो हम मकान की रजिस्ट्री करवा लेंगे। एक बड़ा काम सफल हो जाएगा। इस जिन्दगी में हम अपना मकान, कुसुमपुर कॉलोनी में, बना नहीं

सकेंगे।...यह बना-बनाया मकान मिट्टी के भाव मिल रहा है..."

ललिता शरमाने लगी। फिर, एक पाँव पर दूसरा पाँव चढ़ाकर कहने लगी—"मैं तैयार हूँ। रिक्शा बुलवाओ !...लेकिन, बैंक से लौटकर सीधे घर आओगे न ? सारा दिन आज हम लोग घर में रहेंगे।...रहोगे न ?" उसके होंठ सूखने लगे थे। चेहरे पर गुलाब ही गुलाब। मगर, कमलनाथ को उस शरीर, और उस आत्मा से कोई विशेष लगाव नहीं था। मकान की चिन्ता सभ्य मनुष्य की सबसे पहली चिन्ता है। जहाँ बर्फ ही बर्फ है, उत्तरी ध्रुव में, वहाँ भी लोग बर्फ के मकान बना लेते हैं। गुफा की तरह दिखता हुआ एक तिकोना कमरा, जिसमें छोटा-सा दरवाजा, जिसमें सोया हुआ बच्चा, एक जिसमें चर्बी के तेल का चिराग जलता हुआ।

अपना नंगा शरीर, और अपना नंगा मन छिपाने के लिए सभ्य मनुष्य ने दीवारें बनाई हैं। दीवारें; और छत, ऊपर आसमान से बचने के लिए। मकान, कमरे, 'किचन', बाथरूम, ड्राइंगरूम, बेडरूम, और होटल, डाकबँगले, स्टेशन, और सराय। "आदमी अपने देवता को छिपाने के लिए मन्दिर और तरह-तरह के पूजा-घर बनाता है"—वर्षों पहले कमलनाथ अपने साथियों से कहा करता था।

ललिता और कमलनाथ एक रिक्शे पर बैठकर बैंक गए, और वहाँ से आने के बाद, जब वे लोग अपने किराए के मकान में वापस आए तो कमलनाथ ने कहा—"मैं 'कोर्ट' से हो आता हूँ। आज ही मकान की रजिस्ट्री करवा लेते हैं। अगले महीने 'क्रिसमस' है।...मकान को डिस्टेम्पर करना होगा। नया रंग चढ़ाएँगे। बालकनी पर रेलिंग डालना होगा।...मैं जा रहा हूँ। शाम तक वापस आऊँगा...उफ, आज दफ्तर जाना हो नहीं सका।...अच्छा, मैं चल दिया !"

2
अन्तरंगों से घिरा हुआ उपनगर

रामरेणु राय के नाम का संक्षेप होता है, आर.आर.आर.; और उन्हें जाननेवाले सारे लोग उन्हें इसी संक्षेप 'आर.आर.आर. बिल्टी' से जानते हैं। कमलनाथ रिश्ते में केवल उनका पड़ोसी ही नहीं है, उसकी चचेरी बहन की शादी आर.आर.आर. के सगे ममेरे भाई से हुई है। उन दोनों ने अपने अभिभावकों से स्वीकृति लेकर यह रिश्ता, कई वर्षों की मैत्री के उपरान्त, कायम किया है।

उनका ममेरा भाई, माधव राय उन्हीं के साथ रहता है, और अक्सर माया से लड़ता-झगड़ता रहता है। माया मुँह पर जवाब नहीं देती। पीठ पीछे रामरेणु से शिकायत करती है। वे अपने ममेरे को उपदेश देते हैं—"जरा बगलवाले मकान को देखो ! कमल और लोली कितने प्यार से रहते हैं। तुम लोग उनसे सीखो...उन लोगों ने भी 'लव मैरिज'

ही किया है, पुराने ढंग की शादी नहीं की है।''

(क) कमलनाथ के मकान में चारों और 'पाम' ओर 'यूकिलिप्टस' के लगातार पेड़ों का घना जंगल है। इसलिए ललिता की नीली चीख-पुकार पड़ोस के घरों-दरवाजों के अन्दर पहुँच नहीं पाती है। कमलनाथ के लिए यह सुविधा बड़े ही सुख और शान्ति की बात है।

(ख) कुसुमपुर कॉलोनी के पहले दर्जे के निवासी कभी अपने 'लॉन' में या बरामदे-बालकॅनी में नहीं बैठते हैं। पहला दर्जा उन लोगों को दिया गया है, जिनके पास अपना मकान, अपनी छोटी-बड़ी कार, और अपनी एक गुनमन्ती है। गुनमन्ती जैसी नौकरानियों का एक खास 'रोल' इस कुसुमपुर के सामाजिक-पारिवारिक नाटक में है। हर नौकरानी अपने-आपमें एक गौरवपूर्ण इतिहास होती है। खासकर, देवानांप्रिय महतोमहीयस कलिंग-विजयी सम्राट अशोक के जमाने के खँडहरों पर बसे हुए इस कुसुमपुर की नौकरानी। सुना गया है, पहले प्रतिहारी, परिचारिकाएँ, दासियाँ और देवदासियाँ हुआ करती थीं।

(ग) हिन्दू-युग का यह शहर, नवाबी मसनद, और बादशाही मनसब के नीचे ईरानी कालीन की तरह बिछ गया ! कई सदियों बाद पुरानी बेगमों को नई देवदासियों की तलाश हुई, तो शहर अजीमाबाद में 'कत्थक' और ठुमरी-दादरे की एक नई परम्परा ने जन्म लिया। पटना-कलम के प्राचीन चित्रों में देशी-विदेशी कलमकारों ने 'रासलीला' और 'नटवरी' नाच की इन देवदासियों को अंकित किया है। राधा-कृष्ण का सिंगार करके, ये देवदासियाँ महफिले-खास में नटवरी नाचती थीं, और थक जाने के बाद अपनी बेगमों की पलंग पर पायताने सो रहती थीं।

(घ) एक 'डॉयलाग' : ''हुजूरे-अब्बा, रौनक-बेगम सो रही हैं।...मैं हुजूर की खिदमत में कोई 'नात', कोई 'नज्म' पेश करूँ क्या ?''

(च) रामरेणु राय और माधव राय एक-दूसरे के बिना जिन्दा नहीं रह सकते। क्योंकि,...

(घ) कुसुमपुर कॉलोनी के रोड नम्बर सात में कुल तेरह बिल्डिंग हैं। सभी अलग-अलग 'स्टाइल' में बनी हुईं। लेकिन, सभी एक कतार में। सभी मकानों के चारों तरफ लॉन, और लॉन में फूल, पौधे, पेड़, क्यारियाँ। प्रोफेसर शिवबालक सिंह हाल में ही तीसरी बार अमरीका से लौटे हैं, और फिलहाल विश्वविद्यालय में एक विभाग के अध्यक्ष हैं। उनकी पत्नी, श्रीमती सरयूबाला सिंह अपने घर में लड़कियों का एक संगीत-स्कूल चलाती हैं। कहानियाँ भी लिखती हैं। पी.डब्ल्यू.डी. के स्थायी ठेकेदार पी. पी. भट्टाचार्जी के तीनों लड़के तीन अलग-अलग गाड़ियों में घूमते हैं। माधव राय ने एक रात अपनी धर्मपत्नी से कहा—''तुम और कितने साल आर.आर.आर. भैया के लिए बीमा करानेवाले गाहक जुटाती रहोगी ?'' उत्तर देते हुए, माया देवी ने यह नहीं बताया कि वह अपने लिए, और माधव के लिए, जमीन का एक छोटा-सा टुकड़ा, इसी कुसुमपुर में, खरीदना चाहती है। इस छमाही में भी आठ लाख की पॉलिसी बिक जाए तो माया

जरूर बता देगी। ज्यादा दिन उससे छिपाया नहीं जाएगा।

(ज) इम्प्रूवमेंट-ट्रस्ट ने कुसुमपुर के कई इलाकों में तिमंजिले फ्लैट बनवाए हैं। बीच में गोल पार्क, और पार्क के चारों ओर वृत्त के चार टुकड़े बनाते हुए तिमंजिले फ्लैटों के चार 'ब्लॉक'। कंक्रीट की दो चौड़ी-चौड़ी सड़कें इन वृत्तों को चार टुकड़ों में काटती हैं। हर फ्लैट में दो कमरे हैं, और एक तिकोना बरामदा। नीचे दुकानें हैं, स्कूल और डाकखाना, स्वदेशी हेयर-कटिंग सैलून, जेनरल-स्टोर्स, और किताबों-अखबारों के स्टॉल। तीन-नम्बर ब्लॉक के फ्लैट-नम्बर सत्ताइस से हर सुबह, चाय-पानी करके 'आदर्श महिला सिलाई-कढ़ाई स्कूल' की प्रिंसिपल, श्रीमती झरना शर्मा निकलती हैं, तो चाय और अखबारों के स्टॉल पर सुबह देखते हुए लोग, आपस में, झरना देवी के बारे में बातें करने लगते हैं। इस बातचीत का दो-एक टुकड़ा वह सुन लेती हैं। खुश हो जाती हैं। बड़ी-बड़ी फूल-पत्तियों और आम-कटहल के 'प्रिंट' की सलवार और कमीज में श्रीमती झरना शर्मा एक सदाबहार 'गार्डेन' जैसी दीखती हैं और, इन पिछले चार वर्षों में वे चाय पीनेवालों, और अखबार पढ़कर राजनीतिक बहस करनेवालों की एक गैरजरूरी, लेकिन मजबूर आदत बन गई हैं।

(झ) माया, श्रीमती झरना शर्मा, और इनकम-टैक्स अफसर, लोकरंजन झा की विधवा बहन कान्ती—ये तीनों औरतें अक्सर शनिवार की शाम को एक साथ आर.आर. आर. की गाड़ी में बैठकर, पहले महन्त सच्चिदानन्द गिरि के फ्लैट में जाएँगी, वहाँ से फिर पटना-मार्केट, या 'राजस्थान'-रेस्तराँ। शनिवार की इस बाजारबाजी को कान्ती 'साँप का हवा खाना' कहती है...फागुनी हवा में अरमानों के साँप झूमते हैं। बीन बजती रहती है, बीं-बीं-बीं-बीं-बीं-बीं-बीं-बीं...और साँप हवा के नीले झोंकों में, नीलेपन में झूमते रहते हैं। मैथिली का एक लोकगीत कान्ती को बहुत पसन्द है। अक्सर गुनगुनाती रहती है—"हे भऊजी, तोर यौवन छऊ अनमोल, बोल बाजह नेहक बोल, साँप कें झाँपह आँचर में !" अर्थात्, सुनो भाभीजान, तुम्हारा यह यौवन अनमोल है, फिर भी, तुम मुझसे प्यार की दो बातें तो कर लो; और, साँप को अपने आँचल में छिपा लो...कहीं यह साँप खुद तुम्हीं को डँस नहीं ले...कहीं यह साँप...

'कुसुमपुर-कॉलोनी शान्ति समिति' की आवश्यक सभा में लोकरंजन झा, और कमलनाथ पास-पास कुर्सियों पर बैठे। कान्ती इस कॉलोनी की 'सोशल-वर्कर' है। कई सभा-समितियों को उसी की खादी साड़ी और मीठे बोल-कुबोल से सरकारी-गैरसरकारी अनुदान और चन्दा मिलता है। वह आई थी, और कमलनाथ की पीठ में उँगली मारकर, उससे, इशारों में ललिता के बारे में पूछ रही थी—"लोली कहाँ है ? उसे नहीं लाए ? ...हम पर नाराज हैं क्या आप लोग ? अब महन्तजी के यहाँ आते भी नहीं !"

लोकरंजन और कमलनाथ अपने-आपको एक-दूसरे से सामाजिक हैसियत और पद-प्रतिष्ठा में ऊँचा समझते हैं। इसीलिए, ज्यादातर आपस में बातें नहीं करते। रास्ते में 'नमस्ते' तक नहीं होती, नजरें बचा ली जाती हैं। पहले कौन किसके लिए हाथ उठाएगा ? आदिम-जाति-कल्याण-विभाग का सहनिर्देशक कमलनाथ अथवा सीनियर-ग्रेड

इनकम-टैक्स अफसर लोकरंजन झा ? पहले कौन हाथ उठाएगा ? कमलनाथ के पास अपनी 'फियट'-गाड़ी है, दुल्हन की तरह सजी हुई। लोकरंजन की 'एम्बेसेडर' अक्सर गराज में पड़ी रहती है। इनकम-टैक्स अफसर नई और विलायती गाड़ी खरीदेगा तो केन्द्रीय-पुलिस इस्टैब्लिशमेंट के सिरफिरे जासूस उसके इर्दगिर्द गिद्धों की तरह मँडराने लगेंगे। फिर भी, औपचारिकता निभाने के लिए, कान्ती के आत्मीय प्रश्नों के उत्तर देने के बाद, कमलनाथ ने पूछा—"झाजी, हमने सुना है, बम्बई के इनकम-टैक्सवाले फिल्म-अभिनेत्रियों के पीछे पड़ गए हैं।...माला सिन्हा के फ्लैट से..."

"आपको एक ताजा खुशखबरी सुनाऊँ ? मुझे 'प्रोमोशन' मिल गई है...असिस्टेंट कमिश्नर होकर बम्बई जा रहा हूँ।...आप कभी बम्बई आइए, फिल्मार्टिस्टों से आपको मिलवाऊँगा। माला सिन्हा, मीना कुमारी, राजेन्द्र कुमार"—लोकरंजन ने अपने खास 'बिहारी' लहजे में, ईंट का ट्रम्प-कॉर्ड अपने पड़ोसी की गोद में फेंक दिया। कमलनाथ को इस वार, और इस वारदात की आशा नहीं थी ! कान्ती देवी का भाई असिस्टेंट कमिश्नर हो गया ? इसलिए, वह महीने भर की छुट्टी लेकर, अपने पूरे परिवार के साथ नई दिल्ली गया था ? इसीलिए ? कान्ती को नई दिल्ली के एक 'उप-मन्त्री' से पुरानी मुलाकात है। आखिर, यह मुलाकात काम आई।

कमलनाथ रबर की तरह चट्-चट्-चट् पिघलने लगा, और उसके दिमाग में जले हुए मांस की दुर्गन्धि फैलने लगी। वह नाराज हो गया। उसे सिर्फ एक लोकरंजन झा से नहीं, इस पूरी दुनिया से नफरत हो गई। कमलनाथ को इच्छा हुई कि किसी चीनी जादू के जोर से वह ग्रीक दन्तकथाओं के जुपिटर की तरह पर्वताकार हो जाए, और हिमालय की हजारों-हजार मन भारी चट्टानें लुढ़का-लुढ़काकर इस पूरी दुनिया को नेस्तनाबूद कर दे।

शान्ति-समिति के सभापति, डॉक्टर पार्थसारथी सामने खड़े होकर भाषण दे रहे थे—"कॉलोनी में गुंडों और 'ईव-टीजर्स' (इसका हिन्दी क्या होगा शिवबालक-भाई ?) का उत्पात बढ़ गया है। सड़कों पर रोशनी का ठीक इन्तजाम नहीं है। सरकार को चाहिए कि कुसुमपुर में पुलिस की गश्ती का सिलसिला दुरुस्त करे।...फिल्मी गाने गाते हुए, 'ड्रेन-पाइप' पहने हुए, यहाँ-वहाँ के आवाराहाल लड़के आधी रात के बाद तक सड़कों पर चक्कर काटते रहते हैं..."

शिवबालक सिंह के तीनों लड़के 'ड्रेन-पाइप' पहनते हैं, इसलिए डॉक्टर पार्थसारथी का समर्थन उन्होंने सिर हिलाकर ही किया, बोलकर नहीं। लेकिन, कमलनाथ ने भाषण का एक शब्द नहीं सुना। अब तक वह लोकरंजन झा की ही बात सुन रहा था। कान्ती ने लोकरंजन को असिस्टेंट-कमिश्नर बना दिया। कान्ती ने बना दिया। कान्ती ने। कान्ती ने। जैसे, कमलनाथ को एक गहरा झटका-सा लगा, सिर चक्कर खाने लगा, और उसने बेसाख्ता कह दिया—"आपके साथ कान्ती भी जाएँगी न ? आखिर बम्बई में घर-बार सँभालने के लिए एक महिला तो आपको चाहिए ! चाहिए न ?"

लोकरंजन घबड़ा गया। उसके चेहरे पर खून के नीले धब्बे फैल गए। एक छन

में उसका चेहरा कछुए की तरह अपने खोल में बन्द हो गया। "चलो कान्ती ! यहाँ से चलते हैं...यह आदमी पागल है ! ही इज ए मैड मैन ! चलो कान्ती !"—उसने कहा, और उठकर डॉक्टर पार्थसारथी के विशालकाय ड्राइंगरूम से बाहर हो गया। कान्ती अपना चेहरा लम्बा करके, आँखें फैलाकर, सीधी निगाहों से कमलनाथ को देखती रही। देखती रह गई। नाटा-सा आदमी क्या वाकई पागल है ? "कमल बाबू, तुमने बहुत बुरा किया ! बहुत बुरा"—वह कहना चाहती थी। लेकिन उसके गले से आवाज बाहर नहीं निकली।

अपने बड़े भाई के 'एम्बेसेडर' की घड़घड़ाहट सुनकर, वह चुपचाप बाहर चली आई। गाड़ी के इंजिन की तरह उसकी छाती भी धड़-धड़-धड़ धड़क रही थी। लोकरंजन की बगल में, साड़ी का आँचल सँभालकर, बैठने के बाद कान्ती ने कहा, "मुझे महन्तजी के यहाँ छोड़ दो भाई ! झरना वहाँ मेरे लिए बैठी होगी।"

3
ज्योतिकलश : ज्योति के 'प्रतिरूप'

कुसुमपुर-कॉलोनी तीन प्रकार की प्रशासनिक-संस्थाओं से चलाई जाती है। पटना-इम्प्रूवमेंट-ट्रस्ट। पटना-कॉरपोरेशन। और, पटना-डेवेलॅपमेंट-कॉरपोरेशन। तीनों संस्थाएँ अलग-अलग अधिकार रखती हैं, लेकिन, अक्सर उनके स्वार्थ एक जगह टकराने लगते हैं। कुसुमपुर-हॉस्पिटल सरकारी स्वास्थ्य-विभाग का है, और दो हाई-स्कूलों को सरकारी शिक्षा-विभाग से वार्षिक अनुदान मिलता है। बिजली-कम्पनी, और वाटर-वर्क्स। और, लोकनिर्माण-विभाग की सड़कें। सड़कें बनती जा रही हैं। पहाड़ियों और टीलोंवाली अधखुली जमीन के नंगे सीने पर लगातार मकान उगते जा रहे हैं। एक किनारे से रेलवे-लाइनें बिछी हुई हैं। दूसरे किनारे को छूती हुई चली जाती है, गंगा-नदी। 'त्रिकोण' की तान्त्रिक आकृति में बना हुआ यह कुसुमपुर किसी अंग से सैकड़ों सालों और पाँच सभ्यताओं के पहले का वह कुसुमपुर नहीं दीखता है।

अखबारों में छपे हुए आँकड़े
(कुसुमपुर के बारे में)
समय-सीमा : जनवरी, 1963 से जुलाई, 1963

घटनाएँ	संख्या
मकान बनाने या बिजली 'फिट' करने में आकस्मिक दुर्घटना से मृत्यु	7
चोरी गए बालक-बालिकाओं की संख्या	14

आत्महत्या (पुरुष)	x
आत्महत्या (स्त्री)	2
स्त्रियों से छेड़खानी की घटनाएँ	82
बलात्कार (दर्ज रिपोर्ट के आधार पर)	24
फिल्म-अभिनेत्री अथवा पत्नी बनने के लिए किसी भी युवक के साथ भागनेवाली युवतियाँ	97
हत्या, एवं हत्या के घातक प्रयत्न	13
इस अवधि में बनाए गए मकानों की संख्या	121
बी.ए. पास पुरुष (जुलाई, 1963 तक)	2609
बी.ए. पास स्त्रियाँ (जुलाई, 1963 तक)	644
जनसंख्या	12751
विभिन्न व्याधियों से मारे गए 10 वर्ष तक के बालक-बालिकाओं की संख्या	350
देशी-विदेशी शराब की दुकानें	5
रेस्तराँ	3
पागल हो जानेवाले पालतू कुत्तों की संख्या	28
साइकिल, प्राइवेट-रिक्शे और स्कूटर	1012
मोटरकार	912
विवाह-विच्छेद (और, तलाक)	25
हृदयरोग से मृत्यु	54

पाँच सभ्यताओं के पहले का वह कुसुमपुर नहीं, और घनी आबादी और आबादी की सारी गलाजतों और गन्दगियों से भरा हुआ यह शहर, पटना भी नहीं। कुसुमपुर-कॉलोनी प्राचीन और अर्वाचीन, दोनों से तटस्थ, और विच्छिन्न है। इस कॉलोनी के लोग अपने पड़ोसियों को पहचानने से इनकार करते हैं। भिखनापहाड़ी, सैदपुर, लोहानीपुर, बाकरगंज, मोसल्लेहपुर, और कुनकुनसिंह-लेन के पड़ोसियों से इस कॉलोनी को, अतीत और वर्तमान का कोई रिश्ता नहीं है। शिवबालक सिंह का तीसरा बेटा कहता है—"पूरे ढाई साल हो गए, मैं इस कुसुमपुर-कॉलोनी से बाहर, सिर्फ सिनेमा देखने के लिए गया हूँ, और किसी भी काम से नहीं।...बाहर क्यों जाऊँ ? मेरा कॉलेज यहीं है, मेरा 'क्लब'...!"

नौकरानियाँ बाहर जाती हैं। साइकिल पर चढ़कर नौकर, बैरे, और बच्चों को पढ़ाने के लिए गाँव से मँगाए गए मास्टरजी मोसल्लेहपुर-हाट जाते हैं, साग-सब्जी और गोश्त लाने के लिए। मोसल्लेहपुर हरी और पकी हुई सब्जियों के लिए, पहाड़ी आलू, नागपुरी सेब-सन्तरों, और केलों-लीचियों के लिए शहर का सबसे बड़ा बाजार है। इस बाजार में, कुसुमपुर के नौकरनुमा छोकरों, और पेंशनयाफ्ता बूढ़ों की शान सबसे निराली होती है।

एक खुले अहाते में ऊँची जमीन पर साग-सब्जी बेचनेवाली औरतें बैठती हैं। मोटी कमर, और तेज-तर्रार, फटी हुई आँखोंवाली गँवार औरतें। जिन औरतों के नाक-नक्श तीखे हों, और जिन्हें अपनी इस ताकत का अहसास हो, ये छोकरे उन्हीं के सामने रुककर, तमाशा देखने लगते हैं।

बूढ़े लोग तमाशा नहीं देखते, यह देखते हैं कि इस सब्जी में कितना 'विटामिन' है, और कितना 'प्रोटीन' ! आँखों की रोशनी बचा रखने के लिए 'प्रोटीन' की सख्त जरूरत है। 'कैल्शियम' चाहिए, और कुछ ऐसा चाहिए कि जीभ का पानी होंठों को तर करता जाए !

कलकत्ते के बारे में जवाहरलाल नेहरू ने कहा था कि वह जुलूसों का शहर है ! जुलूसों, नारों और अफवाहों का शहर ! पटना-शहर के बारे में ऐसी कोई बात कही नहीं जा सकती, क्योंकि, पटने में खाद्य-आन्दोलनवाले कम्युनिस्ट किसान-मजदूरों के सिवा और कोई जुलूस नहीं निकलता है। यहाँ के लोग, जुलूस में शामिल होने की बात, सोचते तक नहीं। सोचने से कोई फायदा नहीं है। दफ्तर, नौकरी, घर-परिवार, और कोई एक नशा—इसके बाद वक्त ही नहीं रह जाता है कि इनसे अलग की कोई बात सोची जाए। ज्यादातर लोग अखबार पढ़ने या सिनेमा देखने का नशा पालते हैं। किरानियों की बस्तियों में सुबह-शाम ताश के खेल जमते हैं, कभी-कभी 'फ्लश', और अधिकतर 'ट्वेन्टी-नाइन'...129 नम्बर के इस खेल में गुलाम की ताकत बादशाह से ज्यादा होती है, इसीलिए, किरानियों का समाज इसी खेल को पसन्द करता है। पहले गुलाम, फिर नहला; बीवी और बादशाह इस खेल में कोई ताकत नहीं रखते।

जिन्हें और कोई नशा नहीं होता, वे शाम को बड़ी सड़कों और बड़ी दुकानों में घूमते हैं; कुछ खरीदने के ख्याल से नहीं, सिर्फ साड़ियाँ, जूते, नियॅन-रोशनी में चमकते हुए खिलौने, और अमीर घरों की औरतें देखने के लिए। लेकिन, ऐसे लोग भी इस शहर में अल्पसंख्यक हैं। ज्यादातर लोग सुबह-शाम अपने बच्चों को पढ़ाते हैं, और बीवी का उलहना सुनते हैं कि पड़ोस की मास्टरनी ने नया रेडियो खरीदा है। उलहना सुनकर, ये लोग आँखें बन्द करके भगवान बुद्ध का ध्यान करने लगते हैं !

पटना जुलूसों का नहीं, किरानियों और सिनेमा-घरों का शहर है, ऐसा कई लोग कहते हैं। नए और पुराने सचिवालयों, हाईकोर्ट, और जजी-सबजजी के किरानी, 'असिस्टेंट', और 'बड़ा बाबू' लोग सफेद कपड़े पहनते हैं, 'टेरेलिन' और 'रॉ-सिल्क' ! आमदनी, और ऊपरी आमदनी, 'कमीशन' और 'पर्सेंटेज' का हिसाब-किताब इन किरानियों को धर्मभीरु, और एकान्तप्रेमी बना देता है।

लेकिन, कुसुमपुर-कॉलोनी किरानियों और सिनेमा-घरों के शहर से अलग है। कदमकुआँ और अगमकुआँ के बीच का खाली हिस्सा पहले कुम्हरार था। अब कुम्हरार नहीं है, उसके खँडहर हैं। पटना-संग्रहालय इस खँडहर से निकाली गई गुप्त-युग, गुलाम-युग, मुगल-युग की प्राचीन वस्तुओं, मूर्तियों, बर्तन-प्याले, शिलालेखों, और हरबे-हथियारों से भरा पड़ा है। इस खँडहर की बगल से रेलवे-लाइन जाती थी, और रेलवे-लाइन के

पार मीलों लम्बा एक जंगल था, फतुहा से लोहानीपुर तक फैला हुआ। जंगल, खाइयाँ, और लगातार छोटे-बड़े टीले। बीच जंगल में, छोटी-सी एक पहाड़ी के ऊपर हनुमान का मन्दिर था। इस मन्दिर का ऊँचा झंडा दूर-दूर की बस्तियों से दीख जाता था। मन्दिर के महन्त का नाम था—बद्रीकाश्रमानन्द गिरि।

महन्त बद्रीकाश्रमानन्द गिरि के दरबार में पटना-सिटी की पेशेवर तवायफें, और बाकरगंज के सुनार, बनिए, मारवाड़ी, सभी एक साथ बैठते थे। वहाँ कोई भेदभाव नहीं था। दूसरी बड़ी लड़ाई शुरू होने के वक्त तक महन्तजी कुसुमपुर के हनूमान-आश्रम में थे। फिर, अचानक एक दिन कहाँ चले गए, किसी को कुछ पता नहीं। लोग कहते हैं, मन्दिर का उत्तराधिकार तेरह-चौदह साल के एक लड़के को सौंपते हुए उन्होंने कहा था—"बेटा सचिदानन्द गीर, इस कुसुमपुर का जमाना बदलेगी। ईहाँ पर अब ऊँचा-ऊँचा हवेली-दोमहला खड़ी होगी। हम ईहाँ नहीं रहेगी। हम अब जाता है !" इतना कहकर, महन्तजी ने अपना कमंडल उठाया था, और रात के ठीक बारह बजे अपने रास्ते पर चले गए थे। फिर कभी वापस नहीं आए।

सच्चिदानन्द गिरि उस रात बहुत रोया था। बद्रीकाश्रमानन्द गिरि से वह मन-ही-मन घृणा करता था, लेकिन, उस रात वह रोने लगा था। अब वह कैसे जिएगा ? यह जंगल है, और इस जंगल से बाहर की दुनिया का उसे कुछ भी पता नहीं। मन्दिर में उसके अलावा एक बूढ़ी कहारिन है, जो 'भोग' पकाती है, और चिलम फूँककर मस्त रहनेवाले, 'बहता पानी निरमला' दो-चार साधू-संन्यासी हैं। सुबह होते ही चले जाएँगे।

सच्चिदानन्द रोने लगा। रात में वह सोने से पहले अपने गुरु-महाराज के घुटनों में तेल-मालिश करता था। महन्तजी को पुराना वात-रोग है। गर्म तेल की मालिश से दुखती रगों को आराम पहुँचता है। वे आँखें बन्द किए लेटे हैं, और सच्चिदानन्द उनके घुटनों पर झुका हुआ है। महन्तजी कहते थे—"ई दुनियाँ-जहान माया है, सचिदानन्द ! एकदम माया का खेल।...इस्स ! ऐसे नहीं रे,...पाँव टूट जाएगा, ओह, ओह...आदमी ई पिरथी पर जनम लेती है, आदमी मर जाती है। एतना दिन का बीच में जो होती है, जो कुछ भी होती है, सब माया का खेल है, सचिदा !...नहीं रे, ऐसे नहीं ! जरा ठीक से दबाओ बेटा...सब माया का खेल ! इससे बच करके रहने होगा।"

इसी भाषा में, ऐसी ही बातें, महन्तजी अपने दरबार में आनेवाले हर आदमी से कहते थे। औरत, मर्द, ऊँच, नीच, अछूत, रोगी, वेश्या, चोर, किसी में कोई भी भेद वे नहीं मानते थे। हनुमान बन्दर होकर भी उनके लिए भगवान था। डोमों-चमारों की बस्ती के लोग भी मन्दिर में आते थे। बीमारी और बेरोजगारी के वक्त भगवान की जरूरत, अभी तक, हर आदमी को पड़ती है।

सच्चिदानन्द गिरि रात-भर रोया। लेकिन, दूसरे दिन वकील साहब आए। वकील-साहब महन्तजी के खास भक्तों में थे। उन्होंने सच्चिदा को बताया कि रोने की कोई जरूरत नहीं है। महन्तजी व्यक्तिगत सम्पत्ति के रूप में, मन्दिर के आसपास की सारी जमीन सच्चिदानन्द गिरि के नाम लिख गए हैं। पन्द्रह बीघा सात कट्ठा जमीन कम नहीं होती।

इसके अलावा बैंकों में नकद रुपए भी हैं।

सच्चिदा ने तय किया, इस वकील-साहब को भी अपना गुरु-महाराज बनाना होगा। एक गुरु चला गया। दूसरा आया।...सच्चिदानन्द गिरि उन्नीस सौ साठ ईसवी तक रास्ता तय करने के बाद, नामजदगी से एम.एल.सी. हो गए, और कुसुमपुर में इम्प्रूवमेंट-ट्रस्ट द्वारा बनाए गए 'डी-लक्स' फ्लैट में रहने लगे। ग्यारह-नम्बर और बारह-नम्बर, ये दोनों फ्लैट महन्त सच्चिदानन्द गिरि, सदस्य विधान-परिषद्, उप-सभापति साधूसन्त-समाज, के नाम से ही लिए गए हैं। लेकिन, बारह-नम्बर में वकील-साहब की लड़की, अपनी माँ और छोटे भाई के साथ रहती है। वकील-साहब अब नहीं हैं।

बंका ग्यारह-नम्बर में, किसी बात पर भी, नहीं आती है, जबकि दोनों फ्लैटों का दरवाजा दो गज के फासले पर, आमने-सामने कायम है। बंका, यानी वकील-साहब की लड़की, पटना-मेडिकल कॉलेज में हाउस-सर्जन है। 'मेटर्निटी-वार्ड' में काम करती है।

राजेश्वरी (माँ), बंका, और बादलकुमार (छोटा लड़का), हर शाम तीनों वकील-साहब की बड़ी तस्वीर के नीचे बैठकर प्रार्थना करते हैं, मीराबाई का कोई गीत गा लेते हैं, और सारे दिन का किस्सा कहते सुनते हैं। खाना पकाने के लिए नौकर है। नीचे गैरेज में लगी रहती है, एक छोटी गाड़ी। यह गाड़ी सच्चिदा की है।

प्रार्थना के समय बंका का चेहरा दिव्य हो जाता है। वैसे भी उसकी नाक थोड़ी लम्बी है, और चेहरा तिकोना। "ऐसा चेहरा सिर्फ एक उजबेकिस्तान में पाया जाता है, और कहीं नहीं"—सच्चिदा ने एक बार यह बात माँ के सामने कह दी थी। माँ नाराज हो गई। वह बोली—"लड़की को रुलाते हो ? इम्तहान के दिन हैं—कहीं फेल हो गई, तो तुम्हीं लोग हँसी उड़ाओगे !" बंका हँसने लगी। वह हँसती है तो खूबसूरत नहीं लगती। सच्चिदा ने कितनी बार मना किया है—"दाँत मत दिखाओ, बंकू !" मगर, वह बार-बार हँसती गई है।

सच्चिदा चाहता है कि वह चुप, और उदास रहने की आदत डाले। गम्भीरता से बढ़कर दूसरा हाव-भाव नहीं है। बड़े बनकर रहना चाहिए, तभी दुनिया कद्र करती है। छिछोरों को कोई नहीं पूछता। मगर, जब राजेश्वरी दोपहर में सो जाती है, और बादल कॉलेज चला जाता है, बंका आईने के सामने खड़ी होकर अपना जूड़ा खोलती है, और हँसती है।

शरीर-विज्ञान के मुताबिक आदमी का शरीर क्या है ? बस, शरीर है, और कुछ नहीं ! वक्त पर नींद, और वक्त पर खाना-पीना, शरीर के लिए और कुछ नहीं चाहिए। इतना कुछ ही काफी है, जीने के लिए। और कोई चीज जरूरी नहीं है ? फिर, 'मेटर्निटी-वार्ड' में कभी कोई पलंग खाली क्यों नहीं रहता है ?...रुई के फाहों पर लेटे हुए, अपनी छोटी-छोटी आँखें मटमटाते हुए, जीवित मांस के लाल टुकड़े, नवजात शिशु...पलंगों पर लगातार सोई हुईं, थकावट से चूर, अर्द्धनिद्रा में बड़बड़ाती हुईं माताएँ...लेबर-रूम, श्वेतवसना नर्सें, दर्द पैदा करने की छोटी-बड़ी मशीनें, और बन्द होती हुई आँखों में एक नया सपना !

बच्चे पैदा करना हमारा धर्म नहीं है। ईश्वर मनुष्य-जाति की रक्षा करना चाहेगा, तो दरख्तों से आदमी पैदा कर लेगा। सृष्टि के निरन्तर चक्रजाल में हम क्यों फँसें ? शायद महात्मा गाँधी ने ये बातें कही थीं। संन्यास-धर्म यही कहता है। सच्चिदानन्द गिरि ने इस धर्म को इच्छापूर्वक स्वीकार किया है। वह महन्त है। वह शादी-ब्याह नहीं करेगा, परिवार नहीं बाँधेगा, ईश्वर और समाज की सेवा में आत्म-समर्पण कर देगा। यही उसने किया है। बंका कहती है, सच्चिदा ने यही किया है।

...लोकरंजन गुस्से में जल रहा था, लेकिन इतनी स्पीड में उसने कभी गाड़ी नहीं चलाई थी। जब कान्ती ने दुबारा कहा—"मुझे महन्तजी के यहाँ छोड़ दो", तो लोकरंजन जल रहा था। उसने कहा—"तुम्हारा वह महन्त परले सिरे का 'फ्राड' है ! डॉक्टर वार्ड की तरह ! तुमसे काम लेगा, मगर तुम्हारा कोई काम नहीं करेगा ! हर दफा चरका देगा !"

4

कैक्टस : एक आधुनिक प्रेम-प्रतीक

रामरेणु राय के यहाँ एक छोटी-सी संगीत-गोष्ठी थी। केवल अन्तरंग मित्र ही बुलाए गए थे। जिसे कहते हैं, 'इनर-सर्किल' ! माधव जानबूझकर माया के साथ 'पिक्चर' देखने चला गया था। उसे मालूम था, माया रुकना चाहती है। कुमारी चन्दना और कुमारी बन्दना 'खयाल' की जुगलबन्दी पेश करेंगी। कमलनाथ, डॉक्टर पार्थसारथी, प्रोफेसर शिवबालक सिंह और इसी तबके के लोग। ज्यादा नहीं, सात-आठ। 'ब्लैकनाइट' की बोतलें फ्रिज में रख दी गई हैं। अमल चटर्जी तबला और तानपूरे की संगति मिला रहा है। सभी लोग आ गए हैं। लेकिन, कमलनाथ इस मौके के विशिष्ट अतिथि को साथ लेकर अब तक नहीं आया।

माइकेल-साहब 'इंडिया कोल कम्पनी' के सेल्स-मैनेजर हैं। आठ हजार रुपए तनख्वाह, और तीन हजार भत्ता पाते हैं। अंग्रेज नहीं हैं, हिन्दुस्तानी क्रिश्चियन हैं। मगर, लन्दन और लीवर-पूल से 'ट्रेनिंग' ले आए हैं। कमलनाथ के दफ्तर से उनको एक वास्ता पड़ गया है। कमलनाथ चाहे तो उन्हें अपना दोस्त और हमदम बना लेगा। आर.आर.आर. ने कहा—"सोने की मुर्गी को हमारे यहाँ ले आओ यार, हम उस पर आसन चढ़ा लेंगे।...तुम अपना काम लो, मैं अपना बिजनेस करूँगा उससे ! वह इशारा करे तो मैं उसकी समूची कम्पनी का बीमा करवा लूँगा !"

माइकेल-साहब 'इंटरटेन' होने के लिए, कमलनाथ के साथ आ रहे हैं। बोतलें 'फ्रिज' में पड़ी हैं, और राय-साहब चन्दना-बन्दना के पिताजी के कान के पास मुँह सटाकर कह रहे हैं—"आप न हो, तब तक बगल के कमरे में सो जाइए। खाने की

तबीयत हो, तो बैरे को पुकार लीजिएगा।...क्यों, ठीक है न ?...आप बूढ़े आदमी हैं, नौजवानों के बीच आप 'मिसफिट' हो जाएँगे।"

चन्दना बड़ी बहन है। बन्दना छोटी। दोनों बहनें गाने में और नाच में जुगलबन्दी करती हैं। अपने पिता से ही दोनों बहनों ने नाच-गाना सीखा है। चन्दना इस साल इंटर की परीक्षा देगी। गाने-नाचने के लिए, किसी भी जगह आने-जाने की उनकी अपनी फीस है। हर जगह जाती हैं, सिर्फ बारात में नहीं जातीं। बारात में अभी तक सिर्फ पेशेवर वेश्याएँ ही जाती हैं।

चन्दना-बन्दना की फीस

पब्लिक-शो में—

कत्थक (प्रति 'आइटेम')	30 रुपए
क्लासिकल (प्रति 'आइटेम')	20 रुपए
हल्का-गाना (अधिक-से-अधिक पाँच)	25 रुपए
टैक्सी-भाड़ा (स्थानीय)	10 रुपए
जलपान के लिए (स्थानीय)	5 रुपए

(पटना से बाहर ले जाने पर दोनों तरफ का तीन फर्स्ट-क्लास का किराया, और 20 रुपया प्रतिदिन टी.ए. देना होगा।)

प्राइवेट-शो में—

नाच (प्रति घंटा)	50 रुपए
गाना (प्रति घंटा)	50 रुपए
अतिरिक्त (प्रति आध घंटा)	25 रुपए
टैक्सी एवं जलपान	20 रुपए
मेक-अप	10 रुपए

दोनों बहनें, हर बात में, एक-दूसरे की कॉर्बन-कापी हैं। बन्दना दो साल छोटी है, लेकिन ज्यादा भरी हुई लगती है। माँ प्यार से कहती हैं—"जैसा लच्छन है दोनों का ! लगता है, दोनों बहनें शादी भी एक ही मर्द से करेंगी।" माँ को पता नहीं है कि चन्दना शादी नहीं करेगी। बन्दना क्वाँरी रहना पसन्द करेगी। माँ को पता नहीं है। क्योंकि, कुसुमपुर-कॉलोनी उनकी तीसरी उम्र में, बुढ़ापे में बनी है।

चन्दना-बन्दना का परिवार कुसुमपुर के एक सरकारी फ्लैट में रहता है। सात भाई-बहन। माँ। पिताजी। पिताजी की विधवा बहन, और उसके चार बच्चे। दोनों बहनें और पिताजी एक कमरे में रहते हैं, तानपूरा, हारमोनियम, और तबले की जोड़ी के साथ। यहीं रियाज चलता है। इसी कमरे में जान-पहचान के लोग आते हैं।

हरीदासजी, चन्दना-बन्दना के पिता, अपनी जवानी में प्रभात-मूवीटोन में काम करते थे। दो-चार साल रेडियो में भी रहे। फिर, ग्रामोफोन-कम्पनी में गए। लेकिन, बम्बई और कलकत्ते की आबोहवा में उनका जी नहीं लगा। हर बार फुर्सत मिलते ही पटना भाग आए। चिड़ियाँ-ब्रिज के नीचे एक छोटा-सा चायखाना...अफीमची बातें...ध्रुपद और धम्मार की बातें। उत्तर-बिहार के पुराने जमींदारों की 'प्राइवेट' महफिल...राग 'गुलाबकली'...राग 'वृन्दावनी'...पूर्णियाँ-ड्योढ़ी के बाबुओं की संगति हरीदासजी ने की है। और, अब भी, पिनक में आने के बाद, वे सिर्फ अपने पुराने दिनों की बातें करते हैं।...वे दिन नहीं रहे, वे बातें नहीं रह गईं, और, बाबूजी, अब तो महफिलों में 'रसिया' लोग नहीं मिलते, कमीने मिलते हैं...न सुर का ग्यान, न ताल का पता, बस, रुपया फेंकते हैं, और नचनियों की कमर का त्रिकिट-धा माँगते हैं ! त्रिकिट-धा, त्रिकिट-धा !"

इसीलिए, आर.आर.आर. की बातचीत सुनकर, उन्हें जरा भी बुरा नहीं लगा। वे हतप्रभ नहीं हुए। अब इन बातों से कभी कोई ग्लानि नहीं होती है। अपमान की ठेस नहीं लगती। जो हो रहा है, वही होना चाहिए था, अथवा यही उस अपरम्पार की मर्जी है—हर शनिवार रामकृष्ण आश्रम जाते रहने के बाद, हरीदासजी इसी शैली में सोच-विचार करते हैं।

"हमको तो एक काम भी है। हम जाने ही चाहते हैं। कितना बजे पोरोग्राम खतम होगा, आप बतला दीजिए...हम ठीक ओतना बजे आ जाएँगे...दस बजे, एगारह बजे..." वे कहते हैं। लेकिन, रामरेणु राय उन्हें खाए-पिए बगैर जाने नहीं देंगे। मुर्गा-मुर्गी जो भी तोड़ना हो, तोड़ लें; 'ब्लैकनाइट' की समूची एक 'पाइंट' अपने आगे रख लें, और सो जाएँ। लेकिन, जाएँ नहीं। दोनों लड़कियाँ अभी नाबालिग हैं, उम्रदराज और अनुभवी नहीं हुईं, हरीदासजी को यहीं रहना चाहिए। अचानक, राय-साहब को यह बात याद आई। अमल चटर्जी ने उन्हें बार-बार याद दिलाई थी, चन्दना-बन्दना के पिताजी अफीम की टिकिया लेते हैं। राय-साहब की आँखें चमकने लगीं। बोले—"आपकी चीज माधव ले आया है।"

"मेरी चीज ?"

"हाँ !"

"मेरी चीज क्या ? अ—!"

"जी हाँ, हरीदासजी !"

"अच्छा ? इस बुढ़े का इत्ता कदर किया आप लोग ? आपका नाम सुनते थे...आज आपका गुन देखते हैं। आप बहुत बड़ा आदमी बनिएगा, राय बाबू !"

हरीदासजी मुग्ध हो गए। दोनों हाथ जोड़कर, बाँहें ऊपर उठाकर, उन्होंने संगीत के देवता, शिवशम्भू को प्रणाम किया, और अँगड़ाई लेकर, उठ खड़े हुए। छोटी लड़की बन्दना पास ही बैठी थी, तानपूरे के साथ तबले की आवाज तय कर रही थी। "कहाँ जा रहे हो, बाबा ?"—उसने फुसफुसाकर पूछा। बाबा अब कोई जवाब-सवाल करने के 'मूड' में नहीं थे। अफीम उन्हें, पिछले डेढ़ हफ्ते से नहीं मिली है। दरअसल, अफीम

का व्यापार बड़ा टेढ़ा हो गया है। पहले कटक, और कानपुर-भुवनेश्वर के इलाकों से नाजायज अफीम सीधे ट्रक और टायरों में लदकर पटना-सिटी चला आता था। एक ट्रक में मन, दो मन अफीम। लेकिन, अब उड़ीसा में पैदा किया गया सारा-का-सारा अफीम सीधे कलकत्ता चला जाता है। खिदिरपुर और बेहला के 'कुटीर-उद्योग' कारखानों की मशीनों में यह कच्चा अफीम फेंट-पीसकर मसालेदार बनाया जाता है। बेहाला-मुहल्ले का तैयार माल पूरबी भारत के हर मुहल्ले में बिकता है, पान-तम्बाकू की दुकानों पर, जर्दा-मसाला बेचनेवालों के यहाँ, कहाँ नहीं...!

हरीदासजी पिछले पाँच वर्षों से जिस मौलवी साहब के यहाँ अपनी दैनिक खुराक खरीदते थे, वह नमाजी आदमी बाकरगंज की एक नाक-नक्शेवाली चूड़ीहारिन के साथ ढाका चले गए थे। पिछले तीन-चार हफ्तों से उनका मौसेरा भाई उनकी दालान में बैठता है, और हरीदासजी को अच्छा आदमी नहीं समझता। मौलवी साहब से हरीदासजी का दोस्ताना ताल्लुक था, इसलिए। मौसेरा भाई समझता था कि मौलवी साहब के उस साहसिक कार्य में हरीदासजी का भी हाथ है। हाथ नहीं था।

हरीदासजी ऐसे-वैसे मामलों में हाथ नहीं डालते हैं। जब नौजवान थे, जब 'प्रेम सुधा नौटंकी कम्पनी' से 'प्रभात फिल्म-कम्पनी' की लम्बी छलाँग लगाने की हिम्मत रखते थे—उन दिनों कितनी बार अपने दोनों हाथ जलते तवे पर पका चुके हैं। अब हिम्मत नहीं रह गई है। अफीम चाहिए, तन ढकने के लिए चार गज कपड़ा भी चाहिए।

राशन खरीदने वे खुद जाते हैं। श्यामजीरा चावल 50 रुपए प्रति मन है। यही चावल, वे अपने जमाने में, पाँच रुपए प्रति मन खरीद चुके हैं। यही चावल, और दाना इससे बड़ा, इससे ज्यादा भरपूर ! चीजों की कीमतें बढ़ गई हैं। रुपए की कीमत दिन-ब-दिन घटती जा रही है। सबसे ज्यादा घटती जा रही है, आदमी की कीमत।

हरीदासजी सुननेवाले के कन्धे पर हाथ मारकर कहते हैं—"बोलो, कितना आदमी लेगा ? दस रुपया नकद हो, और पूरा आठ घंटा जिस आदमी से जो काम करा लो ! अपना देश में एक ग्रेजुएट का मोल है, साठ रुपीया महीना ! माने, दो रुपया रोज ! और जानता है भाई, हम दो रुपीया रोज तो सिरफ अफीम खाता है !...क्या करेगा, अफीम नहीं खाएगा तो दुनिया की हालत देखकर पागल हो जाएगा हम ! दुनिया का, और अपना हालत !" हरीदासजी उदास हो जाते हैं। उनकी आँखें वैष्णव सन्तों की तरह छलछला जाती हैं। थोड़ी देर चुप रहकर, सुननेवाले पर मिहरबानी करने के लिए, वे अपनी जवानी की दास्ताने-हम्जा शुरू करते हैं।

बन्दना पास के टेबल पर बैठी, 'अरिथमेटिक' के सवाल हल करती होती है। भीतर के कमरे में स्टोव पर मछलियाँ तली जा रही हैं। लम्बे कमरे के एक किनारे चन्दना हारमोनियम पर बैठी है, और, पूरे सुर में, एक गजल बिठा रही है—

एक लम्हा इन्तजार कर लिया होता
खुद को जरा दागदार कर लिया होता

उनकी ख्वाहिश पे...
इस मौसम पे एतबार कर लिया होता
एक लम्हा...

और, हरीदासजी पानदान खोलकर, एक बीड़ा मुँह में दबाते हुए, पानदान आपकी ओर बढ़ाकर, कहते हैं—"यह दो गज की लड़की क्या गायगी, यह गजल गाती थी जौनपुरवाली नसीबन !...खुद को जरा दागदार कर लिया होता ! खुद को जरा...अरे भाई, चन्दनी ! गले में जरा लोच डालकर गाओ ! अल्फाजों को बकरी की तरह चबाने काहे लगती है ? उनकी ख्वाहिश पे एतबार कर लिया होता !...क्या कहने हैं ! शायर था, तो बस, मिरजा गालिब, और औरत थी, तो बस, वह नसीबन बेगम, जौनपुरवाली ! सारा लखनऊ कहता रह गया, नसीबन-बी बम्बई चली जाओ...फिल्लमवाले तुझे सर-आँखों पर उठा लेंगे ! मगर, नसीबन नहीं गई, सो नहीं ही गई। क्या गला, क्या सूरत, क्या रौब, क्या जोबन पाया था नसीबन ने ! जिस मैदान में, जिसको चाहती थी पस्त करके रख देती थी !...हाँ भाई, पस्त करके रख देती थी ! हम तो एक बार लखनऊ गए, तो सारी दुनिया की कहानी भूलकर, उसी के बगान-बँगले पर रह गए। 'कत्थक' के बादशाह, कालिका महाराज हमारी जोड़ी को देखकर कहते थे, राधा-किशन की जोड़ी है,...दुहाई हो ! लेकिन, भाई, किस्मत पर किसकी जोर चलती है ? नसीबन एक जिन्नात को प्यारी हो गई। जिन्नात उसे छोड़ें नहीं और वह बेहोशी से होश में आए नहीं।" हरीदासजी इसी तरह अपनी कहानियाँ दुहराते रहते हैं, और देर-देर तक होश में नहीं आते। अपने इस वर्तमान से उन्हें बड़ी-बड़ी शिकायतें हैं। लेकिन, वे फरियाद नहीं करते। वे सिर्फ, बीते हुए दिनों को दुहराते हैं। जिस तरह, भूखा कुत्ता सूखी हड्डियों को चूसता है।

बन्दना 'अरिथमेटिक' के सवाल हल नहीं कर पाती, और नाक पर पेंसिल रक्खे, टेबल पर झुकी हुई, अपने पिता की बातें पीती रहती है। हर तरह की बातें। तवायफों की, नाटक-कम्पनियों की, ऐसी एक नकामयाब जिन्दगी की, जिसे एक दिन के लिए भी सही राजगद्दी नहीं मिली। बन्दना ये बातें समझती है। क्योंकि, उम्र में छोटी होकर भी, वह अपनी बड़ी बहन से बड़ी है, और ऐसी बातों को सहते रहने की आदत हो गई है। आदमी पहले सहता है, दंश, पीड़ा, और आत्म-ग्लानि सहता है, और इसके बाद ही, इस बात का अर्थ समझता है। अर्थ, और कारण ! उद्देश्य। विस्तार की सीमा।

बड़ी बहन गले में लोच पैदा करके, गाने लगती है। हारमोनियम पर एक छोटी-सी गजल। अन्दर रसोईघर में, धुएँ में डूबी हुई, माँ चीखती है—"बन्दना,...शीलू,...मान्तू, कहाँ चले गए सब ?...क्योंजी, तुम अभी खाओगे या नहीं ?"

हरीदासजी को नशा मिलता रहे, तो वह ऐसी-वैसी हर बात सह लेते हैं। नशे में, उन्हें चन्दना के गले का बेसुरापन बुरा नहीं लगता। बन्दना के चटखदार स्वेटर के रंग, असमय वृद्धा हो गई अपनी पत्नी की बीमार आवाज उन्हें बुरी नहीं लगती है। वे सह लेते हैं, और अर्थ तलाशने लगते हैं।

"माधव बाबू कहाँ हैं ?"—हरीदासजी ने आर.आर.आर. से पूछा, और उनके साथ कमरे से बाहर निकल आए। अमल चटर्जी यहाँ सँभाल ही लेगा। चन्दना-बन्दना का सारा 'बिजनेस' वही सँभालता है।

हर महीने इनके साथ दो-तीन प्रोग्राम तो वह कहीं-न-कहीं जुटा ही लेता है। सरस्वती-पूजा, दुर्गा-पूजा, स्वाधीनता-दिवस, बाल-दिवस जैसे उत्सवों में तो ये लोग दिन में तीन-तीन प्रोग्राम करते हैं। सुबह की 'सिटिंग' रवीन्द्र-भवन में, दोपहर का 'आइटेम' बाँकीपुर-क्लब में, और शाम को दानापुर ! अमल चटर्जी दस प्रतिशत कमीशन लेता है, और 'बिजनेस' जुटाता है। नफे और नुकसान का हिसाब रखता है। बन्दना 'ठुमरी', 'टप्पे', और 'पूरबी' गाती है। 'कत्थक' नाचती है बन्दना। अमल तबले पर संगत करता है, 'लहरा' बजाता है, प्रोग्राम के बाद टैक्सी में लौटते हुए, हरीदास से कहता है—"ई पैंसठ-ठो रुपिया आपका हुआ, और ये तीस-ठो हमारा। पाँच रुपिया रामलगन सारंगीवाले को दिया है...उसका बाकी था।" हरीदासजी 'रुपिया' गिनते हैं, और चश्मे के खाली खोल में रख लेते हैं।

आदिम-जाति-कल्याण-विभाग का सह-निर्देशक, कमलनाथ जब अपनी 'फिएट' से उतरा, तो 'इंडिया कोल-कम्पनी' के बिक्री-मैनेजर, माइकेल-जोनाथन शॉ उसके साथ नहीं थे। पिछली सीट पर बाँहें फैलाकर, पड़ी हुई थी, सिर्फ कान्ती। माइकेल-साहब नहीं थे। कमलनाथ उनके यहाँ जाना ही भूल गया था। पोर्टिको में गाड़ी रुकने की आवाज सुनकर राय-साहब दौड़े आए। बोले—"कमलबाबू, साहब कहाँ है ? अपनी गाड़ी से आएगा ?"

"साहब नहीं आएगा। पी.पी. उसको भड़का दिया है। पी.पी. उसको बोल दिया है, आर.आर.आर. साहब और कमलनाथ साहब मिलकर तुमको 'ब्लैक-मेल' करेगा। साहब डर गया"—कान्ती के लिए, पिछली सीट का दरवाजा खोलते हुए, कमलनाथ ने कहा। जाहिर था, वह झूठ बोल रहा है। पी.डब्ल्यू.डी. के स्थायी ठीकेदार, पी.पी. भट्टाचार्जी को राय-साहब से कोई दुश्मनी नहीं है। दोनों आदमी एक ही 'क्लब' के मेम्बर हैं। पी.पी. के साथ ही मिलकर, आर.आर.आर. ने कुसुमपुर-दुर्गापूजा कमीटी स्थापित की है। साथ ही मिलकर, जुलाई-अगस्त-सितम्बर के महीनों में ये लोग फ्लैट-पीछे पाँच रुपया, और कोठी-पीछे दस रुपया चन्दा वसूलते हैं। चन्दा वसूलने का काम ज्यादातर माया, और श्रीमती झरना शर्मा करती हैं। हिसाब-किताब रामरेणु राय अपने पास रखते हैं। लेकिन, पी.पी. से उन्हें किसी बात पर, कभी दुश्मनी नहीं हुई है। फिर, वह माइकेल से शिकायत क्यों करेगा ?

पचास-पचपन का वह बुड्ढा दुर्गापूजा-कमीटी के संगीत-सम्मेलन में ज्यादातर कलकत्ते के आर्टिस्टों-गवैयों को बुलाता है। उन्हें अपने यहाँ ठहराएगा, अपना खाना खिलाएगा, लेकिन, कमीटी से 'रिपब्लिक होटल' के रेट से पैसे वसूल कर लेगा। आर.आर.आर. इन छोटी-मोटी बातों को बुरा नहीं मानते। कहते हैं—"पी.पी. आदमी नहीं है, हीरे का टुकड़ा है,...छोटा-सा एक कोहेनूर !"

और, उसी कोहेनूर ने माइकेल-साहब का कान उसके खिलाफ भरा है ? "नहीं, दिस-इज-इम्पॉसिबुल ! यह नामुमकिन है !"—वे कमलनाथ से कहना चाहते थे। साहस नहीं हुआ। आखिर, कमलनाथ भी अफसर है ! और, रिश्तेदार भी है !...किन्तु, अन्दर-ही-अन्दर उन्होंने अब कमलनाथ के पत्ते को काट डालने का फैसला कर लिया। जन-कल्याण मिनिस्टर को पटा लिया जाए तो कमलनाथ को पटने की कुसुमपुर-कॉलोनी से उठाकर छोटानागपुर से किसी जंगल में पटका जा सकता है। आदिम-जातियों के उत्थान-पतन की देखभाल करनेवाला अफसर इस शहर में क्यों रहे ? क्यों नहीं चला जाए, घाटशिला या दिगम्बरपुर ? एक-एक बित्ते के मच्छरों, और जंगली भैंसों जैसी खतरनाक आदिवासी औरतों के पास क्यों नहीं डेरा डाले ?

राय-साहब जब गुस्से में होते हैं तो अत्यन्त कल्पनाशील, और भावोन्मत्त हो जाते हैं। जो सोचते हैं, उसे अपनी आँखों के सामने देखने लगते हैं। शमशेरबहादुर सिंह, और स.ही.वा. अज्ञेय जैसे छायावादी, रोमैंटिक कवियों की तरह, सड़क पर गिरे हुए पत्थर का टुकड़ा उनके लिए अलादीन के चिराग का दैत्य, और दिल के समन्दर में अपने-आप उग आया हुआ जजीरा, उनके लिए करुणा का प्रभामय स्वर्ग-लोक ! गुस्से में राय-साहब अपने 'शत्रु' को कड़ी-से-कड़ी सजा दे लेते हैं, और शाहे-आजम नीरो की तरह उसका मजा लेते हैं।

आर.आर.आर. ने इसी तरह, गुस्से में कई बार माधव राय को नंगा करके, बेंत से पीटा है, अपनी भावो (छोटे भाई की स्त्री) को अपने पास बिठाकर ! माधव में भी यही आदत है। वह झूठ बोलता है। बिना सिर, बिना पाँव के झूठ ! माया कपड़े पहनकर, बाहर जाने के लिए तैयार खड़ी रहेगी, और पाँव में जूता डालते-डालते अचानक उसे मतली आने लगेगी। सिर चकराने लगेगा। वह धम्म से बिस्तरे पर, पाँव में एक जूता डाले हुए, दूसरा जूता हाथ में लिए हुए गिर जाएगा, और कराहते हुए, कलेजे के भीतर से आवाज निकालते हुए कहेगा—"ओह,...ओह, ओह, ओई,...ओई...तुम चली जाओ माया,...बड़के भैया के साथ चली जाओ...ओह, ओह,...ओह, मेरी तबीयत... ठीक...नेंई है...ठीक नेंई है...ठीक नेंई है,...ओह,...ओह,...ओई !" आईने की तरफ घूमकर, माया देवी मुस्कुराएगी, और बाहर बरामदे में आइने के सही 'एंगिल' के सामने खड़े, इन्तजार करते हुए राय-साहब की आँखों में यह मुस्कुराहट टकराने लगेगी।

आर.आर.आर. जानते हैं, माधव राय अभिनय कर रहा है। क्योंकि, वह कंजूस है। माया के साथ, शनिवार के दिन 'हथुआ-मार्केट' जाकर, वह 'शॉपिंग' का दुःखद आनन्द प्राप्त नहीं करना चाहता। अपने रुपए उसे बहुत प्रिय हैं। फिर, माया तो राय-साहब के साथ 'बिजनेस' करती है। उसे अपने रुपयों से, अपने 'बिजनेस-पार्टनर' के रुपयों से बाजार करना चाहिए। रायसाहब उसकी इसी विचारधारा के कारण, इसी झूठे अभिनय के कारण, माधव राय से नफरत करते हैं ! सोचते हैं कि इस कायर कंजूस को बेंत से पीटना चाहिए। सोचते हैं कि महन्त सच्चिदानन्द गिरि, एम.एल.सी. को डिफेंस-इंडिया-रूल के अन्तर्गत जेल में भेज देना चाहिए। भेज देना चाहिए, कमलनाथ को दिगम्बरपुर,

किकिहारा, या सैंडलगंज ! साँपों, नरभक्षी चीतों और बरसाती नदियों की तरह उमड़ती हुई औरतों के इलाकों में !

इस बदसूरत, ठिंगने आदमी के चलते, उनके पाँच सौ रुपयों पर पानी का सैलाब फिर गया है। क्या जरूरत थी, अमल चटर्जी और उसकी नन्ही-नन्ही लड़कियों चन्दना-बन्दना के पीछे दो, सवा-दो सौ रुपए खर्च करने की ? क्या जरूरत थी ? राय-साहब मुस्कुराए। आगे बढ़कर कान्ती को लगभग अपनी बाँहों का सहारा देते हुए बोले—"कोई बात नहीं कमलबाबू ! हमारी कान्ती-दीदी आ गईं...तुम ले आए इन्हें...यही बड़ी बात हुई ! क्यों दीदी, तबीयत...!"

"मैं ठीक हूँ"...कान्ती ने कहा, और लॉन की तरफ आ गई। वहाँ चाय के लिए गोल घेरेवाली छोटी कुर्सियाँ पड़ी थीं। वह एक कुर्सी खींचकर बैठ गई। सिर अपना उसने कुर्सी के पीछे झुका लिया। "मैं ठीक हूँ।...यहीं पर बैठूँगी।...उफ्, आज कित्ती गर्मी है ! राय-भइया, मेरे लिए, कोकाकोला भिजवा दीजिए...ठंढा ! 'फ्रिज' से निकालकर ! माया ठंढी कोकाकोला रखती है...मालूम है मुझे। मैं यहीं ठीक हूँ।...चन्दवा-बन्दवा (चन्दना-बन्दना को वह होश में रहने पर भी 'चन्दवा-बन्दवा' ही कहती है !) का नाच-गान मुझे ठीक नहीं लगता। सिरदर्द होने लगता है। उफ, कित्ती गर्मी !"—उसने गर्मी को हाथ से टालते हुए कहा, और निढाल हो गई।

सफेद खादी साड़ी में, बूटेदार ब्लाउज में, कान्ती मनीपुरी नाच की जोगनों जैसी दीखती थी। पसीने में लथपथ, और थिर; गहरी बरसात में भीगती हुई। तीस-बत्तीस की पकी उम्र ने, कान्ती का हर अंग वक्त की आग में पकाकर, कुन्दन बना दिया है। कान्ती तनी हुई औरत है, लेकिन, वक्त आने पर, अपने-आपको किसी भी समझदार आदमी के हाथों में थमाकर वह निश्चिन्त हो जाती है। यह 'आर्ट' उसे मालूम है।

कान्ती अक्सर माया से मिलने और उसे अपने साथ ले जाने के लिए, आर.आर. आर. के बँगले पर आती है। लेकिन, राय-साहब को अपने ज्यादा करीब आने नहीं देती। वह जानती है, राय-साहब स्वार्थ के सिवा दूसरा कोई पाठ नहीं पढ़ते हैं। माया और माधव राय को सिर्फ इसीलिए अपनी आधुनिक 'कोठी' में रखते हैं कि इससे 'कोठी' की रौनक बढ़ती है। खुद उन्होंने शादी नहीं की। परिवार का झमेला मोल नहीं लिया। बाप के पैसों से बड़ी सोसाइटी में नाम पैदा किया। अनुभवी बने। यह दुनिया माया है, और माया से हम सारे लोग घिरे हैं, बँधे हैं, यह राज़ उन्हें मालूम हो गया। लोग उनके मसखरेपन का, मोटेपन का मजा लेते हैं, और उनकी खुशामदपरस्ती से तंग आकर, उनका काम कर देते हैं। शहर की सारी खबरें आर.आर.आर. के पास होती हैं। हर मुकाम पर जाते हैं वे ! उनकी गाड़ी हर बड़े दरवाजे पर कतार में, जब तब, खड़ी होती है।

फिल्म-डिस्ट्रीब्यूटर रामनाथ झुनझुनवाला ने मोहनलाल जायसवाल, सिनेमा-मालिक पर सात लाख का दावा कर दिया है। इस दावे की जड़ में है, पटना-सिटीवाली जहूरन, जो अब फिल्म-अभिनेत्री रजनी निम्बूपानी बन गई है।...सुहागपुर-इस्टेट का वो ठाकुर है न, हाँ, वही ठाकुर, जो हर शाम 'सेंट्रल' में बैठकर शरद-बाबू के उपन्यासों पर

बातचीत करता है...ठाकुर ने बीमा-कम्पनी की नई बिल्डिंग का ठेका लिया है, जानते हो बाबूजी, पूरे तेरासी लाख रुपयों का ठेका ! इसमें तेइस लाख तो पलक मारते ठाकुर के हाथ आ जाएँगे। दस लाख रुपए वह घूस और तोहफों में खर्च करेगा। बाकी तेरह लाख उसके निजी रुपए हैं।

ठाकुर ने बीमा-कम्पनी की नई बिल्डिंग का निजी 'बजट' इस प्रकार बनाया है—

'टेंडर' मंजूर कराने के लिए, हाकिमों को प्रारम्भिक 'सगुन'—	8 लाख
'नक्शा' मंजूर करवाने के लिए इंजीनियरों और हाकिमों को 'कमीशन'—	6 लाख
बिल्डिंग बनबाने में—	45 लाख
बिल्डिंग मंजूर करवाने के लिए सरकारी अफसरों, इंजीनियरों, और 'ऊँचे' लोगों को तोहफे—	10 लाख
सारे 'बिल' पेमेंट कराने के लिए बाबुओं और एकाउंटेंटों को 'परसेंटेज'—	1 लाख
अपना मुनाफा—	13 लाख
कुल योगफल :	83 लाख

बाबूजी, अपना यह ठाकुर बड़ा प्रतापी आदमी है !...मगर, उससे बड़ा प्रतापी है सच्चिदा गिरि, एम.एल.सी. ! देखो, इसी दस साल में कहाँ हनुमान-मन्दिर के कूड़ेखाने से उठकर किस ऊँचाई पर चला गया। किस ऊँचाई पर ! 'रूलिंग' मिनिस्टरी उसके कब्जे में, और जनसंघी-हिन्दूसभाई भी उसी के कब्जे में ! अभी नौजवान लड़का है...मगर, दुनिया-जहान पर छा गया है ! मिले हो कभी उससे ? नहीं मिले ? हमारी माया उसके यहाँ जाती है। हमारा एक बड़ा 'पार्टी' है वह ! अपने 'लाइफ' पर पैंतीस लाख का 'इंस्योरेंस' तो उसने हमारे ही हाथ से कराया है ! जितना खूबसूरत है देखने-सुनने में, उतना ही दिलदार भी है।...भगवान ने चाहा, तो वह अगले चुनाव में मिनिस्टर हो जाएगा। नहीं तो, लोग उसे दिल्ली बुलाकर, श्रीलंका या कम्बोडिया का राजदूत बना डालेंगे।

—रामरेणु राय को शहर के हर 'सर्किल' में उठने-बैठने का मौका मिलता है। ऐसे ही मौकों से वे फायदा उठाते हैं। अवसर आता है तो चील की तरह झपट्टा मारकर गोश्त का टुकड़ा उठा लेते हैं। वैसे, ज्यादातर शान्त और हँसमुख रहते हैं राय-साहब ! आदमी मोटे हैं, लेकिन अक्ल तलवार की तेज धार है। वक्त पर कत्ल करने से चूकती नहीं !

महन्त सच्चिदानन्द गिरि यह बात जानता है। इसीलिए, जब-तब उसने स्वेच्छापूर्वक, अपना नुकसान किए बगैर, गोश्त का टुकड़ा आर.आर.आर. की तरफ फेंका है। सच्चिदानन्द ने इस शहर के दस व्यक्तियों को चुन लिया है, जो अगली पीढ़ी के आदमी हैं, और जो निकट-भविष्य में ही इस शहर के समाजी जीवन और राजनीति के सिरमौर होंगे।

5
व्यापार, अथवा, व्यापार नहीं !

इन दसों व्यक्तियों के नाम की फाइलें उसके पास हैं। इनके बारे में सारी खबरें वह जानता है, और इनके दुख-सुख में काम आता है। इन दसों व्यक्तियों से पारिवारिक रिश्ते उसने कायम किए हैं।

1. व्यक्तियों की लिस्ट :

राजराजेश्वरी सिंह, एम.एल.ए. (पहले प्रोफेसर थीं !)
डॉ. सी. पार्थसारथी (ये वाइसचांसलर हो जाएँगे !)
प्रो. शिवबालक सिंह (शिक्षक-राजनीतिज्ञ)
विमानचन्द्र झा (कम्युनिस्ट नेता)
सुरेश सेठी ('साधना इंजीनियरिंग कं. प्रा. लिमिटेड')
रामरेणु राय (इंस्योरेंस-एजेंट। यह आदमी 'पॉलिटिक्स' में जाएगा !)
झरना शर्मा ('आदर्श महिला' की प्रिंसिपल। 'हाई सोसाइटी' में लोकप्रिय हैं।)
कमलनाथ (यह आदमी 'चीफ सेक्रेटरी' तक हो सकता है !)
जयकिशोर यादव (हाईकोर्ट में एडवोकेट)
लेडी नूरमुहम्मद (एम.एल.सी.)

इन दस व्यक्तियों में, कुल पाँच व्यक्ति कुसुमपुर-कॉलोनी में रहते हैं। और, स्वयं सच्चिदानन्द गिरि भी कुसुमपुर-कॉलोनी में रहता है। अपना मकान उसने नहीं बनाया। गाड़ी रखना अनिवार्य था...कलकत्ता, दिल्ली तक वह खुद अपनी कार चलाकर, दो-एक 'अपने' लोगों के साथ, आता-जाता रहता है...इसीलिए, उसने गाड़ी खरीद ली। वह कभी कुछ दिनों तक समाज में मामूली आदमी बनकर रहना चाहता है। अभी रुपया छींटने की जरूरत नहीं है, बंजर मैदान में ! बरसात आएगी, तब देखा जाएगा।

रुपए सच्चिदा के पास हैं। एक-एक गज जमीन का टुकड़ा उसने सोने की ईंटों के भाव बेचा है। रुपए बहुत हैं। लेकिन, उसने मुट्ठी बाँध रखी है।

रात हो चुकी थी। बंका 'किचन' के रास्ते से उसके फ्लैट में आ चुकी थी, और सच्चिदा उसे चिट्ठियों के उत्तर बता रहा था। सच्चिदा की सारी चिट्ठियों के उत्तर बंका लिखती है। दस्तखत भी वही कर देती है—'महन्त सच्चिदानन्द गिरि के प्रणाम !'

सच्चिदा राह में मिलते हुए, हर छोटे-बड़े आदमी को प्रणाम करता है। यह बात, यह कायदा उसने अपने प्रतिपालक, स्वामी बद्रीकाश्रमानन्द महाराज से ही सीखा था। वे अक्सर कहा करते थे—"परतेक जीवधारी को परनाम किया कर, रे भाई ! परतेक जीव में वही काली कमलीवाला किसुन कन्हाई रहता है !...वही काली कमलीवाला, मुरलीवाला, रे भाई !"

सच्चिदा इस काली कमलीवाले को अच्छी तरह पहचानता था। 'महन्त सच्चिदानन्द

गिरि के प्रणाम !'–प्रत्येक पत्र के नीचे यह लिखकर, बंका हर बार मुस्कुराती है ! कितना 'महान' है यह कीमती रेशम पहननेवाला आदमी !...यह आदमी हर मर्ज का मसीहा है ! लेकिन, दूसरे ही छन बंका की मुस्कुराहट, एक काली छाया में बदल जाती थी, घनी उदासी की काली छाया ! आदमी, 'एक' नहीं होता...एक आदमी के अन्दर 'दो' अलग-अलग आदमी होते हैं !

'सुरेश सेठी को तुमने फोन किया था ?'–एक टेलिग्राम से अपनी आँखें हटाते हुए, सच्चिदा ने पूछ लिया। बंका ने सुना नहीं। वह कोई दूसरी बात सोच रही थी। बोली–'कल तुम्हारा *जन्म-दिन* है ?' यह उत्तर सुनकर सच्चिदा को हँसी आ गई। उसका जन्मदिन, इस हाउस-सर्जन लड़की के लिए, सुरेश सेठी से ज्यादा 'आवश्यक' है ! उसने हँसते हुए, और अपने स्वर को थोड़ा 'हाइब्रो' बनाते हुए, कहा–"हमारे जन्मदिन का हमें कोई पता नहीं ! यह तो कान्तीजी ने पता नहीं किस 'फलित-ज्योतिष' के पंडित से मेरी नष्ट-कुंडली तैयार करा ली है ! पिछले तीन वर्षों से उस दिन छोटी-मोटी गोष्ठी होती है। पिछले साल तेरह दिसम्बर को तुम बम्बई थीं। मेडिकल-काउंसिल के अधिवेशन में गई थीं।...शाम को 'चीफ-मिनिस्टर' आए थे। तुम्हारी 'हेल्थ-मिनिस्टर' भी आ गई थीं..."

"इस बार कौन-कौन लोग आएँगे ?"

"तुमने सेठी को फोन किया था ?"

"वह कल सुबह आपसे मिलने आएगा। बात हो गई है।...वह अपना 'टेंडर' वापस कर लेगा।"

"कर लेगा ?"

"कह तो रहा था।"

"और क्या बोला ?"

"वह हजारीबाग में प्रिंटिंग-प्रेस के मशीनों की एक फैक्ट्री बिठाना चाहता है। आपसे बात करेगा। कल सुबह उसकी मिसेज भी साथ आएगी।...उसके तीसरे बच्चे की 'डेलिवरी' मैंने ही की थी। शी-इज-माई-पेशेंट ! वह मेरी मरीज है !"

"शहर का हर आदमी तुम्हारा मरीज है !"

"आदमी नहीं, हर औरत ! मर्दों में तो मैंने एक हीरा चुन लिया है, अपने लिए !"

"अपनी-अपनी किस्मत है !"

"क्यों नहीं !"

"मगर, मेरे लिए ?"

"मैंने आपको कोई बाँध थोड़े ही रक्खा है ? आप लेडी नूर-मुहम्मद के यहाँ जाते हैं...माया और कान्ती और राजराजेश्वरी देवी, एम.एल.सी. आपके यहाँ आती हैं। मैं मना कब करती हूँ।...अपनी गलती आप सुधार लीजिए !"

"अपनी गलती ?"

"जी हाँ, आपकी, सौ दफा आपकी गलती ! आपको अपनी महन्ती इतनी प्यारी

है, तो घर बसाने की बात क्यों सोचते हैं ? किसलिए ?''

''वह मेरी मजबूरी है !''

''बस ?''

इतना कुछ कह जाने के बाद, बंका पागल होने लगती है। 'कुसुमपुर' की दूसरी औरतों की तरह पागल होने लगती है। अपने घरों में, अपने आदमी के सामने ललिता, माया, झरना, कान्ती, सरयूबाला, सारी औरतें, अवसर पाकर, इसी तरह पागल होती हैं, और नाराज बच्चों की तरह रोने-तड़पने लगती हैं।

इसी पागलपन में, पिछले वर्ष, ठीक दीवाली के दिन कुलरतन पाल की पत्नी, सविता पाल बाँहों में बिजली के नंगे तार बाँधकर, आराम-कुर्सी पर लेट गई थी, और उसकी आज्ञा से, उसके छह साल के छोटे बच्चे ने तिपाई पर चढ़कर, बिजली का 'स्विच' जला दिया था। सविता पलक मूँदते ही जली हुई रस्सी के टुकड़े की तरह जल-भुनकर खाक हो गई थी। कई हफ्तों तक आतंक से चीखता रह गया था उसका इकलौता बच्चा। जिस बच्चे को वह अपनी आँखों में रखती थी। यह सच है कि सविता पाल विक्षिप्त हो गई थी। यह भी सच है कि बंका भी कभी इसी तरह विक्षिप्त हो जाएगी।

क्योंकि, वह महन्त सच्चिदानन्द गिरिजी महाराज की ब्याहता पत्नी नहीं है। अपने 'पन्थ' के नियमों के अनुसार, महन्तजी विवाह कर नहीं सकते। विवाह करेंगे तो 'महन्ती' छिन जाएगी। कुसुमपुर-हनुमान-मन्दिर की सारी आमदनी हाथ से चली जाएगी।

सच्चिदा नाथ-सम्प्रदाय की एक विशिष्ट शाखा का महन्त है। बाबा बद्रीकाश्रमानन्द पहुँचे हुए फकीर थे। पच्चीस साल हिमालय में रमते रहे थे। 'सिद्धि' मिल गई, तभी समतल मैदान की ओर वापस आए। अब भी उनके प्रताप से साल में दो दिन हनुमान-मन्दिर में भीड़ लगती है। छोटा-मोटा मेला लगता है। मन्दिर के नाम 'कुसुमपुर' में अब भी जितनी जमीन है, उसे बेचकर सच्चिदा अच्छा-खासा पूँजीपति हो जा सकता है। धीरे-धीरे वह मन्दिर के नाम की जमीन अपने नाम 'टैंसफर' करवा रहा है। हाकिमों और वकीलों की सहायता मिलती जाए तो पुराने-से-पुराने मसविदे को, दस्तावेज को बदला जा सकता है, गलत साबित किया जा सकता है।

लेकिन, वह शादी नहीं करेगा। वह जानता है, परिवार का बन्धन आदमी को गन्दा और पापी बनाता है। छोटा करता है। वह छोटा नहीं रहेगा। बड़ा होगा...इतना बड़ा...इतना बड़ा...''सेठी से तुम्हारे 'नर्सिंग-होम' के लिए बातचीत करूँगा। मकान वह बनवा दे, दो-मंजिले वार्ड, और आधुनिक ऑपरेशन-थिएटर ! बाकी मैं सँभाल लूँगा। सारा 'प्लैन' मैंने बनवा लिया है। इन्कम-टैक्स का झमेला नहीं रहता तो मैं खुद ही सारे पैसे दे देता। मगर, आज जो हालत है...अपना हजार रुपया लगाओ तो उस पर हजार रुपए सरकारी टैक्स बिठा दिए जाते हैं। आदमी कानून से बँधा हुआ है, क्या करे, क्या नहीं करे''—यहाँ तक पहुँचकर, सच्चिदा चुप हो जाता है। शादी वह नहीं करेगा—बंका जानती है। और, यह एक जानकारी उसे हमेशा पागल करती रहती है।

सच्चिदा के साथ के उसके अपने जीवन में उसे कोई अर्थ नहीं मिलता। यह आदमी उसे क्या देगा ? सिर्फ, शारीरिक सुख ? सिर्फ, वंचनाएँ ? बादल को वह अपने लड़के की तरह प्यार करती है। लेकिन, बादल उसका छोटा भाई है, लड़का नहीं !

"वह मेरी मजबूरी है !"

"बस ?"

"तो, और मैं क्या करूँ ?"

"कुछ मत करो ! सिर्फ, मुझे मुक्ति दे दो। चले जाने दो, तुम्हारी इस दुनिया से बाहर ! मैं होस्टल चली जाऊँगी। माँ को अपने गाँव भेज दूँगी। बादल..."

"चुप रहो, बंकू ! चुप रहो !"

बंका चुप हो जाती है। कोई एक ऐसी छिपी हुई ताकत है सच्चिदा में, जिसके आगे वह पराजित हो जाती है। उसका तनाव टूट जाता है। वह गुस्से में आकर, थोड़ी देर के बाद, हल्की होने लगती है। सच्चिदा जो कहेंगे, मैं वही करूँगी—बंका दस हजारवीं बार कसम खाती है, और नर्म, और गर्म, होकर, कहती है—"अपने 'नर्सिंग-होम' का नाम क्या रक्खोगे ?"

"नाम रक्खूँगा, 'दि हिन्दू नर्सिंग-होम' ! इस 'होम' में ऐसे ही डॉक्टर रक्खे जाएँगे, जो डॉक्टरी-विद्या को अपना धार्मिक कर्त्तव्य समझते हैं ! जो पेशे से डॉक्टर, और चरित्र से संन्यासी हों !"—महन्त सच्चिदानन्द गिरि ने एक बार फिर 'स्नॉब' बनते हुए उत्तर दिया। बंका खुश हो गई। उसका मन फिर लौट आया।

मन लौट आता है। क्योंकि, शरीर की तरह मन भी, सीमाओं में बँधा है। वह एक ही भावधारा में तल्लीन नहीं रह सकता, इसीलिए सुविधानुसार, अपनी बदलती हुई स्थितियों से समझौता कर लेता है। शारीरिक सीमाओं का समझौता ! माधव अपनी पत्नी को बर्दाश्त करेगा। कमलनाथ अपनी 'फिएट' में अकेला घूमता रहेगा, और उसकी पत्नी घर में बन्द रहेगी। सच्चिदा सारा दिन, अपने फ्लैट में चाय के प्याले, और टेलीफोन के साथ बैठा हुआ, शतरंज की गोटी बिठाता रहेगा। सरकारी ठेकों से, और जातिवादी राजनीति से, वह अत्यन्त प्रभावित है। राजपूत, कायस्थ, ब्राह्मण, भूमिहार—ये ही चार जातियाँ बिहार में प्रभुत्वशाली जातियाँ हैं। ग्वाले, और पिछड़े वर्ग के लोग 'सन्तुलन' सँभालते हैं। ऊपर की चारों जातियों ने बिहार को टुकड़ों-टुकड़ों में बाँट लिया है। पी.डब्ल्यू.डी राजपूतों के हाथ में आएगी तो शिक्षा-विभाग कायस्थ सँभाल लेंगे। ऐसे दिनों में पी.डब्ल्यू.डी. की सारी ठेकेदारियाँ ठाकुरों-राजपूतों को मिलेंगी। और, पूरे शिक्षा-विभाग में सारे जरूरी एदों पर कायस्थ-ही-कायस्थ पहुँच जाएँगे।

सच्चिदा इनमें किसी भी जाति का आदमी नहीं है, संन्यासी है, अपनी जाति और अपना नाम तक उसने भुला दिया है, इसलिए, वह हमेशा इस जातिवादी राजनीतिक नाटक से अलग और ऊपर रहता है। सभी दलों, सभी जातियों, सभी गुटों में उसकी पहुँच है। सच्चिदा की, दस व्यक्तियों की, सूची में सभी लोग ऐसे ही हैं। अपनी जाति के कारण नहीं, अपने कौशल और सामर्थ्य के कारण लोग ऊपर आ रहे हैं। और,

इसीलिए भविष्य इन्हीं लोगों का है।

सच्चिदा शतरंज खेलता है, और अपने कायदे से, श्रीमती झरना शर्मा भी यही करती है। 'आदर्श महिला सिलाई-कढ़ाई स्कूल' उसने अपने बलबूते से खोला है, और अपने ही बलबूते से प्रिंसिपल हो गई है। सरकार दस हजार रुपए सालाना इस स्कूल को 'ग्रांट' देती है। 'आदर्श महिला' की लड़कियाँ अपनी टीचरों से 'होमसाइंस' और 'डेकोरेशन' सीखती हैं, नाच-गाने का क्लास करती हैं, और नए-से-नए फैशन को अपना लेती हैं। इस स्कूल की लड़कियाँ आगे चलकर उत्तम गृहिणी साबित होती हैं, ऐसा लोग कहते हैं। मगर, यही लोग झरना देवी के बारे में किस्से सुनाते हैं। कई अलग-अलग आकृति-प्रकृतियों के किस्से !

सबसे ताजा किस्सा यह कि जस्टिस हरनाम दास अपनी एक लम्बी जायदाद श्रीमती झरना शर्मा के नाम वसीयत कर चुके हैं। हरनाम दास लगभग साठ के हो चुके हैं और उनका बड़ा लड़का नई दिल्ली के केन्द्रीय सचिवालय में 'सेक्रेटरी' है। लेकिन, झरना शतरंज खेलती है, और अफवाहों की रत्ती भर परवाह नहीं करती। उसे सिर्फ, यही एक दुःख है कि 'डाइट-कंट्रोल' के बावजूद, वह मोटी होती जा रही है। मोटी, और गोल-मटोल। अब उसने सुबह-शाम हवाखोरी शुरू की है। रिक्शे पर बैठकर, पाँच बजे सुबह हार्डिंग रोड चली जाती है। वहाँ से पाँव-पैदल सरक्युलर रोड। कांग्रेस-अधिवेशनवाले मैदान के पास की गोलम्बर सड़कों पर दो-एक मन्त्री-उपमन्त्री सुबह की सैर करते हैं।

झरना एक खास मन्त्री के आसपास चलते हुए दो-चार लोगों में शामिल हो जाती है। चलते-चलते मौसम की बातें होती हैं। एक कविजी आते हैं, वे अपनी कविताएँ, और उर्दू की शायरों की गजलें सुनाते हैं। नमकीन किस्म के चुटकुले। दूसरे मन्त्रियों के बारे में मजेदार कहानियाँ !...''अरे भाई, सुना आपने, '–' मन्त्री आजकल हर महीने-दो महीने पर बड़े अस्पताल के 'कॉटेज' में भर्ती हो जाते हैं। कारण जानते हैं हें-हें-हें, कारण है राँची की एक क्रिश्चियन-आदिवासी नर्स !''

मन्त्री-महोदय के यहाँ एक प्याला चाय पीकर, ऊपर जाकर उनकी बड़ी लड़की, और दामाद-साहब से बातें करके, झरना अपने घर लौट आती है। एक तीर में, इस तरह, तीन-तीन शिकार हो गए। सेहत दुरुस्त की गई। मिनिस्टर का साथ किया गया। और, सुबह-सुबह अपने फ्लैट में, कामेश्वर के लिए चाय बनाने, और उसकी बातें सुनने से भी बच लिया गया। कामेश्वर, यानी, कामेश्वर शर्मा, यानी, श्रीमती झरना शर्मा का पति। झरना सुबह-सुबह कामेश्वर के लिए चाय बनाने में काफी 'बोर' होती थी...; अब नहीं होती।

कामेश्वर शर्मा द्वितीय महायुद्ध के बाद की 'तथाकथित' पुनरुत्थानवादी ('रिवाइवलिस्ट') नई पीढ़ी की पत्नियों में एक पत्नी का पति है। ऐसा पति, जिसे अपनी पत्नी के नाम और यश के सहारे जीना पड़ता है, और अपना कोई नाम या यश उसके पास नहीं होता। अगर, वह गवर्नमेंट में 'राजपत्रित' कर्मचारी है या गवर्नमेंट से बाहर ऊँची तनख्वाह की नौकरी पर है, तो वह रविवार-के-रविवार अपनी 'रिवाइवलिस्ट' पत्नी के नाम पर रौब लगा

सकता है। बाकी छब्बीस दिन उसकी पत्नी के अपने दिन होते हैं, जब वह नौ बजे तक सोती है, और पति के दफ्तर जाने के बाद, कहीं भी निकल जा सकती है। 'कुसुमपुर' में ऐसी पत्नियों के लिए सच्चिदा के फ्लैट से लेकर, कुसुमपुर महिला-समिति के फ्लैट तक, कितनी जगहें हैं, जहाँ वह जा सकती है। जहाँ सारे दिन रुक सकती है।

झरना के लिए रुकने की सबसे शानदार जगह है, उसका अपना 'आदर्श महिला सिलाई-कढ़ाई स्कूल' ! वह प्रिंसिपल है, और, प्रिंसिपल रहना जानती है। स्कूल में दोपहर की 'शिफ्ट' ठीक दो बजे खत्म हो जाती है—ग्यारह से दो बजे तक। शाम की 'शिफ्ट' पाँच बजे शुरू होती है। बादलकुमार ठीक दो, सवा दो, ढाई तक झरना के स्कूल में चला आता है। प्रिंसिपल के कमरे के सामने 'हाथ-करघा' संस्थान की ओर से उपहार में दिया गया, नीला पर्दा टँगा रहता है। बाहर बरामदे में स्कूल की नौकरानी इसवरिया-दाई तिपाई के पास जमीन पर बैठी ऊँघती रहती है। अन्दर जाने के लिए बादल को किसी से आज्ञा नहीं लेनी पड़ती है।

वह, थोड़ा शरमाता हुआ, अधजला सिगरेट जूते के नीचे दबाकर, 'प्रिंसिपल-रूम' में घुस जाता है। तब तक सारी लड़कियाँ जा चुकी होती हैं। प्रिंसिपल के अलावा, चार-पाँच शिक्षिकाएँ और भी हैं, इस स्कूल में ! कोई कसीदे का नमूना बताती है, और कोई दूसरी टीचर सारी लड़कियों को सुबह-दोपहर-शाम 'ड्रिल' कराती है। ये सारी टीचरें जानती हैं, बादल और किसी काम से नहीं, सिर्फ झरना देवी से मिलने के लिए यहाँ आता है। ये सारी टीचरें बादल को जानती हैं।

6

शतरंज में पिटे हुए मोहरे

श्रीमती झरना शर्मा, और पटना विश्वविद्यालय के इस अपराजित खिलाड़ी, और कलाकार के 'रोमैंस' में असफलता की जरा गुंजाइश नहीं थी। झरना एकदम सिर से पाँव तक 'बहता पानी निरमला' औरत थी। बादलकुमार को कहीं कोई रोक-टोक नहीं थी। बंका, और उसकी माँ को पता था कि बादल को बंका और सच्चिदा के रिश्तों का सारा हाल मालूम है—इसलिए, ये दोनों औरतें, उसे झरना के स्कूल में जाने-आने से रोक नहीं पाती थीं। जरा भी नाराज हो तो बादल यह डंके की चोट से सारे जमाने से कहता फिरेगा—''बंका, मेरी बड़ी बहन, रसाईघर के रास्ते से...।''

दूसरी और कोई ताकत नहीं थी, जिससे बादल डरता हो। झरना यह बात समझती थी, और गाहे-ब-गाहे उससे डरती थी। बादल डरता नहीं था, लेकिन, अपनी हालत पर आप ही तरसने लगता था। खासकर, जब झरना से किसी बात पर वह उलझ गया हो। वह नाटी-सी, चौड़ी औरत उसे अपनी उलझन में डूबी हुई, काफी हद तक बदसूरत

दीखने लगती थी। यूनिवर्सिटी में उसके दोस्त कहते थे—"तूने भी यार, एकदम बैल-जैसी किस्मत पाई है ! कोल्हू के बैल ऐसे ही होते हैं न ?" एक बार सिनेमा-घर में समाजशास्त्र-विभाग की कई लड़कियाँ मिल गई थीं। वह झरना के साथ अगली सीट पर बैठा था। अँधेरे में झरना उसके करीब होने की कोशिश करने लगी थी। पीठ के ठीक पीछे उसे हँसने की आवाजें सुनाई दी थीं। 'इंटर्वल' में उसने घूमकर देखा—लड़कियाँ उसी को 'नमस्ते' कर रही हैं, खिलखिलाती हुईं ! जैसे उन्होंने कोई पुराना चोर पकड़ लिया हो।

इस घटना के बाद से, वह झरना के साथ कहीं बाहर नहीं जाता है। ज्यादा-से-ज्यादा हुआ तो रिक्शा लेकर जहाज-घाट चले जाएँगे। वहाँ ऊपर रेस्तराँ में बैठकर चाय पीते रहना। टोस्ट या छीमियों की सैंडविच के साथ कटलेट। झरना देवी, यों ही मजा लेने के लिए नई दुल्हनों की तरह शरमा रही हैं। बादल की निगाहें नीले गंगाजल की तरफ हैं। दूर, बहुत दूर, दीखता है पहलेजा-घाट से आते हुए जहाज का मस्तूल और धुआँ। धुआँ ऊपर उठकर बादलों के नीचे, एक काली पर्त बन गया है। नीलेपन के नीचे, स्याही !

स्याही, बादल की निगाहों में ! लेकिन, झरना शरमाती जा रही है। फिल्म-एक्ट्रेस मीनाकुमारी से उसने इस तरह का शरमाना सीखा है, मीनाकुमारी की फिल्में देखकर ! 'साहब, बीवी और गुलाम' की मीनाकुमारी उसे कभी भूलती नहीं। मीनाकुमारी शरमाती है, और शरमाकर मुस्कुराने लगती है, और उसके इर्द-गिर्द रोशनी का एक गोलम्बर नाचने लगता है। आँखों के सामने एक विराट 'गोलघर' खड़ा है, और उसकी छाँव में खड़े सभी आदमी अपने को छोटा, बहुत छोटा, समझने को विवश हो जाते हैं। 'गोलघर' इतना ऊँचा, इतना शक्तिशाली है।

बादल उसकी मुस्कुराहटें झेल नहीं पाता है। स्वभाव से ही वह बेहद शर्मीला, और खरगोश की तरह चिकना है। उसे अभी औरत नहीं चाहिए। इसके लायक अभी उसकी उम्र ही नहीं हुई है। इसलिए, वह हर बार झरना के पास से लौटने के बाद, वहाँ कभी वापस जाना नहीं चाहता। लेकिन, दूसरे दिन भी उसे ठीक वक्त पर वहीं पहुँच जाना होता है। फुर्सत उसे तभी मिलती है, जब तीनों देवियाँ, माया, कान्ती और झरना देवी एक जगह जमा होकर, कहीं-न-कहीं धावा बोलने की बात तय कर लेती हैं।

ये तीनों सहेलियाँ इतनी दबंग, और गुस्सेवर हैं कि कितनी बार 'कैबिनेट' के मिनिस्टरों को उनके ही बँगले पर घेरकर सही-से-सही बात स्वीकार करा चुकी हैं ! झरना देवी को एक बार एक गरीब पुलिस-अफसर ने प्यार में आकर 'हरामजादी ! कुतिया ! पत्तल चाटनेवाली !' कह दिया था। झरना लगातार सुबह-शाम तीनों दिन तक एक खास मिनिस्टर के दरबार में हाजिरी बजाती रही। फिर, चौथे दिन उसने उस गरीब पुलिस-अफसर पर 'आउटरेज ऑव मोडेस्टी' का मुकदमा शुरू कर दिया।

मुकदमा गलत था, झूठा था, सारे गवाह पैसे देकर बाजार से लाए गए थे—मगर, झरना मुकदमा जीत गई। वह अफसर-साहब अब तक 'सस्पेंड' हैं, और उन पर सरकार

अलग से एक मुकदमा चला रही है। मगर, बादल से उसे एक दूसरा ही मुकदमा लड़ना पड़ा है। ऊँची अदालतों में जाना नहीं हुआ, अदालतें खुद उसके पास आ गईं। बादल की एक जरा-सी बेवकूफी ने अच्छा-खासा तमाशा खड़ा कर दिया...

झरना बादल को नहीं जानती थी। लेकिन, 1964 का मार्च-महीना खत्म होने के दिन, उसकी एक सहेली ने बताया कि कल वह अपने एक दोस्त से झरना को मिलवाएगी। काम का लड़का है। "यूनिवर्सिटी में है, 'सोशियालॉजी' पढ़ता है। यू-विल-लाइक-हिम...तुम उसे पसन्द करोगी, झरना देवी !" दूसरे दिन अप्रिल का पहला दिन था। झरना की यह सहेली एक 'रिटायर्ड' आई.सी.एस. अफसर की 'प्रतिपालिता' थी, और हर तरह की व्यावहारिक मसखरी ('प्रैक्टिकल जोक' का यह अनुवाद स्वयं झरना देवी ने किया है !) पसन्द करती थी। पहली अप्रिल की शाम को दोनों औरतें बादल को बीच में बिठाकर, 'क्वालिटी'-रेस्तराँ में कॉफी पी रही थीं और उसे 'वाक-अप' अर्थात् प्रोत्साहित कर रही थीं। चन्द्रावती वर्मा कह रही थीं कि बादल जैसा 'आर्टिस्ट' इस भारत-भूमि पर नहीं है। बादल दिलीपकुमार, अशोक कुमार, राजकपूर, सबकी कॉपी, 'ट्रू'-कॉपी कर लेता है...एकदम 'ट्रू' कॉपी।

तीस-बत्तीस की जोरदार उम्र, जूड़े में बेतरतीबी से सजे हुए सफेद फूल (प्लास्टिक के ?), बातों में पाप की सुगन्धि, और चेहरे पर सरापा बेताबी...दो औरतें...दोनों एक ही उम्र, और एक ही तर्जे-बयाँ की, एक-जैसी औरतें...झरना थोड़ी भारी-भरकम हो गई है, और उसके कूल्हे जरा नीचे सरककर चौड़े फैल गए हैं...और कोई फर्क नहीं। बल्कि, चन्द्रावती की मुस्कुराहट में वही गर्मी, और तेज चमक है जो झरना की मुस्कान में है। सिर्फ, एक बात का फर्क है कि झरना किसी आइ.सी.एस. अफसर से बँधी नहीं है। उसने कामेश्वर शर्मा, भूतपूर्व समाजवादी-नेता एवं स्कूल-शिक्षक, से अपने तन, मन, जीवन को स्वाधीन कर लिया है।

बादल ने इससे पहले, 'पराधीन' और इतनी 'स्वाधीन' दो औरतें, एक साथ, अपनी बगल में कभी नहीं देखी थीं। यूनिवर्सिटी की लड़कियों से भी वह कतराता था, अपने स्वभाव के कारण। वह लड़कियों की तरह खूबसूरत, और शर्मीला था। लेकिन, चन्द्रावती-झरना में घिरकर, वह खुल गया। प्रोत्साहित हो गया।

झरना बोली, "आप कोई 'कैरीकेचर' दिखाइए न !"

चन्द्रा से कहा, "हाँ भाई, हो जाए !"

झरना ने कहा, "शरमाने की कोई बात नहीं है।"

चन्द्रा बोली, "नहीं, शरमाइए मत !"

झरना ने कहा, "आप तो कलाकार हैं..."

चन्द्रा ने कहा, "आपको शरम कैसी ?"

झरना छलक पड़ी।

चन्द्रा भी चाँदनी बन गई।

ज्वार आ गया। समाजशास्त्र के छात्र, बादलकुमार ने उठते हुए कहा—"आप लोग

कह रही हैं...तो लीजिए...फिल्म 'काला दिन सफेद रातें' से एक 'डायलॉग' सुनाता हूँ। लीजिए, सुनिए !'' और, 'क्वालिटी'-रेस्तराँ में 'एप्रिल-फूल' के दिन, शाम के सात बजे, चन्द्रावती और झरना देवी के सामने खड़े होकर एक फिल्मी 'डायलॉग' सुनाना शुरू कर दिया, बादल ने ! श्रीमान बादलकुमार ने सामने झुककर, हाथों से भाव बताते हुए, समझाया—''सीन शुरू होता है। सामने एक पहाड़ी झील है, जिसमें मीनाकुमारी कश्मीरी लड़कियों का लिबास पहने, फूलों से लदी हुई, अपने बजरे में सैर कर रही है। दिलीपकुमार झील के किनारे, एक चट्टान के पास खड़ा है। वह उदास है। ही-इज-इन-ए-डिजक्टेड-मूड ! दिलीप अपने दोस्त, प्रान को एक सिगरेट देता है, और दूसरा सिगरेट खुद सुलगाता है।'' इतना समझाकर, बादल टेबल से परे हट गया, और सिर को एक झटका देकर, उसने बालों का एक लच्छा दाईं भवों तक बिखेर लिया।

'डायलॉग' दिलीपकुमार का :

''दोस्, मेरे दोस्, ये है न ? ये जिन्ऽगी (जिन्दगी) बड़ीऽऽऽ बेवफा है ! साथ छोड़ने का नाम नेंई लेतीऽऽऽ-आवारा जिन्ऽगी, बेपनाऽऽऽह जिंऽगी, हमारी येह बे-मिसाल जिंऽऽगीऽ ! देखो,...देखो, दो, मेरे दोस्, देखो,...शिकाऽऽरे पर कौन जा रेयाऽ (रहा) है !...वही है, वहीऽऽऽऽऽऽ है, मेरे दिल का ताज, सपनों का राज, मेरे प्यार की, बहाऽऽर की शैनाई (शहनाई) !

इनके बाद, गाना ('प्लेबैक' : मुकेश) :

ओऽ, ओऽ, ओहोऽऽ, होऽहोऽऽ
बहाऽऽऽऽऽर की शैनाईऽ
बज उठीऽऽ
सज उठीऽऽ
राऽऽऽऽत ये, रातऽऽ ये, रातऽऽ की
हरजाईऽ
बहाऽऽऽऽऽर की शैनाईऽ
ओऽ, ओऽ ओजीऽऽ, ओ, ओजीऽऽ
जी गईऽऽऽ
पी गईऽऽ
दुल्हऽन ये, प्याऽर में, प्याऽर से
शरमाईऽ
बहाऽऽऽऽऽर की शैनाईऽ
ओऽ, ओऽ,...

7
'एप्रिल-फूल' क्यों बनते हैं ?

जितनी देर में, बादलकुमार ने दिलीपकुमार के 'डायलॉग' के बाद, मुकेश का गाना खत्म किया, आसपास के सारे टेबलों के लोग-बाग इस टेबल की ओर मुखातिब हो गए। कुछ-एक औरतें तो डर गईं कि इस नौजवान मुसीबतजदा को, एक मिनट के बाद, 'क्वालिटी' के बैरे हाथों-हाथ उठा लेंगे, और दरवाजे से बाहर किसी खाली रिक्शे पर पटक देंगे।

इस शान्त, गरिमामय रेस्तराँ में, ऐसी, यह पहली घटना थी। किसी भी पागल नवयुवक ने दो खूबसूरत, सजी-धजी स्त्रियों को सामने सोफे में बिठाकर, इस तरह का 'प्रेम-प्रदर्शन' कभी नहीं किया था। मगर, गाना खत्म हुआ, और बादलकुमार ने दो बार, दोनों औरतों के सामने झुककर, सलाम किया। चन्द्रावती ठहाके मारकर बेशर्मी से हँसने लगी। झरना ने दो मिनट पहले ही हँसना शुरू कर दिया था। सफेद वर्दी और पीतल के तमगे लगाए हुए, दो काले-भुजंग बैरे बादल के दोनों बाजू में पहरेदारों की तरह खड़े हो गए थे। दोनों में, एक भी मेमसाहब इशारा कर दे, तो बैरे शारीरिक रूप से बादलकुमार को बाँहों पर उठा लेंगे, और रेस्तराँ के बाहर चले जाएँगे।

झरना अचानक हँसती हुई रुक गई। थम गई। बैरों की मुखमुद्रा देखकर, अनायास उसके मुँह से निकल गया—"साहब पागल हो गया है ! ले जाओ इसे, बाहर हमारी गाड़ी में डाल आओ !" झरना के इस एक 'डायलॉग' ने रेस्तराँ का पूरा नक्शा बदल दिया। दूर एक कोने में, फोन पर बैठा हुआ, 'रिसेप्शनिस्ट' तेज कदमों से इस ओर भागने लगा। बैरे अपनी-अपनी जगहों पर रुक गए। सारी कुर्सियाँ, और सारे चेहरे इसी टेबल पर घूम गए हैं। कहीं कोई आवाज नहीं हो रही है। कोई आवाज नहीं। लगता है, प्रतीक्षा के इस एक छन में बिजली के सारे लट्टू मोम बनकर पिघल जाएँगे।

मगर, झरना ने दुबारा कहा—"साहब पागल हो गया...इसे गाड़ी में डाल आओ। बी.आर.पी. 390, काले रंग की एम्बेसेडर ! साहब को डाल आओ !" तो, निस्तब्धता के सारे तार झनझना उठे। कुछ एक स्त्रियाँ ठहाके मारकर हँसने लगीं। सामने सोफे पर लदे हुए सरदारजी चीख उठे—"एप्रिल-फूल !"

"एप्रिल-फूल ! हिप्प-हिप्प, हुर्रे !"—चन्द्रावती ने अपनी सीट से उछलकर एलान किया। बादल चुपचाप सिर झुकाए खड़ा था। उसका चेहरा लम्बा हो गया था। होंठों की स्याही पुत गई थी। वह 'एप्रिल-फूल' बनाया गया है, यह बात उसे अब समझ में आई, और अपमान से, आत्मग्लानि से, अपनी मूर्खता के परिताप से उसकी आँखें छलछलाने लगीं।

बादल, उसी एक छन गें, मर गया। उसने एक बार फिर, झुककर दोनों औरतों को सलाम करके कहा—"गुड-बाई,...गुड-बाई, मिसेज चन्द्रा, अब मैं फिर कभी 'एप्रिल-फूल' नहीं बनूँगा।...नेवर, नेवर !" (जाहिर है, यह 'डायलॉग' भी उसने दिलीपकुमार की

फिल्म, 'चाँद-सितारों की दुनिया' से उतार लिया था !)

इतना कहकर बादल मुड़ा, और रेस्तराँ का दरवाजा खोलकर वह बाहर चला गया। अपमानित। अपने ही प्रति घृणा से भरा-बिफरा हुआ। सन्तप्त ! थोड़ी देर बाद, झरना ने अपनी सहेली को कहा—"लेकिन...लेकिन, यह अच्छा नहीं हुआ, चन्द्रू !"

किन्तु, यह काफी अच्छी शुरुआत साबित हुई, क्योंकि, बाद में मिलने पर, कई बार मिल जाने पर भी, बादल ने झरना देवी को अपमानित करने की कोई चेष्टा नहीं की। जैसे, वह उस शाम की बात एकदम भूल गया हो। एप्रिल को बीते हुए कई महीने हो गए हैं। झरना इस बार उसे अकेले किसी अच्छी जगह ले जाएगी। और कहीं नहीं, तो नाव पर गंगा की सैर के लिए। अभी नदी उजली-नीली, और शान्त है। बरसात और बाढ़ के पानी ने इस नदी को गन्दा और मटमैला, कत्थई, नहीं किया है। अभी नाव में बैठते हैं, और पछिया हवा बहती है, तो कोई अजनबी, लेकिन, बेहद खूबसूरत, सपना याद आने लगता है...

झरना देवी और बादल नाव के एक सिरे पर साथ बैठते हैं। बादल सपना याद करने की कोशिश करता है। झरना सोचती है, 'आदर्श-महिला' को अब 'फुल-फ्लेज्ड' हाईस्कूल बनाना चाहिए। 'हायर-सेकेंड्री' की पढ़ाई हो। अपनी 'बिल्डिंग' बनाई जाए। झरना सोचती है, और अपनी उँगली में पड़ी अँगूठी को घुमाती रहती है। अँगूठी में कीमती पत्थर है। बड़ा-सा पुखराज। दप-दप चमकता है। बादल कुछ सोचकर कहता है—"शर्माजी से फुर्सत क्यों नहीं पा लेती हो ? 'क्विट-हिम' ! उन्हें छोड़ो भी अब !...मेरा एक दोस्त एडवोकेट है..."

"बच्चों की तरह बातें मत करो ! कितनी बार कह चुकी हूँ कि 'डाइवोर्स' लेने से मेरी बदनामी होगी ! मेरी 'प्रेस्टिज' को गहरा धक्का लगेगा ! कितनी बार कह चुकी तुमसे !"—झरना कहती है, अपनी जगह से रत्ती भर खिसककर, इस तरह बैठ जाती है कि उसके सीने के गोले उसकी 'स्कर्ट' से बाहर उभरने लगते हैं। बादल उन्हें देखता है, और शरमाकर, सिर झुका लेता है। झरना के टखने सुडौल हैं, और शाम की सुनहरी धूप में कुन्दन की तरह चमकते हैं।

ऐसे दो जीवों के 'रोमैन्स' में असफलता की कहीं भी गुंजाइश नहीं है। दोनों एक-दूसरे की सीमाओं की कद्र करते हैं, परवरिश करते हैं।

लेकिन, अपने घर में, बादल अपनी परवरिश कर नहीं पाता। उसे घर के सारे लोग गन्दे और अपाहिज दीखते हैं। उसके पिता, वकील-साहब, जो वकालत नहीं करते थे, अपने मुवक्किलों और अपने 'हाकिमों' के बीच दलाली करते थे। उसकी माँ, राजेश्वरी, जो आज से तीस साल पहले गाँव से आई हुई एक गँवार औरत थी, और जो आज भी वैसी ही गँवार, वैसी ही अन्धी है ! और, बंका, बहन उसकी, जो सच्चिदा की चिट्ठियों पर खुद दस्तखत करती है—'महन्त सच्चिदानन्द गिरि के प्रणाभ !' बादल कुछ बोलता नहीं, मगर, अन्दर-ही-अन्दर गालियाँ बकता है। माँ के नाम। बंका के नाम।

बादल सारे जहान के नाम गालियाँ बकता है, और मुँह में थूक जम जाने के बाद,

श्रीमती झरना शर्मा के स्कूल में चला जाता है। बादल रात में देर से लौटेगा तो बंका अपने कमरे में नहीं होगी। बादल जानता है, वह इन दिनों अस्पताल की ड्यूटी पर रात में नहीं जाती है। माँ टेबल पर उसके लिए खाना रखती हैं।

"बंकू-दी कहाँ है ?"

"महन्तजी को गर्म दूध देने गई है। उनका नौकर बीमार है न..."

"एक ही नौकर है उनके पास ?"

"मुझे क्या मालूम !"

"तो किसको मालूम है ?"

"मैं उधर कभी जाती नहीं !"

"मगर, बंकू जाती है !"

"तो क्या हुआ ?"

बादल को खाना-पीना, और इस घर में सोना अच्छा नहीं लगता है। घिन होती है। उसे लगता है, उसकी माँ को, और उसकी बड़ी बहन को कोई घृणित बीमारी हो गई है। बादल बाथरूम में घुसता है तो अंग-अंग साबुन से बार-बार रगड़कर, अपना शरीर शुद्ध रखना चाहता है ताकि, वह भयानक बीमारी उसे लग नहीं जाए। वह इस घर में रहकर भी, इस घर में एक छन नहीं रहता है।

बंका जानती है। बादल से वह कभी भी सच्चिदा के बारे में कोई बात नहीं करती। सच्चिदा उसका निजी, एकदम अपना व्यक्तिगत, पोशीदा मामला है। इसीलिए, वह बादल से देशी-विदेशी फिल्मों के बारे में बात करती है। बंका फिल्मों का शौक नहीं रखती, लेकिन, उसका भाई 'सिनेमा' के पीछे पागल है।

भाई-बहन के इस जोड़े की एक फिल्मी बातचीत का अंश यहाँ दिया जाता है :

बंका : पिक्चर गए थे क्या ? कहाँ गए थे ?

बादल : 'संगम' !

बं. : कैसी 'पिक्चर' है ?

बा. : फॉर-चिल्ड्रेन-ऐंड-लेडीज ! सिर्फ बच्चों और लड़कियों के लिए !

बं. : अच्छा ?

बा. : हाँ ! बात कहीं खुलती नहीं। 'सेंसर' के डर से बैजन्ती छिपी रह जाती है !

बं. : राजकपूर ?

बा. : उसने 'बेटर' किया है।

बं. : तुम्हारी 'फेवरिट' हीरोइन कौन है ?

बा. : बंगाल में तृप्ति मित्रा ! और, बम्बई में सिर्फ एक मीनाकुमारी !

बं. : और 'हॉलीऊड' में ?

बा. : मौलिन मुनरो ! लेकिन, वह मर गई।

बं. : मुझे शर्मीला टैगोर अच्छी लगती है। सत्यजित राय की 'देवी' में...

बा. : वह शर्मीला टैगोर मर गई। तुमने बंकू-दी, 'कश्मीर की कली' देखी है ?

बं. : नहीं देखी।

बा. : और, 'मेरे महबूब' की साधना को ?

बं. : नहीं देखा !

बा. : फिर तुम फिल्मों के बारे में बातें क्यों करती हो ?...मेरा जी बहलाने के लिए ?

बं. : तुमसे और क्या बात करूँ, भाई ?

बा. : कोई भी बात !

बं. : तुम 'सर्जरी' की बातें समझोगे ?

बा. : तुम समझोगी, मेरी 'सोशियॉलॉजी' ?

बं. : नहीं !

बा. : फिर ?

बं. : फिर क्या ? तुम सो जाओ अब ! मैं माँ के पास जाती हूँ !... गुड-नाइट !

बा : गुड-नाइट, सिस्टर !!

'किचन' का पिछला दरवाजा खुलता है। दरवाजा बन्द होता है। बत्तियाँ जलती हैं। बत्तियाँ बुझा दी जाती हैं। बादल अपने कमरे में, फर्श पर कालीन बिछाकर लेटा हुआ, अपने बचपन के बारे में सोचता रहता है। फिर, उसे नींद आ जाती है।

नींद खुलती है तो कमलनाथ अपने शरीर को ड्राइंगरूम की बड़ी कुर्सी पर पड़ा हुआ पाता है, सुबह के लगभग आठ बजे। कल रात वह कान्ती के साथ देर तक यहाँ-वहाँ चक्कर काटता रहा था, और अन्त में उसने 'डी. लाल'वालों के यहाँ से 'सोलन' की एक बड़ी बोतल खरीद कर, अपनी गाड़ी में रख भी ली थी।

जिस दिन से उसने लोकरंजन झा का अपमान किया है, कान्ती उसके ज्यादा करीब आ गई है। उसकी 'प्रेमी-जनोचित' बहादुरी पर मुग्ध होकर ? शायद, नहीं ! शायद, लोकरंजन ने उसका कोई बड़ा अपमान करने के लिए, कान्ती को उसके पास भेजा है ! हो सकता है, यही सच हो ! क्योंकि, लोकरंजन उसका 'शत्रु' बन गया है। लोकरंजन, और रामरेणु राय ! दोनों उसके 'शत्रु' हैं। सामने से नहीं, पीठ-पीछे वार करेंगे। जब वह नींद में होगा।

जब तक कमलनाथ नींद में नहीं है, जगा हुआ है, उस पर वार नहीं किया जा सकता ! वह भागने में तेज, और तलवारबाजी में उस्ताद है। कमलनाथ खरगोश की तरह उछलकर, वार करनेवाले की देह में चिपक जाता है। आपका हर वार खाली चला जाएगा, क्योंकि आप अपने ही शरीर में नंगी कटार धँसाना नहीं चाहेंगे !

लेकिन, कान्ती बहादुरी भी नहीं जानती, प्यार से भी कोई मतलब नहीं रखती है, और उसके भाई ने उसे 'विषकन्या' बनाकर कमलनाथ के पास नहीं भेजा है। कान्ती अपनी गरज से आई है, और अपना मतलब रखती है।

कान्ती के ड्राइंगरूम में (लोकरंजन अपने दफ्तर में है। कमलनाथ अपना दफ्तर छोड़कर आया है।), कान्ती और कमलनाथ के एक प्रेम-प्रसंग से, यह मतलब स्पष्ट हो जाता है। यही एक प्रेम-प्रसंग, विभिन्न प्रकरणों और प्रारूपों में, बार-बार दुहराया जाता है।

8

प्रेम-प्रसंग : एक नागरिक प्रेम-प्रसंग

"मैं 'लोली' की बात सोच रही हूँ," कान्ती कहती है, और कमलनाथ के सोफे से उठकर सीधी खड़ी हो जाती है। खादी की सफेद साड़ी का आँचल फर्श पर फैल जाता है, 'एस'-अक्षर की शक्ल में। कमलनाथ को याद आता है, हिन्दी के किसी 'एनैलिस्टिक-एक्सिस्टेंशियलिज्म' के उपन्यासकार ने अपने 'हीरो' के बचपन में 'एस'-अक्षर का महत्त्व, अपने एक अधूरे उपन्यास के पहले खंड में अंकित किया है। उसकी प्रेमिकाओं का नाम 'एस' से शुरू होता था, शशि, सावित्री, सुधा, सुमन...। उसके निजी बागीचे में एक दरख्त था जिसकी सारी डालें 'एस' की शक्ल में थीं। 'एस' से शुरू होनेवाले सप्ताह के दोनों दिन 'सटर्डे' और 'संडे' उसके लिए शुभ। 'एस' जैसी दीखनेवाली सारी चीजें उसके लिए प्रिय, और लाभप्रद। साँप की तरह। मछलियों की देह-रेखाओं की तरह।

कान्ती के शरीर की रेखाएँ भी मछलियों की तरह हैं। कमर के किनारों का सारा गोश्त उठकर सीने पर, और पेट पर चला आया है। 'एस' की शक्ल की औरत, कान्ती ! हर एक अंग से भरपूर औरत !

"मैं 'लोली' की बात सोच रही हूँ"—कान्ती दुबारा कहती है। जाहिर है, कमलनाथ उसकी यह बात अनसुनी कर जाता है। "खादी की मोटी साड़ी में भी तुम कितनी 'स्मार्ट' लगती हो,...हाउ फ्रेश !...कितनी सुन्दर !"—कमलनाथ उत्तर देता है।

उत्तर सुनकर कान्ती शरमा गई, और झट से सामने के सोफे पर बैठ गई, जरा आगे झुककर। बैठने से देह की रेखाएँ ज्यादा उजागर हो गईं। क्योंकि कान्ती अपनी प्रशंसा सुनकर खुश हो रही थी। वह खुश होती है तो उसका शरीर 'सचिवालय-भवन' की तरह लम्बा-चौड़ा दीखने लगता है। उसकी बाँहें संगमर्मर हो जाती हैं। उसके पाँव और टखने पत्थर के गोल-गोल खम्भों के टुकड़े।

कान्ती के कन्धे चौड़े, और मजबूत हैं। पुट्ठे भरे हुए, पुश्त सुडौल। मांसपेशियाँ

ऊँची बँधी हैं। चेहरा बड़ा-सा है, अंडाकार; और आँखें कौड़ियों की तरह छोटी हैं। छोटी आँखोंवाली यह बड़ी औरत कमलनाथ को अपनी ओर देखते रहने के लिए प्रेरित करती हुई अलग सोफे पर बैठी रही।

कमरे की सारी खिड़कियाँ बन्द थीं। हल्का-सा नीला अँधेरा कमरे में फैला हुआ है। दीवारों पर कोई कैलेंडर नहीं है। कोई तस्वीर भी नहीं। पीले रंग की दीवारें। खाली। बेहद खाली। सिर्फ, एक कोने में ऊँची तिपाई पर महात्मा बुद्ध का 'हेड-पीस' रक्खा गया है। ध्यानावस्थित भगवान बुद्ध !

बुद्ध कहते थे, दुःख ही जीवन का प्रथम सत्य है; और, मृत्यु है अन्तिम सत्य।

मुजफ्फरपुर की एक वेश्या को उन्होंने जीवन और मृत्यु का भेद समझाया था।

अम्बपाली ने कमरे की रोशनी बुझाकर पूछा था—"यह रोशनी कहाँ गई ? आकाश में चली गई ? पाताल में समा गई ? कहाँ गई ?"

बुद्ध ने मुस्कुराते हुए कहा था—"रोशनी कहीं गई नहीं ! यहीं, इसी जगह, खत्म हो गई ! उसका निर्वाण हो गया !"

कमलनाथ ने ये कहानियाँ, बुद्ध, अम्बपाली, मीराबाई, रानी रासमणि, विवेकानन्द, अरविन्द, भगिनी निवेदिता की ये कहानियाँ अपने पिताजी से सुनी थीं। कमलनाथ 'महाभारत' की कहानियाँ ज्यादा पसन्द करता था। भीम उसे बहुत पसन्द था—महारथी भीमसेन जिसने जरासन्ध और कीचक को तिनकों की तरह चीर दिया था, बाईं ओर का हिस्सा एक ओर, दाईं ओर का हिस्सा दूसरी ओर। द्रौपदी के पास सबसे अधिक समय वही लगाता था, क्योंकि अक्सर, प्रेम-प्रसंग के पहले ही उसे नींद आ जाती थी। 'हिडिम्बा' राक्षसी से उसने ब्याह किया था।

मन-ही-मन तीन-चार दफा 'हिडिम्बा' के नाम का उच्चारण करके, कमलनाथ की तबीयत खुल गई। 'हिडिम्बा' राक्षसी ! कान्ती...

महात्मा बुद्ध की आँखें बन्द थीं, और होंठ उनके हल्की मुस्कुराहट में डूबे हुए—'फिक्स्ड' !

वक्त बीतता रहा। फूलदार टिकोजी के नीचे ढँकी हुई चाय ठंढी होने लगी।

"रंजन (लोकरंजन झा) को 'बिलियॅर्ड' बहुत पसन्द है। आजकल सीजन चल रहा है। ऑफिस से सीधे वह अपने 'क्लब' चला जाएगा। काफी देर से घर लौटेगा"—कान्ती ने कहा।

महात्मा बुद्ध के जीवन में कुल दो स्त्रियाँ आई थीं। एक पत्नी यशोधरा। दूसरी नर्तकी अम्बपाली। बुद्ध ने दोनों स्त्रियों के सामने अपना भिक्षा-पात्र बढ़ाया था—लेकिन, किसलिए ?

"रंजन को 'बिलियॅर्ड' पसन्द है। मुझे पसन्द नहीं। क्योंकि यह मर्दों का खेल है। ...इसमें चाँदी की छोटी-छोटी गोलियाँ होती हैं, जिन्हें एक नुकीले डंडे के सहारे टेबल पर लगातार बने हुए छेदों में डालना होता है। कुछ बड़े छेद खतरनाक होते हैं। और, कई छोटे छेद दूर-दूर पर बने होते हैं, जिनमें सही गोलियाँ डालकर, आदमी खेल जीत

लेता है। रंजन हमेशा हार जाता है, फिर भी, खेलना नहीं छोड़ता।...तुम्हें पसन्द है नुकीले डंडेवाला यह खेल ?''—कान्ती ने कमलनाथ को 'बिलियॅर्ड' का मतलब बताते हुए यह सवाल किया। यह सब बोलती हुई वह शरमा रही थी, जैसे यह खेल कोई बहुत अश्लील खेल हो।

कमलनाथ ने अचानक उठकर खड़े होते हुए, और अपने पंजे ढीले करके, हाथ झाड़ते हुए कहा—''मैं ऐसा कोई खेल पसन्द नहीं करता जो सिर्फ मर्दों के लिए हो ! जिसमें औरतें शामिल नहीं हैं, वह खेल भी कोई खेल है...?'' कान्ती इस मजाक पर चुप लगा गई।

इसी चुप्पी से कमलनाथ को ऐसा लगा कि तेज बढ़ती हुई उम्र का कोई पाप, कोई भी कलंक, कान्ति के मन में, और शरीर पर चढ़ नहीं पाया है।

कान्ती इतनी पापहीन है ! इतनी निष्कलंक ! वह हँस रही है, और तेरह-चौदह साल की बेहद क्वाँरी लड़की का अभिनय कर रही है, सफलतापूर्वक। और, कमलनाथ उसे देख रहा है।

कमलनाथ खड़ा ही रहा। कान्ती सोफे पर बैठी है, और चुपचाप है। कमलनाथ लगातार तीन मिनटों तक महात्मा बुद्ध की ओर देखता रहा। फिर, जैसे कोई विशेष निर्णय लेने के उपरान्त, उसने कान्ती से पूछा—''लोकरंजन का 'ट्रैंसफर' हो गया है।...बम्बई जाएगा।...तुम ?''

''मैं ?...मैं घर छोड़कर कहीं नहीं जाऊँगी। चली गई तो अपने इस मकान की देखभाल कौन करेगा ? चोर-उचक्के सारा सामान उठा ले जाएँगे।...हाँ, कभी-कभी बम्बई भी हो आऊँगी। साल में दो-एक बार''—कान्ती ने सीधा-सादा उत्तर दिया।

''जानते हो, कमल ?''

''क्या ?''

''वह आई हुई है। 'पैलेस' में...''

''कौन ? मिसेज...''

''नहीं !''

''फिर ?''

''मैना आई है। रानी मैनावती, गोपालगढ़वाली ! मैना...''

मैनावती से कान्ती की पुरानी दोस्ती है। छह-सात साल पहले, मैनावती के खर्च से दोनों स्त्रियाँ बम्बई गई थीं। 'फिल्म-स्टार' बनने के लिए। कान्ती के साथ उसका पति भी गया था...सुन्दर लाल, किसी एक बैंक का एकाउंटेंट। जमींदारी चली गई तो रानी मैनावती, सिर्फ मैनावती रह गई थी। गोपालगढ़ की एक विधवा नवयुवती, स्वाधीन, निर्भय ! जरूरी था कि वह 'फिल्म-स्टार' बन जाए।

मगर, कान्ती बम्बई का मौसम और आवोहवा बर्दाश्त नहीं कर सकी। सुन्दर लाल के साथ पटना वापस चली आई। मैनावती दो साल बम्बई में रही, और तीसरे साल बीमार होकर, 'फिल्म-स्टार' बने बगैर, गोपालगढ़ वापस चली आई।

"मैं हर साल दशहरे के मौके पर गोपालगढ़ जाती हूँ। मैं और मैनावती, दो परित्यक्त विधवाएँ मिलकर बैठती हैं...और जिस-तिस को गालियाँ देती हैं।...वहाँ विजयादशमी में हर साल आठ भैंसें कटती हैं, और सौ से ज्यादा बकरे। दुर्गाजी के सामने। हम लोगों को यह 'बलिदान' अच्छा लगता है। देखने में अच्छा लगता है।...सिर कट जाने के बाद भी, जवान और तड़पते हुए भैंसों का धड़ देर तक नाचता रहता है। छटपटाता रहता है। गर्दन से खून की मोटी धार फूटती है...इन्द्रधनुष की तरह चमकती रहती है...देर तक, बहुत देर तक"—कान्ती ने कहा। पहले 'बिलियॅर्ड' का किस्सा, बाद में भैंसों का।

कमलनाथ अपनी जगह पर खड़ा था। बोला—"मैं गोपालगढ़ जा चुका हूँ !" यह उत्तर सुनकर कान्ती चौंक पड़ी।

"कब गए थे ?"

"पिछले तीन वर्षों में तीस बार से कम नहीं !"

"क्यों ? किस सिलसिले में ?"

"गवर्नमेंट के काम से !"

"क्या काम ? मैना से मिले हो ?"

"तीस बार से कम नहीं !"

"अच्छा ?"

"हाँ !"

"सच ?"

"उसी ने पहली बार मुझे तुम्हारे बारे में बताया था। कहा था—कान्ती लड़की नहीं है, जादू की छड़ी है...चाहे जिसके सिर पर फेर दो !"

"ऐसा कहा था ? मैनावती ने ?"

"यकीन नहीं होता ?"

"होता है ?"

कान्ती शरमाने लगी ! 'जादू की छड़ी !' चाहे जिस पर फेर दो...चाहे जिसके सिर पर...सिर पर...! पाउडर में धोई गई सफेद साड़ी, और बिना बाँह की छोटी-सी ब्लाउज में (कान्ती का खुला हुआ पेट कितना नीला दीखता है !) भीतर से बन्द इस ड्राइंगरूम में वह नीले पानी पर तैरते हुए बत्तख की तरह दीखती थी।

"फिल्म 'जोगन' की नरगिस !"—ज्यादा खुश होने पर कमलनाथ यही सम्बोधन करता है, कान्ती के लिए ! नरगिस के नीले फूलों की कान्ती—कान्ती !!...नरगिसी चेहरा, नरगिसी अन्दाज...

कान्ती नहाने के कमरे से सीधे निकलकर, यहाँ चली आई थी ड्राइंगरूम में। नौकर को कमलनाथ के आने के पहले ही बाजार भेज दिया था। नौकर बाजार जाने का मतलब जानता है।...कान्ती के गले के इर्द-गिर्द पाउडर के धब्बे अब तक जमे हैं। जब पसीना आएगा, तभी ये धब्बे मिटेंगे।

"मैनावती ने हमारे विभाग से दस लाख रुपए लिए हैं। गोपालगढ़ इलाके की आदिम जातियों, आदिवासियों का कल्याण करने के लिए ! तुम इस 'लाइन' में क्यों नहीं आ जाती हो ?...आदिवासी औरतों के लिए कोई संस्था, कोई 'इंस्टीच्यूशन' क्यों नहीं खोलतीं ? ...'ग्रान्ट' हम दिलवा देंगे। आखिर मुझसे कुछ तो तुम्हारा फायदा हो जाए..."—कमलनाथ ने बीच-बीच में रुककर, कान्ती के सामने एक प्रस्ताव उपस्थित किया।

पिछले दो हफ्तों से कान्ती इसी प्रस्ताव की प्रतीक्षा कर रही थी। वह चाहती थी, बात कमलनाथ की ही तरफ़ से शुरू हो। यही हुआ।

जब से मैना ने उसे बताया था कि उसने आदिम-जाति-कल्याण विभाग से दस लाख रुपए झटक लिए हैं...कान्ती परीशान थी। वह खुद यह काम क्यों नहीं कर सकी, जबकि विभाग का सह-निदेशक उसका 'अपना आदमी' है—यह ग्लानि उसे परीशान कर रही थी। लेकिन, उसने तुरत एक योजना बना ली। योजनाएँ बनाने में वह काफी चतुर है। सच्चिदानन्द गिरि तक उसकी इस योग्यता से प्रभावित है।

कान्ती ने यह तय किया—वह इसी पटना शहर में एक 'कला-भवन' बनवाएगी, आदिवासियों की कलात्मक वस्तुओं का संग्रहालय ! इस संग्रहालय में आदिवासी चित्रकला, गृहनिर्माण-कला, मूर्तिकला और अन्य लोक-कलाओं का अतीत और वर्तमान सँजोकर रखा जाएगा।

कान्ती ने सारा सिलसिला तय कर लिया—पहले सह-निदेशक, कमलनाथ; फिर निदेशक, एम.एन. जायसवाल; और अन्त में राज्य-मन्त्री, गंगाधर नारायण शास्त्री। सीढ़ियाँ यही हैं, और इन्हीं सीढ़ियों पर चढ़कर 'कला-भवन' तक पहुँचा जा सकता है।

कान्ती यही मतलब साधने के लिए अपने बड़े भाई और संरक्षक के अपमान के बावजूद कमलनाथ के पास गई थी।

9

आधुनिक परिवार-व्यवस्था के गुण

नीचे काली सड़क है। अँधेरे में तेज चमकती हुई सामने फुटपाथ के नीचे 'लाल'-होटल। फुटपाथ ऊपर है, होटल नीचे। एक बड़ा हरीकेन, और कई लालटेन। टिन की छत, बरसात-आँधी में, आधी खुल गई है।

गुनमन्ती अपने मकान की बालकनी में खड़ी है, होटल की तरफ देख रही है। जब कभी मेहमानों के कारण खाना घट जाता है, गुनमन्ती इसी होटल से भात, और मछली के पकौड़े, अपने लिए ले आती है। होटल में जाना नहीं चाहती, राम सिंह से डरती है। लेकिन, बड़ी चीज है भूख ! जिसे रोका नहीं जा सकता...किसी भी तरह नहीं ! अँधेरा होने से पहले वह भुनी हुई कलेजी लाने के लिए 'लाल'-होटल गई थी।

राम सिंह नहीं था। एक तिपाई पर गौरस्वामी बैठा था, चाय का गिलास पकड़े हुए। गुनमन्ती को देखते ही बोल उठा—"देख गुनमन्तिया, तेरी मेमसाहब बड़ी बदजात है !...मैं उसे गोली मार दूँगा, किसी दिन...!"

गौरस्वामी बदजात है—गुनमन्ती सोचने लगी। जवाब तो उसने कुछ भी नहीं दिया, चुपचाप आधा सेर कलेजी लेकर वापस चली गई, लेकिन, वह सोचती रही। गौरस्वामी को आखिर लोली-मालकिन से शिकायत क्या हो सकती है ? हफ्ते-भर पहले तक वह कमलनाथ के यहाँ 'पार्ट टाइम' नौकरी करता था। 'फुल-टाइम' नौकर है वह, पी.पी. भट्टाचार्जी के यहाँ। लेकिन, सुबह-शाम एक बार दो-एक दूसरी कोठियों में हाजिरी दे आता है। किसी साहब के लिए चिड़ैयाटाँड़ से 'देसी' की बोतलें आइस-बैग में भरकर ले आएगा। किसी मेमसाहब के लिए 'स्वदेसी फॉर्मेसी' से दवाएँ। गौरस्वामी को अचानक ललिता ने एक दिन कह दिया—"सुनो, गुरसामी ! अब तुम इस कोठी में कभी आएगा नहीं ! पाँच रुपया तुम्हारा निकलता है। सो, पहली तारीख को आकर ले जाएगा।" गौरस्वामी ने आँखों में गुस्सा भरकर, एक बार ललिता को देखा। ललिता सीधी निगाहों से उसे देखती रही।

बोली—"तुम जाओ, गुरसामी ! अब इधर नहीं आएगा ! जाओ।" गौरस्वामी चला गया। गुनमन्ती उस वक्त 'किचन' में थी। सारा किस्सा देख रही थी। लेकिन, उसकी समझ में नहीं आया कि लोली-मालकिन इस तरह हरी-नीली क्यों हो रही है...किस बात के लिए ?

गौरस्वामी पहाड़ी है। जनकपुर से चौदह मील ऊपर, पाँच-नम्बर गेट के पास, हिमालय पहाड़ की एक घाटी में उसका गाँव है—सीसा-गाँव ! गुनमन्ती डालटेनगंज की है। उराँव-जाति की एक आदिवासी औरत। पिछले तीन वर्षों से कमलनाथ के पास है। इससे पहले हजारीबाग के एक 'कैथोलिक'-मिशन में काम करती थी, बड़े पादरी के पास। 'किचन' में दाल का पतीला उतारती हुई, गुनमन्ती हँसती थी तो दरवाजे पर खड़ा गौरस्वामी कहता था—"एतना सुन्दर हँसी ? एतना उज्जर (उजला) दाँत ?" लेकिन कमलनाथ ने ललिता के सामने ही एक बार कह दिया था—"इतने सफेद दाँत तो दन्तमंजन के इश्तहारों में भी नहीं आते हैं। 'शी-लाफ्स-लाइक-ए-स्नोक्लैड-माउंटेन-रेंज'...गुनमन्ती सूरज की रोशनी में चमकती हुई बर्फ-ढँकी पहाड़ियों की तरह मुस्कुराती है !"

उसका हँसना हर आदमी को अच्छा लगता है। गुनमन्ती यह बात समझती है। नाजायज फायदा उठाने की कोशिश नहीं करती, किन्तु, समझती है। समझती हैं, 'कुसुमपुर-कॉलोनी' की सारी नौकरानियाँ। यह समझदारी जरूरी है। फिर, गुनमन्ती तो इस समझदारी की हकदार है। वह जानती है, अपनी कोठी में कौन-कौन मेहमान आते हैं, और किनको किस कुर्सी पर, किस कमरे में, किस 'टी-सेट', किस 'बियर-गिलास' के साथ बिठाया जाता है। वह जानती है, गाड़ियों के नम्बर, और गाड़ियों के नाम। 'फिएट', 'एम्बेसेडर', 'डि-सोटो', 'डॉज', 'ब्यूक', और 'शिवर्ले' ! 'किंग्सवे' और 'इम्पाला' !

कुसुमपुर में 'इम्पाला'-गाड़ी कुल एक आदमी के पास है। उस आदमी का, अर्थात् उस औरत का नाम है—लेडी नूर-मुहम्मद ! महन्त सच्चिदा गिरि की तरह लेडी नूर-मुहम्मद भी विधान-परिषद् की सदस्या हैं राज्यपाल की ओर से। पटना-शहर में चार-पाँच बिल्डिंगें, एक 'इम्पाला', और एक 'डि-सोटो' गाड़ी, कुसुमपुर में एक आधुनिकतम 'डिजाइन' का बँगला, और इन वस्तुओं की रक्षा के लिए बैंकों और 'लॉकरों' में नकद धन-सम्पत्ति, और एक अदद 'रिवाल्वर'—इतनी चीजें अपनी बेगम के पास छोड़कर, नूर-मुहम्मद कराँची चले गए हैं, सदा-सर्वदा के लिए। बेगम कभी पाकिस्तान नहीं जातीं। नूर-मुहम्मद जब से गए हैं, एक दफा भी वापस नहीं आए।

लेडी नूर-मुहम्मद की कहानी ज्यादा लम्बी नहीं है। वे 'शान्ति-निकेतन' में पढ़ती थीं। पिता कलकत्ते में व्यापार करते थे, और 'नेशनलिस्ट' मुसलमान थे। रोजा रखते थे, और कांग्रेस की हर 'मीटिंग' में शामिल होते थे। 'शान्तिनिकेतन' में पढ़नेवाली पहली मुस्लिम-कन्या थी, यह कुमारी रूमाना अहमद—जो, अचानक एक दिन अपने वालिद और अपनी माँ से झगड़ा-त्तकरार करके, नूर-मुहम्मद से निकाह पढ़वाने चली गई। बोलपुर में रूमाना को लोग कहते थे, 'रूमा !'

अहमद-मियाँ चाहते थे, कि किसी कांग्रेसी मुसलमान से, अथवा किसी अच्छे परिवार के हिन्दू लड़के से रूमा की शादी हो। लेकिन, लड़की ने साफ-साफ कह दिया—"अम्मी, मैं नूर-साहब के साथ जाऊँगी...!" नूर-मुहम्मद का खानदान अजीमाबाद-पटना के पुराने नवाबों का खानदान था। आधे अजीमाबाद के मालिक थे ये लोग। मोसल्लेहपुर के बाजार में अपना सिक्का, और अपनी किश्ती भी चलाते थे !

बाजार में एक मुहावरा था—"सिक्का मीर मुन्नन का, और सुक्की[1] बाई रसूलन की !" रसूलन बाई अजीमाबाद की मशहूर तवायफ थी, पटना-सिटी, मुंगेर और गया शहर की गायिकाएँ, अब भी, अपने-आपको जिसके खानदान का बताने में फख्र समझती हैं। और, मीर मुन्नन से ही मीर नूर-मुहम्मद का खानदान शुरू हुआ था।

लेकिन, नूर-मुहम्मद 'मुस्लिम-लीगी' थे। देश का बँटवारा होने के साल, दो साल बाद कराँची चले गए। वहाँ किसी विभाग में 'उपमन्त्री' हैं शायद, शरणार्थियों के विभाग में ! रूमा उनके साथ नहीं गई। लोग कहते हैं, अपनी अक्लमन्दी और अपने सरकारी दोस्तों की मदद से, उसने नूर-मुहम्मद की सारी जायदाद पर कब्जा कर लिया । बिल्डिंगें, और 'बैंक-बैलेंस' तो नूर-मुहम्मद खुद ही रूमा के नाम कर गए थे।

मुगल-बादशाह शाहजहाँ की तरह, नूर-मुहम्मद को मकानों से आशनाई थी। इसी एक शहर में उन्होंने दस-बारह कोठियाँ बनवाईं। और, कोठियों के नामकरण किए। ये सारे नामकरण मिर्जा गालिब की गजलों में बिखरे हुए प्रतीकों से किए गए। उन्हें

---

1. एक प्रकार का लोक-नृत्य, जिसमें नाचनेवालियाँ बूटेदार घाँघरे पहनकर, दरबारी काम-भंगिमाएँ दिखाती हैं। पिछली सदी में, यह नाच सभी तवायफें नाचती थीं, और इसके साथ 'दरबारी', 'पूरबी' और 'बारहमासे' गाती थीं।

गंगा-किनारेवाली अपनी कोठी, 'माशूक' सबसे ज्यादा पसन्द थी। कितना प्यारा नाम है—माशूक ! छोटी-सी इस हवेली की मेहराबदार 'बालकनी' में बैठकर, लगता है, हम लोग गंगा में तैरती हुई किसी बादशाही 'मयूर'-किश्ती में बैठे हुए हैं।

सफेद संगमरमर की गोल फर्श पर, काले हर्फों से गालिब की गजलें लिखी गई हैं, और उन्हें पटना-कलम की तस्वीरों से सजाया गया है। पटना-कलम की तस्वीरें शीशों की आदमकद फ्रेमों में, दीवारों पर लगाई गई हैं। पटना-कलम...

जमनापरशाद की तस्वीर 'एक कबूतर और दो रक्कासाएँ' (1880 ईसवी)...गालिब की गजल 'कहता है कौन नालए-बुलबुल को बेतसर'...समर्पित प्रेमिका की अदा में (एक हाथ से हुक्के की रेशमी नली पकड़े हुए बैठी हुई माओ-बेगम (1850 ईसवी)...'दिल के बहलाने को गालिब ये ख्याल अच्छा है'...हुस्नलाल की तस्वीर 'रूठी हुई माशूक'... और, यह गजल 'गो हाथ में जुम्बिश नहीं आँखों में तो दम है...रहने दो अभी सागरो-मीना मेरे आगे'...

नूर-मुहम्मद 'पटना-कलम' की तस्वीरों के सबसे बड़े आशिक थे, और सेवकराम, हुलासलाल, शिवलाल, जमनापरशाद, बानीलाल की सैकड़ों तस्वीरें इनके पास थीं। पटना डिविजन के कमिश्नर, डब्ल्यू.जी. आर्थर की पत्नी, मिल्ड्रेड ने, चित्रकार शिवलाल के पौत्र, प्रोफेसर ईश्वरी प्रसाद ने, काशीप्रसाद जायसवाल ने, और उन जैसे कितने लोगों ने अंग्रेजी चित्रकला ('फिरंगी' आर्ट ?) के प्राथमिक प्रभाव से बनाई गईं ये पुरानी तस्वीरें खरीदने की कोशिश की थी। लेकिन, नूर-मुहम्मद ने कहा—"मेरे बाप-दादों ने ये तस्वीरें अपनी फरमाइश से बनवाई थीं। बेचने के लिए नहीं !"

पटना-स्कूल की तस्वीरों को राय कृष्णदास ने 'फिरंगी'-आर्ट कहा है। यह 'आर्ट' दो सदियों के मिलन-स्थान पर चौराहे पर खड़ा किया गया था, इसीलिए इसका ऐतिहासिक महत्त्व था। मुगल-राज और नवाबी खत्म हो रही थी, और 'कम्पनी' का राज शुरू हो चुका था। 'ईस्ट इंडिया कम्पनी' के अफसरों-कलक्टरों के बैठकखाने में ब्रिटिश-चित्रकारों की प्रसिद्ध तस्वीरों के 'री-प्रोडक्शन' टँगे रहते थे। इन तस्वीरों के यथार्थवादी शिल्प ने इस इलाके के चित्रकारों को प्रभावित किया। दरबारी 'मुगल'-आर्ट के बँधे-बँधाए घेरे से, शिवलाल, बानीलाल, और बहादुरलाल जैसे चित्रकार, बाहर चले आए। मछुओं, मछियारिनों, पालकी ढोलेवाले कहारों, तवायफों, बग्गियों, नौटंकी-नाच, बारात-पार्टी, चक्की पीसती हुई औरतों, और बहँगीवालों को पहली बार अपने देश में चित्रकला का विषय बनाया गया।

बानीलाल का प्रसिद्ध चित्र, 'गधा' (1890 ईसवी) नूर-मुहम्मद के 'दरबार'-कमरे में टँगा रहता था। अब भी टँगा है। लेडी नूर-मुहम्मद ने बाकी सारी तस्वीरें पटना-म्यूजियम के हाथों मनमानी कीमत पर बेच दी हैं, लेकिन यह 'गधा' वहीं दीवार पर टँगा रहने दिया है। किसलिए ?

अपने अन्तरंग मित्रों के सामने यह कह देने में उन्हें जरा भी तकलीफ नहीं होती है कि सिर झुकाए हुए, एक नन्ही-सी मस्जिद के सामने खड़े इस गधे को देखकर, उन्हें

हमेशा अपने शौहर की याद आती है। इसी ऐतिहासिक (और, कलात्मक ?) गधे की तरह नूर-मुहम्मद की अधखुली आँखों में 'वैराग्य' भरा हुआ रहता था—वैराग्य और नींद। पूरी आँखें वे कभी खोलते नहीं थे। कन्नौज के इत्रों में डूबे हुए बिस्तरे में, गुलाब में, रूहे-कस्तूरी में, डूबे रहते थे, पाँव हिलाते रहते, और बेगम से कहते थे—"अतिया कहाँ है, बेगम ?"

रूमा गुस्से में उबलती हुई अपने पलंग से उतरती थी, सैंडिल पहनकर, खट-खट कमरे से बाहर हो जाती थी, और उस रात अपने पलंग पर वापस नहीं होती थी। 'माशूक' की मेहराबदार बालकॅनी में बैठी हुई, सारी रात पान खाती रहती, और गंगा में तैरती हुई अनाज ढोनेवाली नावों को देखती रहती थी। नावों के काफिले धीमे-धीमे आगे बढ़ते रहते थे, और मल्लाहों का समवेत गाना पूरे वातावरण में गूँजता रहता था—"कजरा बहि-बहि नदिया बनि जाए, हो नदिया बनि जाए..."

अतिया, गुनमन्ती की ही तरह एक नौकरानी थी, और दीन-दुनिया की बातें समझती थी। इसीलिए, वह नूर-मुहम्मद के साथ कराँची चली गई, और वहाँ जाकर उसने निकाह भी पढ़वा लिया। अब, वह भी अपने तरीके से, 'लेडी नूर-मुहम्मद' कहलाती है।

इस तरह का कोई तरीका या 'अरमान' गुनमन्ती के पास नहीं है, इसलिए, वह बरामदे में खड़ी है, 'लाल'-होटल की तरफ देख रही है, और लेडी नूर-मुहम्मद की 'इम्पाला'-गाड़ी की प्रतीक्षा में है। अभी घंटे भर पहले, कमलनाथ ने उसे अपने कमरे में बुलाकर समझाया है—"नूर-मुहम्मद आ रही है। साथ में एक आदमी और आएगा।...तू अपना वह सफेद 'स्कर्ट' पहन ले...जरा पाउडर-क्रीम रगड़ ले चेहरे में !...बाहर के मेहमान आएँ तो आदमी की तरह दीखना चाहिए...!" और, ललिता ने बताया है—"बरामदे में खड़ी रहोगी।...गाड़ी आ जाए तो तुरन्त मुझे खबर करोगी ! आज तो ये सफेद कपड़े तुझ पर बहुत फब रहे हैं, गुनमन्ती !"

ललिता शीशे के सामने, तिपाई पर बैठकर अपना 'मेक-अप' डालने लगती है। कमलनाथ ने आज घर में भी सूट पहन रक्खा है, और वह उत्सुक है। रूमाना के लिए नहीं, विमान के लिए। वामपन्थी कम्युनिस्ट-पार्टी का होशियार नेता, विमानचन्द्र झा। रूमा उर्फ रूमाना अहमद, उर्फ लेडी नूर-मुहम्मद जल्दी 'पट' जाएगी, कमलनाथ को पता है। लेकिन, विमान ? पता नहीं, वह इस प्रस्ताव को कैसे लेगा ! कमलनाथ जितना ही उत्सुक है, उतना ही चिन्तित भी है ! माइकेल साहब ने कहा है, बात बन जाएगी। विमान तैयार हो जाए, लेडी नूर अपने फील-प्यादे आगे बढ़ाए, और कमलनाथ अकेले, अथवा कान्ती के साथ मिलकर एक बार दिल्ली हो आए...बात बन जाएगी।

पूरा शतरंज इस तरह बिछाया गया है कि चौंसठों घरों में अपने मोहरे खड़े हैं, हाथ बाँधे हुए, हरबे कमर में कसे हुए ! इशारा किया गया, झट घुड़सवार फौज सफेद बादशाह को चारों तरफ से घेर लेगी...जिधर जाएगा बादशाह, उसी जगह कैद हो जाएगा। शतरंज के खेल में एक चीज होती है—अश्वचक्र ! एक काले घोड़े के इर्दगिर्द सफेद बादशाह

कटी हुई पतंग की तरह नाचता जाएगा, लुढ़कता जाएगा, जैसे धरती का गोला सूरज के इर्दगिर्द लुढ़कता चलता है, दिन-रात !

कमलनाथ अपने इस खेल से सफेद बादशाह को फुटबाल की तरह लुढ़काना चाहता है...। कांग्रेस, स्वतन्त्र-पार्टी, और जनसंघ के सैकड़े में पच्चासी नेता विमानचन्द्र झा से डरते हैं। अपनी सरकारी कोठी में, या अपनी प्राइवेट कोठी में, सबके सामने विमान से नहीं मिलेंगे। कोई उसका नाम लेगा तो उसकी ओर टुकुर-टुकुर देखने लगेंगे—"कौन है यह आदमी ? किसका नाम ले रहे हो !" लेकिन, फोन आएगा तो पसीने-पसीने हो जाएँगे, और शाम को किसी बन्द होटल में, या कुसुमपुर के किसी 'खास' मकान में, विमान से मिल आएँगे।

इसकी वजह क्या है ?

वजह है, कुसुमपुर ही नहीं, पूरे अजीमाबाद, शहर-पटना के सारे 'खास' मकान, जिनके बारे में विमान को मकानवालों से भी ज्यादा जानकारी है। इन मकानों के पास रुकनेवाली गाड़ियों के नम्बर उसे जुबानी याद रहते हैं। गाड़ी-नम्बर, टेलीफोन-नम्बर, मकान-नम्बर,...नम्बरों की इस दुनिया में विमान बड़ा ही जागरूक व्यक्ति है, क्योंकि उसे सारे नम्बर याद रहते हैं। वह 'अक्षर' भूल जाता है, किन्तु, 'अंक' नहीं भूलता ! अंकों से उसे खास दिलचस्पी है। और, अंकों का, नम्बरों का एक खास सिलसिला उसने अपने दिमाग में बिठा रक्खा है।

सिलसिला इस प्रकार है :

नम्बर (आदान)	अनुमानित द्रव्य	नम्बर (प्रदान)
247190 (फोन)	200/	255/बी
63/बी (गृह)*	50/	279300
782/14-ए (गृह)	50/	279300
51986 (फोन)	100/	301428
10/ए (गृह)*	25/	90-सी/बी
124009 (फोन)	300/	209541
(मिस्टर 'फॉक्स')	'मूड' के अनुसार	209541
471231 (फोन)	220/	301428
77-सी/14 (गृह)*	50/	90-सी/बी
101/बी (गृह)	50/	255/बी
(मिस्टर 'कैट')*	मुँहमाँगा इनाम	900011
35619 (फोन)	100/	279300

(*केवल शनिवार-रविवार के दिन।)

—इस तरह के सैकड़ों सिलसिले, हजारों मकान-नम्बर और टेलीफोन-नम्बर विमानचन्द्र झा को जुबानी याद हैं। दरअसल, वह वामपन्थी कम्युनिस्टों का नेता नहीं, वाममार्गी औघड़ सिद्धों का नेता है। वह हर शाम पाँच, साढ़े-पाँच बजे के लगभग, फ्रेजर-रोड के एक छोटे-से रेस्तराँ में बैठेगा, कॉफी पिएगा। फिर, मैनेजर के टेबल से टेलीफोन अपने टेबल पर मँगाकर एक-दो-तीन टेलीफोन करेगा। सिगरेट पिएगा। दूसरी बार, तीसरी बार कॉफी का 'ऑर्डर' देगा। पान खाएगा, थूकता रहेगा। आसपास के टेबलों पर बैठे हुए लोग उसे घूरते रहेंगे, और उसी के बारे में बातें करेंगे। लेकिन, वह चुप है। वह अपने अन्दर दबा हुआ है।

इसी बीच, 247190—फोन-नम्बरवाले मकान से एक लम्बी गाड़ी निकली है, और काफी तेज चलती हुई, ठीक तीन मील दूर, दूसरे मुहल्ले में, मकान-नम्बर—255/बी के सामने खड़ी हो गई है। और, खड़ी होकर अपना भोंपू बजा रही है। भोंपू की आवाज सुनकर, बरामदे में खड़ी मीरा, अन्दर कपड़े बदलती हुई अपनी बड़ी बहन से कहेगी—"दीदी...दीदी, बड़ी लम्बी गाड़ी आई है ! दीदी, बड़ी लम्बी !" और, अपने हाथ फैलाने लगेगी। सिंगारदान से एक अठन्नी निकालकर, मीरा के हाथ में पटकती हुई, नीरा कहेगी—"जा, अपने लिए टॉफी ले आ ! और देख, घर में ही रहना...हाँ ! और सुन, चाचाजी आएँगे तो बोलना, हम विमान-भाई के यहाँ गए हैं...!" मीरा चली जाएगी। नीरा भी चली जाएगी। खाली रह जाएगा एक घर, उन लोगों की प्रतीक्षा करता हुआ, जो लोग यहाँ रहते हैं, और अभी शहर घूमने गए हैं !

अपने टेबल पर, अकेला बैठा हुआ विमान यह सारा तमाशा, यहीं बैठे हुए, देखता रहेगा। एक गली के 10/ए—मकान से एक साइकिल-रिक्शा निकलता है, और दूसरी गली के 90-सी/बी—मकान के अहाते में घुस जाता है। रात के दस बजे तक यही तमाशा...रिक्शे पर अकेली जाती हुई कोई औरत...अपनी गाड़ी में पीछे की सीट पर सोया हुआ कोई मोटा आदमी...घरों से लाशें निकल रही हैं। गंगा का पानी रंगीन हो उठा है, लाल, पीला, सुनहरा ! चाँद काला है, चाइना-इंक की तरह काला, और पूरा आसमान सफेद है, सफेद 'कैनवस' की तरह सफेद ! कोई औरत, कोई आदमी, किसी भी अंडे का छिलका, सड़े हुए गोश्त के टुकड़े, पिघलकर बुझी हुई मोमबत्तियाँ...मौत !

वह चौंककर, जैसे उसने मौत को देख लिया हो, टेबल से उठता है, और सीधे 'काउंटर' पर बिल चुकाने चला जाता है। रुपए देगा। 'चेंज' वापस लेगा। पूछेगा—"मेरी चिट्ठियाँ ? मेरे अखबार ?" अखबारों और चिट्ठियों का बंडल उठाकर कोई बैरा उसके पीछे-पीछे आएगा। बंडल उसके 'स्कूटर' के बैग में रख देगा। 'स्कूटर' पर बैठ जाने के बाद, विमानचन्द्र झा एकदम दूसरा आदमी हो जाता है। पापमुक्त। भयमुक्त। ग्यारह बजे रात की तेज हवा में झुलसकर उसके कान लाल हो जाते हैं। वह मुस्कुराता है, लेकिन !

रात के ग्यारह बजे, हर रात विमान मुस्कुराता है, उस चीज के लिए, जिसे लोग घर-बार कहते हैं। अपना घर-बार, जहाँ हम जीते हैं। जिसके चलते, हम मर नहीं पाते,

सिर्फ मुस्कुरा पाते हैं।

इन्हीं दिनों कमलनाथ तीन-चार दफा विमान के घर जाकर, उसकी बीवी के हाथ की चाय पी आया है। एक बार ललिता भी वहाँ गई है। ललिता जितनी देर, और जिस इत्मीनान के साथ, विमान की बीवी से सटी बैठी रही...छोटे-छोटे कमरे, उनमें से नीला अँधेरा, फर्श पर नंग-धड़ंग बच्चे सोए हुए, एक कोने में, काली की एक बड़ी तस्वीर, शीशे के फ्रेम में बँधी हुई रक्खी थी, फूल अच्छत से जड़ी हुई...यह ललिता के बस की ही बात थी। कुसुमपुर के इस इलाके की कोई दूसरी औरत होती तो 'वोमिट, वोमिट, वोमिट' चीखती हुई सड़क पर भाग आती—"ड्राइवर, घर चलो ! गेट-मी-होम !!"

लेकिन, ललिता के इसी 'सब्र' और संजीदगी के कारण, विमान ने वादा किया था कि वह लेडी नूरमुहम्मद के साथ उसकी कोठी पर आएगा।

विमान आ रहा है। अब कुछ ही देर में आ जाएगा—यह सोच-सोचकर चिन्तित और आतंकित हो रहा था, कमलनाथ। उफ, इंडिया-कोल-कम्पनीवाले माइकेल शॉ ने उसे जंजाल में फँसा दिया है ! उसे इसी वक्त अंग्रेजी के एक प्रसिद्ध शब्द की याद आई—'पिम्प' (दलाल) ! नहीं, यह नहीं ! विमान के लिए सबसे अच्छा शब्द है—'इम्प' (बैताल) !! 'इम्प'...'इम्प'...'इम्प'...'इम्प'...'इम्प'...और कमलनाथ को महसूस हुआ कि 'इम्प' धीरे-धीरे उसकी नसों के सहारे ऊपर चढ़ता हुआ, अब उसके दिल तक पहुँच गया है—यह दुबला-पतला-सा, साँवला, हाथ-करघे पर बुने हुए कपड़े पहननेवाला 'इम्प' ! कमलनाथ ने चौंकते हुए, पीछे उलटकर देखा, तो ललिता वहाँ खड़ी थी—आईने के पास !

"क्या कहते हो ?...मैं चली जाऊँ ? 'डिनर' का सारा सामान मैंने गुनमन्ती को समझा दिया है। वह कर लेगी।...मैं जाऊँ ?"—ललिता ने पास आकर पूछा। कमलनाथ तब तक टेबल पर खुली टाइपराइटर पर बैठ चुका था। अधूरे 'ड्राफ्ट' के दो-चार वाक्य टाइप भी उसने कर लिए। उँगलियाँ रोककर उसने कहा—"अच्छा...गुड ईवनिंग ! कितने बजे तक आओगी ?"

"न हुआ, तो 'नाइट-शो' जाऊँगी।"

"नाइट-शो ?"

"तो क्या हुआ ?"

"ज्यादा 'स्मार्ट' नहीं बनना चाहिए !"

"मगर हम अकेले तो नहीं होंगे। झरना देवी रहेगी, बंका का भाई बादलकुमार रहेगा, और माया रहेगी। फिर, डर की क्या बात है ?"

"कान्ती आएगी वहाँ ?"

"शी-इज-आउट !...वह बाहर गई है ! कल शाम तक लौटेगी। मैंने उसे फोन किया था।...कोई बात है उससे ?"

"नहीं ! मगर, वह कहाँ गई है ?"

"मुझे क्या पता ?"

"...तुम उसकी सहेली हो !"

"जरूर हूँ ! मगर, तुम उसकी इतनी खोज-खबर क्यों रखना चाहते हो ?"

"नॉन्सेंस !...गलत बात है !"

"तुम्हें उससे प्रेम हो गया है ? है न ?"

"नॉन्सेंस !"

"विधवा-विवाह करोगे ?...सधवा से मन भर गया है, कमल बाबू ?"

"क्या बकती हो ?"

"हाय ! हाय !!"

और, इस 'हाय-हाय' के साथ ही, ललिता एक-ब-एक हँस पड़ी। एक बार झटके से बल खा गई, फिर हँसने लगी। और, मुड़-मुड़कर खिलखिलाती हुई कमरे से बाहर चली गई। सीढ़ियों के पास उसे गुनमन्ती मिली तो दोनों हाथों से उसके ठंडे गाल थपथपाती हुई, एक छन रुककर, ललिता ने उससे कहा—"देख गुनमन्ती ! आज तू इन सफेद कपड़ों में एकदम 'एफ्रोदिती' की तरह फबती है,...हाय, कहीं मेरी नजर नहीं लग जाए।"

ललिता चली गई। कमलनाथ तेज उँगलियों से खट्-खटाखट्-खट्-खट्-खट्-खट् खट्-खट् टाइप करता रहा—"अगर, हमारे इस नवनिर्मित प्रतिष्ठान को स्थानीय उद्योगपतियों और राष्ट्रीय सरकार से आर्थिक एवं नैतिक सहयोग प्राप्त हो, तो...।" और, वह मन-ही-मन तय करता रहा; वह अपनी बातें किस तरह शुरू करेगा। कमलनाथ यह दस्तावेज बाद में भी टाइप कर सकता था, लेकिन, वह चाहता था कि लेडी नूरमुहम्मद उसे टाइपराइटर पर बैठा हुआ देख ले। उसकी हिन्दी और अंग्रेजी दोनों में टाइप की स्पीड किसी भी औसत 'स्टेनो' से ज्यादा तेज है। वह छोटा आदमी है, टाइप करते वक्त कुर्सी पर 'उँकड़ूँ' होकर बैठता है।

गुनमन्ती दौड़ी हुई अन्दर आ गई—"सुनो बाबूजी, 'इम्पाला' आ गीया !" कमलनाथ कुर्सी छोड़कर उठ खड़ा हुआ। लेकिन, फिर तुरत बैठ गया। फिर, शान्त स्वर में बोला—"उन लोगों को इसी कमरा में ले आएगा...!"

वे लोग इसी कमरे में चले आए।

दूसरे दिन, साढ़े-आठ के बाद सुबह हुई। ललिता बाथरूम में थी। कमलनाथ बरामदे में आरामकुर्सी डालकर बैठा हुआ अखबार पढ़ रहा था। गलियारे के उस पार, बालकनी में गुनमन्ती चुपचाप खड़ी थी, और 'लाल' होटल की तरफ देख रही थी। गौरस्वामी होटल में आएगा तो वह तुरत सीढ़ियों से उतरकर गौरस्वामी के पास चली जाएगी। वह गौरस्वामी का इन्तजार कर रही है...

ललिता आज बाथरूम से नहीं निकलेगी। क्योंकि, सुबह-सुबह वह आज गुनमन्ती का स्याह चेहरा, और बुरी तरह सूखे हुए होंठ देखकर डर गई थी। कमलनाथ डरे नहीं थे, मगर चुप रह गए थे।

लेकिन, अभी अखबार पढ़ते वक्त, उन्हें एक प्याला चाय जरूर चाहिए ! गुनमन्ती

को बालकनी में खड़ी रहने का क्या अधिकार है ? वह चाय क्यों नहीं बनाती ? लोली तो आज सारा दिन बाथरूम में बन्द रहेगी। नहाती रहेगी। ऐसे मौकों पर वह कमलनाथ का साथ नहीं देती, बन्द ही रहती है। "गुनमन्ती !...गुनमन्ती ! सुनो, गुनमन्ती !"—कमलनाथ ने गलियारे की तरफ देखते हुए पुकारा। वह गुनमन्ती को देख नहीं रहा था। लेकिन, समझ रहा था। रसोईघर के बरामदे में, खाने की मेज के पास 'अलगनी' पर रात के कपड़े पड़े हैं—गुनमन्ती का सफेद 'स्कर्ट'...सफेद पेटीकोट,...कमलनाथ का रेशमी स्लीपिंग-सूट...और, विमानचन्द्र का सफेद रूमाल, जो वह जान-बूझकर छोड़ गया है। इन कपड़ों को देखकर, कमलनाथ के थके-माँदे शरीर में झुरझुरी भर आती है।

बार-बार बुलाई जाने पर भी, गुनमन्ती अपने मालिक के पास नहीं आई। धीमे कदमों से, पाँव दबाकर, एक-एक सीढ़ियाँ उतरने लगी। नीचे रुककर, एक बार उसने पीछे मुड़कर देखा—सीढ़ियाँ, कमरे, नीले पर्दे, बड़े फूलदान के पास, पत्थर के एक चौकोर गमले पर रखा गया टेलीफोन...! उसने मुँह बिचकाया, और 'पिच्च-पिच्च' दो बार थूक दिया। थूक का एक लोंदा आखिरी सीढ़ी पर फैल गया। आदिवासी औरतें नफरत से भर जाती हैं तो इसी तरह थूककर आगे चल देती हैं।

10

रास-लीला, अथवा राम-लीला, कुछ भी !

पिछले तीन-चार दिनों से, महन्त सच्चिदानन्द गिरि अपने टेलीफोन से परीशान है। एक मिनट भी नहीं बीतता कि उसे बधाई देने के लिए, जलसे-पार्टियों में बुलाने के लिए कोई-न-कोई फोन आ ही जाता है। महन्त परीशान है। इसलिए, फोन के अधिकांश उत्तर राजेश्वरी देती है। बंका ने उसे कहा है—"माँ, तुम वहीं बैठो। सच्चिदा के फोन सुना करो। हेल्प हिम ! उसकी मदद..." और, वह आ गई है।

पहली बधाई लेडी नूरमुहम्मद ने ही दी थी उसे ! फोन पर नहीं, खुद कुसुमपुर-कॉलोनी के बारह-नम्बर फ्लैट में आ गई थी। पहली बार। अपनी किसी छोटी गाड़ी में आई थी, 'इम्पाला' में नहीं। सच्चिदा से लिपटकर बोली थी—"हम लोगों की मिहनत सफल हुई !...आज डिप्टी-मिनिस्टर हुए हो...छह-सात महीने बाद मिनिस्टर हो जाओगे !"

सच्चिदा गर्म होकर मुस्कुराया था।

रूमा हँसने लगी थी।

"यह सब तुमने किया है, रूमा देवी !"

"मैंने क्या किया ? मैंने तो सिर्फ एक बार चीफ-मिनिस्टर से कहा; तुम्हारे आदमी लोग तो उनके पास एकदम धरना देकर बैठ गए थे !"

"बात ही ऐसी थी !"

"कैसी बात ?"

"आन की बात आ गई, इसीलिए ! वैसे, मैं अभी सरकार में जाना नहीं चाहता था !"

"क्यों ?"

"मुझे कम-से-कम मिनिस्टर होकर जाना चाहिए था !...मगर, क्या करते !...मैं जिद में पड़ गया। चन्द्रावती वर्मा की नाक मुझे पसन्द नहीं आई...मैं उसे तोड़ना चाहता हूँ !"

"अब क्या है ! चाहे जिसकी नाक चाहो, तोड़ लो !...मेरी नाक सलामत रखना...भाई, वैसे ही मेरी नाक बड़ी छोटी है !"

रूमा हँसने लगी थी। सच्चिदा गर्म होकर मुस्कुराया था। और, दोनों व्यक्ति बारह-नम्बर में बैठे हुए, अपने 'ग्रुप' के लोगों का इन्तजार करने लगे थे। प्रोफेसर शिवबालक सिंह आएँगे। झरना देवी आएगी। डॉ. पार्थसारथी, कमलनाथ, राजराजेश्वरी सिंह, रामरेणु राय सभी लोग आ जाएँगे। और, आज बंका को सच्चिदा के कमरे में आने का अवसर नहीं मिलेगा।

महन्त सच्चिदानन्द गिरि ने अपने व्यक्तिगत जीवन, और अपने सार्वजनिक जीवन को एकदम अलग दो टुकड़ों में बाँट रखा है। एक टुकड़ा है बंका, और दूसरा टुकड़ा रूमा नूर-मुहम्मद है, और कमलनाथ ! विमान को सच्चिदा ने अपने 'इनर-सर्किल' में शामिल नहीं किया है—क्योंकि, सच्चिदा के जीवन पर विमानचन्द्र झा का कोई प्रभाव नहीं है।

सच्चिदा की कार किसी दिन भी विमान के बताए हुए फोन-नम्बर या मकान-नम्बर पर नहीं रुकी है। सच्चिदा जुआ नहीं खेलता है, न 'फ्लश' और न 'रमी'। शराब नहीं पीता। सिर्फ, एक बार दुर्गापूजा के अवसर पर 'प्रसाद' के तौर पर पीता है, भक्तिपूर्वक ! बाजार में कभी किसी स्त्री के साथ उसे देखा नहीं गया। वह किसी के घर नहीं जाता; और, बिना बुलाए गए, बिना वक्त तय किए, वह किसी को भी अपने घर नहीं बुलाता है। इसलिए, उसका व्यक्तिगत जीवन एकदम उसका अपना जीवन है, विमानचन्द्र झा किसी प्रकार भी उसके जीवन से सम्बद्ध नहीं है। हालाँकि, 'दस व्यक्तियों की लिस्ट' में, सबसे नीचे, उसने विमान का भी नाम लिख रखा है।

विमानचन्द्र झा, मैथिल ब्राह्मण।

उम्र : 35-40 के बीच।

पेशा : (क) कम्युनिस्ट नेतागिरी।

(ख) अपनी टैक्सियाँ चलवाना।

(ग) 'व्हाइट-ट्रैफिक'।

विवाहित। तीन बच्चे। पत्नी।

आय : पचीस हजार रुपया सालाना।

व्यय : लगभग तीस हजार।

1942-आन्दोलन में जेल गया था।

पढ़ा-लिखा आदमी है।

पहले पटना-विश्वविद्यालय में था।

अर्थशास्त्र का शिक्षक।

भविष्य : 'पटना-कारपोरेशन' का सभापति।

अथवा, 'लेबर-बोर्ड' का चेयरमैन।

बिहार के 'धार्मिक मठ एवं ट्रस्ट' विभाग का उपमन्त्री हो गया है, सच्चिदा ! विमान ने फोन पर बधाई देने के बाद उससे कहा—"देखो गिरी, अपने हनुमान-मन्दिर-ट्रस्ट का चेयरमैन तुम किसी दूसरे को बना दो। खुद उस गद्दी पर मत रहो।...बदनामी हो जाएगी !"

"मैं भी यही सोचता था।...किन्तु, चेयरमैन किसको बनाएँ ? सभी तो बेईमान हैं।...वकील-साहब रहे नहीं। वे रहते तो... !...अच्छा सुनो, विमान, तुम चेयरमैन बनोगे ? ...बोलो, बनोगे ?"—महन्त सच्चिदानन्द गिरि ने अपनी मखमली आवाज में विमान से पूछा।

प्रस्ताव सुनकर विमान घबरा गया। हकलाता हुआ बोला—"मैं ?...मुझे...हमको चेयरमैन बना दोगे ?"

"क्यों, तुम्हें एतराज है ?"—सच्चिदा ने पूछा। जवाब में, विमान ने कहा, वह शाम को उसके पास आएगा, तभी बातचीत करेंगे। सच्चिदा ने उसे गलत 'ऑफर' नहीं दिया था। वह जानता है, विमान बेईमान आदमी नहीं है, अपने सात रंग और चौदह रूपों के बावजूद ! वह धोखा नहीं देगा, क्योंकि, उसे अपने मुहल्ले के चौराहे पर रुके रहना नहीं है। जिस आदमी को किसी एक चौराहे पर, भीड़ के लोगों की जेब तराशते हुए, रुके रहना है, वही आदमी धोखा देता है, दूसरा नहीं ! विमान दूसरा आदमी है, कमलनाथ दूसरा आदमी है, और पहला आदमी है, सच्चिदा स्वयं। वह स्वयं धोखा देने, और धोखा नहीं देने की स्थिति से ऊपर उठ गया है।

तुम सुख से रहो, लेकिन, तुम दूसरों को सुख-शान्ति से रहने दो—सच्चिदा का यह जीवन-दर्शन, यह व्यावहारिक जीवन-दर्शन उसे अन्य अ-व्यावहारिक व्यक्तियों से ऊपर स्थापित करता है। वह पहले व्यक्ति की परीक्षा करता है। उसे जानने नहीं देता, मगर, उसके बारे में जो कुछ जानने लायक है, जान लेता है। और, उसे योग्य सिद्ध करने के बाद कोई भार सौंपता है, जैसे उसने अब तक बंका को अपना व्यक्तिगत सौंप रखा था।

सच्चिदा के सामाजिक जीवन की सफलताएँ, बहुत-कुछ लेडी नूरमुहम्मद पर निर्भर करती हैं—यह बात शहर में शायद ही किसी को मालूम है। वह कुसुमपुर की एक एकान्त सड़क पर बनाई गई उस अकेली कोठी में कभी मेहमान नहीं हुआ है; जिसमें रूमा अपनी दोनों लड़कियों के साथ रहती है। छोटी लड़की हमीदा ट्रिनिटी के म्युजिक-कॉलेज से डिग्री ले आई है और शादी के इन्तजार में है। बड़ी लड़की सबीहा अपाहिज है। दिमाग, और पूरे शरीर का दायाँ हिस्सा 'पैरेलाइज्ड' हो गया है। पागल नहीं है, लेकिन, कोई बात समझती नहीं। अपने बिस्तरे में पड़ी रहेगी, लाश की तरह। और, कभी घंटों

चीखती रहेगी। चीखती रहेगी, और जब तक हमीदा, या स्वयं रूमा उसके पास बैठकर, थपकियाँ देकर, उसे सुलाएँ नहीं, सबीहा चुप नहीं होगी। तीन साल की थी, तभी 'पैरेलेसिस' का आक्रमण हुआ था।

सबीहा के प्रति रूमा को ज्यादा प्रेम है। हमीदा को वह ज्यादा वक्त या तीमारदारी नहीं देती। ट्रिनिटी से वापस आकर, हमीदा दूसरी लड़की हो गई है। फोन पर बैठी रहेगी, या प्यानो पर। प्यानो सबीहा के कमरे में रखा गया है। सबीहा के सिरहाने में, रेलवे-लाइन की तरफ खुलनेवाली बड़ी खिड़की के पास। दिन-भर में बीस-पच्चीस रेलगाड़ियाँ इधर होकर जाती हैं। दिन-भर प्यानो बजता रहता है, रेलगाड़ियों और इंजिनों की भारी भक्-भक् आवाज को पराजित करता हुआ। प्यानो सुनकर सबीहा सो जाती है। और, ट्रेन की आवाजें सुनते ही जगकर, चीखने लगती है। बोल नहीं पाती। इशारों में बातें करती है।

"जीना चाहती है सबीहा ! अच्छी हो जाना चाहती है।...और, लेडी नूर, ईश्वर की कृपा, और अपनी इच्छाशक्ति, यानी 'विल-पावर' के सिवा, अब कोई दूसरी चीज आपकी बेटी को अच्छा नहीं कर सकती"—आखिरी फैसला करते हुए, डॉ. पार्थसारथी ने पिछले साल रूमा से कहा था।

सभी जानते हैं, सबीहा इसी तरह चीखती हुई, किसी दिन, किसी रात, मर जाएगी। सभी जानते हैं। फिर भी, रूमा सबीहा को बहुत प्यार करती है। सबीहा के कारण ही वह फिल्म-निदेशक प्रेम कुमार पटनवी के साथ बम्बई नहीं जा सकी।

...सारा कुछ तय हो चुका था। वह रुपए लगाएगी, और प्रेमकुमार फिल्म बनाएगा। हीरोइन होगी रूमा...रूमाना अहमद...लेडी नूर-मुहम्मद ! अपने लिए रूमा ने एक फिल्मी नाम चुन भी लिया था—राजकुमारी ! लेकिन, सबीहा उन दिनों कुल चार, साढ़े-चार साल की थी, और रूमा को यकीन नहीं हुआ था कि वह ठीक नहीं होगी ! इलाज चल रहा था...एक डॉक्टर वापस जाता था, दूसरा सर्जन बुलाया जाता था। सच्चिदा ने अफसोस जाहिर करते हुए कई बार कहा था—"काश, बड़े महाराज अभी होते...!"

बड़े महाराज, अर्थात् महन्त बद्रीकाश्रमानन्द गिरिजी महाराज ! वे होते तो सबीहा अच्छी हो जाती। रूमा को भी इस बात पर यकीन था। नूर-मुहम्मद के साथ, कई बार उसे कुसुमपुर के उस ऐतिहासिक हनुमान-मन्दिर में जाने का मौका मिला था। तब बड़े महाराज थे। रूमा को 'विधवा' हो जाना है, यह बात उन्होंने बड़े ही ढंग से, रूमा को बता दी थी। महन्त बद्रीकाश्रमानन्द ने कहा था—"तुम्हारा माथा पर एक-ठो उजला लकीर...एक-ठो खूब मोटा उजला लकीर देखते हैं हम !...ई लकीर-ठो क्या है ?"

रूमा समझ गई थी। और, उसने नूर-मुहम्मद से अलग और स्वाधीन, अपना सामाजिक अस्तित्व बनाना शुरू कर दिया था। रूमा 'विधवा' हो गई। नूरमुहम्मद पाकिस्तान चला गया। रूमा पटने में रह गई, नन्ही-नन्ही दो बच्चियों के साथ... अकेली...। सच्चिदा को उसने हनुमान-मन्दिर में देखा नहीं था। देखा भी हो तो उसे याद नहीं है। दोनों में पहली जान-पहचान हुई, जापानी बौद्धों के स्वागत में की गई एक सभा

में ! रूमा 'जापान-भारत-मैत्रीसंघ' की सेक्रेटरी थी। सच्चिदा ने सभा में भाषण दिया था।

...पच्चीस-छब्बीस का एक नवयुवक, प्रियदर्शन, महन्ती के अपने रेशमी चोगे में, मंच पर खड़ा होता है।...''सर्वे हि सुखिनः सन्तु सर्वे सन्तु निरामयाः'—वह अपना भाषण शुरू करता है। महात्मा बुद्ध के बारे में...उस धरती के बारे में, जहाँ उन्हें 'सिद्धि' मिली थी...सच्चिदा बोलता रहता है, और 'लेडी स्टीफेंसन हॉल' में, अतिथियों की पहली कतार में बैठी हुई, एक खास औरत को देखता रहता है। यह औरत रूमा है, और यह औरत अब हमेशा रूमा ही रहेगी।

वकील-साहब के बाद, सच्चिदा के जीवन में तीसरा नाम आता है—लेडी नूर-मुहम्मद !

''रूमा, तुम अब जाओ ! कई लोग आनेवाले हैं। शायद चीफ-मिनिस्टर खुद आएँ...''—सच्चिदा ने कहा। वह कॉफी के खाली प्याले समेटकर एक किनारे डाल रही थी। राजेश्वरी चुपचाप फोन के पास खड़ी थीं, इन्तजार कर रही थीं कि कब लेडी नूर मुहम्मद की गाड़ी 'स्टार्ट' हो, और कब वे फ्लैट का दरवाजा अन्दर से बन्द करके 'किचन' के रास्ते से, ग्यारह नम्बर में चली जाएँ। माँ आ जाएगी, तभी बंका इस फ्लैट में पाँव बढ़ा सकती है।

राजेश्वरी ने मन-ही-मन सच्चिदा को अपना 'जामाता' समझ लिया है। अपने तरीके से वे भी इन्तजार कर रही हैं। बोलतीं कुछ नहीं। कहें भी क्या, बंका समझदार लड़की है, और सच्चिदा जैसा अच्छा लड़का तो उन्होंने और कहीं देखा नहीं ! लेकिन, असली गाँठ कहाँ पड़ी है, वे नहीं जानतीं। लड़की ने उन्हें बताया भी नहीं है।

''मुझे तुमसे एक प्राइवेट काम है''—रूमा ने कहा, और सोफे पर बैठ गई। सच्चिदा उसका इशारा समझ गया। बोला—''माताजी, मैं लेडी नूर से बात करता हूँ। आप जब तक आराम कीजिए।...खाना खाने में मुझे थोड़ी देर होगी।''

राजेश्वरी सामने के खुले दरवाजे से बाहर चली गईं। उनके फ्लैट का दरवाजा खुला है। बरामदे में एक किनारे, कोई किताब हाथ में लिए, बंका बैठी हुई है—उसका नम्बर कब आएगा ?

रूमा ने कहा—''बात 'सिरियस' है।...'माशूक' हाथ से जा रही है...''

''माशूक ?''

''गंगा-किनारेवाली अपनी कोठी। गवर्नमेंट उसे किराए पर लेना चाहती है।...अगले हफ्ते मुझे नोटिस देंगे वे लोग !''

''ठीक है ! देखा जाएगा...''

''क्या देखा जाएगा ?''

''कोठी हाथ में रहे, यही न ?''

''और क्या !''

''तो कोठी अपने हाथ में रहेगी।''

''कैसे रहेगी ? गवर्नमेंट लेना चाहती है। बात काफी आगे बढ़ गई है।''

''बात पीछे लौट जाएगी !''

"कैसे ?"

"तुम एक काम करो, रूमा !"

"क्या करूँ ? चीफ-मिनिस्टर के यहाँ दरबार ?"

"नहीं।"

"नहीं तो, विमान झा का गला पकड़ूँ ?...नो, नो...ऐसा नहीं ! विमान कमीना आदमी है। तुमसे बताया ही था...उस दिन कमलनाथ साहब की 'मेडसर्वेंट' को...उफ ! ...छिः-छिः !!"

"नहीं, विमान से नहीं होगा।"

"फिर ?"

"तुम ऐसा करो, रूमा ! वह मकान मेरे हाथ बेच डालो।...मैं वहीं रहने लगूँगा। अब इस फ्लैट से हटना चाहता हूँ मैं !"

"तुम रहोगे वहाँ ?"

"हाँ !...मैं रहूँगा तो गवर्नमेंट 'माशूक' खरीदने का इरादा छोड़ देगी !"

"मगर..."

"मगर, क्या ? यही करना होगा। दूसरा कोई उपाय नहीं रह गया है..."

"रुपए मैं कैसे लूँगी तुमसे ?"

"तो मुफ्त में दे डालो !"

"......"

"दूसरा उपाय क्या है ?"

"......."

"क्या ?"

"ठीक है, सच्चिदा ! ऐसा ही करते हैं।"

"ठीक है !"

"लेकिन, रुपए मैं नहीं लूँगी तुमसे ! तुम जब चाहो वहाँ चले आओ। सिर्फ वो बालकनी मेरे लिए छोड़ देना।...शाम को वहाँ बैठकर, गंगा-नदी को देखते रहने की मुझे आदत हो गई है।"

"कोठी तुम्हारी ही रहेगी। मगर, बिक्री का कागज लिखना होगा। रजिस्ट्री करानी होगी। मेरे रुपए तुम्हारे 'एकाउंट' में देने होंगे।"

"रुपए मैं नहीं लूँगी !"

"एकाउंट में दिखाना जरूरी है !...खैर, तुम फिक्र मत करो। जो ठीक होगा, मैं कर लूँगा। तुम और कुछ...और कुछ कहना चाहती हो ?"

"और कुछ नहीं !"

"कुछ भी...?"

सच्चिदा का यह प्रश्न सुनकर, लेडी नूर-मुहम्मद ने आँखें झुका लीं। फिर शरमाती हुई बोली—"तुम 'माशूक' में आ जाओ, सच्चिदा !...बालकनी में बैठकर चाय पिएँगे,

हम लोग !"

रूमा ने अपना वाक्य पूरा भी नहीं किया था कि बारह-नम्बर फ्लैट के दरवाजे पर कई औरतों के एक साथ हँसने की आवाज सुनाई दी। झरना देवी को सच्चिदा के फ्लैट में आने के लिए इजाजत नहीं लेनी पड़ती है। सबसे पहले उसी ने पर्दा हटाकर, अन्दर कदम रखा। कान्ती आई। माया आ गई। ललिता भी अपने माली से मौसमी फूलों का एक बड़ा गुलदस्ता बनवाकर साथ लाई थी।

फूल और औरतें—महन्त सच्चिदानन्द गिरि, डिप्टी-मिनिस्टर ने सोचा—औरतों और फूलों में कोई अन्तर नहीं है। किसी बात में नहीं।

11
'हितोपदेश' सुनना एक ऋषि से !

1964 की सर्दियों में, कुसुमपुर-कॉलोनी में आठ-दस घटनाएँ एक साथ हुईं। और, इन घटनाओं के चलते, कुसुमपुर के अमीर इलाकों के वातावरण में, कई परिवर्तन एक साथ हुए।

लोकरंजन झा तरक्की की लपेट में पड़कर बम्बई चला गया। वह अपनी कोठी किराए पर लगाकर जाना चाहता था, 'केयर-टेकर' तरीके से। लेकिन, कान्ती ने कहा—"मैं यहीं रहूँगी ! तुम बम्बई जाओ ! मैं नहीं जाती !" लोकरंजन ने कान्ती के साथ बम्बई जाने का कार्यक्रम बनाया था। कान्ती इनकार कर गई। जब, अपने भाई का इरादा बदलने का कोई उपाय नहीं रहा...लोकरंजन ने दो-दो बार टिकट मँगवाकर वापस कर दिया...रात में खाने के टेबल पर भाई-बहन में झगड़ा होने लगा...बीच-बचाव करने के लिए पड़ोस के लोग आने-जाने लगे...तो, कान्ती ने कहा—"तुम्हें लोकलाज का जरा भी ख्याल नहीं ? लोग क्या सोचेंगे ?...मैं कोई तुम्हारी बीवी हूँ ? बताओ तो...? तुम अकेले जाओ, बाबा ! मुझे मरने दो !" इतना कहकर कान्ती रोने लगी। इतना सुनकर लोकरंजन झा बम्बई चला गया।

ग्यारह-नम्बर और बारह-नम्बर—दोनों फ्लैटों के बीच में, दीवार पर एक नया 'नेम-प्लेट' लटका दिया गया—"मिस अमरावती सिंह, एम.बी.बी.एस.' और नीचे, छोटे-छोटे अक्षरों में—'मिलने का वक्त : छह बजे सुबह से नौ बजे दिन; पाँच बजे शाम से आठ बजे शाम'। सच्चिदा अपने सारे साज-सामान के साथ, 'माशूक' कोठी में जा चुका था। दोनों फ्लैट अब मिस अमरावती सिंह, एम.बी.बी.एस., अर्थात् बंका के पास थे।

अमल चटर्जी और बन्दना ने चुपचाप शादी कर ली, और शहर से गायब हो गए। हरीदासजी ने उनकी खोज-खबर लेने की कोई जरूरत नहीं समझी। बड़ी बहन, चन्दना अकेली पड़ गई। हालाँकि, उसने अपनी जेब से सौ रुपए निकालकर बन्दना को दिए

थे, और कहा था—"बन्दना तेरा नाम है...मगर, तू बन्दिनी बनकर रहना उसके साथ ! आदमी वह तेरे ही लायक है...!"

कमलनाथ और कान्ती का नाम फैल रहा है, शहर के 'क्लबों' में और ऊँचे बैठकघरों में। माइकेल-साहब भी हैं। विमान भी है। विमान तैयार हो गया है। वह कमलनाथ की हर योजना में शामिल होगा। गुनमन्ती हफ्ते, दो हफ्ते गौरस्वामी के साथ एक गन्दे मुहल्ले में रहकर, वापस आ गई है। हरदम बालकनी में खड़ी रहती है, 'लाल'-होटल की तरफ देखती हुई...

'लाल'-होटल का मालिक, रामसिंह गुनमन्ती को समझाया करता है। खुद रामसिंह की बीवी एक पानवाले के साथ भाग गई है। दोनों गौहाटी चले गए हैं। रामसिंह कहता है—"जो होता है, उसको होने देना चाहिए।...हम रोकनेवाले होते कौन हैं ?...सब वही करता है, नीली छतरीवाला ! असल बात यह है कि जो होता है सो होने देना चाहिए !"

अर्थात्, गुनमन्ती को इस कोठी में बनी रहना चाहिए, और रात में अपना काम खत्म करने के बाद रामसिंह के होटल में आना चाहिए। रामसिंह गुनमन्ती को अफीम की छोटी-सी एक गोली देता है। गोल-मिर्च के दाने जितनी बड़ी गोली। गुनमन्ती, कृतज्ञता से भरी हुई, कुछ देर 'लाल'-होटल के बाहर पड़ी बेंच पर बैठकर, रामसिंह की बातें सुनने के बाद, अपनी कोठी में चली आती है।...लोली-मालकिन अभी आई नहीं है। मालिक अपने कमरे में बैठे, फोन पर बातचीत कर रहे हैं। फोन पर वे जोर-जोर से बोलते हैं—"नहीं...हो नहीं सकेगा !...भाई, आसान काम नहीं है इस डिपार्टमेंट से काम लेना ! इट इज डिफिकल्ट ! मुश्किल काम है, भाई !"

बरामदे में कम्बल और दरी बिछाकर, गुनमन्ती सो जाती है। फिर उठती नहीं। कोई मेहमान आ जाए...ललिता को गर्म पानी की जरूरत पड़े...कमलनाथ रात के बारह बजे चाय पीना चाहें,...वह उठेगी नहीं। वह मर गई है।

गुनमन्ती मर गई है, और उसकी मालकिन, ललिता मर गई है। ललिता के मरने का मूल कारण है उसका पति, कमलनाथ। वह लेडी नूर-मुहम्मद को अपनी योजना में शामिल नहीं कर सका, लेकिन, कान्ती शामिल है। विमान हर तीसरे दिन उसके यहाँ आता है। माइकेल-साहब 'सोलन' पीते हैं, दूसरी शराब नहीं पीते। विमान चुटकुले सुनाता है। कान्ती हँसती है। गुनमन्ती रामसिंह के होटल चली जाती है। ललिता ? कमलनाथ कहता है—"कहीं घूम आओ, लोली !—अभी यहाँ धूम-धड़ाका होगा...!" लेकिन, वह जाती नहीं। अपने कमरे में पड़ी रहती है।

मरी हुई पड़ी रहती है।

मरी हुई...

बंका को माँ ने एक अंग्रेजी दैनिक पत्र की रविवासरीय संख्या में विज्ञापन दिया है। बंका के विवाह के लिए विज्ञापन...

"स्थानीय मेडिकल कॉलेज में काम करती हुई,
एम.बी.बी.एस. डिग्री-प्राप्त, 24 वर्षीया

क्षत्रिय-कन्या के लिए आई.ए.एस.,
आई.पी.एस. अथवा अन्य उच्चपदस्थ वर चाहिए।
कन्या परम सुन्दरी, गुणवती, एवं गृहकार्यों में निपुण है।
हिन्दू रीति से, तथा आधुनिक ढंग से
विवाह-कार्य सम्पन्न किया जाएगा।
दहेज की आशा रखनेवाले कृपया क्षमा करेंगे।
पत्र-व्यवहार करें : पोस्टबॉक्स...।''

तीन-चार दिनों के बाद से ही, विज्ञापन के उत्तर आने लगे। विज्ञापन के बारे में, राजेश्वरी ने बंका को बताया नहीं था। खुद ही बादल के साथ अखबार के दफ्तर चली गई थी। लेकिन, बादल ने बता दिया। उसके पेट में बात नहीं पचती है। उसी ने बंका को बताया था कि सच्चिदा अब लेडी नूर के मकान में रहेंगे, गंगा-नदी के किनारे 'वायुसेवन' करेंगे...।

बंका ने पूछा—''मुझसे पूछे बगैर माँ ने अखबार में विज्ञापन क्यों दिया ?...मैं शादी करना ही चाहूँ तो मुझे क्या लड़के नहीं मिलेंगे...मैं अन्धी हूँ ?...लँगड़ी हूँ ?...क्या ऐब है मुझमें ?''

बादलकुमार ज्यादातर किसी-न-किसी फिल्म-अभिनेता की अदा में बात करता है। कुर्सी से उठकर, दीवार की ओर मुँह किए, अल्फाज चबा-चबाकर कहता है—''ऐब क्या हे, ये तू पूचती क्यो नेंई, अपना सचिदानन-आनन-कन (सच्चिदानन्द-आनन्द-कन्द) बगवाऽऽन से ? प्याऽर के बन्दन (बन्धन) तोडके वो कहाँ चला ग्या ?...वो कहाँ च्लाऽऽ गेया ?''

कट-टु—सीन : 73-बी/शॉट 431-एल-ए

'फेड इन' : बंका का बेडरूम

कैमरा 'पैन' करता है...

'फ्रेम' में बंका का बिस्तरा—बंका लेटी हुई है।

''लांग-शॉट' : आलमीरे में किताबों की कतार के ऊपर दवा की एक शीशी रक्खी है। एक फूलदान, जिसके फूल मुरझा गए हैं।

कैमरा आगे बढ़ता है।

बंका करवट बदलती है।

'क्लोज-अप' : बंका के चेहरे पर पसीने की बूँदें। आँखों का काजल फैल गया है। उदासी। जैसे, अब वह रोने लगेगी।

'मिड-शॉट' : बंका बिस्तरे से उतरकर आलमीरे के पास जाती है। कैमरा 'फॉलो-ऑन' करता है। वह दवा की शीशी उठा लेगी।

'क्लोज-अप' : दवा की शीशी...'एडेड्रिन'...नीचे लिखा है 'प्वाइजन'।

...बंका 'एडेड्रिन' के लगातार ग्यारह 'कैप्सूल' खाकर अपने बिस्तरे में सो जाती है। माँ दूसरे कमरे में हैं। बादल देर से आएगा। और, सच्चिदा ? सच्चिदा ग्यारह-नम्बर फ्लैट में आज तक एक बार भी नहीं आया है।

पाँचवीं गोली पानी के साथ निगलते वक्त, बंका रुक गई थी। क्या आत्महत्या जरूरी है ? क्या, कोई बात (जीने के लिए), नहीं रह जाए तो मर जाना चाहिए ? जीवन और मृत्यु के बीच, क्या समझौते का कोई रास्ता नहीं है ? कोई रास्ता नहीं ?...बंका छठा 'कैपसूल' निगल गई। सातवाँ...आठवाँ...दसवाँ...ग्यारहवें 'कैपसूल' के बाद उसने एक 'कैपसूल' शीशी में रहने दिया—इस साक्ष्य के लिए कि वह यही दवा खाकर मरी है, और अपनी ख्वाइश से, अपनी कोशिश से मरी है। मरने के पहले, उसने किसी के नाम कोई पत्र नहीं लिखा। उसका शव ही एक 'पत्र' बन जाएगा—ऐसा पत्र जिसे किसी के नाम भी लिखा नहीं जा सका...किसी के नाम भी नहीं...

सुबह बंका की नींद देर से खुली। उसे आश्चर्य हुआ कि वह मरी क्यों नहीं ! सुना है, मरनेवाले छह गोलियाँ खाकर मर जाते हैं...फिर ?...वह अपने बिस्तरे में पड़ी रही...खिड़की की तरफ करवट फेरे हुए। उसका अंग-अंग टूट रहा था। दिमाग फटा जा रहा था। प्यास लग रही थी, लेकिन, माँ को पुकारने की ताकत नहीं रह गई थी उसमें !

थोड़ी देर बाद, माँ खुद ही चली आई। साथ में नर्स थी, मिसेज लल्ला। माँ बहुत देर से परेशान थी कि बंका इतनी देर तक सोई हुई क्यों है; लेकिन, उसे अपनी लेडी-डॉक्टर लड़की को उठाने का साहस नहीं हो रहा था। बिस्तरे के पास टेबल पर दो बार चाय रखी गई, ठंडी हो गई। अब मिसेज लल्ला आई है तो राजेश्वरी को बेटी के कमरे में आने का सहारा मिला है।

बंका बिस्तरे से उतरकर बाथरूम चली गई। राजेश्वरी ने नर्स से कहा—"तुम्हीं चाय बना दो।...उसे कहना, सुबह-सुबह 'इंडस्ट्री-मिनिस्टर की बीवी का फोन आया था...बंका को जरूरी बुलाया है, दस बजे से पहले।"

बंका हाथ-मुँह धोकर बाहर आई। यह नीला 'नाइट-गाउन' उसे अच्छा लगता है। नींद और नशे की खुमारी उसके चेहरे से नहीं गई है। जल रही हैं आँखें, अब भी। होंठ जर्द पड़ गए हैं।

"मरीज आए हैं ?"

"जी !...आया है !"

"कितने मरीज होंगे ? नए मरीज ?"

"सात-आठ !"

"कोई जरूरी केस ?...एक 'ऑपरेशन' होना था न, आज सुबह ?"

"आज नेंई ! कल सुबह में होगा।"

"तो, ऐसा करो मिसेज लल्ला ! सबको बोल दो, मेरी तबीयत खराब है।...शाम को आएँ !"

"तबीयत खराब ?...क्या हुआ..."

"कुछ नहीं ! तुम जाओ, कह दो !"

"जी !"

लेकिन, यह पहली बार हुआ है। इससे पहले, बंका ने जब से 'प्रैक्टिस' शुरू की है, उसकी तबीयत कभी खराब नहीं हुई। अपने काम से उसने कभी इनकार नहीं किया। लेकिन, आज नहीं !...उसने माँ की बात सुन ली है कि इसे 'इंडस्ट्री'-मिनिस्टर के यहाँ जाना चाहिए...जाने से अपना ही फायदा है...लेकिन, आज नहीं ! आज वह सारे दिन अपने इस कमरे में पड़ी रहेगी। चुपचाप। अकेली।

थोड़ी देर बाद, मिसेज लल्ला वापस आई। उसके हाथों में एक बड़ा-सा लिफाफा था। बोली—"सब लोग चला गिया।...सिरफ, एक औरत बैठा है। उसका बच्चा बहुत बीमार। बहुत तकलीफ में...कहता है, माँ जी से देखा किए बगैर नहीं जाएगा।"

बंका मिसेज लल्ला की बातें सुन नहीं रही थी, उसके हाथों का लिफाफा देख रही थी। लिफाफे में बहुत सारी चिट्ठियाँ भरी पड़ी थीं। चिट्ठियाँ और तस्वीरें। बंका ने पूछा—"ये लिफाफे क्या हैं ? कहाँ से लाई हो ?"

"माताजी दिया है। बोला, दे आओ"—नर्स ने, जरा डरते हुए, उत्तर दिया, और टेबल पर लिफाफा रखकर तुरत बाहर चली गई।

लिफाफे में विवाह-विज्ञापन के उत्तर थे। बंका ने अपने लिए चाय का एक प्याला तैयार किया, और लिफाफा खोलकर एक-एक चिट्ठियाँ पढ़ने लगी। एक नहीं, सैकड़ों आदमी हैं जो उससे शादी करना चाहते हैं ! नहीं, उससे नहीं, एक एम.बी.बी.एस. लेडी-डॉक्टर से शादी करना चाहते हैं, जो खूबसूरत है, गृह-कार्यों में पारंगत है; लेकिन, जो बंका नहीं है, इतने बड़े शहर की कोई भी एक लड़की है...। यह सोचकर, बंका मुस्कुराई। बंका नहीं, शहर की कोई भी एक लड़की...

लेकिन, एक लड़की अब भी है, जो इन सारी बातों के बावजूद सोचती है कि उसका नाम सच्चिदानन्द है, वह गलत नहीं कर सकता। उसने जो भी किया होगा, सही समझकर ही किया होगा। यह विश्वास बंका के मन में है। टूटा नहीं है।

"जो होता है, उसे होने देना चाहिए !"—रामसिंह होटलवाले की इस बात को, अपने जीवन में, बंका ने किसी भी दूसरी औरत से अधिक सफलता के साथ उपयोग किया है। "जो होता है"—उससे विद्रोह उसने कभी नहीं किया, नींद की ग्यारह गोलियाँ खाकर भी नहीं। उसके मन के भीतर छिपी हुई किसी शक्ति ने उसे कहा था...जैसे कोई आदेश...कोई ईश्वराज्ञा...और, उसने पानी के ठंढे गिलास के साथ गोलियाँ निगल ली थीं। वह अपने अन्दर के आदेशों का पालन करती आई है, कृतज्ञतापूर्वक, और पवित्र मन से !

सरस्वती-पूजा के दिन, जबकि उनके स्कूल में वसन्त-पंचमी का उत्सव मनाया जा रहा था, श्रीमती झरना शर्मा ने पटना मेडिकल कॉलेज अस्पताल के मेटर्निटी-वॉर्ड में एक स्वस्थ-सुन्दर कन्या-शिशु को जन्म दिया। जन्म के समय बंका उपस्थित थी, और

बादल बाहर बरामदे में सिगरेट-पर-सिगरेट पीता हुआ, चक्कर काट रहा था। पन्द्रह वर्ष के लम्बे दाम्पत्य-जीवन के बाद, शर्मा-दम्पत्ति को पहली सन्तान मिली थी।

अस्पताल में, कामेश्वर कुल दो बार झरना और अपनी नवजात कन्या को देखने गया था। "मैं खुद बीमार आदमी...क्या करें...कहाँ जाएँ।"—कामेश्वर ने बादल से कहा। बादल ने झरना की सुख-सुविधा के लिए पूरे 'मेटर्निटी-वॉर्ड' को कँपा दिया। झरना को बंका की रिश्तेदार समझकर, नर्सों और धाइयों ने उसके साथ ज्यादा बदतमिजी और बदसुलूक नहीं किया। पहला बच्चा था, इसीलिए झरना बेहद डरी हुई थी। लगातार चौदह-पन्द्रह घंटे 'लेबर-रूम' में, दर्द से कराहती हुई, वह दूसरी औरतों के साथ पड़ी रही थी। दर्द का कहीं अन्त नहीं था। नर्सें दूसरी औरतों को उठा-उठाकर साथ लिए जा रही थीं...बगल के कमरे से हर आध घंटे, पौन घंटे बाद, किसी एक सद्यःजात शिशु की चीख सुनाई पड़ती थी..."नर्स, 'टॉवेल' लाओ !"..."नर्स, बेबी को उठाओ !"... "माँ, ओ माँ ! अब मैं गईऽऽ..."..."माँ !"..."डॉक्टर, द चाइल्ड इज स्टिल !"... "डॉक्टर, बच्चा मरा हुआ है !"...और, इस शोरगुल में झरना भयभीत, धीरे-धीरे बेहोश होती हुई, कराह रही थी।

जब दस-ग्यारह घंटे बीत गए तो नर्स आई, और नीचे झुककर, उसकी पीठ दबाने लगी। "नहीं, नहीं, छोड़ दो मुझेऽऽ !...छोड़ दोऽ ! नहींऽऽऽ !!"—झरना अपने कलेजे की समूची ताकत से चीखी। लेकिन, नर्स रुकी नहीं। वह झरना के शरीर में दर्द, और छटपटाहट पैदा करने की कोशिश करती रही...। लेकिन, तभी एक दूसरी नर्स ने आकर, पहली नर्स को बताया—"यह औरत मिस सिंह की रिश्तेदार है !" यह सुनकर, उसे उसी हाल में छोड़कर, दोनों नर्सें चली गईं।...झरना रिश्तेदार नहीं होती तो गर्भवती स्त्रियों की भीड़ और चीख-पुकार से ऊबी हुई, पागल होती हुई नर्सें उसे वहीं नंगी फर्श पर पटककर, अपनी ताकत के जोर से 'माँ' बना देतीं...और, हो सकता है, एक मरे हुए बच्चे की माँ !

पटना-अस्पताल के बारे में, एक प्रसिद्ध डॉक्टर ने कहा था—"यह अस्पताल किसी मानी में किसी बूचड़खाने से कम नहीं ! क्योंकि, संयोगवश ही यहाँ किसी-किसी मरीज को सही दवा, और सही इलाज मिल जाता है...!"

संयोगवश शादी के पूरे पन्द्रह साल बाद, झरना देवी 'माँ' बन गई, और छह दिन अस्पताल में रहकर अपने फ्लैट में वापस आ गई। उसके साथ बादलकुमार भी आया। कामेश्वर बरामदे में चुपचाप बैठा हुआ, 'गीताप्रेस' (गोरखपुर) की छपी हुई 'रामायण' के पन्ने उलट रहा था। झरना के आने के कुछ ही देर पहले उसने 'रामचरित-मानस' के शुरू में दी गई 'रामशलाका' से अपने एक प्रश्न का उत्तर तलाश किया था—"होइहैं सोइ जो राम रचि राखा...को करि तरक बढ़ावइ शाखा...!"

'एम्बुलेंस'वाले को पैसे देकर, बादल जब ऊपर आया, तो झरना अपनी बच्ची को बिस्तरे में सुला रही थी, और कामेश्वर 'रामायण' के पन्ने पलट रहा था, कुर्सी में टाँगें मोड़कर धँसा हुआ। बादल कमरे के अन्दर जाकर खड़ा हो गया। इन्हीं छह-सात दिनों

में झरना का यह कमरा उजड़ गया था। कमरे की हर चीज यहाँ-वहाँ बिखरी पड़ी थी। उसके पाँवों में दर्द उठ रहा था। वह चुपचाप से सो जाना चाहती थी। लेकिन, वह झाड़न लेकर कमरे की एक-एक चीज दुरुस्त करने लगी। "मैं मदद करूँ ?"—बादल ने नजदीक जाकर कहा—"तुम्हें अभी आराम करना चाहिए !"

झरना वहीं रुक गई। फिर बोली—"अब तुम जाओ, बादल बाबू ! फुर्सत मिले तो कल सुबह आओगे ! कामेश्वर यहीं हैं, तुम जाओ !" बादल चाहता था कि वह किसी होटल से जाकर गर्म दूध, और खाना ले आए। सब लोग साथ बैठकर खाएँ। और, जब झरना मसहरी के अन्दर अपनी लड़की की बगल में सो जाए, वह पास ही कुर्सी डालकर बैठा रहे, और सारी रात, सोई हुई माँ और उसकी बच्ची को देखता रह जाए...

"ठीक है !...मैं जाता हूँ।"—बादल इतना कहकर कमरे से बाहर चला आया। कामेश्वर अभी तक उसी मुद्रा में बैठा था—"होइहैं सोइ जो राम रचि राखा"...! बादल ने कामेश्वर की ओर देखा, लेकिन वहाँ रुका नहीं। कामेश्वर तो इस दुनिया में था ही नहीं, अपने आसपास के नीले कोहरे में डूब चुका था, पत्थर की एक काली चट्टान की तरह ! बादल को महसूस हुआ कि कामेश्वर उसे पहचान नहीं रहा है, उसकी आँखों में अजनबीपन है ! उसकी आँखें स्थिर हैं, और बर्फ की तरह पलकों के भीतर जम गई हैं।

बादल के चले जाने के लगभग दस मिनट बाद, कपड़े बदलकर, झरना बाहर आई।

"तुम्हें बाजार जाना होगा !"

"मुझे ?"

"बच्ची के लिए 'ग्लूकोज' चाहिए।...और भी कई चीजें लानी हैं...!"

"मैं नहीं जाऊँगा। तबीयत ठीक नहीं !"

"स्कूल से चपरासी आया था ?"

"सारा दिन यहीं बैठा रहा।...शाम को घर चला गया। कल सुबह आने को बोला है !"

"नौकरानी आई थी ?"

"नहीं !"

"क्यों नहीं आई ?"

"अपना हिसाब साफ करके गई है। अब यहाँ काम नहीं करेगी।"

"फिर, कैसे क्या होगा ?"

"क्या ?...?"

"तुम्हें बाजार जाना होगा।"

"मैं नहीं जाऊँगा !"

"क्यों ?"

"यों ही !"

कामेश्वर ने 'रामायण' बन्द की, और वहाँ से उठकर अपने कमरे में चला गया। झरना वहीं खड़ी रही। मसहरी में पड़ी हुई, उसकी बच्ची रो रही थी। लेकिन, वह चुपचाप बरामदे में देर तक खड़ी रही। कामेश्वर बेवकूफ आदमी है...'सगुन' की बिल्ली शादी की पहली रात मारी जाती है...इतने दिनों के बाद नहीं !...थोड़ी देर बाद, कामेश्वर उसके पास आएगा, और रुपए लेकर बाजार चला जाएगा...

'माशूक' कोठी की बालकॅनी में, स्वामी बद्रीकाश्रमानन्द महाराज फर्श पर अपना आसन बिछाकर बैठे थे, और सच्चिदा बालकॅनी की रेलिंग के सहारे खड़ा था। बड़े महाराज ने कहा—"हम जो कुछ तुमको दिए थे,...आज सब-ठो लेने आए हैं !...सब-ठो लेंगे !...तुम देने सकेगा, सचिदा ?"

"आपने कुछ नहीं दिया है मुझे ! मेरे पास जो कुछ है, सब मेरा है !"—सच्चिदा ने मुस्कुराते हुए स्वर में कहा—"लेकिन, आप मेरे गुरु हैं, आपसे बढ़कर मेरे लिए इस दुनिया में कोई नहीं है।...मेरी जो भी चीज आप चाहेंगे, मैं दे दूँगा !" अपने दीक्षित शिष्य का यह उत्तर सुनकर स्वामीजी मौन हो गए। गंगा-नदी की तरफ देखने लगे। अँधेरे में नदी एक लम्बे समतल मैदान की तरह दिखाई देती है...समतल, और हरी जमीन !

स्वामी बद्रीकाश्रमानन्द ने गेरुए-रंग का मोटा खद्दर पहन रखा था। सिर मुँड़ाए हुए, 'क्लीन-शेव्ड',...मगर, आँखों में तेज ! अन्त में, उन्होंने कहा—"कुछ भी तुम्हारा नहीं, सच्चिदा,...यही बात हम तुमको बोलेंगे ! किसी आदमी का कुछ भी नहीं !...तुम देखेगा, सचिदा ? कुछ भी नहीं है ! तुम्हारा कुछ भी नहीं !"

बड़े महाराज शायद, अपनी बात का असली मतलब सच्चिदा के सामने रखते, लेकिन, रूमा आ गई, और उनके पाँव छूकर, फर्श ही पर एक किनारे बैठ गई। और, बड़े महाराज अपनी 'समाधि' में वापस लौट गए।

12
त्यागपत्र : एक रस्सी के बारे में

'बेडरूम' के बीच में झूला टाँगा गया था। महीने-भर की बच्ची सारा दिन इसी झूले में पड़ी रहती थी, नींद में बेखबर ! यह झूला, और झूला टाँगने के लिए रेशमी सूत की रस्सी बादलकुमार खुद 'छठी' के दिन लाया था। छत की कड़ी से रस्सी बाँधकर उसने खुद कई बार रस्सी के सहारे झूलकर देख लिया था कि रस्सी टूट तो नहीं जाएगी। रस्सी टूटी नहीं। झूला टाँगकर, और बच्ची को उसमें लिटाकर बादल बहुत खुश हुआ था। और, बहुत खुश होकर, उसने कामेश्वर से कहा था—"झूला ग्यारह रुपए का है, और सवा रुपए की रस्सी है ! इतना खूबसूरत झूला पटने में मिलना बहुत मुश्किल है।"

खूबसूरत झूला और खूबसूरत रस्सी !

और, श्रीमती झरना शर्मा !

और, कामेश्वर !

और, एक नन्ही-सी बच्ची, जो दिन-रात अपने झूले में, अपनी माँ की गोद में, सोई रहती है। बच्ची सोई हुई थी। झरना खर्राटे भर रही थी। और, बगल के बिस्तरे में लेटा हुआ कामेश्वर शायद अपने जीवन में पहली बार अपने बारे में सोच रहा था।

सोने से पहले झरना ने झूला उतारकर खिड़की में डाल दिया था। रेशमी सूत की मोटी रस्सी छत से लटकती हुई, हवा में झूल रही थी।

झरना के नाम कामेश्वर का पत्र :

तुमसे मैंने सिर्फ इसी एक सुविधा के लिए शादी की थी, कि तुम मेरे लिए अनाज, कपड़े, और रहने के लिए एक कमरे की व्यवस्था कर सकती थीं। तुमने यह किया। मैं तुमसे, और तुम्हारे नाम पर, दुनिया से और कुछ नहीं चाहता था। तुमने और कुछ दिया भी नहीं। तुम मुझे दे भी क्या सकती थीं ?

रुपए-पैसों के प्रति, और समाज में मान-प्रतिष्ठा के प्रति, मुझे कभी कोई मोह नहीं हुआ। क्योंकि, मैं इन्हें व्यर्थ की चीजें मानता हूँ। गरीबी एक बीमारी की तरह है जो हमेशा साथ लगी रहती है, और धीरे-धीरे हम उस बीमारी के आदी हो जाते हैं। हमें बुरा नहीं लगता है। समाज के लोग हमसे बिछुड़ जाते हैं, और हम अपने अकेलेपन में मशगूल अपनी बीमारी, और अपनी गरीबी के साथ उम्र-की-उम्र काट देते हैं।

मैंने खुद अपने-आपको समाज से अलग करके, तुम्हारे इस किराए के फ्लैट में कैद किया था। खुद मैंने ! मुझे समाज से घृणा है, क्योंकि मुझे समाज ने कुछ नहीं दिया है। सिर्फ, एक बीमारी दी है।

समाज अपने प्रत्येक सदस्य को एक न एक बीमारी देता है। छूत की बीमारी ! वह आदमी को बीमार करके अपने 'सभा-भवन' से बाहर कर देता है। फिर, हमारे इर्दगिर्द का समाज कोई समाज नहीं है, और न एक है उसका 'सभा-भवन'। एक समाज के अन्दर सैकड़ों अलग-अलग छोटे-बड़े समाज हैं, और सबकी अलग-अलग सीमाएँ और सीमान्तक परिस्थितियाँ हैं। व्याकरण, धर्म-अनुष्ठान, फैशन, सामाजिक आदतें, कर्त्तव्यबोध जैसी बातों से समाज अपना क्रीतदास बनाता है—जैसे अर्थ-पद्धति के द्वारा देश, और प्रशासन !

हम सड़क पर नंगे होकर चल-फिर नहीं सकते, क्योंकि हम सामाजिक प्राणी हैं। और, हमें 'ट्रैफिक' के नियमों का पालन करना ही चाहिए, नहीं तो तेज भागती हुई गाड़ियाँ हमें कुचल देंगी। टेलीफोन, रेडियो, घड़ी और बिजली के स्विचबोर्डों से हमारे आधुनिक समाज ने हमें बाँध लिया है, हथकड़ियों और बेड़ियों में !

कोई नौकरी या कोई व्यवसाय हमें करना ही चाहिए। हम कुछ नहीं करेंगे, न आत्मा की 'शुद्धि' के लिए, और न राशनकार्डों की प्राप्ति के लिए—यह स्वाधीनता हमें नहीं है। साहित्य हमारे 'कल्याण' के लिए लिखा जाता है। कानून हमारी सुरक्षा के लिए बनती है। फौजें लड़ती हैं, हमारी स्वाधीनता के लिए। यज्ञ और अष्ट्याम-संकीर्तन हमारे इहलोक-परलोक की सुव्यवस्था के लिए किए जाते हैं। पंचसाला-दससाला योजनाएँ बनती हैं। नए शहर बसते हैं। ग्रहों-उपग्रहों पर जाने की तैयारियाँ की जाती हैं। 'स्पेस' पर हमारे लिए विजय किया गया। हमारे लिए कई लोग 'एवरेस्ट' पर झंडे गाड़ आए। पूर्ववैदिक सभ्यता से लेकर आज की इस 'फिल्म'-सभ्यता तक की समूची सीढ़ियाँ हमारे ही लिए तय की गईं। कुतुबमीनार, इफेल-टावर, 'पीसा' का बुर्ज, अब्राहम लिंकन का स्मारक, बर्लिन की दीवार, ऑक्टर लोनी मोनूमेंट, अशोक-स्तम्भ, राज-घाट...ये सारी यादगार इमारतें, ताजमहल से लेकर ताजमहल-होटल तक, हमारे ही लिए बनाई गई हैं।

ऐसी कोई जगह नहीं है, जहाँ कोई यादगार न हो, इमारत न हो। ऐसी कोई जगह नहीं है जहाँ आज का समाज, अपने 'अतीत' को लोहा-इस्पात या पत्थर का खम्भा बनाकर, पकड़े हुए, खड़ा नहीं है—हमारे लिए ! जो कुछ भी कारोबार हो रहा है, खम्भे बनाना या खँडहरों की मरम्मत करना, सारा कुछ हमें क्रीतदास बनाए रखने के लिए ही हो रहा है...

लेकिन कहा जा रहा है कि सारा कुछ हमें अधिक स्वाधीन और अधिक सुन्दर करने के लिए होता है। मैं यह बात नहीं मानता हूँ। स्वाधीन नहीं, अधिक पराधीन बनाने के लिए—समाज, राशन-कार्ड, और क्रिकेट-टेस्ट—और, कभी-कभी राष्ट्रीय या अन्तरराष्ट्रीय युद्ध भी—सुन्दर नहीं, हमें अधिक कुरूप करने के लिए होता है। यही कारण है कि हम लोग किताबों में समाज के 'सफल', 'अधिकारी', और प्रचारकुशल राजनेताओं और प्रचारकों की वीर-गाथा पढ़ने के लिए एक तरफ विवश किए जाते हैं, और दूसरी तरफ, हमें अस्पतालों, सिनेमाघरों और गेहूँ-चावल की सरकारी दुकानों के आगे बेतरतीब कतारों में, भूख और नंगेपन से, कमर के दर्द से पीड़ित करके, खड़ा कर दिया जाता है !

फिल्म-'लीडर' में अभिनेत्री बैजन्तीमाला के भूरे, रोएँदार टखनों में, और सन्त विनोबा के गीता-प्रवचनों में, हमारे लिए कोई फर्क नहीं रह गया है। हमारे लिए, यानी कतारों में खड़ी जनता के लिए, प्रजाजनों के लिए—जिनसे यह समाज और यह देश बनता है ! मेरे लिए नहीं—क्योंकि, मैंने इसी 'फर्क नहीं रहने के लिए, समाज और देश, दोनों के अस्तित्व से इनकार किया है। इनकार मैं इस वक्त भी करता हूँ, क्योंकि, मेरा इनकार गलत नहीं है !

यों, गलत और सही, खूबसूरत और बदसूरत, यह झगड़ा मेरा झगड़ा नहीं है। मैंने

अपनी आँखों से कभी कोई सही या खूबसूरत चीज नहीं देखी है। बदसूरत या गलत चीज भी नहीं ! मैंने सिर्फ चीजों, और मूल्यों, और स्थितियों, और समय की गति को देखा है—और विश्वास किया है कि यह समय की गति ही एक बात है, जो हम सभी लोगों पर हावी है, और ताकतवर है !

समय चीजों की शक्ल बदल देता है। उन्हें अच्छा या बुरा, पुराना या नया, मजबूत या कमजोर, क्लीव या साहसी, काला या सफेद नहीं करता, सिर्फ उन्हें बदल देता है। जो वे थीं, उन्हें वैसा ही रहने नहीं देता, उसके अन्तरंग और बहिरंग पर अपनी पर्तें चढ़ा देता है। मैंने समय की इसी गति से इनकार किया है। क्योंकि, समाज का सारा कारोबार इसी गति के अनुसार चलता-फिरता है। मैंने तय किया था, शायद तुमसे मिलने के पहले ही तय किया था कि मैं अपने आसपास की चीजों को समय के इस चक्र से बचा लूँगा, अलग कर लूँगा ! मैंने अपने को समय की गति, और समाज के कालचक्र से छुटकारा दिलाने की कोशिश की थी। मैं तुमसे मिलने गया था।

यही एक काम मैंने अपने जीवन में किया। तुम्हारे पास जाकर, मैंने तुमसे कहा—"तुम एक खूबसूरत लड़की हो !" जबकि तुम न तो खूबसूरत थीं, और न लड़की ही रह गई थीं। मैंने मन-ही-मन काफी झुँझलाहट महसूस करते हुए, लेकिन बड़े ही कायदे से, और नपी-तुली मुस्कुराहटों से तुम्हारे कमरे, तुम्हारी स्लीपरों, और तुम्हारे चेहरे की प्रशंसाएँ कीं।

तुमने फुर्सत के वक्त लिखी गईं अपनी कविताएँ सुनाईं जिनमें हिन्दी के 'गजलख्वाँ' गीतकारों से मुहावरे और लहजे उधार लिए गए थे। मैंने तुम्हारी कविताओं में एक नई महादेवी वर्मा की सम्भावनाएँ देखीं, और तुम्हें यह बता भी दिया। लेकिन, मैंने तुमसे जरूर कहा कि मैं बीमार आदमी हूँ, वक्त ने मुझे बहुत सताया है, और अपनी बहुत सारी बीमारियाँ, बतौर तोहफे के, मुझे सौंप दी हैं।

मेरी दास्तान सुनकर तुमने अपने उसी 'रोमैंटिक' लहजे में कहा था—"क्या फर्क पड़ता है !" वाकई, क्या फर्क पड़ता है ? कोई फर्क नहीं पड़ता है, किसी बात से नहीं !...हम-तुम एक फ्लैट में रहते हैं, एक ही नौकरानी और एक ही दूधवाले पर हुकूमत करते हैं, 'सीलिंग' पंखे के नीचे सोते हैं।...समूचा शहर तुम्हारा दोस्त है। इलाके की हर औरत तुम्हें तुम्हारे नाम से जानती है। अपने स्कूल में बनी हुई चीजें, बेबी-फ्रॉक, बाबा सूट, रूमाल, तकियों के गिलाफ, टिकोजी, टेबल-क्लॉथ, तुम पटना-मार्केट की दुकानों में बेचती हो। 'पिकनिक' और जल्से करती हो, अपने स्कूल की 'गृहस्थ' छात्राओं के साथ।...तुम्हें 'मिनिस्ट्री' जानती है, अनुदान और कर्ज देती है।...लोग पूछते हैं—"शर्माजी क्या करते हैं ?" और, तुम मेरे लिए लोगों की सहानुभूति स्वीकार करती हुई उत्तर देती हो—"बीमार रहते

हैं !...शहर के सारे डॉक्टर-वैद्य हार गए...!" जबकि, तुम्हें जाननेवाले हर आदमी को यह जानकारी है कि मैं बीमार नहीं हूँ, अपाहिज नहीं हूँ, मैं सिर्फ 'पैरासाइट' (इसका हिन्दी क्या होगा ?) हूँ !

पै-रा-सा-इ-ट ! यह शब्द, मैंने जिसे आज से पचीस-तीस साल पहले कार्ल मार्क्स की किसी किताब में पहली बार पढ़ा था—पैरासाइट ! यह शब्द मुझे बहुत पसन्द है। और, मैंने 'पैरासाइट' बने रहना ही अपने लिए पसन्द किया है !...मैं ही अकेला 'पैरासाइट' नहीं हूँ—अपने देश में, राजनीतिज्ञ, विधवाएँ, पंडे-पुरोहित, सरकारी-गैरसरकारी चन्दे पर चलनेवाली सांस्कृतिक, कलात्मक, समाजसेवी संस्थाओं के कार्यकर्ता, औरतों के दलाल, और वे लोग, 'पैरवी' और 'सिफारिश' करना जिनका पेशा है—सभी 'पैरासाइट' हैं। वेश्याएँ 'पैरासाइट' नहीं हैं, लेकिन जो लोग एक ही आसन पर बैठकर वेश्याओं और देवी-देवताओं का कारोबार करते हैं, मैं उन्हें अपना दोस्त, और हमराह मानता हूँ।

मैं 'पैरासाइट' था, इसलिए मैंने तुमसे शादी की, और तुम्हारे इस फ्लैट में रहने के लिए चला आया। इसके बाद कभी कोई काम मैंने नहीं किया। मैं करना नहीं चाहता था, सिर्फ जिन्दा रहना चाहता था, क्योंकि मर जाने की प्रतिभा या साहस मुझमें नहीं था।

इतने वर्षों तक लगातार मैं समाज, देश, और ऐसी सभी काल्पनिक इकाइयों से अलग, तुम्हारे फ्लैट की चुप, और उदास चहारदीवारी में कैद रहा—और, तुम मुझसे कभी नाराज नहीं हुईं। तुम्हें कोई भी एक 'पुरुष' चाहिए था जिसके नाम पर तुम अपनी माँग में सिन्दूर की एक तान्त्रिक रेखा भर सको; और, कभी मौका आ जाने पर वह 'पुरुष' कह सके कि यह औरत...जिसने सरकारी खजाने से दस हजार रुपए उधार लिए हैं...जिसने समाजशास्त्र पढ़नेवाले एक 'नाबालिग' लड़के को 'मर्फाइन' और संखिया की सुइयाँ लगा-लगाकर पागल किया है...जिसने अपने सीने और अपनी जाँघों पर 'आदर्श महिला स्कूल' की बड़ी बिल्डिंग खड़ी कर ली है...यह औरत मेरी पत्नी है, जी हाँ, मेरी ब्याहता पत्नी !

ऐसा कहने का मौका कभी नहीं आया, लेकिन तुम किसी की हत्या भी कर देतीं, तो मैं यह जरूर कहता कि झरना देवी मेरी बीवी है—धर्म, समाज, रीति-रिवाज, और पुस्तकों ने हमें पति-पत्नी बनने का अवसर और अधिकार दिया है ! ऐसा कहने का अथवा ऐसा करने का (जिससे मेरा पतित्व और तुम्हारा पत्नीत्व सिद्ध-प्रसिद्ध हो पाता !) मौका कभी आया ही नहीं। मुझे तुम्हारे फ्लैट से उतरकर शहर-बाजार, मन्दिर या अदालत जाने की कभी कोई जरूरत नहीं पड़ी। इसके लिए मैं तुम्हारे प्रति कृतज्ञ हूँ, झरना !

कमर और छाती छिपाने के लिए कपड़े और 'अंडरवियर'; जुलूस; 'राशन-कॉर्ड' किताबें; रेलगाड़ियों और बसों-रिक्शों पर लदकर यहाँ-वहाँ भागती हुई भीड़; रेडियो-'ट्रैंजिस्टर'; 'कांट्रासेप्टिव्स', परिवार-नियोजन के रंगीन 'फोल्डर', बीमा-कम्पनी और फिल्म-कम्पनियों के 'फोल्डर'...(उफ, हमारे दैनिक जीवन में कितनी मशीनें और उनके कितने नाम घुस आए हैं !) मुझे इन सारी चीजों से नफरत है क्योंकि ये सारी चीजें फालतू और बेजरूरत हैं। इन्हीं चीजों ने हमें निरीह और 'परमुखापेक्षी' बना दिया है। हम फोन, रेडियो और घड़ी के गुलाम हैं, ताश के तीन पत्तों के गुलाम ! बिजली के तारों ने हमारा गला बाँध लिया है।

मैंने अपना गला छुड़ाया, और तुम्हारे फ्लैट के बाथरूम में छिपे रहने की कोशिश की–ताकि, वे लोग मुझे पकड़कर ले नहीं जाएँ; और मुझे किरानीगिरी की किसी कुर्सी पर या देश-रक्षा-कानून के मार्फत गिरफ्तार करके जेल में या फिर, फौज में भर्ती नहीं कर दें। कुर्सियाँ, जेल की दीवारें, और मिलिटरी बूट–मैं इनमें कहीं, किसी भी पद पर भर्ती नहीं हुआ। मैंने उन लोगों से कहा–"मैं पेट और गले की बीमारियों का पुराना मरीज हूँ...मुझे माफ कर दीजिए !"

लेकिन, मेरी ही तरह तुम भी जानती हो कि मैं बीमार नहीं हूँ। कि मैं कभी बीमार नहीं हुआ। मैंने सिर्फ बीमारियों का बहाना किया...

जैसे, तुम बादल के साथ सिनेमा देखने जाती थीं, और वापस आकर मुझे बताती थीं कि आज मंगलवार है, और इसीलिए, हनुमान-मन्दिर में औरतों की जबर्दस्त भीड़ थी। तुम मुझसे बहाना करती हो। मैं सारी दुनिया से बहाना करता हूँ। बात-बात पर, बहाने नहीं किए जाएँ तो जीना मुश्किल हो जाएगा।...और, आजकल तो बहाना करना आधुनिकता और नए फैशन में शुमार हो गया है। बर्नार्ड-शॉ ने कई बार कई मौकों पर कहा था–"आपका झूठ अगर सच मान लिया जाए तो वह 'आर्ट' है, और आपका झूठ अगर झूठ मान लिया जाए तो वह 'रिलीजन' है !" ज्यादातर लोग झूठ को, झूठ मानकर भी, उसका सहारा लेते हैं। कला में, धर्म में, और अपनी पत्नी के 'प्यार' में सहारा लेते हैं। सहारा लेना जरूरी है।

तुमने दुनिया-भर का सहारा लिया, और मैंने सिर्फ तुम्हारा ! लेकिन, अब वह एक बहुत पहले बीत गई हुई घटना है, और इस घटना की सारी पर्तें प्याज के छिलकों की तरह उतर गई हैं, और हम-तुम एक-दूसरे से अलग, अपने-अपने बिस्तरे में पड़े हुए हैं, छत की तरफ देखते हुए, और हम दोनों के बीच एक रस्सी टँगी हुई है, रेशमी सूत की रस्सी, जिसमें सारा दिन एक झालरदार झूला पड़ा रहता है, और एक नन्ही-सी बच्ची...

तुम इस बच्ची की माँ नहीं हो, क्योंकि मैं इस बच्ची का पिता नहीं हूँ–और, हम दोनों से इस झूले, और झूले में दूध और प्यार के लिए रोती हुई, चीखती हुई,

इस बच्ची का कोई रिश्ता-नाता नहीं है...कभी नहीं था।

मैं, यह कमरा, ये नीली दीवारें, तुम, नींद में बेसुध तुम्हारी देह, और बीच कमरे में छत से लटकती हुई रस्सी।...यह रस्सी मुझे अपनी ओर खींचती है, क्योंकि झूला तुमने उतारकर खूँटी से टाँग दिया है, और लड़की तुम्हारे पास मसहरी में सो रही है !

तुमसे मेरी आखिरी शिकायत यही है कि तुम इतनी जोर से साँसें लेती हो, इस तरह घर्र-घर्र-घर्र खर्राटे भरती हो कि मुझे आज ही नहीं, पिछले पन्द्रह साल में किसी भी रात नींद नहीं आई है। मैं रात-भर जगता रहा हूँ, इसी तरह...एकदम इसी तरह...

सुबह जब झरना देवी की नींद खुली, और अपनी बच्ची को गोद में उठाए हुए, जब वह अपने 'बेडरूम' से चीखती-दहाड़ती हुई भागी, जब फोन करके पड़ोसियों ने पुलिस को बुलाया—बादलकुमार उस वक्त अपनी बड़ी बहन के साथ सुबह की चाय पी रहा था, और बंका के पाणिग्रहणप्रार्थियों की तस्वीरें देखता हुआ, चुटकुलेबाजी कर रहा था।

"तुझे इनमें एक भी आदमी पसन्द नहीं है ?"—बंका ने पूछा। बादल यह सवाल सुनकर थोड़ा गम्भीर हो गया। फिर बोला—"सच्चिदा-भाईसाहब के सामने ये सारे 'कैंडीडेट' (इस शब्द पर उसने अनावश्यक जोर दिया), मूँगफली के खोखले छिलकों की तरह दीखते हैं। जस्ट-लाइक...छिलकों की तरह !"

"लेकिन, तुम तो हमेशा उनको छोटी निगाहों से देखते थे, बादल भाई ?"—यह सवाल पूछना चाहकर भी, बंका ने पूछा नहीं। क्योंकि अब वह बंका नहीं है, मिस अमरावती सिंह हो गई है।

13

जुलूस की लम्बी बाँहें...

तीनों सहेलियाँ एक लम्बे, बेहद लम्बे, अरसे के बाद आपस में मिली थीं, और आर.आर.आर. की गाड़ी में बैठकर सर्कुलर-रोड के रास्ते से हवाई-अड्डे की तरफ चली गई थीं। रामरेणु राय साथ नहीं थे। तीनों सहेलियाँ थीं, और राय की गाड़ी काफी तेज रफ्तार में भागी जा रही थी।

'ह्वील' पर बैठी थी माया। कान्ती पिछली सीट में, झरना देवी के कन्धे पर झुकी हुई थी, और किसी भोजपुरी फिल्म का एक गाना धीमे स्वर में गुनगुना रही थी—

"हँसि हँसि पनवाँ खिअउले बेईमनवाँ,
कि अपुन बसे रे परदेस
कोरी रे चुनरिया में दगिया लगाई गईले
मारि के करेजवा में ठेस..."

लेकिन, गाड़ी की 'ह्वील' पर बैठी थी माया। पिछले कई बर्षों से माया यह कार चला रही है। कार खरीदने में क्या-क्या मुसीबतें हुई थीं, उसे पता है। एक कार ही खरीदने में नहीं, जरूरत की हर चीज खरीदने में। टेलीफोन की लाइन पाने के लिए दोनों रायों को, यानी माधव राय को और रामरेणु राय को, और कई बार खुद माया राय को–रात में देर-देर तक टेलीफोन-कमेटी के मेम्बरों के पास रहना पड़ा था। लेकिन, ये सारी बातें अब पुरानी पड़ गई हैं। इन्हें याद करने में कोई मजा नहीं। मजा है गाड़ी तेज चलाने में, और दूसरों की हालतों पर लगातार हँसते रहने में ! हाय, हाय, झरना क्या थी, और क्या से क्या हो गई...क्या हो गई ?

सूखकर आधी से भी आधी हो गई है। आँखें भीतर धँस गई हैं। गुमसुम बैठी रहती है। किसी बात का कोई जवाब नहीं देगी।..."बेबी, हमारे साथ 'बियर' पियोगी ?...'रिज-होटल' चलोगी, बेबी ?...क्या हो गया है तुम्हें ?"–लेकिन, झरना गुमसुम बैठी रहेगी, पत्थर की चट्टान की तरह ! (अहल्या इसी तरह अपने प्रभु की प्रतीक्षा में हजारों साल तक बैठी रही थी ?) लगता है, अन्दर-ही-अन्दर यह औरत एक बड़े-से फोड़े की तरह पक रही है।

लेकिन, झरना का चेहरा दीये की तरह जलता है। तेज और आभा से भर गई है वह ! दीप्तिमय हो गई है। झरना किसी पौराणिक तपस्विनी की तरह दीखने लगी है। सूख गई है। आधी हो गई है।...और, कान्ती अपनी मस्ती में झूमती हुई, मीठी आवाज में गा रही है–

"हँसि-हँसि पनमा खिअउले बेईमनवाँ,
कि अपुना बसे रे परदेस...

चढ़तै फगुनवाँ सगुनवाँ मनावै गोरी,
चइता करै रे उपवास
गरमी बेसरमी न बेनियाँ डुलाए मानै,
डारे सईयाँ गरवा में फाँस..."

अचानक, गुस्से में आकर, या कान्ती का गाना बन्द करने के इरादे से, माया कार की 'स्पीड' बढ़ा देती है। सामने अँधेरी सड़कें हैं; चौराहों पर बिजली के ऊँचे लैम्पपोस्ट; चाँदनी नहीं है; घर लौटती हुई साइकिलें; बड़ी कोठियों से निकलती हुई लम्बी कारें; साइकिल-रिक्शों पर पति-पत्नी, भाई-बहन, माता-पिता, दोस्त की पत्नी और सहेली के पति के जोड़े; जो कुछ पीछे छूट गया है, वह बहुत पीछे छूटता जा रहा है...हाईकोर्ट की लाल बिल्डिंगें, मिनिस्टरों के बँगले, कांग्रेस-मैदान, हवाई-अड्डा, 'वेटिनरी-कॉलेज',

दानापुर की मिलिटरी-छावनी, सारी जगहें और सारी बातें पीछे छूटती जा रही हैं।

माया का सारा गुस्सा कान्ती पर आकर सिमट गया है, क्योंकि, कान्ती बड़े ही बेशरम ढंग से, एकदम देहाती गाना (देहाती चीजों से माया को बेहद नफरत है !) गा रही है; और उसने कमलनाथ और विमानचन्द्र झा जैसे पेशेवर 'लोफरों' के साथ मिलकर, एक बड़ा ही लम्बा तमाशा खड़ा किया है। इस तमाशे का नाम है—''आदिवासी कल्चरल इंस्टीट्यूट'। इस 'इंस्टीट्यूट' की 'जेनरल-सेक्रेट्री' गाना गा रही है,...

''चढ़तै फगुनावाँ सगुनवाँ मनावै गोरी,
चइता करै रे उपवास !''

झरना देवी ने अपने 'पर्स' से नीले रंग के दो 'कैपसूल' निकाले, और दरवाजे की तरफ मुँह करके दोनों 'कैपसूल' एक साथ निगल गई। ऊपर लगे हुए, छोटे से चौकोर शीशे में, माया झरना को देख रही थी। उसे नींद की दो गोलियाँ खाते हुए देखकर, माया मुस्कुराने लगी।

चलती गाड़ी में तीन सखियों का वार्तालाप :

माया : हाय, हाय, एक गोली मुझे नहीं दोगी ?
कान्ती : (गाना रोककर) कैसी गोली ?
माया : 'सैक्नल' है शायद !
कान्ती : हाँ भाई, तू 'सैक्नल' रखती है ? दे न भाई, हमें भी दे !...हम भी तेरी तरह बिरह-रोग में रहते हैं, आजकल
झरना : खत्म हो गई...
कान्ती : झूठ कहती है ! जरूर होगी तेरे पास !
माया : अगर हो तेरे पास, तो इनकार मत कर, बेबी ! तू दाता-औरत है, कंजूस मत बन !
कान्ती : दो ही गोलियाँ थीं ?
माया : हाय, हाय !
झरना : दो ही गोलियाँ थीं।
माया : हाय !
कान्ती : "......"
माया : "......"
झरना : "......"
माया : 'बिहटा-एरोड्रम' आ गया।
कान्ती : अब लौट चलो, माया-बेगम !
झरना : "......"
माया : क्यों बेबी, लौट चलें ?

झरना : लौट चलो।
कान्ती : बादल कहाँ चला गया ?
झरना : "......"
माया : इतना अच्छा लड़का ! कहाँ चला गया ?
झरना : पता नहीं !
कान्ती : क्यों बेबी, तुम्हें कैसा-कैसा नहीं लगता ?
झरना : नहीं !
माया : तुम्हारी बेबी कैसी है ?
झरना : घर लौट चलो !
माया : बेबी कैसी है ?
कान्ती : माँ के लिए रो रही होगी...।
माया : रो रही होगी ?
कान्ती : घर लौट चलो।
झरना : लौट चलो।

माया ने गाड़ी घुमा ली, और उतनी ही तेज चाल में 'कुसुमपुर कॉलोनी' की तरफ वापस भागने लगी। झरना अपनी बेबी की चिन्ता में व्यस्त है। बेबी रो रही होगी। आया की गोद में पड़ी, चीख रही होगी। शायद चीख-चीखकर सो गई होगी।...शायद, बादल वापस आ गया होगा।...शायद, बादल आ गया होगा...

नहीं, बादल नहीं आएगा। और कुछ न हो, वह स्वाभिमानी अवश्य है, और स्वाभिमान के कारण ही झरना देवी के फ्लैट से ही नहीं, 'कुसुमपुर' कॉलोनी से ही नहीं, पटना-शहर से चला गया है। जाने के समय, प्राचीन प्रेमियों की तरह उसने यह नहीं कहा है—"तू अपने मर्द की नहीं हुई तो मेरी क्या होगी !" वह बिना कुछ कहे चला गया।

क्यों चला गया ? अपनी सहेलियों को झरना देवी ने संक्षेप में, उस रात की घटना बताई थी। बादल की दौड़-धूप, और सच्चिदा की सहायता के कारण झरना को जेल नहीं जाना पड़ा—कामेश्वर की आत्महत्या के मुकदमे में, वह बरी हो गई। आन्तरिक कारण कुछ भी क्यों नहीं रहे हों, उसने 'आत्महत्या' ही की है—माननीय सेशन-अदालत के विचारकों ने यही निर्णय लिया। निर्णय सुन लेने के बाद, झरना सीधे हनुमान-मन्दिर गई, और बड़े महाराज के पाँवों पर गिर पड़ी।

बड़े महाराज महन्त बद्रीकाश्रमानन्द गिरि, अपने प्रिय 'भक्त' कामेश्वर शर्मा की मृत्यु के दूसरे ही दिन 'कुसुमपुर' कॉलोनी में आ गए थे। अपने मन्दिर में ही ठहरे थे। अकेले नहीं थे, उनके साथ तान्त्रिक-साधुओं की छोटी-सी जमात भी थी। ये साधू अन्न नहीं खाते थे, सिर्फ गाँजा पीते थे, और रात में सोने के पहले तीन सेर, चार सेर, दूध। चढ़ावे में गाँजे की छोटी-बड़ी पुड़िया और दूध के सिवा कुछ भी नहीं लिया जाता था, रुपया-पैसा तक नहीं। लाल चादरें पहने हुए, बूढ़े और जीवनमुक्त साधुओं की यह

जमात रात-दिन धूनी के पास गोल बाँधकर बैठी हुई गाँजा पीती रहती थी, और चुप रहती थी।

बड़े महाराज धूनी से थोड़ा अलग हटकर, वहीं हनुमान-मन्दिर के खुले अहाते में अकेले बैठे हुए थे। गाँजे का दौर चल रहा था, और साधू लोग बीच में 'जै काली'...'जै जै माँ काली'...'देख के साधू, ध्यान न टूटे'...'जै काली'...'देख के साधू' के समवेत नारे लगा रहे थे। बादल अहाते के बाहर रुक गया। बोला—"तुम प्रणाम करके जल्दी चली आना।...बेबी रो रही होगी !"

झरना को गुस्सा आ गया। बादल अन्दर क्यों नहीं चलेगा ? जिनकी दया से मुकदमा जीता गया है, उन्हें प्रणाम भी नहीं किया जाए ? "नहीं, मैं नहीं जाता हूँ, ऐसी जगहों पर !...खासकर जो आदमी सच्चिदानन्द डिप्टी-मिनिस्टर का गुरु है, उसके पास तो मैं एक मिनट ठहर नहीं सकता...मुफ्त में झगड़ा हो जाएगा। तुम जल्दी हो आओ !"—बादल ने बुजुर्गों जैसे लहजे में आकर दुबारा कहा। झरना अहाते के भीतर चली गई, और काफी देर तक, लगभग घंटे भर, बड़े महाराज के पाँवों के करीब बैठी रही।

मन्दिर के बरामदे में दो-चार स्त्रियाँ, और आठ-दस बड़े-बूढ़े बैठे हुए थे। दूर एक किनारे, विमानचन्द्र झा खड़ा था, और एक 'ओवरसियर' से बातें कर रहा था। साधुओं की टोली अपने नारे लगाती हुई, चिलम के बाद चिलम सुलगा रही थी, और धूनी की आग ताप रही थी। अँधेरा होने-होने को था, और समूचे वातावरण में ठंडी हवा, धुएँ, और गाँजे की मिली-जुली गन्ध सिसक रही थी। जैसे, देश में अकाल फैला हुआ हो, और मन्दिर के अहाते में बैठे हुए लोग राज-परिवार के व्यक्ति हों, अन्न और ऐश्वर्य से भरपूर ! निश्चिन्त और आनन्दमय !! बड़े महाराज इस अकालग्रस्त देश के सम्राट की तरह बैठे हुए थे, और श्रद्धा, कृतज्ञता, और समर्पण के भार से झुकी हुई झरना देवी से कह रहे थे—"हम लोग क्या कर सकते हैं, बहूरानी ! सब, माँ काली हमारी, करती है। हम तो उसके दासों के दास हैं ! माँ चाहती है, इसी को वास्ते कमेस्सर फाँसी चढ़ता है। माँ हमारी चाहती हैं, इसी को वास्ते तुम्हारा ईज्जत पुलिस को हाथ से बेईज्जत होने से बच जाती है !...देखो न, क्या-क्या तमासा करती है माँ काली करालबदनी ! नूर-बेगम की बड़की लड़की को सारी देह में लकवा मार दिहींस था। कौनों जतन से अच्छी नहीं होती। डाकदर-बैद सब हार गीया।...मुदा, हमारी जादूगरनी माँ, हमारी काली को ममता आ गीया। लड़की का दुःख देख के ममता आ गीया !...ई ममता-ठो बहुत बड़ा चीज है, बहूरानी ! अपना हिरदै में तुम ई ममता पैदा करो !" झरना हाथों-पर-हाथ रखे, सिर झुकाए, चुपचाप बैठी थी। प्रतीक्षा कर रही थी।

झरना विमान की प्रतीक्षा कर रही थी। उसने झरना को देख लिया था, और वहीं से इशारा किया था कि वह बातचीत खत्म करके आ रही है। विमान इस हनुमान-मन्दिर का 'ट्रस्टी' है, और बड़े महन्तजी के आ जाने से बहुत खुश है। बद्रीकाश्रमानन्द जिस दिन से आए हैं, मन्दिर की आमदनी बढ़ गई है। एक नया पुजारी बहाल करना पड़ा

है। हालाँकि, बड़े महाराज मन्दिर में नहीं जाते हैं। हनुमान-देवता की वे पूजा नहीं करते। अपने साथ काली की एक छोटी-सी मूर्ति लाए हैं। उसी के सामने आसन पर बैठकर, मन्त्र-जाप करते रहते हैं।

विमान उनकी सेवा में लगा रहता है, और शहर के बड़े डॉक्टरों, और भी बड़े वकील-बैरिस्टरों, और भी बड़े सेठों और सरकारी नेताओं को उनके पास लाता है। सबीहा के अच्छे होने की बात पूरे शहर में बिजली की तरह चमक गई है। सबीहा अच्छी हुई नहीं है; धीरे-धीरे अच्छी होने लगी है। पागलपन खत्म हो गया है। खड़ी कर दी जाए तो बिना कोई सहारा लिए रह जाती है, ताश के पत्तों के महल की तरह धरती पर गिर नहीं जाती है।

झरना विमान के साथ बाहर आई। वह टैक्सी से आया था। टैक्सी सड़क पर रुकी हुई थी। झरना बोली—"बादल को साथ ले लेंगे। वह अपने फ्लैट के पास उतर जाएगा।...फिर, हम लोग कमलनाथ-साहब के यहाँ चलेंगे।" टैक्सी में, एक किनारे झरना बैठी, फिर, विमानचन्द्र झा। बादल दूसरे किनारे बैठा।

टैक्सी छह-नम्बर सड़क की तरफ जाने लगी, और पीछे की सीट पर बैठे हुए तीनों व्यक्ति चुपचाप बैठे रहे, अपनी-अपनी बातें सोचते हुए।

झरना :

यह 'अध्याय' भी एक 'नीले अध्याय' की तरह खत्म हो गया। बेबी स्वस्थ है, बड़ी मीठी है देखने-सुनने में...'आदर्श महिला' को सरकारी मदद मिली है, आगे भी मिलती रहेगी...बादल कितना शरीफ लड़का है, इतनी देर मेरे लिए खड़ा रहा ! ऐसे लड़के के लिए तो आदमी कलेजा निकाल दे सकता है !

विमानचन्द्र झा :

लगता है, बड़े महाराज को झरना पसन्द आ गई है। यानी, झरना चाहे तो उन्हें हमेशा के लिए इस मन्दिर में रोक सकती है !...इस लड़के को क्यों साथ रखती है झरना ? काम से काम होना चाहिए, मुफ्त में बदनाम नहीं होना चाहिए ! मैं खुद क्या नहीं करता हूँ, मगर, कोई उँगली नहीं दिखा सकता ! इतनी तेज औरत होकर, झरना यह भयानक गलती क्यों कर रही है ? किस फायदे के लिए...?

बादलकुमार :

अगर झरना मुझे अपने फ्लैट के नीचे उतर जाने को कहेगी, और खुद इस 'लोफर' के साथ घूमने चली जाएगी तो मैं इस जिन्दगी में दुबारा इस औरत का मुँह नहीं देखूँगा !

'आदिवासी-इंस्टीट्यूट' को झरना देवी जैसी एक चतुर स्त्री की आवश्यकता थी जो 'मिनिस्ट्री' में इस संस्था के लिए दौड़-धूप कर सके। विमान इसी बात के लिए झरना को कमलनाथ के यहाँ ले जाना चाहता था। थोड़ी देर साथ बैठेंगे, बातचीत हो जाएगी। इसीलिए, जब टैक्सी लेडी-डॉक्टर मिस अमरावती सिंह के फ्लैट के नीचे होकर गुजरने

लगी, विमान ने ड्राइवर को गाड़ी रोकने का इशारा किया, और झरना बोली—"बादल, तुम यहीं उतर जाओ। मैं विमानबाबू के साथ जा रही हूँ।...तुम सुबह जरा जल्दी आओगे। आओगे न ?"

बादल दरवाजा खोलकर नीचे उतर गया। झरना समझ गई, कि वह बेहद नाराज है। कहने लगी—"सुबह जरूर आओगे न ?...मैं जाऊँ ?...जा रही हूँ। तुम सुबह आ जाओ। जरा जल्दी आओगे !...मैं जाऊँ न ?" लेकिन, बादल चुपचाप सड़क पार करके सामने के पानवाले के यहाँ चला गया।

टैक्सी आगे बढ़ गई। सामने एक चौराहा है और चौराहे के बाद चौथी बिल्डिंग कमलनाथ की है। कमलनाथ अब शाम को कहीं बाहर नहीं जाता है। अपने 'आदिवासी-इंस्टीट्यूट' के शुभचिन्तक मित्रों की प्रतीक्षा करता है, और गिलास में काफी देर से पड़ी 'सोलन' की 'व्हिस्की' खत्म करता रहता है।

"विमानबाबू ने तेरा कोई फायदा किया या नहीं ?"—कान्ती ने माया से पूछा।

यह नाम सुनते ही, गाड़ी की 'स्टियरिंग-ह्वील' माया के हाथ से छूट जाने लगी। "उफ्फ !"—और हल्की-सी चीख उसके होंठों से निकल गई। "ही-इज-ए बैस्टर्ड !...वह हरामजादा है !!"—माया ने सिर घुमाकर नीली-पीली आँखों से कान्ती की तरफ देखते हुए, भरपूर ताकत से कहा। कान्ती हँसने लगी।

फिर, ऐसा हुआ कि माया भी हँसने लगी। झरना एक छन 'सीरियस'-मुद्रा में रही। फिर मुस्कुराने लगी। अन्त में, अपना ठहाका रोक नहीं पाई। अपने-अपने घरों की तरफ लौटते वक्त, तीनों सहेलियों के मन में, एक-दूसरे के दुख से दुखी और सुख से ईर्ष्यालु होने के उपरान्त जो तनाव पैदा हो गया था—विमान का नाम आते ही, चरमराकर टूट गया, टुकड़े-टुकड़े होकर जिस्म की लहरों में फैल गया...तरंगित होने लगा...

नए सचिवालय की बड़ी इमारत पार करके, गाड़ी गार्डनर रोड पर आ गई। 'सैक्नल' की गोलियाँ अब झरना देवी पर अपना असर दिखा रही थीं। इस लम्बी हँसी के कारण, और विमानचन्द्र झा के असमय स्मरण के कारण, उसकी नसों के बन्धन ढीले पड़ गए। मन का सारा कसाव अपनी गाँठें खोलने लगा। झरना आँखें बन्द करके, कान्ती की जाँघों पर माथा टिकाकर सो गई।

सामने एक जुलूस आ रहा था। झंडे, 'बैनर', और हाथों में जलती हुईं मशालें उठाए हुए हजारों-हजार आदमी। और, हर आदमी का चेहरा बहुत बुरी तरह कामेश्वर के चेहरे से मिलता-जुलता था। मशालें...हजारों-हजार इंसान...बादल का चेहरा...कामेश्वर का चेहरा...विमान और कमलनाथ और सच्चिदानन्द का चेहरा...। झरना देवी डर गई। झरना देवी चीखने लगी। क्योंकि जुलूस ने अब चारों ओर से गाड़ी को घेर लिया था, और एक साथ सैकड़ों कामेश्वर शर्मा पिछली सीट का दरवाजा खोलकर, अपने पंजे, अपने हाथ, अपनी बाँहें झरना की तरफ बढ़ा रहे थे।...झरना नींद में थी। सो चुकी थी। बहुत-बहुत देर के लिए सो चुकी थी।

उसकी नींद नहीं खुलेगी। माया की गाड़ी उसके फ्लैट के नीचे आकर रुक जाएगी,

फिर भी नहीं। कान्ती उसे उठाने की कोशिश भी करेगी तो नींद-माते स्वर में झरना कहने लगेगी—"हमको जगाते हो कामू ? (नफरत में होने पर, या फिर, नशे में होने पर, वह कामेश्वर को हमेशा 'कामू' कहा करती थी !)...क्या फायदा ? जगा के क्या करोगे तुम ?...प्लीज...भाई, प्लीज दया करके सो जाओ...! सुबह चाय पर बातें करेंगे...उफ ! सो जाओ न !"

माया इस 'स्वप्निल अश्लीलता'* के नाम सफेद-नीली गालियाँ निकालती हुई, झरना के कान में मुँह ले जाकर चीखेगी—"तुम्हारा फ्लैट आ गया झरना रानी ! अब निद्रा तोड़ो ! मुझे देर हो रही है ! उठो, भाई, उठो अब !...आँखें खोलो, रानीजी ! तुम्हारा घर आ गया !"

"नहीं, मेरा घर नहीं !...मेरा घर नहीं है !...कहीं नहीं है मेरा घर !"—झरना उसी तरह आँखें बन्द किए हुए जवाब देगी, और बगल में तनकर बैठी हुई कान्ती को अपनी बाँहों में भर लेगी—आत्मरक्षा के लिए शायद !

14
विसर्जन अर्थात् सभाविसर्जन

"हम जो माँगे थे, तुम दिए नहीं। अब हम कुच्छो नहीं माँगते हैं।...काहे को माँगेंगे, जब तुम देने नहीं चाहते हो ? तुम हमको देने भी क्या सकते हो ?...तुम्हारे पास है भी क्या ? कुच्छो नहीं है तुम्हारा पास में। तुम...क्या देगा हमको ? एक गज कपड़ा देगा कोपीन को वास्ते ? एक चिलम गाँजा देगा ? धूनी रमाने को वास्ते तीन हाथ चौड़ा, तीन हाथ लम्बा जमीन देगा ? इसको से जादा हमको कुछ नहीं चाहिए...कछू नहीं !"—स्वामी बद्रीकाश्रमानन्द महाराज ने अपनी बातें दुहराई। बातें स्पष्ट थीं, और सिद्ध कर रही थीं कि बड़े महाराज इस वक्त सच्चिदा से 'विरक्त' हैं, और व्यंग्य कर रहे हैं।

रात के ग्यारह, सवा-ग्यारह बज चुके थे। रूमा अब भी अपने कमरे में जगी हुई थी। सच्चिदा का इन्तजार था उसे। बड़े महाराज हनुमान-मन्दिर लौट जाएँगे, तब सच्चिदा रूमा के पास आएगा। अभी तो वह पाँव मोड़कर नीचे फर्श पर बैठा हुआ है, और अपना चेहरा बन्द करके, अपनी आँखें बन्द करके, जैसे वह पश्चातापग्रस्त हो, बड़े महाराज का 'उपदेश' सुन रहा है। नीला सन्नाटा छाया हुआ है, चारों ओर ! कहीं कोई नहीं। 'माशूक' की इस 'बालकॅनी' में इन दो व्यक्तियों के सिवा, कहीं कोई नहीं है...

नीचे 'पोर्टिको' में लेडी नूर-मुहम्मद की बड़ी 'इम्पाला' खड़ी है, और ड्राइवर इन्तजार करता हुआ, अपनी सीट पर सो गया है। इसी गाड़ी में बड़े महाराज अपने

* इस मुहावरे के लिए लेखक अपनी मित्र-पत्नी, श्रीमती इन्दुमती सिंह का आभारी है।

मन्दिर वापस जाएँगे। रूमा अपने कमरे में जगी हुई है। बगल के कमरे में बेखबर सोई हुई है, सबीहा। अब धीरे-धीरे अच्छी हो रही है। कल शाम को उसने नए कपड़े पहनने की इच्छा प्रकट की थी। सबीहा थोड़ी-थोड़ी बातें समझने लगी है। "बड़े महाराज ने चाहा तो हमारी सबीहा एकदम दुरुस्त हो जाएगी।"—बड़े ही आशामय स्वर में, रूमा कहा करती है।

रियासत अली बैरिस्टर के दोनों लड़कों पर रूमा की नजर है। बड़ा लड़का अब काफी बड़ा हो गया है...छोटा लड़का भी छोटा नहीं है, हमीदा के साथ 'पिक्चर' देखने जाता है। सबीहा अच्छी हो जाए, थोड़ी भी अक्ल आ जाए लड़की में...हाथ-पाँव उसके काम करने लगें, तो रूमा अपनी दोनों लड़कियों को रियासत अली के दोनों लड़कों के साथ कर देगी। निकाह हो जाएगा, रूमा निजात पा जाएगी। बस, यही एक काम उसे करना रह गया है।

"बोल सचिदा, तू हमको क्या देने सकता है ? क्या देने सकेगा तू ?"—बड़े महाराज ने सातवीं बार कहा। सच्चिदा जब तक अपनी आँखें खोल चुका था। गंगा-नदी की ओर से आती हुई हवा के तेज झोंकों ने उसका सिर झनझना दिया। वह उठकर खड़ा हो गया, और बोला—"आप बकवास करते हैं ! आप एकदम बकवास करते हैं !"

बड़े महाराज के दोनों कान सुन्न हो गए। होंठ खुले-के-खुले रह गए। उनके विरुद्ध आज तक किसी भी जीवित व्यक्ति ने इस तरह की असभ्य-अभद्र भाषा का प्रयोग नहीं किया था। क्योंकि, यह देश अब तक धर्मप्राण और धर्मभीरु देश है। बद्रीकाश्रमानन्द गिरि जैसे सिद्ध-संन्यासियों को अब भी देश की प्रजा सबसे ऊँचे आसन पर बिठाती है। वैसे भी, बड़े महाराज प्रभावशाली व्यक्ति हैं। उनकी 'अशुद्ध'-शब्दावली, और व्याकरणमुक्त भाषा में नहीं सही, उनकी आवाज में कोई 'अलौकिक' शक्ति अवश्य है, जो हर आदमी को अपनी तरफ खींच लेती है, रोक लेती है।

लेकिन यह आवाज इस वक्त सच्चिदा को रोक नहीं सकी। बाँध टूट गया। वह मजबूत, और सधे हुए स्वर में कहने लगा—"आप पिछले दो हफ्तों से यही रट लगाए हुए हैं !...आप क्या यह समझते हैं कि मैं आपकी बात नहीं समझता हूँ ? मैं आपकी हर बात समझता हूँ।...लेकिन, आप जान लीजिए कि मुझे आप पर कोई श्रद्धा नहीं है। किसी दिन भी नहीं थी !"

"चुप रहो, सचिदा !"—बड़े महाराज ने इतनी ताकत से, इतनी ऊँची आवाज में, चीखकर कहा कि रूमा अपने बिस्तरे से बिल्ली की तरह उछलकर बाहर चली आई, और नीचे गाड़ी में सोया हुआ ड्राइवर घबराकर गाड़ी से कूद गया, और 'एटेंशन' की हास्यास्पद मुद्रा में खड़ा हो गया।

रूमा 'बालकनी' में चली आई। बड़े महाराज गुस्से में थरथरा रहे थे, और अपने 'जटाधारी' डंडे के सहारे खड़े हो गए थे। सबीहा नींद में डरकर रोने लगी। उसकी हल्की सिसकियाँ सिर्फ एक रूमा सुन रही है। 'बालकनी' के नीचे, बगान की पहरेदारी में चहलकदमी करता हुआ नेपाली दरबान रुक जाता है, अपनी सात बैटरियों के 'टॉर्च'

की रोशनी 'बॉलकनी' में फेंकने लगता है। 'बालकनी' में रोशनी है, लेकिन रोशनी से ज्यादा अँधेरा है...सिर्फ अँधेरा !

यानी, रोशनी है, लेकिन, रोशनी दीख नहीं रही है। यानी, ये लोग रोशनी को देखना नहीं चाहते हैं। देखने के लिए, रोशनी की इच्छा जरूरी है। लेकिन, जो लोग अपने अन्दर इच्छा के सम्पूर्ण अभाव का दावा करते हैं, वे अपनी इच्छा को दिमाग की आखिरी तहों में छिपा लेते हैं। वे देख नहीं पाते।

नहीं देख पाने के कारण ही, सच्चिदा ने अपनी वाणी को और 'उग्र' करते हुए कहा—"आप कह देंगे, और मैं चुप रह जाऊँगा, ऐसी बात नहीं है। मेरे लिए चुप रह जाने का मौसम बीत गया है।...आप इतने दिनों तक कहाँ थे, क्या करते रहे, मुझे कुछ पता नहीं ! लेकिन, आप वापस आए, तो मैंने आपको वही जगह दी, वही आदर दिया। आप हनुमान-मन्दिर की मिल्कियत चाहते हैं न ? सो, वह आपको मिल जाएगी। विमान को मैंने ही 'ट्रस्टी' बनाया है, मैं उसे हटा दूँगा।...आप जानिए, और आपका काम जाने ! ...लेकिन, आप और क्या चाहते हैं ? मेरी गर्दन चाहिए आपको ?"—सच्चिदा समझ रहा था कि रूमा पास आकर खड़ी हो गई है। बड़े महाराज की पीठ है उसकी तरफ।

महन्त बद्रीकाश्रमानन्द गिरि अचानक ठंडे पड़ गए। 'जटाधारी' डंडा उनके हाथ से फर्श पर गिर गया, और वे अपने ऊँचे आसन पर बैठ गए। उनके पास आकर रुक गई रूमा। वह कुछ बोलना चाहती थी। लेकिन, बड़े महाराज मुस्कुराए। उनका मुखमंडल प्राचीन बौद्ध संन्यासियों की तरह, नर्तकी वासवदत्ता के महल में उसकी अन्तिम आकांक्षा की पूर्ति करने के लिए आए हुए भिक्षु उपगुप्त की तरह, शांत और सौम्य हो गया। स्वर्गिक दीप्ति से, आभा से मंडित उन्होंने कहा—"तुम हमारा बात नहीं समझा, सचिदा ! तुमको समझने का बुद्धी नहीं हुई है ! हमको तुम्हारा कुच्छो नहीं चाहिए ! हम तुमको बोला, हमको कछू नहीं चाहिए !...हम तो ई दुनियाँ छोड़ के ऊ दुनिया में चला गीया है ! तुम ईहाँ राज करो, हम उहाँ तुम्हारा सब-ठो पाप अपना माथा पर लेके पहाड़ पर चढ़ता रहेगा।...इसी को वास्ते हम तुमसे ऊ सवाल किया था कि तुम हमको क्या देने सकता है ? तुम हमको भूल समझा !...देख, सचिदा, हम तुमको एक-ठो दिरिष्टान्त (दृष्टान्त) देता है। सुनो, हमारा बात !...जैसे तुमको ई दुनियाँ का समूचा धन-दौलत से, मान-मर्जादा से जादा, अपना जिन्दगी से जादा ई नूर-बेगम से लाग-लपेट है न, ठीक उसी माफिक हमको अपना काली-माई से लाग-लपेट है।...हम काली-माई का बेटा है, तुम्हारा हनुमान-मन्दिर में रह करके हम क्या करेगा ? हम तो ई सारा धरती में बिचरन करता है...सारा जिन्दगी ऐसे ही बिचरन करेगा, फिर एक दिन जब हिरदै नहीं मानेगा, तो अपना माँ के पास चला जाएगा। अपना माँ के पास...!" —इतना कहते-कहते बड़े महन्तजी रोने लगे। जिस तरह दुध-मुँहे बच्चे रोते हैं। रोते हुए, अपनी माँ काली के बारे में बातें करते हुए, वे अपने आसन से लुढ़ककर फर्श पर आ गए। रूमा उन्हें सहारा देने के लिए, सँभालने के लिए घुटनों के बल फर्श पर बैठ गई।

बड़े महाराज 'समाधि' में डूब चुके थे।

बगान में पहरा देता हुआ दरबान भागकर ऊपर 'बालकॅनी' में चला आया। ड्राइवर आ गया। सबीहा की नर्स 'फर्स्ट-एड' का बक्स लिए हुए, दौड़ी चली आई। इतने लोगों को देखकर, रूमा हाथ झाड़ती हुई, उठकर खड़ी हो गई।

नर्स से बोली—"मिस टिक्का ! बड़े महन्तजी को सँभालकर 'गेस्ट-रूम' में ले जाओ। 'फर्स्ट-एड' की कोई जरूरत नहीं है !" दरबान और ड्राइवर नीचे झुककर बड़े महाराज को अपनी बाँहों में उठाने लगे। रूमा 'गेस्ट-रूम' की तरफ चली गई। सच्चिदा की ओर उसने देखा तक नहीं। चली गई। सच्चिदा अब तक चुपचाप, पत्थर के खम्भे की तरह वहीं-का-वहीं खड़ा था। यह सारा 'कांड' देख रहा था। उत्सुकता, भय, श्रद्धा, चिन्ता, क्रोध, ग्लानि, हिंसा, प्रेम—कुछ भी नहीं था, उसके मन में !

सच्चिदा का मन, अचानक, एक अजीब-से सूनेपन से भर उठा था।

महन्तजी को बाँहों में लादकर वे लोग चले गए। नर्स भी चली गई। 'बालकॅनी' खाली थी, और वह चुपचाप खड़ा था। उसके लिए इस वक्त, यह भी सम्भव नहीं था कि वह अपनी जगह से हटकर 'बालकॅनी' की गोल नक्काशीदार मेहराब के पास चला जाए, और आधी रात की, सोई हुई नदी को देख सके। वह बर्फ की तरह जम गया था।

स्थान, काल, और पात्र का 'भेद' समाप्त हो गया था, सच्चिदा के लिए। कोई भी जगह, कोई भी वक्त, कोई भी आदमी—उसके लिए अब किसी बात में कोई मतलब नहीं रह गया था। सच और झूठ, सम्भव और असम्भव, आस्था और घृणा—सब उसके लिए एक जैसी चीजें हो गई थीं।

वक्त रुक गया था। वह 'बालकॅनी' जैसे 'बालकॅनी' नहीं रह गई थी, एक नीली नदी बन चुकी थी, और नदी के जल पर कोहरे का काला जाल बिछा हुआ था। इस अँधेरे में अब रोशनी किसी दिन नहीं जलेगी। किसी दिन नहीं...

लगभग दस मिनट के बाद, रूमा वहाँ आई। वह कपड़े बदलकर, और हाथ-मुँह धोकर आई थी। बाल खुले हुए थे। सफेद साड़ी और सफेद ब्लाउज में वह अपनी उम्र से ज्यादा, और ज्यादा दुबली-पतली दीख रही थी।

बड़े महाराज के खाली आसन के पास आकर, रूमा रुक गई। सच्चिदा की तरफ उसने सीधी निगाहों से देखा। बहुत धीमी, लेकिन, मजबूत आवाज में बोली—"चलो, अब चलकर सो जाओ !...तुम्हारे 'बेड-रूम' में बड़े महन्तजी सो रहे हैं।...कहाँ सोओगे ?"

रूमा से यही सवाल सुनने के लिए वह अब तक यहाँ खड़ा था। यही सुनने के लिए—"तुम कहाँ सोना चाहते हो ?...तुम्हारे 'बेड-रूम' में बड़े महन्तजी सो गए हैं !" उसने तुरत कोई जवाब नहीं दिया। धीमे कदमों से आगे बढ़ता हुआ वह रूमा के पास चला आया। रूमा एक कदम पीछे हट गई।

रूमा हर दिन, हर रात की तरह इस वक्त भी एक कदम पीछे हट गई।

●●

देहगाथा

देहगाथा के बारे में

किसी भी युवती के प्रति किसी भी युवक के प्रेम-निवेदन, अथवा Vice-Versa को मैंने अपनी रचनाओं का विषय नहीं बनाया है... शुरू के दिनों से ही मैंने 'प्रेम' और प्रेम के शास्त्रीय 'त्रिकोण' से अपने-आपको अलग और अजनबी रखने की चेष्टा की है।

लेकिन, 'देहगाथा' मसूरी हिलस्टेशन के 'आधिदैविक' रूमानी वातावरण में रहते हुए एक युवक और एक युवती के बारे में ही लिखी गई है। यह रचना 'प्रेम' के बारे में है, और गलत 'प्रेम' के गलत मूल्यों और निर्णयों के बारे में...और इस छोटे आकार और छोटे प्रकार की 'देहगाथा' में छोटा या बड़ा कोई त्रिकोण नहीं है।

'देहगाथा' लेखक का 'प्रारब्ध' नहीं है,...'प्रारम्भ' ही है। और, किसी भी अर्थ में यह उपन्यास लेखक की 'व्यक्तिगत' और 'अनुभूत' कथाभूमि नहीं है।

—**राजकमल चौधरी**

'कामायनी'
सैदपुर, भिखना पहाड़ी
पटना-4

'सुनो व्रजनारी' में यह पृष्ठ नहीं है।

सूफियाना गजलों की यह किताब

मेमसाहब

और

चन्द्रमौलि उपाध्याय

के लिए

---

* 'सुनो व्रजनारी' में यह पृष्ठ नहीं है।

एक

नींद से अचानक जागकर, सिगरेट के धुएँ के साथ अपने इर्द-गिर्द का सोचने लगा हूँ, धुएँ में लिपटे अपने चतुर्दिक को पहचानने की कोशिश करने लगा हूँ। और उनींदे, जागरण की बेबस थकान की विलक्षणता के कारण कुछ देख नहीं सकता, जैसे अँधेरा हो और कुहरे के पक्षी अपने पंख फरफरा रहे हों, और सन्नाटा चीरती हुई यह ध्वनियाँ मेरे अन्दर से उभर रही हैं या वातावरण से...पता नहीं चलता।

अर्थों के सूत्र बर्फ की रेखाओं की तरह घुल जाते हैं। सूत्रहीनता अर्थ-विहीनता बढ़ती जाती है और व्यक्तित्व वृत के चारों ओर वर्तुल-सी असम श्रेण्यरेखा ही आवरण बनकर लिपट गई है। बहुत देर तक कुहरे के बादलों की हालत रहने के बाद सोचता हूँ कि मैंने अपने जीवन के कुछ क्षेपक क्षणों को, असंगतियों की सही, अभिव्यक्ति दी थी—एक नहीं कई अभिव्यक्तियाँ। ***कई रेखाएँ, कई परिधियाँ, कई आकृतियाँ...***

इन आकृति-रेखाओं और इन रेखा-कृतियों का हर तनाव मेरा पहचाना है, अपना है, इस पर खींचकर लाई गई 'एल्वाय' की-सी मुस्कुराहटों की हर चौड़ाई में ही वह प्रसारित रेखा-छवि कुछ नवीन बोधों के स्तर खोल देती है। इसलिए एक सवाल उठता है—

—मैं क्यों हूँ ? मेरा होना क्या अनिवार्य है? मुझे क्या होना चाहिए ही ? और, क्या यह होना मात्र काफी है ? खिड़की खुली है और सारी रात को अपनी आँखों में समेट लेने का प्रयत्न करता हुआ मैं, बाहर झाँकने का प्रयत्न करता हूँ। बाहर अँधेरा है और अन्दर भी अँधेरा है। लेकिन, दोनों अँधेरे में गहरा फर्क है। बाहर का अँधेरा स्वच्छन्दता है, प्रकृति की एक हसीन अदा है, चीड़ और पाइन और शीशम के ऊँचे, लम्बे विशाल वृक्षों से टकराकर टूटते हुए सन्नाटे का गीत है। और भीतर का अँधेरा ?

रात के लगभग ग्यारह बज गए होंगे, शायद सामने के बड़े गिरजे की बड़ी-बूढ़ी घड़ी में बारह भी बज गए हों। पार्वती अभी तक प्रेमानन्द स्वामी महाराज का प्रवचन सुनकर लौटी नहीं है। गाँधी चौक से आनेवाली 'कैमेल बैंक' की सड़क पर बर्फ ही बर्फ भरी है। हाथ रिक्शे की टन्-टन्-टन् तक सुनाई नहीं पड़ती। पार्वती नहीं आए, मुझे क्या। मुझे सो जाना चाहिए। कल रात सोया नहीं था, थकान से शरीर का जोड़-जोड़ टूट रहा है, मगर सिगरेट के धुएँ ने और पार्वती के परोक्ष ने, नींद की जगह, रात काटने का दूसरा माध्यम उपस्थित कर दिया है—इतनी सक्षमता तो अन्धकार में होती ही है कि वह उजाले की बातें सोचने को विवश कर सके। बस, यह स्पष्ट है कि उजाले से

मेरा प्रत्यक्षीकरण न तो बहुरूपात्मक है न सुसम्बद्ध। बादलों की पर्तों पर, कुहासे के बादलों के तनहा टुकड़ों पर, छोटे-छोटे साँपों की तरह रेंगते हुए, रोशनी के पीले धब्बों को मैंने कभी-कभी देखा अवश्य है। मगर, उनसे मन पर अच्छा असर नहीं पड़ा है, उनसे मन टूटता रहा है।

'तुम्हारा मन टूट नहीं जाएगा ?' उन्नीस सौ छप्पन के मार्च में पार्वती अपने बड़े भाई, कैप्टेन सिंह और विजयगढ़ स्टेट के पंडितजी के साथ पटना आई थी। 'रिपब्लिक' में ठहरी थी। यानी चौबीस घंटे रहने का एक आदमी का खर्च चालीस-पचास रुपये और मुझे 'इंडियन गार्जियन' दैनिक पत्र से महीने भर के मिलते थे कुल एक सौ पचास रुपये। इसीलिए मैंने पार्वती से पूछा था—'तुम्हारा मन टूट नहीं जाएगा ?'

उसकी आँखों में क्षण भर के लिए दुष्यन्त के दरबार में अकेली और असहाय खड़ी शकुन्तला ने जन्म ग्रहण किया था। शकुन्तला ने दाँतों के बीच होंठ को कसते हुए कहा था—'मन का क्या है, देव ! यह तो टूटता ही रहता है।' और कैप्टेन सिंह के बाहर जाते ही वह फफक-फफककर बुझने लगी थी, तेज हवा में दीये की लौ की तरह।

वह बदनुमा रात बुझ रही है; मगर हवा कहाँ है ? रात बदनुमा है, बेहया, बदतमीज है—इस प्रौढ़ा अभिसारिका के लिए मेरे मन में कोई सहानुभूति नहीं है। हवा नहीं है और यह बुझ रही है। बरसात नहीं है और यह भीग रही है। अँधेरा है और यह उजाले की दुआ नहीं माँगती है।

उजाला मैं भी नहीं माँगता हूँ। माँगने से मिल सकेगा, मुझे विश्वास नहीं है। मैं अपने विश्वासों से कभी विरोध नहीं करता हूँ। क्यों करूँ ? करने या नहीं करने से बात तो बदल नहीं जाती है। उजाला तो हमारा दोस्त नहीं है कि इन्विटेशन कार्ड पर 'इन्वाइट्स द प्लेजर आफ योर कम्पनी' देखते ही बाल-बच्चों सहित उपस्थित हो जाएगा। उजाला तो एक स्थिति है जिसे लाने के लिए अँधेरे की स्थितियों के खिलाफ जेहाद करना पड़ता है। मुझसे सम्भव नहीं है यह जेहाद, यह क्रूसेड। मैं ब्लैक प्रिन्स नहीं हूँ। मेरी तलवार की मूठ टूटी हुई है, मेरे गिरह-बख़्तर को जंग के कीड़े खा गए हैं, मेरे चेहरे पर चढ़े लोहे की जालीदार नकाब के नीचे आँखें नहीं हैं, खाली गड्ढे हैं, सूराखें हैं।

हम लोग 'क्वालिटी' में एस्प्रेसो कॉफी के साथ शाम गुजार रहे थे। रेस्तराँ के रेडियोग्राम पर मैनेजर धनराज साहब मीनल के फेबरिट गाने बजा रहे थे—'वाकिंग इन द रेन'...बॉल ऑव फायर—के सेरा सेरा 'दे...यर वाज ए गर्ल इन होनोलुलू।' पार्वती की चाची मिसेज सिंह कहती हैं—'हमारी मिनिया के प्राण दो ही जगह बसते हैं, अंग्रेजी गानों में, या पेंटिंग्स में ! मिनिया चौदह साल की थी, तभी उसकी एक पेंटिंग्स 'लन्दन आर्ट रिव्यू' में छपी थी। मिसेज सिंह के प्राण मिनिया, यानी मीनल, यानी मिस मृणालिनी सिंह उनकी छोटी लड़की है। बड़ी लड़की शकुन्तला बम्बई के एलिफिन्सटन कॉलेज में पढ़ने गई है। और इन दोनों के बाद है, चौदह-पन्द्रह साल का हरि। हरि ने मुझसे कहा, 'अंकल, मुझे यह होनोलुलूवाला गाना नोट कर दीजिए।'

पार्वती ने बहुत सफेद निगाहों से मेरी ओर देखा, फिर नीचे झुककर कॉफी पीने लगी। उसे अच्छा नहीं लगता कि मीनल और हरि होनोलुलू के गीत सीख सकते हैं और रॉक एन-रॉल की धुनों पर नाच-नाचकर दुमंजिला कोठी के लकड़ी के फर्श को थरथरा देते हैं। मैंने चाहा कि मैं पार्वती की निगाहों की कद्र करूँ, मगर मेरे चाहने और मेरे करने में एकता नहीं होती है। मैं मुस्कुराया और बेशर्मी को चेहरे पर चुपेड़कर बोला—'मुझे याद है हरि, समूचा गाना याद है। घर चलकर लिख दूँगा।'

पार्वती को विश्वास नहीं हुआ। हरि को हुआ कि मैं उसे टाल रहा हूँ। मीनल ने पूछा, 'आपको इतनी चीजें याद कैसे रह जाती हैं ? आपकी मेमोरी...'

'मेमोरी का क्या है ! सब प्रैक्टिस की बात है, मीनल ! तुम भी चाहो तो...'—यह उत्तर दिया और कॉफी के अधखाली प्याले में डूब गया। कॉफी के प्याले फिर थ्री-इन-वन आइसक्रीम, फिर कटलेट, फिर चाय का दौर और होनोलुलू। फिर रात के आठ बजने लगे तो पार्वती ने रायल्टी-सिनेमा हाउस के पास आकर रिक्शा पकड़ा। बोली—'मुझे स्वामीजी के यहाँ जाना है। अद्वैत-दर्शन पर भाषण होगा, आप चलोगे ?'

पार्वती अकेली चली गई है और उसे अकेले लौटते डर लगेगा। मेरा यह छोटा-सा बेडरूम अकेला है और मुझे डर लग रहा है। डर के सिवा और रह ही क्या गया है ? यों डर बड़ी हसीन चीज है। डर के सहारे ही हम जी रहे हैं। यही हमें अपनी मजबूरियों का अहसास कराता है, अपनी सुरक्षा के लिए हमें प्रस्तुत कराता है। डर कछुए की पीठ न हो; कछुए का कॉन्सन्स तो जरूर है। यही डर है जो पार्वती को रॉक-एन-रोल से नफरत कराता है, यह डर है, जो मैं रात में देर-देर तक जगा रहकर, खिड़की के बाहर देखता हुआ, सुबह का इन्तजार करता रहता हूँ तो पार्वती के लिए शंका बन जाता है। यह कमाल की चीज है।

नीचे के खुले कमरे में बड़े कानोंवाला 'स्पैनियल' अपने ऊनी कम्बलों में लिपटा जागा ही है और घंटे-दो घंटे पर एकाध बार बॉख-बॉख करके चुप हो जाता है। मैं बॉख-बॉख नहीं कर सकता, क्योंकि मैं आदमी हूँ। क्या मुझे अपनी आदमीअत पर घमंड है ? यह घमंड मुझे कई सारी घटनाओं के बावजूद बाजार में सिर उठाकर चलने की स्थिति देता है। साहस देता है, ऐसा मैं नहीं कहूँगा, क्योंकि साहस एक प्रकार की दुर्बलता है। साहस चेष्टा और अभ्यास से अपने मन पर लादी गई एक प्रतिक्रिया है, जो वक्त-जरूरत साथ छोड़ दे सकती है। साहस स्वाभाविक धर्म-बोध नहीं; स्वाभाविक भीरुता है; हर अपरिचित और अनुभवातीत वस्तु से भय।

पटना में या दिल्ली में पार्वती मेरे लिए स्वाभाविक भय थी। मसूरी हिल की इस नई जिन्दगी के नए दौर में यह मेरा साहस बन गई है। वह बारह बजे रात तक किसी संन्यासी महाराज का प्रवचन सुन सकती है तो मैं भी कमरे की सारी खिड़कियाँ और दरवाजे खोलकर बाहर की सर्दी और कुहरे की पर्तों, और छत पर चढ़ी बर्फ में डूबी हुई लतरों और अँधेरे को हाथ से छू सकता हूँ, मन पर महसूस कर सकता हूँ, आत्मा में भिगो सकता हूँ।

कमरे के एक कोने में त्रिकोणाकार शीशे की आलमारी है। आलमारी नहीं, वार्डरोब। वार्डरोब के निचले दर्जे में, कपड़ों के पीछे ब्रान्डी की दो-तीन बोतलें हैं। सुबह उठता हूँ। सुबह उठता हूँ तो बेड-कॉफी के साथ एक चम्मच ब्रान्डी मुझे पार्वती देती है। दूसरी चम्मच रात में सोने के पहले चाय के साथ। हिल-स्टेशन का नवम्बर-दिसम्बर बर्दाश्त करने के लिए ब्रान्डी अनिवार्य है। ब्रान्डी और बिस्तरे के पास इलेक्ट्रिक हीटर और उबले हुए अंडे और एक के ऊपर दूसरा कम्बल। क्या आलमारी खोलकर ब्रान्डी की बोतल उतार लूँ ? गले में उतार लूँ ? पार्वती नहीं आई है और मैं साहस कर सकता हूँ। पार्वती स्त्री है, पार्वती नहीं है। मैं देवकान्त हूँ, शिव नहीं हूँ।

मैंने आखिर ऊबकर पार्वती से वादा कर लिया था। पार्वती ने कहा था कि मेरे लिए शराब उसका अपना रक्त है। पार्वती ने ऐसा क्यों कहा था ?—हवा की शीतलता बढ़ रही है, और जैसे उसके साथ बढ़ते धुँधलेपन में ऐसे प्रश्नों के अंगारे खिलते चले आ रहे हैं। तंग आकर सोचना पड़ता है, आखिर अपने रूमाल की बहशियत में हम जो सार्थक-निरर्थक बहुत सारे वादे, बहुत सारी ईमानदारियाँ, बहुत सारी मान्यताएँ खुद गढ़ लेते हैं, उनमें आईनादारी किस समाज की है, किस युग की है, किस आर्थिक-राजनीतिक व्यवस्था की है ?

प्रश्नों और चिन्ताओं के कँटीले तारों में घिरकर, अक्सर, जैसे अभी बहुत-बहुत उलझ जाता हूँ और ऐसी हर उलझन में किसी की साफ धुली चादर-सी शक्ल आँखों में अक्स बनकर उतर आती है। जानता हूँ यह शशि की तस्वीर है, मीनल की, शकुन्तला की तस्वीर है, पार्वती की तस्वीर है। यह दरअसल किसी भी एक स्त्री की तस्वीर है जो अपने प्रकृत गुण के अनुरूप आकर्षण में अपना अस्तित्व सिद्ध करती है।...पन्द्रह से तीस के बीच की उम्र, आँखों में कुछ ऐसी दम घोंट देनेवाली अभिव्यक्ति, जैसे सायास कुछ छिपा जाने का सुयत्न, कुछ बचा जाने की कोशिश की जा रही हो, और सपाट, सम श्रेण्य माँग में आँचल के कन्धे तक खिसक आने के कारण, सिन्दूर की आरक्त आभा या शरद की नदी की जलहीन-रंगहीन, श्वेत रिक्तता, और झुकी हुई, लाज-भरी पलकों में सुप्त, उद्धत, मधु उन्माद। व्यक्तित्व में वासीलोन और एली कान्त की खुरदुरी सड़कों जैसी असम श्रेण्यता और आचार में 'वार एण्ड पीस' की नताशा का मौन-मुखर संकेत, समवेत।

कभी-कभी तबीयत होती है उसे 'प्रोफारियाज लवर' की तरह उसी के केश-पाश में बाँधकर दम घोंट दूँ। मगर, शायद औद्धत्य की यह स्नायुतिता मुझमें कभी नहीं आ पाएगी। इसे आना होता तो कब की आ गई होती...अभी तो, यानी अब ज्यादा से ज्यादा यही किया जा सकता है कि ब्राण्डी की बोतल गले में डाल लें और आँखें मूँदकर सो जाएँ—

दिल ये कहता है, कि मैख़ाने में चल
या किसी शहनाज़, लालारुख के काशाने में चल
यह नहीं हो दोस्त, फिर वीराने में चल।

दो

शायद, उन्नीस सौ पचपन के दिसम्बर की घटना है। दिल्ली के पुराने, खँडहर जैसे स्टेशन पर उतरा तो मन अजीब-अजीब आशंकाओं से भरा था। रास्ते के सफर की थकान से भी अधिक थकान दिमाग की। लग रहा था, अजनबी दुनिया में आ गया हूँ। लग रहा था, कोयले की खान की सबसे निचली सतह में धकेल दिया गया हूँ और बाहर निकलने के रास्ते लोहे की दीवारों से बन्द कर दिए गए हैं। बुखार भी था और आँखें जल रही थीं।

मानसिंह रोड के अपने चिर-परिचित चाइनीज बोर्डिंग हाउस में उतरा। हाउस की मालकिन, मिसेज ली ने मुझे पहचान लिया और इस तरह मुस्कुराई कि मुझे मजबूरन अपनी उदासी को किनारे फेंकना पड़ा। नहाने-धोने के बाद बिअर का बड़ा-सा गिलास लेने के बाद घण्टे-आध घण्टे मिसेज ली से कनॉट प्लेस की जिन्दगी के बारे में बातें करने के बाद, मन स्वस्थ हुआ। मन स्वस्थ हुआ और मदर तीर्थमयी के पत्र की याद आई।

'दिल्ली पहुँचकर सबसे पहला काम यही करोगे'—उन्होंने पत्र देते वक्त यही कहा था। उनकी आज्ञा को टाल सकने का साहस मुझे नहीं है।

मदर तीर्थमयी पटना शहर की सबसे विख्यात और सुयशा महिला हैं। पेशा कुछ भी हो, फर्क नहीं पड़ता। फर्क इतना ही पड़ता है कि हम अपने पेशे को समाज के सामने किस रूप में पेश करते हैं। मदर तीर्थमयी दसियों बार कॉन्टिनेन्ट देख आई हैं। उन्हें अपने को पेश करना आता है। चेहरे पर हरदम छाई रहनेवाली गम्भीरता और बाल-सुलभ सौम्यता...ज्योति वर्ण शरीर और भरी-पूरी, चिकनी त्वचा...विशुद्ध श्वेत रेशम की साड़ी और ऊपर से रेशम का ही कीमती चोगा...और इर्द-गिर्द उड़ती हुई, फैलती हुई, सजती-सँवरती हुई मादक गन्ध। मदर तीर्थमयी अपना पेशा जानती हैं। प्लेन्यट से लेकर ताबीज बाँटने का सभी काम मदर कर लेती हैं। समूचे प्रान्त के अधिसंख्यक प्रतिष्ठित लोग मदर के अनुयायी हैं।

हर शाम गंगा के किनारे उनके श्यामा-मन्दिर में भक्तों का दरबार लगता है। फोर्ड, ब्यूक, डिसोटो, मर्सेडीज, हडसन, प्लिमाउट, शिवेर्ल, डोज हर तरह की सवारियाँ जोंक की तरह मन्दिर की दीवार में चिपक जाती हैं। गई रात तक नहीं छूटतीं। मदर तीर्थमयी के खास पूजा गृह में प्लेंचेट होता है, हरी-नीली तश्तरियों पर मृत आत्माएँ बुलाई जाती हैं, दी-चक्र, बीजचक्र, भैरवी चक्र बैठाए जाते हैं, पंच-मकारों के आवेश में हों—क्लीं-ख्लीं मन्त्रों के साथ आदि-कन्याओं का आह्वान किया जाता है, अल्पवयस ब्रह्मचारीगण सस्वर दुर्गा सप्तशती पढ़ते हैं, मदर की शिष्याएँ सुकोमल कण्ठ से 'नमन्त्रनोयत्र तदपिचन जाने स्तुतिमहो' अथवा वैष्णव कवि जयदेव का 'गोपी पीन पयोधर मर्दन' गाकर श्रोताओं का हृदय भक्ति-श्रद्धा की भावनाओं से ओत-प्रोत कर देती हैं।

सेंट जेवियर्स में पढ़ता था, तभी मेरी माँ का देहान्त हो गया। माँ का अभाव

उस अबोध उम्र में बहुत दुखदायी था, मदर तीर्थमयी मेरी माँ की परिचिता ही नहीं, मित्र भी थीं सो एक दिन उनके पास दौड़ा गया था—'प्लेनचेट पर मेरी माँ को बुला दो, मदर !'

मदर ने माँ को बुलाया नहीं, खुद ही मेरी माँ बन गईं। मैं तब तेरह-चौदह साल का लड़का था। रवि ठाकुर के फरिक चक्रवर्ती की कहानी बार-बार पढ़कर मेरी आँखों में बार-बार आँसू आ जाते थे—'मदर, द होली डेज हैव कम...छुट्टियाँ आ गई हैं, माँ...' यह इतनी बड़ी धरती मेरे लिए कभी बन्द नहीं होनेवाला स्कूल बन गई थी और मैं छुट्टियाँ चाहता था, अपनी माँ के पास लौट जाना चाहता था। और तब, मदर तीर्थमयी मेरी माँ बन गईं। उन्होंने अपने पूजा-गृह के कोने में मुझे खड़ा देखा। मैं डर रहा था, अज्ञात बाल्य-भय से थरथरा रहा था, और कई स्त्री-पुरुष मदर को घेरकर खड़े आदरपूर्ण दृष्टि से उन्हें देख रहे थे। तो, मदर ने मुझे पास बुलाया, बड़े ही वात्सल्य से मेरे बालों में उँगलियाँ फेरती हुई बोलीं—'तुमि की चान, खोका बाबू ?'

'आमि मोरते चाइ !'—मैंने कहा और मदर की बाँहों में सिर छिपाकर रोने की कोशिश करने लगा। कोशिश करने लगा कि उसी उम्र में मुझे पता था कि मेरे जैसे लड़के के लिए खुलकर रोना बड़ा ही कठिन है। कई बातें मेरे लिए कठिन हैं। अपरिचित लोगों से परिचय करना, उनसे मिलने जाना, पहली मुलाकात में वैजयन्तीमाला से लगातार पंडित नेहरू और इन्दिरा गाँधी की बातें करने लगना मेरे लिए बड़ा कठिन है।

मगर, मदर ने कहा है, जाना ही पड़ेगा—मैंने सोचा, और करीब नौ बजे रात में टैक्सी से सब्जीमण्डी—तीस हजारी के एक एकान्त और उदास रास्ते पर उतरा। अधिक देर तक पूछना नहीं पड़ा। चौराहे के पास क्वीन मेरी मेमोरियल कालेज, उसके आगे गुरुद्वारा, फिर एक कोठी, दूसरी कोठी, ऊँची चारदीवारीवाली तीसरी कोठी—घेरे की दीवार का बड़ा फाटक दोनों तरफ खुला था और भीतर के बड़े मैदान में पूरा अन्धकार व्याप्त था और बीच में एक छोटा-सा दुमंजिला मकान, जिसकी ऊपर की मंजिल में खिड़कियाँ लगी थीं और मध्यम रोशनी खिड़कियों के फ्रेम से छनकर बाहर तैर रही थी और लगता था कि अँधेरे का एक अथाह सागर और मन की नौका (या नौआह का आर्क) किसी अजाने पर्वत के शिखर की तलाश में तैरती जा रही है।

टू-स्टोरीड बिल्डिंग के नीचे रुककर मैंने अपने को बहुत तुच्छ, बहुत नगण्य महसूस किया। मैं क्यों इन अनजान लोगों की नींद खराब करने आया हूँ? पत्र तो कल भी दिया जा सकता था, इतनी रात को आने की जरूरत क्या थी ? कई आशंकाओं ने इर्द-गिर्द फैली उदासी की तरह मुझे घेर लिया। मैंने वापस लौट जाना चाहा, सड़क पर आकर टैक्सी लूँगा और सीधे कनाट प्लेस जाऊँगा, मेट्रोपोलिट में बैठकर इजिप्सियन कैबरे की उछल-कूद देखूँगा और गोल्डेन ईगल के पीले गिलास से दिमाग की हरकतें ताजा करूँगा। मदर तीर्थमयी का पत्र मेरी जेब में सड़ता रहे, मुझे क्या ? इस सोए हुए मकान का दरवाजा नहीं खुले, नहीं खुले, मुझे क्या ?

नीचे के कमरे में रोशनी जल गई और दरवाजा खोलकर एक नेपाली आया बाहर

आई—'आप अन्दर आ जाएँ।'

ड्राइंग रूम बहुत बड़ा नहीं था, फर्नीचर से बहुत भरा-भरा लगता था। टेबुल, सोफा-सेट, कुर्सियाँ, किताबों के रैक, सभी एक ही बरेली डिजायन के थे और किराए पर लाए गए दीखते थे। पता नहीं क्यों, कमरा बहुत पराया-पराया-सा लगता था, बहुत फार्मल-सा। दीवारों पर एक भी तस्वीर नहीं थी, कैलेण्डर तक नहीं, और जिस कमरे में तस्वीर नहीं हो, मुझे वह कमरा घर-सा नहीं लगता, किसी अपरिचित होटल के अपरिचित फ्लैट-सा लगता है, जहाँ रहा नहीं जा सकता, सिर्फ रहने का बहाना किया जा सकता है। मैं मिनट-दो मिनट तक खड़ा ही रहा, इस पराये कमरे में अपने को फिट करने की कोशिश करता रहा। इच्छा हुई खुद एक तस्वीर बन जाऊँ, ब्रेनो या रेनाँ या रूवेन्ज या माने की कोई पुरानी तस्वीर; और दीवार पर खड़ा हो जाऊँ, ***क्रूसिफाइड हो जाऊँ...***

'आप बैठिए न ! आन्टी अभी आती हैं। सब लोग आपका ही इन्तजार कर रहे थे। पापाजी तो कार लेकर स्टेशन गए हैं। शायद आप दस बजेवाली ट्रेन से आनेवाले थे। आप बैठिए न !' मैंने निगाहें ऊपर उठाईं। अन्दर खुलनेवाले दरवाजे का पर्दा हटाकर कमरे में आविर्भूत होनेवाली चौदह-पन्द्रह साल की लड़की थी। एक ही साँस में सारी बात कहने के बाद उसने दुबारा मुझसे कहा कि मैं बैठ जाऊँ और आन्टी अभी आती हैं। अब सिवाय इसके कोई चारा नहीं था कि मैं किसी पराई कुर्सी पर बैठ जाऊँ और किसी पराई औरत के आने की प्रतीक्षा करूँ...

मैं बैठ गया और वह दरवाजे के नीले पर्दे से लगी खड़ी रही। पर्दे पर सफेद कबूतरों की चोंच में गेहूँ की बालियों की लगातार डिजाइनें बनी थीं। मैंने सोचना शुरू किया कि इस लड़की में और इन कबूतरों में कोई फर्क नहीं है...कबूतर और गेहूँ की हसीन बालियाँ और हसीन लड़की।

बादशाह टेरिअस ने सुन्दरी फिलोमेला के साथ बलात्कार किया था, उसकी जीभ काट डाली थी, लेकिन, जिस तरह नन्द यशोदा की बेटी को कंस ने पटका और वह आकाश में उड़ गई, फिलोमेला भी पक्षी बनकर उड़ गई और दूर ऊँचे आकाश में तैर कर गाने लगी।

पता नहीं क्यों, कबूतरोंवाले पर्दे के साए में खड़ी इस लड़की को देखकर मुझे फिलोमेला के गीत सुनने की इच्छा हुई। इच्छा हुई कि यह भी कहे—जग-जग टेरिअ, जग, जग टेरिअ...

फिलोमेला कश्मीरी लड़कियों का गरारा और ओढ़नी पहने थी; गरारे का रंग नीला था, कश्मीर की झीलों की तरह नीला; और ओढ़नी का रंग सुर्ख था, कश्मीर के फलों की तरह सुर्ख। और उसके सुर्ख चेहरे पर नीली-नीली आँखें थीं। गोया वह लड़की न थी, कश्मीर थी। मैं जानता था, वह रात आएगी, जब मीनल मेरे सामने खड़ी होगी और मुझसे कहेगी—'तुम्हारे जैसा अजीब आदमी हमारे परिवार में कभी नहीं आया'। मीनल ने ऐसा कहा नहीं, उसकी आँखों में फैले विस्मय और आश्चर्य ने कहा। बहुत ही गौर

से मेरी ओर देखती रही और कबूतरों के पर्दे के किनारे अपनी कमर में लपेटती रही। मीनल यानी फिलोमेला, यानी कबूतर, यानी कश्मीर।

मीनल अक्सर मदर तीर्थमयी को पत्र लिखती रहती थी। मदर के हाथ से लेकर मैंने उसके कितने ही पत्र पढ़े हैं। कई बार मदर की तरफ से स्टेनोग्राफर को मीनल के पत्रों का उत्तर भी डिक्टेट किया है। तरह-तरह की जिज्ञासाओं से भरे होते हैं ये पत्र...मदर, सुन्दरता क्या है ? मदर, बड़ी-बड़ी आँखें, छोटी आँखों से ज्यादा खूबसूरत क्यों मानी जाती हैं ? मदर, अगर भगवान सर्वशक्तिमान है तो वह मनुष्य को पाप क्यों करने देता है ? मदर, तोल्सतोय की अन्ना केरेनिना क्या पतिता थी, मरने पर मोक्ष नहीं मिला होगा ? और 'वार एण्ड पीस' की नताशा ?

मीनल और नताशा को, तोल्सतोय के नहीं, उसकी हालीउडियन संस्करण आंड्रे हेप्बर्न को तुलना करूँ तो बात साफ हो जाएगी। मीनल और नताशा में दो ही बात का फर्क है। मीनल चंचल नहीं है, शान्त है, उसकी आँखें उत्सुकता से दौड़ती-भागती नहीं रहतीं, बड़े ही स्थिर भाव से आक्रमण करती हैं। मीनल आंड्रे हेप्बर्न की तरह दुबली-दुबली नहीं है। मोटी न सही, उसके अंग-अंग भरे-पूरे हैं और इतने अल्पवयस में वह पूरी औरत लगती है। अमृता शेरगिल के सेल्फ पोर्ट्रेट की तरह...

हवा का एक झोंका आया और बाहर के दरवाजे तड़ाक से बन्द हो गए। मैंने खिड़की की तरफ देखा। बाहर कितना अँधेरा था। मैंने भीतर के दरवाजे की तरफ देखा, मर्करी की दूधिया रोशनी में मीनल कितनी अपार्थिव लग रही थी।

"आपके खतूत मैंने पढ़े हैं...आप कितने अच्छे ढंग से लिखती हैं" मैंने अपनी निगाहें उसके नंगे पाँवों की तरफ झुकाते हुए कहा। तारीफ करते वक्त मैं किसी की आँखों में नहीं देख पाता, चाहे तारीफ कितनी भी सच क्यों न हो।

मीनल शरमा गई। फिर बहुत धीमे लहजे में बोली—"मैं जानती हूँ। मदर ने मुझे लिखा था। आप ही मेरे खतों का जवाब दिया करते थे... आप नास्तिक हैं ?"

"क्यों ?"—मैंने पूछा, मगर उत्तर नहीं मिला। सिर ऊपर उठाया तो नमस्ते की मुद्रा में दो स्त्री-हाथ ऊपर को उठे थे। इन हाथों ने और इन हाथों की मालकिन ने दरवाजे को, और पर्दों को और मुझे नास्तिक कहनेवाली लड़की को अपने आकार से ढँक लिया था।

मीनल के पास खड़े होकर विनम्र और सुसंस्कृत नमस्कार करनेवाले व्यक्ति का नाम है—पार्वती।

इस मुलाकात के दो दिन बाद सिंह-परिवार के साथ इंडस्ट्रियल एग्जिबिशन देखने गया हूँ। कैप्टेन सिंह और मिसेज रानी सिंह आगे-आगे चल रहे हैं। कैप्टेन सिंह का ऊँचा पेशावरी साफा दिसम्बर की हवा में पंख फरफराता है। मेरी इच्छा होती है कि उनका साफा अपने सिर पर चढ़ा लूँ और भाखड़ा नंगल डैम के मॉडेल के नकली ऑवर-ब्रिज पर खड़ा होकर ऊँची आवाज में माहिया या हीर गाने लगूँ। बीच में शकुन्तला, मीनल और हरि चल रहे हैं और वोल्गा के एग्जिबिशन ब्रांच में बैठकर कॉफी

पीने का तय कर रहे हैं। पीछे मैं हूँ और पार्वती है। पार्वती की लम्बी-चौड़ी छाया ने, ढलती हुई साँझ के सूरज की पीली-पीली किरणों ने और लम्बी-चौड़ी होती हुई छाया ने आगे चलते हुए हर व्यक्ति को ढँक लिया है।

चारों ओर भीड़ ही भीड़ है। लाउडस्पीकरों से खोये हुए लोगों के नाम पुकारे जा रहे हैं। "—प्रेमा देवी, प्रेमा देवी आपके पति गेट पर इन्तजार कर रहे हैं। आप जहाँ कहीं हों गेट पर चली आएँ...हरचरन चहठा, हरचरन चहठा, मिसेज माथुर चाइनीज स्टॉल पर खड़ी हैं...प्रकाश कौर, प्रकाशों कौर... ।" मैं इन खोये हुए नामों में खो जाता हूँ। बहुत तेज इच्छा होती है कि नाम पुकारनेवालों के कैम्प में चला जाऊँ और उनसे कहूँ कि मेरा नाम लाउडस्पीकर पर पुकारें, घंटे भर पुकारते रहें, मैं खो गया हूँ। मुझे पता नहीं मैं कहाँ हूँ। यह भी पता नहीं कि मैं कौन हूँ।

सोवियत पैवेलियन के मुख्य द्वार पर स्तालिन की एक विशालकाय मूर्ति खड़ी है। मूर्ति के नीचे मैं अपने में बहुत बौना दिखता हूँ। चाइनीज स्टॉल के सामने विन्डस्टर पैलेस से लाए गए दानवाकार काले संगमरमर के दो सिंह बैठे हैं। मैं इन सिंहों पर बैठकर एक बार मुस्कुराना चाहता हूँ। बीच में चलनेवाली दोनों लड़कियाँ और एक लड़का वोल्गा में घुस गए हैं। कुछ परिचित लोग मिले और मिस्टर और मिसेज सिंह उन्हीं के साथ हैं। पार्वती रुक-रुककर कहती है—'पहले ही दिन यहाँ आई हूँ। आज भी नहीं आती, इतनी भीड़ में कैसा-कैसा लगता है। मगर...'

'मगर' का कारण मैं सुनना नहीं चाहता। सुनूँगा तो पार्वती बहुत सस्ती हो जाएगी। मैं अपना चश्मा उतारकर शीशा साफ करता हूँ, फिर कैमरे की लेन्स अमरीकन पैवेलियन की तरह सीधी करता हूँ।

'मैं कल भी आया था, परसों भी। रोज आता हूँ। रिपोर्टिंग करना है।' मैं इतना ही उत्तर देता हूँ, और क्या कहूँ। दो विदेशी महिलाएँ पार्वती की बंगलोरी साड़ी का विचित्र आँचल देखती हुई आगे बढ़ जाती हैं। मैं पार्वती के लहराते हुए आँचल में पेबन्द-सा लगता हूँ, क्योंकि मेरा लिबास बहुत सस्ता है। खद्दर, गाँधीजी का खद्दर। पार्वती सिर से पाँव तक रेशम में डूबी हुई है। उसके कानों में हीरे के बड़े-बड़े टॉप्स हैं। उसकी आँखों में हीरे के टॉप्स की तेज धारवाली चमक है। मेरी निगाहें झपकने लगती हैं। और नींद में सोये हुए हम दोनों किसी लॉन-रेस्तराँ की ओर बढ़ जाते हैं।

"आप थक गए क्या"—वह बिना बाँहों की कुर्सी में धँस जाती है। सूरज सोने जा रहा है, और धूप के छोटे-छोटे गोल टुकड़े नंगे टेबुल पर गिलहरियों की तरह नाच रहे हैं। बाहर कितना शोरगुल है, मगर भीतर बहुत शान्त-शान्त है। ईरानी कालीन के चित्रित-विचित्रित फर्श पर बैरे बहुत हल्के-हल्के पाँव से चल रहे हैं। दूर कोने के टेबुल पर बैठी एक बूढ़ी औरत अकेली 'टूटी-फूटी' खा रही है। इस दिसम्बर में 'टूटी-फूटी'। मगर औरत पहाड़ की तरह लगती है। पहाड़ की औरत के लिए दिल्ली दिसम्बर में भी जलती है। औरत अकेली है, उसका चेहरा इतना प्यारा-प्यारा है कि मुझे अपनी माँ की याद आती है।

"नहीं, मैं थका नहीं हूँ। तुम ?"—मैं पार्वती से पूछता हूँ। अभी तक वह मुझे आप ही कहती है। मैं तुम पर उतर आया हूँ। पार्वती मुझसे चार-पाँच साल बड़ी होगी, फिर भी कुछ ऐसा जरूर है जो उसे मुझसे बहुत कम उम्र बना रहा है। ऐसा क्या है ? वह इतनी छोटी क्यों लग रही है ? उसकी आँखों में समर्पण का भाव इतना जाहिर क्यों है ? अपने सादे कपड़े में वह इतनी खूबसूरत क्यों लग रही है ?

"मैं नहीं थकती। पहाड़ पर रहनेवाले लोग चलने की आदत रखते हैं।" वह बहुत ही कोमल स्वर में कहती है। मैं उसकी बात नहीं सुनता, मैं मदर तीर्थमयी के पत्र में लिखी बातें सुनता हूँ। मदर ने पार्वती के बड़े भाई कैप्टेन सिंह को क्या लिखा है ? कल सारी रात मैं जागता रहा था और पत्र की बाबत सोच रहा था। ट्रेन अचानक टर्मिनल पर पहुँच चुकी थी और इंजन खराब हो गई थी—सोच-विचारकर मैंने यही निश्चय किया था। सारी रात सोचने के बाद, इतना-सा निश्चय। मुझे उस ट्रेन की याद आई जिसके नीचे तोल्सतोय की अन्ना केरेनिना आ गई थी।

मोपासाँ ने इस पार्वती की तरफदारी में एक वाक्य लिखा है—"हर अनली डिफिसिएन्सी इज दैट शी गेव हरसेल्फ टू यू।" मैं मोपासाँ नहीं हूँ और खूबसूरत होने के बाद भी पार्वती की आँखें मुझे सस्ती लगती हैं। हो सकता है, दोष मेरा ही है, क्योंकि यह आत्मसमर्पण की कीमत मेरे पास नहीं है। कल शाम को भाई साहब (कै. सिंह) ने कहा—"जाना चाहो तो चली जाओ, मगर लंच तक लौट आना।" और पार्वती मेरे साथ चली आई थी। तनिक भी झिझक उसके मन में नहीं थी कि मीनल क्या कहेगी और हरि क्या सोचेगा। शकुन्तला तो खैर बड़ी हो गई है, बातें समझती है। मगर मैं नहीं समझता कि मुझे पार्वती के साथ अकेले जाना पड़ेगा। मैं चाहता था कि मीनल भी चले। मैं चाहता तो था कि सिर्फ मीनल चले और कोई नहीं। मगर चाहने से क्या होता है ? और मैं इतना साहसी भी नहीं हूँ कि अपनी चाह को व्यक्त कर सकूँ या लोगों को मजबूर कर सकूँ। एमिलि ब्राँत के हथक्लिफ जैसी एक भी बात मुझमें नहीं है।

जैसे इस्त्री की गई, चिकनी मुस्कुराइटें, सिल्क की साड़ी या सलवार की सलवटें, रूज की पर्त या 'कटआउट' अभिव्यक्तियाँ मेरे लिए सारी चीजें बेमानी हैं। इसलिए नहीं कि इनमें से कोई बात मुझे पसन्द नहीं, बल्कि शायद इसलिए कि मैं पसन्द करता। मेरे संस्कारों में पिछड़ापन है, और क्या कहा जा सकता है। नींद खुलने पर बाँहों पर बिखर आए बालों की 'क्रिस्ट नाइट' गन्ध से मुझे इन्कार नहीं, लेकिन यह गन्ध उड़ जाने पर अगर ऐसा लगे कि बाँहों पर किसी ने सड़ी मछलियाँ बिछा दी हैं तो ?

पार्वती की आँखें जरूर हैं। मगर आँखों से ज्यादा उसमें उन्माद है, बोदेलेयर की मालबार लेडी की इस पंक्ति-सी आँखें—'योर ग्रेट बल्वेटे आइज आर डार्कर दैन योर स्किन।' और ऐसी आँखों से नफरत करना ही मुझे अब तक सिखाया गया है। बहरहाल, इन्हीं स्याह आँखों को मेरी तरफ मुखातिब करते हुए, उसने मुझसे पूछा—"यहाँ कब तक आप रहेंगे ?"

"कल चला जाऊँगा। परसों शायद पूर्णिमा है। आगरे में रहूँगा। यमुना के किनारे

बैठकर चाँद की किरणों को ताज पर बरसते देखना बहुत भला लगता है। किस्मत अच्छी होती है, तभी शरद-पूर्णिमा में ताजमहल देखने का अवसर मिलता है..."

"अकेले जाएँगे ?"

"हाँ, और क्या ? अकेला ही तो हूँ ?" मैंने बहुत अनजान बनकर उत्तर दिया। वह अपने प्रश्न पर आप ही शरमा गई। मुझे उसकी यह लज्जा बहुत अच्छी लगी। इसी तरह बातें करते-करते हम लोग सारे दिन इंडिया गेट के आस-पास घूमते रहे थे। उसने नाव में सैर करना चाहा और घण्टे भर हम दोनों नकली नहर की नकली नाव में नकली रोमान्स करते रहे थे। हमने घास पर बैठकर मूँगफली खाई थी, मिट्टी की कुल्हड़ में आने-आने की चाय पी थी। मद्रासी रेस्तराँ के ज्यूक-बाक्स में चवन्नी डालकर वही पुराना पंजाबी गीत सुना था—तार या तू पुच्छ चन्दवे ! लेकिन मुझे चाँद या तारों से पूछने की जरूरत कभी नहीं पड़ी थी, न अब पड़ेगी। इसलिए मैं तीन दिन पुरानी इस पार्वती से कहता हूँ—"चलो, अब भाई साहब और शकुन्तला, मीनल को ढूँढ़ने चलें।"

पार्वती अभी जाना नहीं चाहती। शायद वह बहुत थक गई है।

तीन

घटनाओं को जोड़नेवाले, बीच के धागे बहुत ही मामूली हैं। रेशम के तार भी नहीं, बहुत सस्ते धागे !

दिल्ली और आगरे से लौटकर, पटना चला आया तो शशि ने सिर्फ इतना ही पूछा—'बहुत दुबले हो गए हो ?' और, मैंने उसकी बात का कोई उत्तर नहीं दिया। मदर से मिलने गया, तो वे सिर्फ मुस्कराईं, बोलीं कुछ नहीं। इतना भी नहीं पूछा कि भाई साहब (के. सिंह) का परिवार मुझे कैसा लगा। शायद, उन्होंने पूछने की कोई जरूरत नहीं समझी।

फिर उन्नीस सौ छप्पन के मार्च में पार्वती और भाई साहब पटना आए। रिपब्लिक के उनके फ्लैट में कई दिन और कई रातों तक मैं पत्थर के बुत की तरह खड़ा रहा। भाई साहब कभी मुझ पर, कभी अपनी बहन पर नाराज होते रहे। पार्वती कुर्सियों की बाँहों और खिड़कियों की छड़ों के सहारे खड़ी होकर सिसकती रही।

तब, मैंने पार्वती से एक सवाल किया—"वायदा करो कि तुम सारी जिन्दगी मेरी ही आज्ञाओं पर चलोगी !"

और आज मार्च नहीं है, दिसम्बर है और मैं मसूरी में हूँ और मेरी बीवी किसी स्वामी जी महाराज का भाषण सुनकर नहीं लौटी है, और मेरा वह सवाल त्रिशंकु बनकर आकाश में उलटा टँगा है। सिरहाने की टेबुल पर टाइम-पीस रखा है, मगर वक्त देखने की ख्वाहिश नहीं होती। लगता है वक्त देखूँगा तो सारी रात जागता रह जाऊँगा। और मैं सो जाना चाहता हूँ। सो जाना चाहता हूँ इसीलिए वार्डरोब के निचले खाने से ब्रान्डी

की एक अधखाली बोतल बाहर निकालता हूँ। बोतल लाकर टेबुल पर रखता हूँ और चुपचाप खड़ा हो जाता हूँ। टेबुल पर बीच में इलिया एहरेनवर्ग का भीमकाय उपन्यास 'स्टॉर्म' पड़ा है। दोनों तरफ दो प्याले रखे हैं, जिनकी तह में कॉफी की एक पतली तह जमी है। शाम को घूमने जाने से पहले मैंने और पार्वती ने इन प्यालों में कॉफी पी थी। 'स्टॉर्म' की दोनों तरफ दो प्याले, जूठे प्याले पड़े हैं और ये प्याले ऐसे ही पड़े रहेंगे। रात भर। सुबह मीनल आएगी और ये प्याले धोकर मेरे लिए कॉफी बनाएगी—ताजा कॉफी।

मैं बोतल का मुँह खोलता हूँ और सामने की खिड़की से देखता हूँ—बड़ा-सा ईटिंग टार्च जलाती हुई, पार्वती अपनी कोठी की चढ़ाई चढ़ रही है। पीछे-पीछे तीन रिक्शा मजदूर हैं, गाँधी चौक से उसे पहुँचाने आए हैं। बरामदे में सोया हुआ अल्सेशियन जोरों से भूँकने लगता है। पार्वती वहीं से "शट अप पीटर, शट अप !" और गेट पर आकर, किसी बड़े राज्य की महारानी की अदा में पीछे घूमकर कहती है—"अब जाओ तुम लोग।"

रिक्शावाले पंक्तिबद्ध होकर झुकते हैं, सलाम करते हैं। मैं आगे बढ़कर खिड़की बन्द कर लेता हूँ और खाली बोतल किताबों की रैक के पीछे छिपाकर बिस्तर में घुस जाता हूँ।

"सो रहे हो क्या ?"—वह अपने ओवरकोट से बर्फ की रूई झाड़ रही है।

"सो रहे हो क्या ?" वह मोजे और ओवरकोट वार्डरोब में डाल रही है।

'सो रहे हो क्या ?"—वह थरथरा रही है और जुकाम से उसका गला भारी है, और साँसें तेजी से चल रही हैं। मैं जगा हूँ। मगर मैं बोलना नहीं चाहता, क्योंकि मेरी साँसों से ब्रांडी की महक आ रही है और पार्वती को यह महक पसन्द नहीं है।

कमरे में दो पलंग हैं। दोनों के बीच एक आयताकार टेबुल है, जिस पर मेरी दो-चार किताबें हैं, और हाथी दाँत के गोल फ्रेम में खजुराहो की किसी नर्तकी की मूर्ति-अनुकृति सजी है। कमरे में बल्ब नहीं जल रहा है फिर भी मैं पार्वती को देख रहा हूँ। वह दो-तीन मिनट मेरे सिरहाने रुकती है, फिर अपने पलंग पर चली जाती है।

खामोशी और सिर्फ साँसों की घड़घड़ाहट। गालिब का एक शेर उभरता है—

"मुनहसिर मरने पे हो जिसकी उम्मीद,
नाउम्मीदी उसकी देखा चाहिये !"

और इस शेर से सतीश गुजराल के चित्रों की-सी कई राक्षसी आकृतियाँ उभरती हैं, ग्रिगेरियो पीरे या पाब्लो पिकासो या सिल्वादारवाली आकृतियाँ... और इन बदशक्ल चेहरों से मुझे नफरत है और लगता है कि पार्वती का चेहरा भी इन्हीं चेहरों का एक नमूना है। क्योंकि मेरी आँखों में मीनल की तस्वीर है, मोम-सा पिघलता आर्द्र-उष्ण तन, सम्पुट होंठ, बाँहों में शिरीष की गन्ध, और अंग-अंग में अक्षत लज्जा...

चार

जुलाई, अगस्त, सितम्बर, अक्तूबर, नवम्बर, दिसम्बर और तब जनवरी—इन सात महीनों में मसूरी हिल की जिन्दगी का एक अभिन्न अंग बन गया हूँ। इस पार्वतीय नगर को बहुत पास से, बहुत साफ निगाहों से देखने की कोशिश करता हूँ। क्योंकि गनहिल या लाल तिब्बे की ऊँचाई से 'वायनाकुलर' की आँखों द्वारा देखे गए हिमालय की स्वर्ण-रजत पर्वतमालाएँ मसूरी नहीं हैं। बर्फ के उजलेपन से दबी-दबी सड़कें, जंगल-झाड़ियों और नन्हें बच्चों की तरह खूबसूरत झरनों के बीच बनी हुई छोटी-छोटी कोठियाँ, स्कूली यूनीफार्म पहने पाँच-पाँच, दस-दस के झुंड बनाकर घूमते हुए, अंग्रेजी स्कूलों के लड़के-लड़कियाँ, हिमालय की तरह खुलते हुए रेस्ट-हाउसों में अपना पोर्टेबुल स्टुडियो बिछाए कच्ची-पक्की पेंटिंग्स करती हुई बम्बई और दिल्ली की फैशनेबुल महिलाएँ; स्केटिंग-रिकों में बाँहों में बाँहें डालकर नाचते हुए मर्द-औरतों के जोड़े, मसूरी यही नहीं है।

मसूरी इन दृश्यों के भीतर स्थित है। जो बाहर से दीखता है, वह किसी बदसूरत औरत के मेकअप से अधिक और कुछ नहीं है। यह कहना असंगत होगा कि इस मेकअप का कोई महत्त्व नहीं है। मेक-अप बहुत महत्त्वपूर्ण वस्तु है, इसी के कारण हम सुन्दरतापूर्वक रहते हैं। झूठ ही सही, यह विश्वास करते हैं कि यह आवरण ही हमारा असली चेहरा है। मेकअप को पुराने ख्यालात के लोग हिपोक्रेसी कहने की गुस्ताखी कर बैठते हैं। ज्यादा नाराजी हुई तो इसे मेकियावेली का अभिशाप कह देते हैं। मगर सच पूछा जाए तो हमारी सभ्यता, संस्कृति और संस्कृतित्व का हमारा आग्रह भी क्या मात्र मेकअप नहीं है ? क्या वाकई हम दिल से सभ्य हैं ? जो उस 'ऐतिहासिक' साँप के जरा से इशारे से कोई भी सेब कुतरने लगता है ? यह भी हो सकता है कि वाकई हम सभ्य और सुसंस्कृत हो गए हों। लेकिन फिर भी इस बात से इन्कार नहीं किया जाना चाहिए कि बाहरी मेक-अप वस्तुओं को सुन्दर बनाती है, आँखों को और दिमाग को भी आनन्द देती है।

लाख शुक्राचार्य और क्रोचे और आनन्दकुमार स्वामी चीखते-चिल्लाते रह जाएँ, लोग यह नहीं मानेंगे कि इन्द्रिय-ग्राह्य-आनन्द वास्तविक आनन्द नहीं है। सौन्दर्य-बोध, रस-बोध के सिद्धान्त आर्ट और एस्थेटिक्स की किताबों में बड़े अच्छे लगते हैं, मगर अच्छे मेकअप से खूबसूरत बनाया गया चेहरा और शरीर ज्यादा अच्छा लगता है। मेकअप...आवरण...सड़े हुए जख्मों पर रेशम की पट्टियाँ।

अजीत सिंह मुझे अपने साथ एक दिन मसूरी की पहाड़ी कुलियों के गाँव ले गया। एक गाँव नहीं आठ-आठ, दस-दस घरों के कई गाँव, हरी-हरी घाटियों में सफेद-सफेद दागों की तरह चिपके हुए गाँव। नानक सिंह और कृश्नचन्दर और यशपाल की कहानियों में इन गाँवों का बड़ा ही खूबसूरत और प्यारा-प्यारा चित्र नजर आता है। महसूस होता है कि सामाजिक नवचेतना ने इन गाँवों को भी नई मशालें थमा दी हैं। मैं नहीं कहता

कि सच्चाई नहीं है। मैं यह भी नहीं कहता कि यहाँ अब तक अँधेरा-ही-अँधेरा है। मैं कुछ नहीं कहता। कहने-सुनने का पेशा मेरा नहीं है। मैंने सिर्फ देखा है और देखनेवाली आँखें मेरी अपनी हैं, किसी दर्शन या सिद्धान्त से उधार ली गई नहीं हैं।

अजीत सिंह मेरा दोस्त है और वायलियन बजाता है। भारत-विभाजन के पहले वह लाहौर में रहता था और उसके पिताजी का अपना फिल्म-स्टूडियो था जिसमें सोहनी-महिवाल और हीर-राँझे की कहानियों पर फिल्में बनती थीं। अजीत सोचता था कि बड़ा होकर वह भी किसी तख्त हजाराँ की हीर से इश्क करेगा और उसकी वायलियन की दर्द भरी गूँज से पाँचों दरियाओं का पानी गर्म होकर खौलने लगेगा।

एक प्रसिद्ध फिल्म-स्टार नाबालिग लड़की से तो वह वाकायदा प्रेम करने लगा था। मगर बीच में खण्ड प्रलय आ गया। वह वायलिन बजाता नहीं है, बेचता है। कुलड़ी में उसकी छोटी-सी दुकान है—सिंह म्यूजिक हॉल ! फिर भी उसका शौक मिटा नहीं है, और वह पहाड़ी गाँवों में जाकर भेड़-बकरियाँ चरानेवाली आँखों से उनके गीतों की धुनें सीखता है और उन्हें अपना वायलिन सुनाता है।

एक बार मीनल को ग्रामोफोन के कुछ नए रेकर्ड्स खरीदने थे। तभी पहली दफा अजीत से अंग्रेजी संगीत पर बातें हुई थीं और हम लोग दोस्त हो गए थे। दोस्ती का एक और अप्रत्यक्ष कारण था। मसूरी में मेरा कोई दोस्त नहीं था और मैं किसी भी आदमी से दोस्ती करना चाहता था। दोस्ती इसलिए कि अपनी पत्नी और उसके परिवार के विषय में अधिक से अधिक जान सकूँ। जानने की यह इच्छा स्वाभाविक है। मदर के पत्र के कारण इन लोगों से परिचय हुआ। मीनल के और पार्वती के पत्र आते रहे। मीनल चोरी-चोरी लिखती रही, पार्वती ने बिना माँगे आत्मार्पण किया। मैं कभी किसी हिल-स्टेशन में नहीं रहा था, किसी अभिजात्यवर्गीय महिला का प्रणय पाने का अवसर नहीं मिला था मुझे—मैं नए सपनों में डूब गया।

पटना से सदा-सदा के लिए विदा होने लगा और शशि को उसके गाँव तक छोड़ आने गया तो उसने एक बार इतना जरूर पूछा—'चिट्ठी-पत्री तो लिखोगे न ?' मगर यहाँ आकर सारा कुछ भूल गया। जैसे मैं यूलेसिस था, और सिसरे के द्वीप में चला आया था। वेनीलोप कहाँ है, क्या है, कुछ याद नहीं रह सका। इसलिए पार्वती के बारे में अधिक से अधिक जानने की इच्छा स्वाभाविक है।

पार्वती का परिवार कश्मीर के राजघराने से सम्बन्धित है। जम्मू और श्रीनगर में इनकी अपनी कोठियाँ हैं, बाग-बगीचे हैं, कभी रियासत भी थी। मगर, ये लोग ज्यादातर लाहौर ही रहे हैं। पार्वती ने वहीं से बी.ए. किया है। इसलिए मैं अजीत के साथ कम्पनी गार्डन और विनोग आब्जर्वेटरी जाता हूँ। वहाँ एकान्त में बैठकर हम लोग वायलिन बजाते हैं—रवीन्द्र संगीत और वागेश्वरी का खयाल और पहाड़ी, पूर्वी, मतियाली। कभी-कभी अजीत की दोस्त वीनस साथ होती है। खासकर सटर्डे और सण्डे को, जब उसका स्कूल बन्द होता है। वीनस बहुत दिलचस्प लड़की है और सेंट विड्स कॉलेज शिमला की अपनी प्रेम-कथाएँ सुनाती है। किसी तरह एक फ्लाइंग ऑफिसर के प्रेम

में पागल होकर वह पर्शियन गल्फ तक हिचहाइक कर आई थी। अपनी कथाएँ सुनाकर वह हँसने लगती है। उसके दाँत बड़े खूबसूरत हैं। कोई भी टूथपेस्ट कम्पनी उसके दाँतों के फोटोग्राफ के लिए जान दे देगी।

वीनस का *पूरा* नाम है वीनस फ्रेडरिक लाल। उसके पिता, डॉक्टर जोनाथन फ्रेडरिक लाल मसूरी के प्रसिद्ध केमिस्ट हैं। मगर, उनकी दुकान में दवाएँ कम, शराब ज्यादा बिकती है। ये लोग गोअेनीज हैं, अब मसूरी में ही बस गए हैं। टीचर्स ट्रेनिंग के बाद वीनस वेवली कान्वेन्ट में म्यूजिक टीचर हो गई है। यह म्यूजिक ही अजीत और वीनस की दोस्ती है। वीनस जानती है कि मूड रहने पर अजीत एकदम वी.जी. जोग—वायलिन का प्रसिद्ध वादक—बन जाता है। अक्सर अपनी दुकान से हम दोनों के लिए स्कॉच बोतलें उठा लाती है। ज्यादा हम पीते हैं। साथ वह भी देती है, और तब बड़ी ही प्यारी अदा और मीठे स्वर में गोल्डस्मिथ की कविता गाती है जिसकी धुन उसने स्वयं बनाई है।

अजीत वायलिन का केस खोलता है और तीन छोटे-छोटे गिलास निकालता है। वीनस अपने बैग से व्हिस्की की बोतल निकालकर घास में छिपा देती है। मैं अपने गिटार से मद्धिम-सा तराना बजा रहा हूँ। कैमेल बैंक रोड के बड़े चर्चयार्ड के नीचे एक चट्टान की आड़ में हम तीनों बैठे हैं। सामने हिमालय की बर्फ से ढकी चोटियाँ हैं और हमारे इर्द-गिर्द बर्फ ही बर्फ है। कल सारी रात बर्फ गिरती रही है, मगर अभी आकाश एकदम साफ है और धूप उग आई है। मौसम इतना खूबसूरत कम ही होता है। एक दिन बर्फ गिरती है तो सात दिन तक कुहरा छाया रहता है। पानी बरसता रहता है और बर्फ की पर्तों के सिवा सारी चीजें साँवली नजर आती हैं। जी नहीं करता कि मिनट भर के लिए घर से बाहर जाएँ। बस अंगीठी के पास बैठे रहें और अलेक्जेण्डर ड्यूमा के उपन्यास पढ़ते रहें। सोचते रहें कि मोन्टोक्रिस्टो के काउन्ट ने किस तरह अपने दुश्मनों से बदला चुकाया था...

मगर आज ऐसा नहीं है। आज तो ख्वाहिश होती है कि बार-बार मीर की वह लाइन दुहराते रहें—'लाग अगर दिल को नहीं लुत्फ नहीं जीने का, उलझे-सुलझे किसी काकुल के गिरफ्तार रहो।'

मैं यह शेर वीनस को अंग्रेजी में ट्रान्सलेट करके सुनाता हूँ तो वह मुस्कुराकर कहती है—"जस्ट टू इयर्स बैक, आवर पार्वती-आंटी वाज वोटेड—क्वीन आव मसूरी।"

दो ही साल पहले पार्वती मसूरी की मे-क्वीन (बसन्त सुन्दरी) चुनी गई थी। हो सकता है। मगर इस बात से मीर के शेर का क्या सम्बन्ध है ? अभी भी पार्वती सुन्दरी है। भरतनाट्यम की राधा रानी की तरह सुडौल और सुन्दर उसके हाथ-पाँव हैं। मसूरी की ऊँची-नीची सड़कों पर तेजी से चलती है तो लगता है कि सागर की उठती-गिरती लहरों पर कोई छोटी-सी नाव जा रही हो। मगर, संन्यासियों के प्रवचन और पुराणों की दन्त-कथाओं, पूजा-पाठ, यज्ञ-अनुष्ठानों में उलझी रहनेवाली महिला के काकुल में गिरफ्तार होने की इच्छा की जा सकती है क्या ?

पार्वती बड़ी धार्मिक स्त्री है। विवाह के बाद भाई साहब ने पूछा—"पारुल, हनीमून को कित्थे जाएगी।" तो, पारुल देवी पहले ना-ना-ना करती रही, फिर शरमाकर बोली—"जाना होगा ही तब हरिद्वार-ऋषिकेश चले जाएँगे।" और, पति-पत्नी ने हरिद्वार में ही हनीमून मनाया था। पत्नी सारा दिन कनखल के धर्माश्रमों में काली कमलीवाले बाबा के स्वर्गाश्रम में, शिवानन्द महाराज की डिवाइन लाइफ-सोसायटी में, मठों और मन्दिरों में घूमती रहती थी, और पति महोदय या तो हर की पैड़ी के पास के अपने शान्ति निकेतन होटल के कमरे में लेटे-लेटे 'हाउ टू बी ए सक्सेसफुल हसबैंड' या अगाथा क्रिस्टी के जासूसी उपन्यास पढ़ते रहते थे, या गंगा के ओवर ब्रिज पर जाकर भिखमंगों की भीड़, गंगा-स्नान करते हुए लोगों का हुजूम या पानी में भीगी युवा स्त्रियों का सद्यःस्नात शरीर देखते रहते थे।

"अपना गिलास उठाओ देव बाबू !" अजीत मुझसे कहता है। गिलास में लाल रंग की शराब है और अपना सारा भूत-वर्तमान-भविष्य इसकी आग में जला डालने का मन करता है। स्थान, काल, पात्र की सारी सीमाएँ ध्वस्त हो जाएँ और दिन भर के लिए भी सारी गतियाँ रुक जाएँ। रथ रुक जाएँ, और धुरी टूट जाए और कोई कैकेयी नहीं हो कि चक्के में अपनी बाँहें डाल सके। कैकेयी नहीं हो और रथ रुक जाए, टूट जाए, खण्ड-खण्ड हो जाए...

वीनस को नीट पीने की आदत नहीं है। पहले ही पेग में उसकी आँखें सुर्ख होकर बाहर आने लगी हैं। वह गुनगुना रही है। कोई गीत नहीं। कोई अनजानी धुन। इस धुन को शब्दों का वस्त्र पहनाना चाहता हूँ। मगर सम्भव नहीं है। अचानक गुनगुनाना रुक जाता है और शराब की तिक्तता। होंठ सिकोड़कर वीनस मुझसे पूछती है—"तुम पार्वती आन्टी को अपने साथ क्यों नहीं सैर कराते हो ? ह्वाई यू गो टू प्लेसेज एलोन ?"

"वह खुद ही नहीं आती है। उसे सोसाइटी अच्छी नहीं लगती। मैं क्या करूँ। कभी क्वालिटी या रॉयल कैफे तक आती है, बस ! क्लबरिक, वार ज्वायंट्स कहीं उसे अच्छा नहीं लगता !"—मैं जिम्मेवार पति की तरह उत्तर देता हूँ। वक्त नहीं, एकदम सही है। पार्वती के साथ घूमना पसन्द नहीं करती। शायद वह इन्फिरियारिटी काम्प्लेक्स से पीड़ित है। उम्र में मुझसे काफी बड़ी है, इसीलिए। अपना कमरा अन्दर से बन्द करके घण्टों वह मेकअप करती है। बालों में बादल रचती है, गले में असली मोतियों का हार डालती है, बार-बार मुझसे पूछती है कि कौन-सी साड़ी पहने, साड़ी से मैच करती हुई कौन-सी ब्लाउज और स्वेटर पहने, कानों में कैसे टॉप्स...और पूरी तैयारी के बाद अचानक कह देती है—"नहीं, मैं नहीं जाऊँगी। आप बच्चों को लेकर चले जाएँ ?"

एक बार मसूरी क्लब में किसी औरत ने हँसी-हँसी में उससे कह दिया था—'तेरी जिन्दगी सफल हो गई पार्वती। ऐसा शौहर तो पिछले जन्म के पुण्य से ही मिलता है !' तो पार्वती एकदम उदास हो गई थी। मेरी चर्चा पर पार्वती ऐसे ही उदास हो जाती है। और वीनस के साथ या ऐसी ही किसी लड़की के साथ होता है, तो पार्वती की चर्चा होने पर मैं उदास हो जाता हूँ। वे दिन आ गए हैं। गजब रूमान का नशा खत्म

हो जाता है और नकाब के अन्दर से झाँकती हुई आँखें अपने इर्द-गिर्द स्याही के मैले धब्बे जमाने लगती हैं।

"ह्वाट चार्म कैन सूद हर मैलेन्केली
ह्वाट आर्ट कैन वाश हर गिल्ट अवे ?"

मैं वीनस से कहना चाहता हूँ कि गोल्डस्मिथ ने गलत लिखा है। 'हर' मैलेन्केली नहीं, 'हर' गिल्ट नहीं, 'हीज' मैलेन्केली, 'हीज' गिल्ट होना चाहिए।" यानी उदास मैं हूँ। यानी अपराध मेरा है। पार्वती पूजा-पाठ में लीन है और मैं थ्री-एक्स रम की बोतलों में चुकता हूँ। अपराध मेरा है। मैं सजा भुगतूँगा। मैं जिन्दगी बर्दाश्त करूँगा...

दूसरा पेग, तीसरा पेग, और चौथा पेग ढलता है और वीनस पत्थर के एक बड़े ढोके के सहारे लेट जाती है और पाँव सामने फैला देती है। उसके पाँव बड़े सुडौल हैं। मांसल हैं। मगर मेरा मन वहाँ जमा हुआ नहीं है। मैं रूप और ध्वनि से बहुत दूर चला गया हूँ। यह दूरी कौन नाप सकेगा ?

कोसी-नदी के किनारे में हमारा छोटा-सा गाँव है। चालीस-पचास घरों की बस्ती है। अधिकतर ब्राह्मण। बाकी शूद्र। मुसलमान और संथाल। संथाल परिवार गाँव से बाहर, जंगलों में स्थायी घर बनाकर रहते हैं। हम लोग उनके इलाके में सिर्फ दूध या घी लाने जाते हैं। वैसे डर लगता है। खानाबदोश संथाल, उनकी जंगल की जिन्दगी, संघर्ष और विद्रोह से भरी उनकी जीवनचर्या है।

स्मृतियाँ...धुँधली पड़ गईं तस्वीरों-सी या मायोपिया से पीड़ित रोगी की दृष्टि की तरह पीड़ामय स्मृतियाँ आती हैं और मुझे तोड़ने लगती हैं। मैं इन स्मृतियों से कला ढूँढ़ता हूँ, साहित्य, संगीत और सौन्दर्य की परख करता हूँ। मगर कहाँ का इश्क, जब सिर फोड़ना ठहरा ! स्मृतियों को मैं सिग्रेट के धुएँ की सवारी पर खड़ा कर खिड़की की राह बाहर गली में फेंक देता हूँ, बलत्कृत नारी की तरह। बेवजह पास करनेवाली हवा की तरह।

जोर से कश लेता हूँ तो खाँसी आती है। अजीत पूछता है—"रात में देर तक बाहर फिरते रहते हो। खाँसी तो होगी ही।"

"और इतना सिगरेट ! माइ गॉड, तुम्हें तो कैन्सर हो जाएगा, देव। घण्टे भर में दो पैकेट पी गए तुम।"—वीनस को मेरे प्रति बड़ी सहानुभूति है। सहानुभूति इसलिए कि वह मुझे परिस्थिति का असहाय शिकार समझती है। समझती है कि मैं मजबूरन इस रेगिस्तान में फँसा दिया गया हूँ। उसे गलतफहमी हो गई है कि मैं बहुत बड़ा जीनियस हूँ। जैसे गोएते, दान्ते या बॉलजाक था...। गलतफहमी के कारण ही वीनस को हम पर दया है : गलतफहमी के ही कारण हमें किसी पर भी दया होती है। गलतफहमी न हो तो आदमी प्यार न करे। आदमी घर, परिवार और समाज नहीं बसाए। कभी-कभी गलतफहमी खूबसूरत होती है। ज्यादातर बड़ी ही बदशक्ल और गन्दी, जहरीली। वीनस की गलतफहमी और पार्वती की गलतफहमी...

मैंने पार्वती से वायदा करवा लिया था कि वह मेरी हर बात मानेगी और अपनी

सारी इच्छाएँ मेरे आगे समर्पित कर देगी। इसलिए कि उसे कोई गलतफहमी नहीं रहे कि मैं उसे प्यार करता हूँ या किसी भी भविष्यत् स्थिति में कर सकूँगा। यह प्यार भी तो एक भयानक भ्रम ही है। कल ही बेन्ट डेमेल्सन की किताब 'लव इन द साइथ सीज' पढ़ रहा था। वह लिखता है कि पोलिनेशिया की भाषा में ऐसा एक भी शब्द तक नहीं है जिसके द्वारा प्रेम की भावना को अभिव्यक्ति दी जा सके। वाहिनी के चतुर्दिक फैले हुए इनपोविनेशियन द्वीप-समूहों में आदिम मानव जातियाँ बसती हैं। जो शारीरिक प्रतिदान की बात तो बखूबी समझती हैं, मगर रूमानी इश्क नहीं समझ पातीं। मुझमें भावनाओं का यह अंकुश प्रस्फुटित हुआ है। मैं भी प्रेम की बात समझ नहीं पाता।

पार्वती और मेरे रिश्ते के बीच प्रेम कभी नहीं रहा। उसे एक ऐसे व्यक्ति की जरूरत थी जो उसे सिर में सिन्दूर लगाने का अवसर दे सके। उसकी बगल में खड़ा होकर देश के मशहूर फोटोग्राफरों से तस्वीरें खिंचवा सके। मुझे भी एक ऐसे व्यक्ति की जरूरत थी जो मेरी बहशियतों का कायमी गवाह बन सके। मुझे मिर्जा गालिब की गजलें और मीराबाई के भजन सुना सके। सुनाती रह सके। इसके अलावा एक बात और है। यह एक बात मैं नहीं कहूँगा। अपने को लोगों की निगाहों में इतने नीचे गिराने का साहस मुझमें एकदम नहीं है।

वीनस एकदम सो गई है। उसके पाँवों का हिलना-डुलना बन्द हो गया है। अजीत रवीन्द्र-संगीत बन्द करके बची-खुची शराब मेरे गिलास में डाल देता है। कहता है—"विन्नी मर गई देव।"

मैं हँसता हूँ और गिलास ऊपर उठाकर उसमें सामने की पहाड़ियों की सफेदी देखता हूँ। मगर हँसी रुक जाती है, गिलास ऊपर ही उठा रह जाता है, वीनस चौंककर उठ जाती है, अजीत बोतलें घास में छिपाने की नाकामयाब कोशिशें करता है। सामने से मीनल और हरि आ रहे हैं। आ गए हैं।

अजीत बोतलें छिपा देता है। वीनस अपराधी निगाहों से शरमाने लगती है, लेकिन मैं नहीं। मैं शराब का गिलास उठाए रहता हूँ, और बड़े ही आराम से उसे गले में रख कर, एक सिगरेट जलाता हूँ।

हरि के कन्धे पर छोटी-सी राइफल है और हाथों में दो-तीन जंगली चिड़ियाँ, जिनका उसने शिकार किया है। मीनल पाँवों में गर्म बूट और हाथों में चमड़े के दस्ताने या गले में थर्मस और सिर में बड़ा-सा नीला स्कार्फ डाले हुए है और बहुत मर्दानी-मर्दानी-सी लग रही है। जैसे किसी काउब्वाय की प्रेमिका हो, किसी टारजन-फिल्म की नायिका हो, आंड्रे हेप्वर्न या सोफिया लारेन या रोज्जाना पोदोस्ता हो।...

'हैलो मीनल। हैलो हरि। किधर से आ रहे हो ? क्या-क्या मार लाए ?"—मैं खूब सशक्त और प्रसन्न स्वर में पूछता हूँ। मीनल मेरे हाथ का गिलास देखती है और अचानक उसकी आँखों में बहुत सारा डर तैरने लगता है—उसे भी मेरे प्रति सहानुभूति है। मेरे पर गलतफहमी है, इसलिए।

वीनस, अजीत, मीनल, हरि और मैं सभी साथ ही लाइब्रेरी आते हैं। फिर वीनस

रिक्शा लेकर अपने घर चली जाती है और अजीत 'सेवाय' चला जाता है। और हम तीनों कैमेल बैंक रोड पकड़ते हैं। रास्ते पर तीन-चार फीट बर्फ है और पाँव बेतरह धँसते हैं। जरा-सी असावधानी से पाँव फिसलते हैं और मुझे हँसी आ जाती है। सबसे आगे हरि है। फिर मैं। मीनल बहुत धीमे चल रही है।

मैं रेस्टहाउस की मोड़ पर मीनल के लिए रुकता हूँ। हरि अपनी कोठी की चढ़ाई पर तेजी से चढ़ रहा है। मैं रुकता हूँ। मीनल पास आती है। रुक जाती है। लैम्प-पोस्ट के उजाले में देखता हूँ, आँसू की दो-चार बूँदें उसकी पलकों पर फिसल रही हैं।

"क्यों, क्या बात है ?"—मैं सामने रुकी मीनल से पूछता हूँ। वह थरथरा रही है। अँधेरा बढ़ रहा है। वह सिसक रही है। अँधेरा बढ़ रहा है। वह अपने मन की सारी वेदना पलकों पर उठाकर मुझे देखती है। अँधेरा बढ़ रहा है।

"अंकल, आप शराब क्यों पीते हैं ? अंकल ?"—वह सिर घुमा लेती है। बाँहों में चेहरा छिपा लेती है। किसी बंगाली फिल्म के पुंसत्वहीन (यह शब्द अनुचित हो तो भावुक) नायक की तरह मैं पास जाकर उसका चेहरा उठाकर अपनी ओर मुखातिब कर लेना चाहता हूँ। मगर, मीनल तो मीनल है, पार्वती नहीं है। दुनिया की कोई दूसरी लड़की नहीं है। मीनल को देखकर पास जाने की ख्वाहिश तो होती है, पर भय लगता है। हर वक्त किसी अवसाद में डूबी-डूबी रहती है। उसकी भारी पलकों-निगाहों में विचित्र-सा अपरिचय। अथाह-सी शून्यता। व्यक्तित्व में बाल-सुलभ चंचलता नहीं, अल्हड़पन, सिर्फ शरद-ऋतु की नदी का-सा ठहराव।

शरद-ऋतु का ठहराव अवश्य, मगर भक्त-कवि वाल्मीकि की शरद-ऋतु की नदी नहीं ! मीनल को देखकर यह शारीरिक भाव जरूर होता है, क्योंकि वह अप्रतिम सुन्दरी है, नवयौवना है और मैं बहुत साधारण किस्म का आदमी हूँ। दुर्बल और उचित-अनुचित को बहुत जल्दी ही ताक पर रख देनेवाला।

ऊपर की चढ़ाई से हरि पुकारता है—मीनल जल्दी आ जा, पानी बरसता है। अंकल जी ! भागकर आ जाओ...पानी आ गया।

मगर मीनल को पता नहीं है कि पानी की बूँदें उसके स्कार्फ को भिगो रही हैं। मुझे पता नहीं है। मैं नशे में हूँ इसलिए, लेकिन मीनल किस नशे में है ?

कुहरे का एक बहुत बड़ा और बहुत बदसूरत और बहुत स्याह गोला उठता है। मीनल से लिपटकर फूट जाता है। मीनल डूब जाती है। मैं उसे देख नहीं पाता। मगर वह कहती है—"अंकल, आप शराब क्यों पीते हैं ? अंकल ?"

बगल की कोठी का अल्सेशियन फेफड़े की सारी ताकत लगाकर भूँक रहा है। हवा की तेजी में उसकी आवाज कभी बहुत नजदीक लगती है, कभी बहुत दूर। कभी लगता है कि मीनल मेरे बहुत करीब है, उसकी ठण्डी साँसों की आवाज मेरे सीने पर उठ रही है; और फिर लगता है कि मैं किरासन तेल के बड़े पीपे में बन्द हूँ और पीपे का ढक्कन खोलकर मीनल मुझे बाहर निकाल नहीं पा रही है। पाँवों के नीचे सख्त बर्फ की फर्श और सिर पर छहरती हुई मोटी-मोटी बूँदें। मीनल खड़ी है। मैं भी रुका हूँ। फिर न

जाने क्या सोचकर वह चुपचाप मुझसे आगे बढ़ जाती है। अँधेरे में उसकी परछाईं बहुत बड़ी दीखती है, जैसे फिल्म के स्क्रीन पर चल रहे समूचे दृश्य को किसी काली और भयानक-सी छाया ने अचानक ढँक लिया हो। मैं रूमाल से चश्मे का शीशा और अपना चेहरा पोंछता हूँ। सिगरेट जलाकर बहुत धीमे कदमों से ऊपर बढ़ता हूँ। कोठी का जमादार टॉर्च जलाता हुआ नीचे आ रहा है। रोशनी में देखता हूँ, मीनल रुकी नहीं, सीधी कोठी में चली गई। चली जाए। मुझे क्या ?

मैं अपने कमरे में पहुँचता हूँ। पार्वती सोफे पर अधलेटी मेरे अलबम की तस्वीरें देख रही है। जिस तस्वीर पर बड़ी देर से उसकी आँखें जमी हैं, वह मेरी नहीं है, उसकी भी नहीं है, शशि की है।

पाँच

"ही फॉर गॉड अन्ली : शी फार गॉड इन हिम्"

आदम और ईव के लिए मिल्टन ने कहा कि वह सिर्फ ईश्वर की पूजा करता है और वह सिर्फ उसकी आत्मा के ईश्वर को पूजती है। मैं ईश्वर नहीं हूँ। मेरी आत्मा में ईश्वर का निवास नहीं है। फिर पार्वती मेरी पूजा क्यों करे ?

मैं तो एक खोटा सिक्का हूँ। जिसकी जेब में एक बार पड़ गया, वहीं जमा रहा। पार्वती ने, गलती से हाथ में आने पर परख न सकी, इस गलती से, मुझे पा लिया तो कुछ अपना अपराध मानकर, कुछ किस्मत और कुछ मेरे पागलपन को कोसकर, मुझे अपनी पर्स में रख लिया है; मुझे बाहर फेंक नहीं पाती है। मोह हो गया है उसे। और वह अपने मोह की सजा भुगत रही है।

मेरे ओंठ भींगे हैं, दागदार हैं
और मैं
अपने बिस्तरे की गहराई में, अँधेरे में
अपना परम्परागत, पुरातन संस्कार
गर्क कर लेने की अदा सीख चुका हूँ !

क्योंकि मुझे नींद नहीं आ रही है, और इस अनिद्रा में पार्वती के शरीर की गहराई भी शामिल है, उसकी गहरी आत्मा भी शामिल है। गहरे शरीर के साथ गहरी या खोखली आत्मा का मिलन शायद घृणा का भाव पैदा करता है। मगर आत्मा (यदि है तो !) की गहराई में घृणा के सिवा और क्या हो सकता है? हो सकता है घृणा के अलावा, प्रेम भी वहाँ हो, मगर यह प्रेम मुझे नहीं मिलता। मुझे सिर्फ घृणा ही मिलती है। मैं धन्य हूँ। ज्यादा सोचने की शक्ति नहीं है, सो सतही चिन्ता को ही उपलब्धि मान लेता हूँ। फिर भी, इस सतही चिन्ता की उपलब्धि में एक बात जरूर है, जो मुझे हर लमहे में बढ़ते हुए जीवन-मूल्यों को स्वीकार कर लेने की क्षमता देती है और इस सक्षमता के

कारण मैंने बहुत-सा जीवन अपने चारों ओर बटोर लिया है। कोई सीमा मेरे लिए नहीं है, कोई वर्जना नहीं है...।

यों अपने चतुर्दिक जीवन के लगातार कोलाहलों के बावजूद एक, संरक्षण-वृत्त खींच कर जीने का आदी हो गया हूँ। सारे अनिश्चित को वृत्त से बाहर कर दिया है। सीमा में सिर्फ निश्चित ही हो ऐसा मन का आदेश है। जरूरत-बेजरूरत अपनी इच्छाओं को नियन्त्रित कर लेता हूँ और आदत ऐसी हो गई है कि अपनी सीमा में जीवित रहने में बुरा नहीं लगता। और, कभी-कभी एकान्त में विकृत होने का, आत्मसाक्षात्कार का, अपनी नग्नता को पूरे रूप में देखने का आनन्द मिलता है। खुद तक खुलने का मजा उतना ही ज्यादा होता है, जितना दूसरे तक संगुप्त रहने का। इसलिए आजकल तरह-तरह की आकृतियों के बीच में रहकर मैं खुद ही का मजा ले रहा हूँ। अपनी ही विरूपताओं को, अपनी असली शक्ल को, अपनी व्यक्तिगत अभिव्यक्ति के द्विकोणों को पहचानना मुश्किल हो जाता है। कितनी रेखाएँ इन कोणों में समा आई हैं। वैसे, जिन्दगी जुलूस में, काफिले में, भीड़ में बिता रहा हूँ, और किसी ने कहा है कि भीड़ में ही सबसे अच्छी तरह अपने को छिपाया जा सकता है।

अजीत का ख्याल है, पार्वती और मीनल, इन दो दीवारों के बीच मैं पिस रहा हूँ, इसलिए विकृतियों और नई कुण्ठाओं ने मुझे बाँध लिया है। मेरा अपना ख्याल है, ये दोनों औरतें तो सिर्फ एक हसीन बहाना हैं, कारण तो कुछ दूसरी चीजें हैं, दूसरे तथ्य, दूसरी अवस्थाएँ, दूसरी परिस्थितियाँ ! सबसे बड़ी परिस्थिति आर्थिक है। पहले वही कहता हूँ।

जीवन में अपने हाथों मैंने पहले कभी इतना पैसा खर्च नहीं किया था। पैसा था ही नहीं। अच्छे डॉक्टर का इलाज नसीब नहीं हुआ, इसलिए माँ मर गई थी। फिर, सौतेली माँ आ गई और घर-परिवार पराया हो गया। ज्यादातर स्कूल-कॉलेज की फीस नहीं जुटी, किताबें खरीद नहीं सका, कश्मीर और सीलोन क्या, अच्छी तरह अपना प्रान्त भी नहीं देख पाया। 'महाप्रस्थानेर पथे' या 'दृष्टिपात' का नायक बनकर देश-विदेश घूमना चाहा, नहीं हुआ। बहुत-सी बातें नहीं हुईं और नहीं होने का कोई कारण नहीं, सिवा इसके कि पैसे नहीं थे। पैसे नहीं होने के कारण कितने उपन्यासों के कितने महान पौरुषवाले हीरो मर जाते हैं। सपनों के देश की कितनी राजकुमारियाँ भुजवल्लरियाँ प्रसारित किये, वरमाला लिए खड़ी रहती हैं, रेगिस्तान के प्रेतों की तरह चीखती रहती हैं, मगर राजकुमार के पास अलादीन का चिराग नहीं, जादुई घोड़ा नहीं, तिलस्मी दैत्य नहीं होता—और, हर नाटक मात्र ट्रैजेडी बनकर रह जाता है।

मेरे साथ ट्रैजेडी नहीं हुई, सिर्फ नाटक हो रहा है। मदर तीर्थमयी ने टेलिप्रिंटर की खटर-खट और गेली प्रूफों की दुनिया से उठाकर यहाँ ला पटका है। मुझे एक भूमिका दी है और कहा है, इसे अदा करना ही पड़ेगा—"हँसकर गुजार या इसे रोकर गुजार दे !" शमा की उम्र एक ही रात हो या सौ रात—कोई फर्क नहीं पड़ता। फर्क इतना ही है कि रात गुजरेगी नहीं, रात गुजारनी होगी।

आदमकद शीशे के सामने खड़ा होकर अपनी इस विरूप आकृति को और उससे भी ज्यादा, अभिव्यक्ति में दम तोड़ती हुई व्यंजना को देखकर डर-सा लगने लगता है। यहाँ सिर्फ नार्सिसिज्म काम नहीं कर पाता है, आत्मरति पहले तो उपरति, फिर विरति बन जाती है। अपनी बदशकल आकृति को अपनी ही आँखों से देखने के उपरान्त मन उससे प्यार करने में असमर्थ-असहाय हो जाता है। तब जुगुप्सा उत्पन्न होती है। घृणा करके, आदमकद आईने से दूर हटकर सोचता हूँ—अपने को ही इतना विकलांग क्यों देखता हूँ ? और तब, इस चिन्ता के बाद एकान्त वरेण्य नहीं रह पाता। इस एकान्त की तुर्या से घृणा होने लगती है। जी करता है, अपनी ही आकृति की गोद में छिपकर रोने लगूँ, और जी हलका हो जाए और सुबह आ जाए।

बर्फानी हवा और उदी धूप की आड़ी-तिरछी रेखाएँ, किचन की चिमनियों से उठते धुएँ के लगातार साँप, विरूप और बेमेल चेहरे, बुझती हुईं शामें और घनी रातें, रात के साथ घनी होती हुई उदासी, पलकों पर नींद का अभाव, नसों में मार्फिया के बाद का आलस-ऐंठन और जहरीला तनाव, और पार्वती की उखड़ी-उखड़ी-सी बातें। जिन्दगी एक क्रमबद्ध गति बन गई है, आवृत्ति !

पार्वती को बिस्तरे में सोया छोड़ देता हूँ और टेबुल पर बैठकर कविता लिखने की कोशिश करता हूँ...।

कागज की लम्बी शीट पर फाउण्टेन पेन की नोकदार छाप, और मेरी सख्त मुट्ठियों का अक्स, बाएँ हाथ की दो उँगलियों के बीच फँसे सिगरेट की भद्दी-सी आकृति, और दिमाग में मिसेज सेनगुप्ता की बातें...।

टू स्पेड्स ! अरे भाई, औरत क्या है, साइडिंग में पड़ा हुआ पैसेन्जर-ट्रेन का गार्ड वैन है...कहीं भी जोड़ दो, किसी भी इन्जिन के पीछे लगा दो...लाल-हरी झंडी दिखाती चली जाएगी।

थ्री क्लब्स ! थ्री नो ट्रम्प ! फोर स्पेडस ! सब गलत बातें हैं, सरासर झूठ हैं... सारी फिलासफी, सारे दर्शनशास्त्र मिथ्या कथाओं के बण्डल हैं। सच सिर्फ इतना ही है कि हम सभी ताश के पत्ते हैं, कांटेक्ट ब्रिज के पत्ते। हम नहीं खेलते, परिस्थितियाँ हमसे खेलती हैं।

फाइव नो ट्रम्प ! नो विड... नो विड...नो विड ! और सुनो, यह तो विड ही हमारी इतनी छोटी और इतनी बेमतलब जिन्दगी की समाप्ति है ! कभी, किसी भी क्षण, 'नो विड' हो सकता है और बड़े-बड़े किंग, क्वीन, टोप्स् धरे रह जाते हैं, कुछ नहीं कर पाते।

शाम को मसूरी क्लब में ब्रिज पर बैठा हुआ था। भाई साहब और रानी भाभी दूसरे टेबुल पर फ्लश में जमे थे। मैं मिसेज सेनगुप्ता की टेबुल पर था, और वे पत्तों में अपनी निगाहें जमाए अपनी फिलासफी सुना रही थीं, चाहे कोई सुने या नहीं सुने। कोई क्यों सुनता ? स्टेज पर खेल चल रहा था, सब लोग अपने पत्तों पर जमे थे। संयोग ऐसा था कि वह मेरी पार्टनर थीं और मुझे उनकी बातों में मजा आ रहा था।

दूसरी तरफ थे डाक्टर दत्त (कभी पार्वती से इनकी बड़ी दोस्ती थी। अब ये सिंह परिवार के फैमिली डाक्टर हैं। पत्नी दिल्ली की एक प्रसिद्ध नृत्य संस्था की डाइरेक्टरेस हैं, इत्यादि) और 'पर्वत-प्रिया' होटल के मालिक, श्यामलाल जगतनारायण। लोग कहते हैं कि श्यामलाल जगतनारायण का डॉक्टर दत्ता की पत्नी, जयमाला दत्त, से प्रेम-सम्बन्ध है। लोग क्या-क्या नहीं कहते। लोगों को तो कहने के सिवा और कुछ काम ही नहीं होता। खासकर हिन्दुस्तानी (बंगाली अर्थ में नहीं) लोग। हाँ, इतना जरूर है कि कई बार ग्यारह बजे, बारह बजे, एक बजे हमारी कोठी में डॉक्टर दत्त का फोन आता है—"हैलो मिस्टर सिंह, मिसेज दत्त आपके यहाँ तो नहीं हैं ?"

मिसेज सेनगुप्ता कहती हैं, हम नहीं खेलते, परिस्थितियाँ ही हमसे खेलती हैं। और मैं उनके गले में झूलते हुए, नीलम के छोटे-बड़े अनगढ़े टुकड़ों के हार की चमक अपनी आँखों में पिरोता रहता हूँ। जहाँ कहीं भी उन्हें देखता हूँ, किसी क्लब में, बार में, रेस्तराँ में, फेस्टिबल में, उनके पास खिंच जाता हूँ। उनकी बातों में, बातों के लहजे में, उनकी चाल में, चलने की शानदार अदा में बहुत ही राजकीय ठाठ है। किसी सेनगुप्ता साहब की विधवा नहीं लगती, इंगलैंड की क्वीन एलिजाबेथ प्रथम, या रूस की प्रसिद्ध जारिना, क्वीन कैथरीन लगती है।

और मेरे बाएँ हाथ ***की दो उँगलियों*** के बीच फँसे सिगरेट की आकृति भद्दी है और दिमाग में मिसेज सेनगुप्ता की बातें गूँज रही हैं, जैसे मेरा दिमाग नहीं हो, कोई बौद्धयुगीन स्तूप हो, जिसमें हर एक गूँज एक रहस्यमय ध्वनि बन जाती है।

पार्वती अचानक स्वप्न में चौंक उठती है, और मैं अपने बँटते हुए ध्यान को नहीं लिखी गई कविता में केन्द्रित करने का निरर्थक प्रयत्न करता हूँ। वायु में शीत का दबाव बढ़ रहा है, इतना कि पलंग के नीचे रखी अँगीठी की आग भी तन में गर्मी नहीं पहुँचा रही है, फिर भी हवा नहीं रुकती और लगता है, त्वचा रक्त-शून्य होकर जमी जा रही है। मैं सिर्फ एक हल्का-सा शाल ओढ़े हूँ और टेबुल पर केहुनियाँ टिकाए, दोनों तलहत्थियों के बीच अपना ही सिर दबाए, चिन्तित हो रहा हूँ। पार्वती सो रही है और चेहरे के अलावा उसका पूरा शरीर दोहरे कम्बल से ढँका है। और उसके माथे पर पसीने की दो-चार बूँदें छलछला आई हैं।

इस भयानक शीत में भी पार्वती के माथे पर पसीना छलछला आया है—मैं इस बात का कारण जानना नहीं चाहता। हालाँकि, फ्रायड से लेकर हेवेलोक एलिस तक के सारे लोग मुझे कारण बताने को प्रस्तुत हैं, उत्सुक हैं। पार्वती अतृप्त है; पार्वती भादो की उन्मद नदी है जिसका बाँध टूट चुका है; पार्वती थके हुए डैनोंवाली चिड़िया है जो आँधी के सहारे अनजानी ऊँचाइयों में बही जा रही है; पार्वती...

मैं यहीं पर रुक नहीं जाता। मैं और पीछे जाता हूँ। समय की विराट् घड़ी की सुइयाँ पीछे की तरफ पलट देता हूँ...पार्वती का इतिहास कश्मीरी किसानों पर राजाओं और ताल्लुकेदारों और तहसीलदारों द्वारा किए जाते रहे अत्याचारों की कहानी है; अंग्रेजों की फौज में भरती होकर दो महायुद्धों और सैकड़ों छोटी-बड़ी लड़ाइयों में प्राण और

ईमान बेचकर लौटते हुए फौजी जवानों द्वारा घर लाई गई वर्णसंकर सभ्यता और रहाइश की दास्तान है। उस नई परम्परा का प्रतिफल है, जिसने हिन्दू, मुसलमानों और सिक्खों के खून में हीर और राँझे, सोहनी और महिवाल, शशि और पुन्नू के गीतों और फसानों को डुबो दिया। पार्वती संस्कृति की उस देवी के साये में पली है, जिसके पपड़ीदार होंठों पर लिपिस्टिक की मोटी परतें हैं, जिसकी आँखें किसी बदनाम बारहाउस के खुले दरवाजे हैं और इनसे होकर नशे में बेसुध लोग, हाथों में टूटी हुई बोतलें लिए हुए लोग, ऑफिस की फाइलों और माँ की बीमारियों और दुकानों के 'अनपेड' बिलों से दबे लोग आ रहे हैं, जा रहे हैं, रुके हुए हैं।

और पार्वती पर इन बातों की प्रतिक्रिया हुई है। वह दोनों वक्त पूजा-पाठ करती है, महाभारत पढ़ती है, आर्यसमाजी और सनातनी संन्यासियों की तकरीरें सुनती है और वक्त-बेवक्त रोती रहती है।

"आज सोओगे नहीं ? कितने बज गए ? अब सो जाओ !" उसकी नींद टूट जाती है। वह मुझसे पूछती है। उसकी आँखें बन्द हैं और आधी बेहोशी में ही वह एक कम्बल मेरे ऊपर फेंकना चाहती है।

"नींद नहीं आ रही है तो मैं क्या करूँ ?"—उसके प्रश्न के उत्तर में मेरा यह प्रतिप्रश्न एकदम बे-सिर, बे-पैर है और मेरे स्वभाव का सारा विद्रोह इस एक प्रश्न में स्थापित हो गया है। वह आँखें खोलकर मुझे देखती है। मेरा दायाँ हाथ छूती है और जैसे उसने बर्फ का पिण्ड छू लिया हो, सिहर उठती है।

"कॉफी पिओगे ?"

"पी सकता हूँ !"

"नाराज हो क्या ? मैं आज बहुत थकी हुई थी। चुपचाप आकर सो गई। तुम आए तो मुझे जगा क्यों नहीं लिया ?"

"क्यों जगा लेता ?"

"इसलिए कि रात में सोने से पहले तुम कॉफी पीते हो। आज नहीं मिली, इसीलिए तुम्हारा सिर दर्द कर रहा होगा...।"

"कॉफी मिली थी। शकुन्तला आई थी, अपनी एक नई पेंटिंग दिखाने। वही कॉफी बना गई। यों भी तुम्हें उठाता नहीं !"

"क्यों नहीं उठाते ?"

"यों ही !"

"यों ही क्यों ?"

"मेरा मन ! तुम्हें नींद में बेहोश देखा, इच्छा नहीं हुई कि उठा लूँ।"

"वाह रे तुम्हारी इच्छा ! खैर, जो करो।"—कहते-कहते पार्वती मुस्कुराने लगती है। फिर कम्बल फेंककर, स्कूल में पढ़नेवाली अल्हड़ और नादान लड़की की तरह खूब चंचलतापूर्वक पलंग से नीचे कूदती है और जमीन पर खड़ी होकर, वजनदार अँगड़ाई लेती है। उसने जापानी प्रिंट का चुस्त स्लीपिंग सूट पहन रखा है और किसी गेइशा औरत

की तरह दीखती है—बहुत गोरी, बहुत भरी-भरी-सी और इसके अलावा बहुत समर्पित ! मगर, मेरी विरक्ति कम नहीं है। महाकवि क्षेमेन्द्र ग्यारहवीं सदी में पैदा हुए थे और उन्हें आज की मेरी स्थिति पर आश्चर्य करना ही चाहिए।

वह कोने की टेबुल पर रखे हीटर का प्लग स्विचबोर्ड में घुसाती है और कॉफी का सामान मेरे सामने जमाने लगती है। उसके अधरों पर कर्त्तव्य पूर्ति की आश्वस्त मुस्कुराहटें हैं और ऐसा आभास मुझे होता है कि इन अधरों पर, दो क्षण के लिए ही क्यों नहीं कविता जन्म ले रही है।

कितनी तुच्छ-सी बात है, रात की सघन निस्तब्धता में हम दोनों आमने-सामने बैठकर कॉफी पी रहे हैं, फिर भी कितना अच्छा लगता है। मैं भी खुश होने लगता हूँ। लगता है, अब नींद आ जाएगी...।

बगल के कॉरिडोर में कोई चल रहा है। लकड़ी की फर्श पर सलीमशाही जूतों की चरमराहट हमारे घर की तरफ ही बढ़ रही है।

''भाई साहब हैं !'' पार्वती अपना प्याला टेबुल पर डालकर उठ खड़ी होती है और दरवाजा खोलने लगती है।

''पहले हीटर की आवाज सुनी, फिर तुम्हारे कमरे में रोशनी देखी, इसलिए चला आया।...मुझे भी नींद नहीं आ रही है !''—भाई साहब कमरे के भीतर आ जाते हैं। सफेद तहमद और बनियान पहने, गले में बड़ा-सा कश्मीरी मफलर डाले वह किसी रोमन-कैथोलिक पादरी की तरह लगते हैं। सात फीट लम्बा शरीर और भरे-भरे हाथ-पैर, चेहरे पर बड़ी ही जिम्मेदार शान्ति और स्निग्धता।

''एक कप मुझे भी दे, पारुल ! तूने कॉफी बनाई है, पीना ही पड़ेगा !''—वह एक कुर्सी खींचकर बैठते हैं और टिन से सिगरेट निकालकर जलाते हैं।

''इतनी रात को मैं क्यूँ बनाने लगी जी, इन्होंने खुद बनाई है। मुझे भी दिया है, सो पी रही हूँ। तुम भी इन्हीं से माँगो। मुझे क्या कहते हो ?'' पार्वती भाई साहब के लिए कॉफी बनाती है और हँसती है, हँसती जाती है।

''देहरादून हो आओगे, देव बाबू ? कल मैं तो मेसोनिक लॉज की मीटिंग में बिजी रहूँगा। जाना हो नहीं पाएगा। बैंक से रुपये लेने हैं। तुम जाओगे ? पारुल भी हो आए। बच्चों को भी साथ ले लो। मैटिनी में कोई फिल्म देख लेंगे। यहाँ तो सारे सिनेमा-हॉल बन्द हैं।''

''तुम भी चलो भाई साहब ! इनके कुछ कपड़े खरीदने हैं।''

''तू तो जाएगी ही, मेरी क्या जरूरत है ?'' भाई साहब तीसरी सिगरेट जलाते हैं और उठ खड़े होते हैं।

हमारे कमरे के बाद एक लम्बा-सा कॉरिडोर है। आगे एक तरफ भाई साहब और रानी भाभी के फ्लैट हैं, दूसरी तरफ के फ्लैट में शकुन्तला और हरि के कमरे हैं और एक बड़ा हाल है। मीनल का कमरा एकदम परली तरफ है। हॉल के भीतर होकर ही उसके कमरे में जाना होता है। एक दरवाजा पीछे की तरफ भी है, जिसमें नीचे से लकड़ी

की घुमावदार-मेहराबदार सीढ़ियाँ लगी हैं। सीढ़ियोंवाले इस बैक डोर में बराबर बड़ा-सा ताला लगा रहता है। ताला कभी, किसी दिन भी नहीं खुलता। यों चाबी मीनल के पास ही रहती है। इस दोमंजिले बंगले में कुल तेरह या चौदह कमरे हैं और दो हॉल हैं, जिन्हें चार छोटे-बड़े फ्लैटों में बाँट दिया गया है। दो फ्लैट भाई साहब और भाभीजान के जिम्मे हैं। ऊपर वे लोग खुद रहते हैं। नीचे ड्राइंग और तीसरा फ्लैट भी ऊपर-नीचे दो हिस्सों में बँटा है। ऊपर मैं और पार्वती रहते हैं। नीचे पूजा-गृह और ड्राइंग हॉल है। चौथे फ्लैट में ऊपर शकुन्तला, हरि और मीनल के कमरे हैं, नीचे हरी का स्टडी रूम है। मीनल का चित्रकला और संगीत का कमरा, और परिवार की लाइब्रेरी। शकुन्तला अब यहाँ सिर्फ छुट्टियों में ही आती है। उसका एक ही कमरे से काम चल जाता है।

मीनल के कमरे में दो दरवाजे हैं, जिनमें पीछे के कमरे में हरदम ताला बन्द रहता है, बड़ा-सा ताला।

भाई साहब के जूतों की चरमराहट कुछ देर तक कॉरिडोर में गूँजती रहती है, फिर डूब जाती है। पार्वती एक ही घूँट में अपनी ठंडी कॉफी का प्याला खत्म कर लेती है, फिर सिगरेट का टिन मेरी ओर बढ़ाकर बहुत धीमे स्वर में कहती है–"जानते हो भाई साहब क्यों आए थे।"

"क्यों आए थे"–मुझे पता जरूर है कि क्यों आए थे। मैं इतना सीधा-सादा आदमी नहीं हूँ।

"कल शाम को हरी ने तुम्हें वीनस और अजीत के साथ चर्चयार्ड के आगे बैठे हुए देख लिया था। शायद तुम लोग...शायद हरि ने रात में डिनर के वक्त बचपने में आकर कह दिया था।"

"क्या कह दिया था ? यही न कि हम लोग गाना गा रहे थे और शराब पी रहे थे ?"

"हाँ !"

"तो क्या हुआ ?"

"होगा क्या ! बच्चों के दिमाग पर इन बातों का बहुत बुरा असर होता है। ड्रिंक तुम लोगों ने किया और कल से ही मिनियाँ रो रही है..."

मैं मीनल के कमरे के बड़े ताले के बारे में सोच रहा हूँ, इसीलिए मुझे गुस्सा आ गया है। जी हुआ कि इतने जोरों से पार्वती पर डपट पड़ूँ कि पूरा मकान ही हिल जाए, थरथराकर चूर हो जाए। फिर गुस्सा बर्फ बनकर सीने पर जम जाता है और मैं बहुत स्थिर शब्दों में पार्वती को उत्तर देता हूँ।

"तुम लोग बार-बार जिन्हें 'बच्चे' कहती हो, वे वाकई 'बच्चे' नहीं हैं। *वे सेवाय* और शार्लेबिल और हिक्मेन्स से रॉक-एन-राल पर नाचने जाते हैं, स्केटिंग रिंक में दोस्तों के साथ बियर और पोर्ट और साइडर लेते हैं, काकटेल पार्टियों में अपने पापा और मम्मी को फ़हश मजाक और सस्ते तराने सुनाते हैं। हरि और मीनल बच्चे नहीं हैं,

पार्वती ! उन्होंने व्हिस्की और रम पीते देखा तो इससे क्या बनता-बिगड़ता है ?''—मेरे इस लम्बे भाषण से उसे भी गुस्सा आने लगता है। गुस्से में भरकर कॉफी की खाली प्यालियाँ उठाने लगती है। एक प्याली ट्रे से उछलकर फर्श पर गिरती है और बिखरकर टूट जाती है। मैं मुस्कुराने लगता हूँ। क्योंकि मेरा गुस्सा बढ़ने लगा है।

''यू आर ब्रूट।'' पार्वती चीखती है और दरवाजा खोलकर कमरे से बाहर चली जाती है।

कुछ ही देर में अब सुबह हो जाएगी।

मैं नहा-धोकर तैयार होता हूँ तो सात बज रहे हैं, और कमरे का कॉल बेल टनटना रहा है। नीचे डाइनिंग हॉल में चाय लग गई है। मैं टाई की गिरह ठीक करते-करते भागता हूँ। घंटी बजते ही डाइनिंग रूम में हाजिर हो जाओ, यही यहाँ का तरीका है। मिनट भर की देर से और लोग नाराज हो जाते हैं। मुझे मशीनी क्रम पसन्द नहीं है। मगर, रोम में हूँ तो पोप का कानून मानना ही पड़ेगा। यह कानून मानना ही मेरी फिलहाल की जिन्दगी का दौर है। हर लमहे में एक बन्धन, हर क्षण की एक विवशता, अपने-आपसे कितना दूर हो गया हूँ ? यों जानता हूँ व्यक्तित्व की व्यास रेखाएँ जब छोटी हो जाती हैं, तो बिन्दु का घनत्व ही महत्वपूर्ण होने लगता है। यह स्थिति मेरी है। फिर भी जितना ही सिमटा हूँ, आत्म-रक्षा में संलग्न कछुए की तरह उतना ही वजन अपने तईं बढ़ता मालूम पड़ता है। एक दर्द, एक घुटन, एक पीड़ा और रिसते प्राणों से छूटती हुई जिन्दगी का मोह ! ख्वाहिश होती है, पीछे वापस लौट जाऊँ। यों, यह भी जानता हूँ लौट नहीं सकूँगा, सिर्फ आँखें पीछे घुमाकर अपनी परछाइयों को देखता रह सकूँगा। और अतीत की ये परछाइयाँ कितनी सुन्दर, कितनी आकर्षक दीखती हैं !

आज का मैं कल का मैं नहीं हूँ, कुछ और हो गया हूँ, और इस 'और' होने का मुझे दुःख है। बात ऐसी नहीं है कि मैं मसूरी हिल के जीवन से या पार्वती के परिणय से या शहरी जिन्दगी की मशीनरी से ऊब गया हूँ। नहीं, ऊबा नहीं हूँ—क्योंकि, मैं इस जिन्दगी के दायरे से कभी बाहर नहीं था। पाँव मेरे कीचड़ और धूल में लिपटे जरूर थे, मगर मन...मन तो बराबर ही चतुर्दिक उगे हुए हिमालय में उदरस्थ होते हुए सूर्य की सतरंगी किरणों, और ढोर हाँकती हुई पहाड़ी औरतों, कुआँरी धरती जैसे तपे और ठोस शरीर की रेखाओं; और दरवाजों के भीतर से जाज और बाजारू गीतों की लहरों, सड़क पर फेंकते हुए होटलों और रेस्तराओं में घूमता रहा है। तब, आज यह प्रतिक्रिया, यह अस्वाभाविक प्रश्न उठता है। उत्तर कुछ और ही है। पार्वती के परिवार का बन्धन तो एक अवयव-कारण मात्र है। पार्वती की बाँहें मुझे नहीं उबातीं, उसकी दूधिया शक्ल की जायकेदार परछाइयाँ तल्खी पैदा नहीं करतीं—बदमिजाजी पैदा करती हैं, मेरी अपनी कमजोरियाँ। लगता है पार्वती की बाँहें महज बाँहें नहीं हैं, मेरी गति की बन्धन बन गई हैं—एक कंक्रीट का दायरा, जिसमें मेरी चेष्टाएँ, मेरे 'उपचार', मेरी दृष्टि, मेरे विचार और दर्शन दम तोड़ रहे हैं।

मसूरी में इन महीनों में मैंने क्या किया है ? जमकर सोया हूँ और रेस्तराओं में

चाय-कॉफी पीता रहा हूँ। फुरसत के वक्त पार्वती के जूड़े में बँधे लाल फूलों से प्यार भी किया है। मेरी स्थिति कालिदास के दुष्यन्त जैसी नहीं रही है।

अन्तस् में विरह-ताप है लेकिन मणिजटित, स्वर्ण भुजबन्ध का रंग फीका नहीं पड़ रहा है। वे आँसुओं से मलिन नहीं हो सके हैं—क्योंकि न मणि है, न भुजबन्ध। सिगरेट के टिन जरूर हैं, और उँगलियों के सिरे पीले पड़ गए हैं। निशि के बाद निशि ऐसी हालत नहीं रही है, शेक्सपीयर के मैकबेथ की तरह 'टुमॉरो एण्ड टुमॉरो' की दर्दभरी बेबसी नहीं है, जिसे मेरा मन सँभाल नहीं पाए, सह नहीं जाये। वैसे, विरह जरूर है, पार्वती की बाँहों के बावजूद...पार्वती की बाँहें; जिसमें पूरा का पूरा कालिदास आ समाया है...बाँहों में ही नहीं, अंग-अंग में।

अपनी परम्परा और अपने बुर्जुआ संस्कारों, विचारों की रक्षा मैंने की है, और कुछ नहीं किया है। मैंने बन्धन स्वीकार कर लिए हैं, और बन्धनों से नफरत की है। प्राणों की बेकली दर्द बन आई है। दर्द को दर्द से ही निरावृत्त करने का सिद्धान्त मेरा नहीं है, इसलिए उपचार ढूँढ़ता हूँ। दमित इच्छाओं के पितामह की हत्या के लिए शिखण्डी बन गया हूँ; मगर पार्थ के लिए यह शिखण्डी-शील क्या अशोभन नहीं है ? यूनिवर्सिटी में पढ़ता था, तो एजेलिका ग्रीस के संगीत-नाटक 'द मरमेड नेम्ड उर्वशी' में मैंने अर्जुन का रोल अदा किया था और सोनाली सेनगुप्ता बनी थी उर्वशी। नाटक का अर्जुन, मैं कितना कठोर था—कितना मूर्ख...कितना पागल। क्या अब भी मैं पागल नहीं हूँ ? सिर्फ पागलपन की मुद्रा बदल गई है। जो बर्फ था; वह रूप की तनिक-सी उष्णता में पिघल गया है...यह स्थिति दयनीय है, उससे भी अधिक हास्यास्पद है।

छह

देहरादून-जंक्शन के 'सामिष आहार गृह' में हम लोग कॉफी पी रहे हैं। हम लोग, यानी मीनल, हरि, ज्ञानीजी और मैं ! और सूरज डूबने में अभी पाँच-छह घंटे बचे हैं। हरि दो-तीन साल बाद मसूरी से नीचे आया है, उसे इस सर्दी में भी पसीना आ रहा है। वह चाहता है कि पंखा ऑन कर दिया जाए, मगर मीनल से डरता है। ज्ञानीजी हम लोगों का ध्यान रखने के लिए आए हैं, चुपचाप कॉफी पी रहे हैं और, महास्थविर बुद्धघोष का पाली महाग्रन्थ 'जातकट्ठ कथा' पढ़ते चले जा रहे हैं।

हरि के लिए भोजन बहुत ही प्रिय वस्तु है, वह अपने फिश-कटलेट में उलझा है। और मीनल ?

मीनल की आँखों में एक शिकायत भरा सवाल है—"पार्वती आन्टी क्यों नहीं आईं ?"

यह सवाल मेरे मन में भी है। सुबह में चाय पर परिवार के सभी लोग थे। तय था कि पार्वती, मैं, हरि और मीनल सभी देहरादून आएँगे। मगर पार्वती ने आखिरी वक्त

पर आकर 'नहीं' कर दिया। उसके चेहरे पर देर तक मेरे लिए वह वाक्य घूमता रहा—यू आर ब्रूट।

पार्वती नहीं आई। शकुन्तला सारी बात समझ रही थी मगर उसको यह रूठना-मनाना स्वभाव से ही पसन्द नहीं था। उसने मुझे कहा—"अंकल, तुम चले जाओ। आन्टी जाएगी तो उनका 'सत्संग' छूट जाएगा।"

पार्वती के खिलाफ शकुन्तला की सबसे बड़ी शिकायत यह 'सत्संग' ही है। गाँधी चौक के पास राधा-कृष्ण का एक प्राचीन मन्दिर है। प्राचीन, यानी सौ-डेढ़ सौ साल पुराना। मन्दिर में गढ़वाली औरतें रहती हैं, विधवाएँ। गाहे-ब-गाहे हरिद्वार और अमृतसर की हिन्दू भिक्षुणियाँ, बानगंगा और त्रियुगी-नारायण के पंडे और साधू, नाथ-सम्प्रदाय और सखी-सम्प्रदाय के बहुरूपी-बहुकर्मी परिव्राजकों की जमात वहाँ आ जाती है। नित्य दोपहर में 'सत्संग' जमता है। गीत-गोविन्द के पद...फिल्म सूरदास के गाने। पुराण-कथाओं की सती अनुसूया, सती मदालसा, पंच-कन्याओं के प्रसंग फिर आर्यसमाजी और राधेश्याम जी तर्ज के भजन ! नवधा भक्ति से लेकर 'गुरुद्वारे' के पुजारीजी आजकल सरदार हरिसुमिरन सिंह के यहाँ रात-रात भर जमे रहते हैं, तब की बातें वहाँ होती हैं।

शकुन्तला को शिकायत है कि आन्टी ऐसी गन्दी जगह में क्यों जाती हैं। गढ़वाली विधवाएँ बड़ी गरीब होती हैं। उनके तन पर (और, इसलिए मन पर भी) कोई स्वच्छ वस्त्र नहीं होता—सिर्फ गन्दगी के दाग होते हैं। शकुन्तला को हर गन्दगी से घृणा है, क्योंकि वह सफाई से रहना चाहती है। सफाई से रहना पार्वती ज्यादा अच्छा जानती है, मगर 'सत्संग' में उसे आत्म-सन्तुष्टि मिलती है। वहाँ की औरतें उसे अपने दुखड़े सुनाती हैं, वैधव्य के दुखड़े, बुढ़ापे के दुखड़े, आवारा और मूर्ख पति के दुखड़े, जवान बेटियों के लगातार दुखड़े...पार्वती के अपने सन्ताप टूट जाते हैं, पीड़ाओं की परिधि घटने लगती है।

शकुन्तला के व्यंग्य को वह सह गई। बोली—"मैं नहीं जाती ! तुम बच्चों को साथ लेकर चले जाओ, देव बाबू !" भाई साहब आश्चर्य में भरकर अपनी छोटी बहन की यह क्रोधाग्नि तप्त अदा देखते रहे। भाभीजी होंठ दबाकर मुस्कुराई। हरि की आँखों में हल्का-सा गुस्सा काँप गया। मीनल के कानों में बोला—"अच्छा हुआ। रास्ते भर की लेक्चरबाजी से बचे ! आन्टी जाती तो सारे दिन 'हरि-ए, बाऐं फुटपाथ से चेलो' 'मिन्न-ए आइसक्रीम मत खरीद,' 'हरि, फिल्मी रिकार्ड नहीं लेना है,' 'मिन्नी पीछे से कार आ रही है,' करती रहती !"

शकुन्तला को दुख हुआ—उसने बेकार 'सत्संग' का नाम क्यों लिया ! आंटी को बहुत चोट पहुँचती है। आदि-आदि। शकुन्तला बहुत समझदार लड़की है। भाई साहब का स्वभाव का पंजाबी अक्खड़पन और रानी भाभी का चरित्र की अल्ट्रा माडर्न डेमोक्रेटिक उदारता उसे विरासत में मिली है। वह ज्यादा बातचीत नहीं करती, अपने दोस्तों और अपनी किताबों में मग्न रहती है। एलेरी क्वीन और अगाथा क्रिस्टी और स्टैनली गार्डनर उसके प्रिय लेखक हैं, हालाँकि यह बात उसी ने मुझे बताई थी कि मेरे

कोरोली की 'थेल्मा' सारे संसार की स्त्रियों की मनोभावना और अतृप्त कांक्षाओं की सर्वश्रेष्ठ अभिव्यक्ति है। शकुन्तला उस टाइप की औरत नहीं है, जो शीशे की फ्रेम में बँधकर हुश्न या इश्क की तस्वीर बनाना पसन्द करे। दायरे और बन्धन उसे एकदम प्रिय नहीं। प्रिय तो किसी को भी नहीं। कौन वक्त बरबाद करे।

"पारुल न जाए, तुम लोग चले ही जाओ, देव ! बहुत जरूरी है !–" भाई साहब उठकर ऑफिस के कमरे में चले गए, टाइपिस्ट को डिक्टेशन देने लगे।

और, हम लोग चले आए हैं। मसूरी से राजपुर तक पहाड़ियों की सर्पीली पगडंडियों पर चलना हम सभी को बहुत ही अच्छा लग रहा था। जैसे खुद चल नहीं रहे हों, किसी ओपेन-थियेटर में फिल्म देख रहे हों...पहाड़ की ढलानों पर खेतों की छोटी-छोटी धारियाँ, अचानक पाँव के करीब से गुजरी जाती हुई ढोर-बकरियों, मोड़ घूमते ही आँखों में घुसता हुआ कोई अल्पवयस जलप्रपात, खच्चरों पर और पहाड़ी टट्टुओं पर सामान लादकर कतारों में जाते-आते हुए ग्रामीण स्त्री-पुरुष, पहाड़ियों पर चरती हुई गायों के गले में बड़ी-बड़ी घंटियाँ और उनकी खनखनाहट, पेड़ काटते हुए मजदूरों के गीतों का अनजान-अपरिचित स्वर और सौन्दर्य ही सौन्दर्य ! हरि को पहाड़ पर चलने की आदत है। वह बहुत ही तेज चल रहा था। सबसे आगे ज्ञानीजी। वे हरि को कोई पर्वतीय लोक-कथा सुना रहे थे–सामने की दो पर्वत-चोटियाँ, एक-दूसरे के पास-पास इस तरह खड़ी हैं, जैसे अब बातें करने लगेंगी। एक का नाम है मंगल और दूसरी चोटी कहलाती है चम्पा। किसी जमाने में चम्पा इस इलाके में पहाड़ी राजा की कन्या थी। मंगल नेपाल की तरह का कोई निष्कासित राज-पुत्र था, और अपनी बाँसुरी के सहारे जीवनयापन कर रहा था।

ज्ञानीजी की कथा में हरि एकदम डूब गया था। मैं मीनल के साथ चल रहा था और मीनल चुप थी। तेज चलने के कारण और धूप के कारण वह पसीने से तर थी। पुलओवर उतारकर गले में बाँध लिया था और लेमन गोलियाँ चूसती, अकेली-अकेली-सी चल रही थी। मैं कभी अपनी चाल धीमी करके उसकी बगल में आ जाता। तब एक खूब टेढ़ा मोड़ आया और ज्ञानीजी की कथा बहुत आगे बढ़ गई तो मीनल थककर चट्टान पर बैठ गई।

"तुम क्यों नाराज होती हो ? पार्वती नहीं आई तो मेरा क्या कसूर है ?"–मैंने अपना दायाँ पाँव चट्टान के किनारे टिका दिया, ताकि मेरे हटे बिना उठकर वह आगे न जा सके। उसे मेरे प्रश्न का उत्तर देना होगा। वह मेरे सवाल को सुनती नहीं, अपने हैंड बैग से रूमाल निकालकर पसीना पोंछती है, फिर विरक्त स्वर में कहती है–"आंटी को जिन्दगी में पहली बार इतना सुख मिला है। आपको वह कितना प्यार करती हैं, आप नहीं जानते। आप उन्हें नाराज मत कीजिए अंकल, सारा जमाना ही उनसे नाराज रहा है !"

मीनल की आन्टी एक 'ग्रिम रिअलिटी' है। इस पर्वतीय वन-प्रान्त में, इस रूमानी दृश्यावली में, इस सपनीले और रंगीन वातावरण में, यह रियलिटी भूली नहीं जा सकती

है। पार्वती से कितना भी दूर भागूँ, यह मेरे इर्द-गिर्द अपनी बाँहें डाले ही रहेगी।

"हरि ने उनसे कहा था कि मैं वीनस और अजीत सिंह के साथ ड्रिंक करता हूँ। क्या यह नाराज होकर एक प्रोग्राम बरबाद कर देने की बात थी ?"—मैं सीधी निगाहों से मीनल का नक्शा देखता हूँ। उसकी निगाहों में देखने से लगता है कि प्रोग्राम बरबाद नहीं हुआ। मगर, बीच में एक भारी चट्टान है, जो किसी भी छन सिर पर फूट सकता है।

"मैं नाराज नहीं हूँ, अंकल। मैं आपसे कभी भी नहीं नाराज हो सकूँगी। आप मेरे लिए गलत नहीं सोचें।"—मीनल ने कहा और उठ खड़ी हुई। मीनल अपनी बड़ी बहन की तरह बाब्ड नहीं रखती। रिबन की गिरहें खुल जाती हैं और कमर के नीचे तक लम्बे केश उसके चेहरे के चतुर्दिक फैल जाते हैं। केशों की सुगन्ध मेरे लिए बड़ी अपरिचित और इसलिए बड़ी उन्मादक है।

"ऐसी ही खड़ी रहो, एक स्नैप लूँगा तुम्हारा !"

"नहीं, नहीं, मैं तस्वीरें नहीं खिंचवाती। क्यों फिल्म बरबाद करेंगे।"

भाई साहब ने विवाह में यह रूसी कैमरा प्रेजेन्ट किया था। कलर फोटोग्राफी के लिए यह प्राकृतिक समाँ और सतरंगे फ्रॉक और ब्रांडी में कैद यह मीनल—इससे बेहतर कुछ नहीं हो सकता है। मैं कमरे के ऐंगिल में डूब जाता हूँ। चट्टान की ठीक बगल में कैक्टस की बहुत बड़ी झाड़ है जिसमें तीस-चालीस पेड़ हैं और हर पेड़ की अपनी स्वतन्त्र अभिव्यक्ति है।

कैक्टस के तीन-चार पीले-पीले फूल तोड़कर मैं मीनल का जूड़ा बनाता हूँ। उस जूड़े में और इस फूल में और मीनल के इस चेहरे में मेरा आर्टिस्ट जीवन है, मेरा व्यक्ति नहीं। मेरा व्यक्ति तो परमात्मा है। विकार-गस्त है, पीड़ित है। मेरा व्यक्ति तो 'रेप ऑफ द लॉक' का नायक है। मैं चाहूँगा कि मीनल के ये काले, रेशमी बाल तेज ब्लेड से कतर डालूँ...

नहीं, मैं कैक्टस के फल नहीं तोड़ता, मैं मीनल का जूड़ा नहीं बनाता, मैं तस्वीरें नहीं खींचता हूँ। हम लोग चुपचाप आगे बढ़ जाते हैं और मेरी मीनल, और मेरी कला और मेरे सपने उसी चट्टान पर, उसी उदास मुद्रा में बैठे रह जाते हैं। कोई दूसरा मुसाफिर वहाँ आएगा तो मीनल के आजानु केश काट डालेगा और उस पर कैक्टस का ताज रख देगा और हँसेगा, मैं हँस नहीं पाता हूँ।

मंगल और चम्पा का प्रेम सफल नहीं हो पाता। दोनों ऊँचे पहाड़ पर चढ़कर एक साथ गहरी और अँधेरी घाटी में कूद जाते हैं; और अब दोनों पर्वत के शिखर बन गए हैं, एक दूसरे के सामने मौन उदास खड़े हैं, मगर बीच की अँधेरी घाटी ज्यों-की-त्यों है। भगवान सिद्धार्थ सोयी हुई यशोधरा और सोये राहुल को छोड़कर परम सत्य की खोज में बाहर निकल जाते हैं, और ज्ञानीजी सिर उठाकर कहते हैं—"मीनल बीबी, देखो कौन आ रहा है ?"

मीनल देखती है—सामने के दरवाजे खोलकर वीनस आ रही है। साथ में सेंट थेरेसा

कान्वेन्ट के प्रिंसिपल, मोरियो साहब हैं।

"हैलो मीनल ! हैलो देव !"—वीनस की आँखों में बहुत खुशी है और प्रिंसिपल की आँखों में बहुत शराब।

"हैलो विन्नी !"—मीनल बहुत उदासी भरे लहजे में बोलती है।

"मैं और मिस्टर मोरियो स्केटिंग-कम्पीटीशन के प्राइज का सामान खरीदने आए थे। दस बजे आए। तुम लोग कब आए ?"

"हम लोग पाँव से चलकर आए हैं। राजपुर में टैक्सी ली और आ गए।"—हरि वीनस की तरफ एक चेयर खींचता है। मिस्टर मोरियो तीस-चालीस का इटालियन—"यू शुड गो अलोन नाउ, मिस्टर मोरियो। आइ हैव मेट माई फ्रेंड्स !"

"ह्वाई यू इन्सल्ट हिम, बिन्नी ?"—मीनल पूछती है। वीनस हँसने लगती है—"ही इज वर्थ दैट, डियर। वह इसी के लायक है।"

वीनस की लगातार खिलखिलाहट से जैसे अचानक ही हम सबके चारों ओर छाया हुआ 'हाइ सीरियसनेस' फट जाता है। वह हँसती है। सबको हँसाती है। उसका जापानी स्ट्रॉहैट, उसका बड़ा और भारी-सा ओवरकोट, उसका मनीपुरी फ्रॉक...वीनस औरत नहीं लगती है, कचकड़े की गुड़िया लगती है।

"क्या लोगी ?" मैं पूछता हूँ। वह हँसना बन्द करती है, और हाथ के दस्तानों की उँगलियाँ बाहर खींचती है।

"मैं तो, देव ! फिश-कटलेट लूँगी। हरि मुझे दूसरी चीज लेने नहीं देगा। जो खुद खाएगा, वही खिलाएगा। बाद में लूँगी, एक पेग स्कॉच। आज धूप में इतना चलना पड़ा। मर गई !"

"मैं जरा बाहर घूम आऊँ। आप लोग अभी बैठेंगे तो ?"—ज्ञानीजी बाहर चले जाते हैं। स्कॉच की बात उनके सामने नहीं हो, यही सुन्दर है। यों उनके साथ मैंने कई बार व्हिस्की पी है। जब उनके महाराजा नहीं होते हैं और मिस सिल्वाना कुत्तों के साथ कहीं घूमने गई होती हैं तो वे एकाध बोतल आलमीरे से निकालकर अपने मन्दिर में रख आते हैं। सारी मसूरी के सारे 'बार' बन्द हों, ड्रग स्टोर बन्द हों, फिर भी ज्ञानीजी के पास दस-बीस साल पुरानी व्हिस्की की बोतल मिल ही जाती है। यह बात मैं जानता हूँ या अजीत सिंह जानता है। बाकी दुनिया के लिए ज्ञानीजी की खूबसूरत दाढ़ी में शराब क्या, मछली-मांस का शोरवा तक नहीं लगता।

कुछ ही महीने हुए, मसूरी में कोचीन की एक औरत आई थी। कुछ दिनों गाँधी चौक के राधाकृष्ण मन्दिर में रही। फिर, अलग मकान लेकर रहने लगी। कई बार लोगों ने सुबह तीन-चार बार उसे ज्ञानीजी के मन्दिर से लौटते देखा। बात फैलने लगी। मगर, बात इस तरह फैली कि वह औरत कोई मामूली औरत नहीं है। साक्षात दक्षिण काली है। ज्ञानीजी ने और कई दूसरे लोगों ने उसे अपनी आँखों से उसके असली रूप में देखा है—गज भर लम्बी जीभ, नील वर्ण, गले में मुण्ड माल, हाथों में जलता हुआ खप्पर और भूत-प्रेतों की फौज से घिरी हुई।

दक्षिण काली की पूजा होने लगी। भक्तों की मोटरें दरवाजे पर लगने लगीं। ज्ञानीजी उसके मैनेजर बन गए। फिर दस-बारह महीने बाद एक दिन वह कोचीन-सुन्दरी मसूरी की धरती से लोप हो गई। कोमल नरमांस का एक लोथड़ा पहाड़ी चरवाहों ने किसी घाटी में फेंका हुआ देखा और इसे दक्षिण काली की महिला समझकर चुप लगा गए।

मगर ज्ञानीजी इतने खतरनाक आदमी नहीं हैं। वे धर्मभीरु हैं, समाज-भीरु हैं। मुझे उन पर बहुत भक्ति है, क्योंकि मदर तीर्थमयी से उनका व्यक्तिगत परिचय है और मदर से परिचय रखने का अर्थ है कि आदमी में साहस है, सामर्थ्य है (अंग्रेजी में कहा जाए तो) गट्स है। ज्ञानीजी पहाड़ के रहनेवाले हैं। मसूरी से सौ-सवा सौ मील दूर बद्री नारायण के रास्ते पर उनका गाँव है। यहाँ विजयगढ़ के राजा का विशाल श्रीकृष्ण मन्दिर है—पहाड़ी के शिखर पर निर्मित, संगमरमर का सुभग-सुन्दर मन्दिर ! ज्ञानीजी इसी मन्दिर के पुजारी हैं। बारहों महीने यहीं रहते हैं।

मन्दिर के सामनेवाली पहाड़ी पर राजा साहब का शानदार पैलेस है। रोम के किसी कैथेड्रल की अनुकृति है—'सिल्बाना' पैलेस। राजा साहब विश्वभ्रमण के सिलसिले में इटली गए। वहाँ की सिर्फ दो चीजें उन्हें पसन्द आईं। किसी होटल की एक इटालवी वेट्रेस—सिल्बाना, और रोम का कोई पुराना कैथेड्रल। सिल्बाना हिन्दुस्तान आ गई, साथ में कैथेड्रल का छोटा-सा माडल आ गया। राजमाता और पुरानी रानी को प्रसन्न रखने के लिए राधाकृष्ण की जुगल जोड़ी की मूर्ति भी किसी रोमन मूर्तिकार से बनवाकर लेते आए। पण्डित सुमिरन दास शास्त्री, अथवा संक्षेप में ज्ञानीजी, को जीविका मिल गई।

अभी की हालत यह है कि राजा साहब हजारीबाग जिले में अबरख का व्यापार करते हैं और मसूरी शायद ही आते हैं। ज्ञानीजी ही सिल्बाना पैलेस के और मन्दिर के मैनेजर-पुजारी-पीर-बवर्ची-भिश्ती सब हैं। इतने बड़े पैलेस में न टेलिफोन है, न नौकर-चाकर। एक नेपाली दरबान है, जो गाँजा पीता है और खाँसता रहता है। एक बूढ़ा अल्सेशियन है, वह भी खाँसता रहता है। कुत्ता सिल्बाना का है, यानी सिल्बाना अब भी अपने नाम पर बनवाए गए पैलेस में रहती है। सशरीर जीवित है।

कभी-कभी सिल्बाना के नाम, कभी-कभी ज्ञानीजी के नाम राजा साहब पच्चीस-पचास रुपये का मनिआर्डर भेज देते हैं। और सिल्बाना के बहुत सारे स्थायी खर्च हैं, अल्सेशियन का खर्च, जासूसी किताबों और अखबारों का खर्च, ह्विस्की और सोडा का खर्च, कपड़े और सिगरेट का खर्च। पता नहीं, वह कैसे जिन्दा है...ज्ञानीजी को आश्चर्य होता है। सिल्बाना को इण्डिया, यानी भारत की सेहत मुफीद नहीं हुई। उसमें अब ग्रीक नारी मूर्तियों की पुष्टता, हेलेन या एफ्रोदिती या वीनस, या सिसरे, या डायना की शारीरिक पुष्टता नहीं रही। तस्वीर मिट रही है, शीशा टूट रहा है, साबुत सिर्फ फ्रेम ही है।

"यह रेलवे स्टेशन का रिफ्रेशमेन्ट रूम है, मिस वीनस। यहाँ ह्विस्की नहीं मिलती"—बहुत ही सुदृढ़ और सुआयोजित शब्दों में मीनल कहती है। जैसे ये शब्द और ये कण्ठ-स्वर मीनल के नहीं, पार्वती के हों। सुनकर चौंकती नहीं, मुस्कुराती है। कहती है—"व्हिस्की न सही, कॉफी सही। कोई डिफरेन्स नहीं है मेरे लिए।"

मीनल लजा जाती है। बिल मैं चुकाता हूँ और वीनस से बातें करता रहता हूँ। मीनल लजा जाती है। ज्ञानीजी लौट आते हैं और हम लोग बस-स्टेन्ड की ओर विदा होते हैं। वीनस और मैं साथ हूँ। बस में भी साथ बैठते हैं। मीनल लजा जाती है और किंगक्रेग आते-आते शाम ढल जाती है। अँधेरा आ जाता है। ज्ञानीजी घर फोन करते हैं कि हम लोग किंगक्रेग आ गए हैं। घर में नौकरों के अलावा कोई नहीं है, एक पार्वती है। ज्ञानीजी क्वालिटी-रेस्तराँ, फिर 'मसूरी-क्लब' फोन करते हैं। रमी के जमे हुए दौर के बीच भाई साहब की भारी आवाज उभरती है—"आप ऊपर आ जाओ, ज्ञानीजी। बच्चों को क्वालिटी ले जाकर पानी-वानी पिलवाओ, हम लोग आते ही हैं। देव बाबू को घर भेज दो, पारुल ने सारा दिन पानी तक नहीं पिया है..."

वीनस कहती है—"लाइब्रेरी चौक तक पाँव-पैदल चलेंगे।" हरि कहता है—"तुम वो गीत गाते चलो, विन्नी। तभी पैदल जाएँगे।"

विन्नी कहती है—"तुम कहते हो तो बचने का रास्ता कहाँ है ? गाना गाना ही होगा।"

मीनल कुछ नहीं कहती...

दस ही कदम ऊपर चलते-चलते यात्रियों की तीन अलग-अलग जमात बन जाती हैं—अलग-अलग परिस्थिति। सबसे आगे वीनस है और हरि है और किसी अमरीकन गायक का रॉक-एन रोल है।

हरि और वीनस स्वर मिलाकर गा रहे हैं और दाईं तरफ की ऊँची पहाड़ियाँ गूँज रही हैं। बाईं तरफ गहरी खाई है और बिजली की सूनी बत्तियों के अलावा रोशनी कहीं नहीं है। किसी मोड़ पर घूमने से नीचे बहुत दूर देहरादून की रोशनियों के समूह किसी ऐसे मकान की तरह लगते हैं, जहाँ आज ही रात शादी हो रही है।

उसके बाद ज्ञानीजी और मीनल हैं। देहरादून में देखी गई वस्तुओं की बातें कर रहे हैं। मीनल ने अपने लिए एक दोशाला खरीदा है और अपनी आन्टी के लिए हाथी-दाँत की कामदार चूड़ियाँ। 'बेबी, ओ बेबी' के गीत को अनसुनी करने के लिए वह ज्ञानीजी को बता रही है कि म्यूजिक स्टोरवाले ने गिटार के दाम ज्यादा ले लिए हैं और जल्दी के कारण वह प्रिंट की साड़ियाँ खरीद नहीं सकी।

अन्त में मैं हूँ—अस्तित्वहीन-सा। अर्थहीन संगीत जैसे वीनस के गीत के पीछे और मीनल की छाया के पीछे मैं जंजीर में बँधा-सा घिसटता चला जाता हूँ। मेरी पीठ पर वही क्रास रखा है, जो ईसामसीह की पीठ पर था और मुझे यह क्रास ढोते जाना है।

"देव, सर्दी है। एक सिगरेट निकालो मेरे लिए।"—वीनस कहती है—"आन्टी नहीं आई तो तुम देहरादून क्यों चले आए ? मैं सब जान रही हूँ।"

ज्ञानीजी के साथ मीनल और हरि चले गए हैं। मैं कॉफी पी लूँ, फिर वीनस अपने क्लब जाएगी। मैं वापस घर।

"ह्वाट डू यू नो ?"—रेस्तराँ की कुर्सी पर शरीर का पूरा भार डालकर मैं पूछता हूँ। वीनस उसी तरह खिलखिलाने लगती है, जैसे हालीउड की फिल्म में अन्ना मैगनानी

खिलखिलाती है।

"नहीं बताती। क्या कर लोगे ? बट आई नो। आइ न्यू इट ह्वेन यू न्यू इट।"

"क्या जानती हो ? बताओ।"—मैं जानता हूँ कि वीनस क्या जानती है। मैं जानता हूँ कि औरतें क्या जान लेती हैं।

"देव, मैं तुम्हारी दोस्त हूँ। तुममें बहुत-सी अच्छाइयाँ हैं। तुम्हारी एक खास पर्सनैलिटी है, जो तुम्हें दूसरों से डिस्टिंक्ट करती है। अपना यह डिस्टिंक्शन कायम रखो। अपने दायरे से अलग मत हो जाओ। नहीं, नहीं, तुमसे बहस नहीं करूँगी। जानती हूँ, तुम किसी नियम-कानून या मॉरैलिटी पर विश्वास नहीं करते। मैं तुम्हारा लॉजिक भी जानती हूँ।—मगर देव बाबू, तुम अपने ही लॉजिक से अपने आपको धोखा मत दो।" इस तरह की बातें करती हुई वीनस को रेस्तराँ में छोड़कर मैं सिगरेट खरीदने बाहर चला आता हूँ। लौटकर वापिस नहीं आता हूँ। रिक्शा लेता हूँ और कैमेल बैंक रोड की तरफ चल देता हूँ।

सात

मेरे, दिल की हर पर्त्त एक कब्रगाह
मेरी निगाहों के हर ठहराव पर एक तवायफखाना है।
मेरी जिन्दगी की हर मोड़ पर
शराब की बदनुमाँ, टूटी हुई प्यालियों की कतारें लगी हैं
और, फकीरों-फरिश्तों के साथ भागी हुई
जन्नत की आवारा हूरों-परियों का पता
स्याही में डूबे हुए अपने हाथों से
ईश्वर के खून में सनी हुई अपनी आत्मा से
मैं बार-बार पूछता हूँ !

आज मीनल के आने से पहले ही मेरी नींद टूट गई है। वैसे, कायदा यह है कि मैं नींद में रहता हूँ और पार्वती नीचे चली जाती है और सूरज उगने तक नहाने-धोने में, नौकरों से कामकाज करवाने में, हरि और मीनल के लिए नाश्ता बनवाने में, पूजा-पाठ करने में बिजी रहती हैं। छह बजे अँधेरा ही अँधेरा रहता है। मगर मीनल उठकर मेरे कमरे में आती है। हीटर जलाकर कॉफी बनाती है, और बहुत हल्के स्वर में कहती है—"अंकल, कॉफी तैयार है !"

सुबह की इस कॉफी की उसे आदत है; मुझे बीमारी है। मुझे बीमारी और मैं बीमार हूँ...।

आज कॉफी के पहले ही आँखें खुल गई हैं और मैं शशि को पत्र लिखने बैठ गया हूँ—

प्रिय शशि,

मैं प्रसन्न हूँ। मुझे विश्वास है, गाँव की हवा तुम्हारे स्वास्थ्य पर अच्छा प्रभाव कर रही होगी। मैं अक्सर तुम्हारे बारे में सोचता रहता हूँ। तुम कैसी हो, तुम्हारी सौतेली माँ है, पता नहीं, कैसा सुलूक करती होगी; पैसे भी तुम्हारे पल्ले नहीं। अगर गाँव में तबीयत नहीं लगे, तो कुछ दिन के लिए राजगृह चली जाओ। पिताजी तो नालन्दा में भग्नमूर्तियों की मरम्मत करवा रहे हैं; कीर्ति बउदी और मेजदी राजगृह में ही हैं। उनके साथ तुम्हारा जी लग जाएगा...। तार-मनिआर्डर से सौ रुपए भेज रहा हूँ। तुम स्वीकार जरूर कर लोगी, नहीं तो...

टेबुल पर झुककर, कुर्सी की पीठ पर दोनों बाँहें टिकाकर, मीनल पूछती है—"किसे लिख रहे हैं ? आप तो कभी खत नहीं लिखते हैं।"

"शशि को !"—आँखें बिना उठाए, उत्तर देता हूँ। अन्दाज करता हूँ कि मीनल की शक्ल पर गहरी चिन्ता के भार की बदसूरत शिकनें उभर आई हैं। कुर्सी की पीठ पर मीनल की बाँहें हैं, और मैं कुर्सी पर हूँ। उन बाँहों की पीड़ा मेरे मन पर चौड़ी होती है। कितना ग्रहणशील है मेरा मन ! कितना संवेदनाग्राही।

इस आवाराहाल मन की तमः विकृतियों के लिए शायद मैं जिम्मेदार नहीं हूँ; इसलिए इस पीड़ा के दर्शन पर न तो मैं बुद्ध का दृष्टिकोण अपनाऊँगा, न मायावादी, न सिद्ध और न शोपेनहावेरियन। पीड़ा को मैं अपनी इकाई की, अपने अस्तित्व की अभिव्यक्ति मानकर ही, अभिव्यक्ति मात्र मानकर ही, आगे बढूँगा। पीड़ा मनःजात विकार है और परागति का परिणाम है—इसलिए, मीनल की बाँहों की पीड़ा और देवकान्त (यानी मैं !) के मन की पीड़ा में आधारभूत अन्तर है। बाँहों की पीड़ा 'हॉट' लिटरेचर और हालीवुड की फिल्मों से प्राप्त पीड़ा है। मन की पीड़ा शेली और बायरन और आस्कर वाइल्ड की ही नहीं, ताल्स्तॉय और रोमा रोलाँ और स्टीफेन ज्विग की पीड़ा भी है।

विवर्त्त। आवर्तन। परिभ्रम-क्रम। परिक्रम-भ्रम। मन्वन्तर। क्षण।

क्षण, बाँहें और मन...पलाश के फूल-सी लाल देह, शिरीष की टहनियों-सा लचीला शरीर और आँखों में नैश जागरण की मीठी खुमारी। दर्शन। चिन्ता। चेतना-प्रवाह। शून्य। मृत्यु। लगातार वासनाएँ। जीने का मोह कितना प्रबल है ! मोरते चाइना, आमी। चाइना, चाइना ! मृत्यु आमार भालो बाशा नाइ। दो प्यालों में कॉफी बनाकर मीनल आज मेरे सामने की कुर्सी पर नहीं बैठती है। जिस पर मैं हूँ, उसी कुर्सी की बाईं ओर बाँह का सहारा लेकर कॉफी पीने लगती है। कितनी देर बाद कहती है—"अंकल, मैं गुनाह कर रही हूँ..."

मीनल की सुन्दरता मात्र उसके शरीर की सुन्दरता नहीं है, शरीर से अधिक उसके संस्कार की सुन्दरता है ! सौन्दर्य मीनल का मज्जाजनक धर्म ही नहीं, उसका शील धर्म भी है। मीनल, मिन्नी, मीनू—तू यह संस्कार तोड़ दे, यह शील खण्डित कर दे, यह शील

खण्डित कर दे। मीनल, तू गुनाहों से ऊपर जा, बहुत ऊपर चली जा !

दरवाजे का पर्दा हिलता है और तुरन्त नहाई हुई पार्वती कमरे के अन्दर दाखिल होती है। मगर उसके दाखिले की चिन्ता कमरे की किसी वस्तु को नहीं है। मीनल कॉफी पीने लगती है। मैं कॉफी पीने लगता हूँ।

पार्वती वार्डरोब से अपने कपड़े लेना चाहती है। मगर, उसके पाँव आगे नहीं बढ़ते। वह रुकी रहती है। फिर वापस लौट जाती है। एकदम लौट जाती है। सामने की दीवार पर बड़े साइज का एक फोटोग्राफ है, जिसमें मैं और पार्वती किसी रेस्टहाउस की रेलिंग के सहारे खड़े हैं और पार्श्व में हिमालय की सफेद चोटियाँ हैं जिनमें सूरज का गोला अभी-अभी डूब गया है।

''अब जाऊँ ? अब चली जाऊँ न ?''—मीनल का यह प्रश्न कितना अबोध है।

''आंटी गुस्से में हैं !—मीनल का यह अनुमान कितना सरल है !

''तुम पागल हो गए हो अंकल !'' मीनल का यह कथन कितना उत्तेजक है !

मीनल चली गई है और बगल के कमरे में शकुन्तला बहुत मद्धिम स्वर में अपने बिस्तरे पर लेटी-लेटी एजरा पाउण्ड पढ़ रही है।

मसूरी की यह सुबह, चाइना इंक के सिल्यूत जैसी काली है...कुहासे के बादलों का कालापन ! लगता है किसी अनाड़ी आर्टिस्ट ने आकृतियों पर लगातार, बेतरतीब ब्रश फेर दिया हो। बादलों के टुकड़े...कुहरे के टुकड़े, बर्फ के टुकड़े...तल, कोण, त्रिकोण, आकारों के टुकड़े, पिकासो के 'ट्रांसप्रोजेक्टेड फिगर्स ओनए गिव्न प्लान' के क्यूबिस्ट चित्रों से। दिमाग दूर-दूर तक घूमता है। विशाल चर्चयार्ड में क्रास की कतारों पर कतार, कैमेल बैंक की पहाड़ी का वह 'प्राकृतिक' उष्ट्र; कम्पनी बाग के अनजान दरख्त और अनजान फूलों के पौधे, स्प्रिंग रोड पर उस सुनसान, भुतहे बंगले में रहनेवाली अगली पादरिन; जिस किसी पर भी बर्फ के गोले उछालते फौजी जवान, पत्थर और चाँदी-पीतल के आभूषण बेचती हुई तिब्बती औरतें; लैण्डोर का वह पुराना घंटाघर...

दिमाग दूर-दूर तक घूमता है। जैसे माने (या मैनेट ?) के 'लंचॉन ऑन द ग्रास' का मजा ले रहा हूँ। आज प्लैटिनम का सूरज नहीं निकलेगा, बस इसी चाइना इंक में दिन डूब जाएगा और रात भीगती हुई चली आएगी। दिवस और रात्रि के मिलन की सीमाएँ असंलक्ष्य रह जाएँगी। हो सकता है, यह अन्धकार मुझे प्रिय हो, मेरी आदत बन गया हो।

मैं संक्रान्ति का जीव हूँ। प्रथम महायुद्ध की थकान और द्वितीय महायुद्ध की तैयारी की विषम स्थिति में मेरा जन्म हुआ है। मैंने रुपये का मूल्य घटते देखा है। मैंने वस्तुओं का महत्व घटते देखा है। मैंने व्यक्ति और समाज का मूल्य और महत्त्व घटते, बिखरते, समाप्त होते देखा है। यह सारा कुछ अपनी आत्मा पर अंकित किया है। इसलिए जिन्दगी की सड़ाँध से मेरा घनिष्ट परिचय है, फिर भी मुझमें साफ हवा की गुंजाइश है। मगर साफ हवा कहाँ है ? स्वच्छ दिशा कहाँ है ? हर ओर बदबू ही है। हर ओर तो कुहासे की बेटियाँ ही वातावरण को अपनी वीभत्स परछाइयों से गँदला कर रही हैं।

इन परछाइयों को नाम क्या दूँ ? विशेषण क्या दूँ ? माइकेलैंजिलो ने रोम के महलों और कैथोड्रेलों को मूर्तियों से सजाया, टिटियन या रेवा ने तस्वीर आँकी, ऑस्कर वाइल्ड, डी.एच. लॉरेंस, ज्याँ पाल सार्त्र ने किस्से लिखे। इसे आर्ट कहा गया। साहित्य कहा गया। सृजन माना गया। अभिव्यक्ति बताया गया।

और तब मेरे इर्द-गिर्द सपनों (गलत सपनों का ही सही।) का जाल फैलाती हुई ये परछाइयाँ ? यह पार्वती, यह मीनल, यह वीनस ?

माथा झनझना रहा है। नीचे के टिन-शेड में एक नेपाली औरत रहती है। कई लोगों के पास रही है। अब इस लावारिस टिन-शेड में शीत से बचने के लिए आकर रह गई है। उसकी खुदरा मुहब्बत की चौथाई दरजन थोक औलादें सुबह-सुबह चीं-चीं करती हैं...मुझे इस हत्रजा माँ की अधोवीर्य सन्तानों के प्रति तनिक भी सहानुभूति नहीं है...

मीनल डिलिरियम में बकती है। डॉक्टर दत्ता की राय है, उसे कोई रोग नहीं, सिर्फ मानसिक कमजोरी, दुश्चिन्ता और साधारण ज्वर है। मगर पार्वती की आँखें मुझसे कहती हैं–'यू आर ब्रूट'। वैसे रानी भाभी और भाई साहब मुझे मीनल के बीमार होने का कारण नहीं मानते। सिर्फ, एक बार डिलिरियम में मीनल ने कहा है–'पागल नहीं बनो...डोन्ट बी मैड, डोन्ट-डोन्ट।' और देर तक हँसती रही है।

कन्वल्शन्स् समाप्त होने पर मीनल थककर सो गई है। सभी लोग अपने-अपने कमरे में लौट आए हैं, मगर मैं अभी तक पीछे के बरामदे में खड़ा, सोई हुई सड़क को देख रहा हूँ। घंटे भर वैसे ही स्थिर रहा हूँ, तब शकुन्तला आती है। पहले चुप रहती है, फिर धीरे-धीरे बोलती है–"अंकल जी, अपना मन खराब मत करो। कोई फायदा नहीं है।"

"फिर फायदा किसमें है ?"–मैं घूमकर उसकी ओर देखता हूँ। वह सहम जाती है। कुछ बोलती नहीं, उलटे पाँवों वापस लौटकर गायब हो जाती है। मैं भारी-भारी मन से अपने फ्लैट में वापस आता हूँ और बहुत देर तक अपनी ब्याहता से बातें करता रहता हूँ।

सोनाली सेनगुप्ता मेरे वक्त यूनिवर्सिटी की सबसे नामवर लड़की थी। सोनाली सेनगुप्ता, मिसेज सेनगुप्ता की लड़की है, यह आज ही पता चला है।

अचानक पर्वत-प्रिया होटल की ऊँची सीढ़ियों पर माँ और बेटी दोनों से मुलाकात हो जाती है और मैं खुश होता हूँ। मिसेज सेनगुप्ता इन दिनों रुपये-पैसे के कष्ट में हैं। फ्लस और ब्रिज और रमी में पैसे आते हैं, मगर उनसे तो होटल के बिल भी नहीं पूरे होते हैं। सोनाली इसीलिए माँ को पटना वापस ले जाने आई है। माँ जाना नहीं चाहती। पटना बर्दाश्त नहीं हो सकता है। अब मार्च-अप्रैल आ गया है। पटना की सड़कें आग में जलती होंगी।

"तो मैं क्या करूँ, देवकान्त बाबू ? यहाँ का खर्च चलाना तो इम्पॉसिबल है।"

"और क्या करोगी ? माँ को जबरदस्ती ले जाना हो सकेगा क्या ?"

"मालूम नहीं, क्या होगा। मेरे पास रुपये नहीं हैं। एक हजार लेकर आई थी, सो कोठी का किराया और दुकानदारों के पैसे देने में चुक गए। अब क्या होगा..." सोनाली सेनगुप्ता अपनी आर्थिक स्थिति की बात कहकर बहुत पीड़ित हो रही है।

दूसरी टेबुल पर मिसेज जयमाला दत्त को मोनाली रमी खेलने की ट्रिक समझा रही है। जब मिसेज दत्ता जाने लगेंगी तो उसके शरीर से सटकर, अपनी उँगली में पड़ी अँगूठी का हीरा घुमाती हुई, मिसेज सेनगुप्ता कहेंगी—"तुम्हारे पर्स में थोड़े पैसे हैं, माला डियर ?...कितने, पचास रुपये ?...अच्छा, तीस मुझे दे दो...बेयरे से भिजवा दूँगी..."

जयमाला जानती है कि मिसेज सेनगुप्ता के पास बेयरा नहीं है। जयमाला जानती है कि मिसेज सेनगुप्ता जानती है कि जब डॉक्टर दत्ता उसे ढूँढ़ते फिरते हैं, तो वह कहाँ होती है ?

आठ

तीन बजे दिन में मैं स्प्रिंग रोड से घूमकर वापस लौटा हूँ। सवा तीन बजे मीनल स्कूल से आई फिर हरि आ गया है। भाई साहब, भाभी घर में नहीं हैं। हम सभी ड्राइंग रूम में ही चाय पर बैठते हैं; रेडियो-ग्राम भी सुन सकें और चाय भी पी सकें।

पार्वती अपनी बगल में बैठी मीनल से पूछती है—"मिन्नी, फिल्म देखने चलेगी ? सूसन हवार्ड की बड़ी अच्छी ऐक्टिंग हुई है।"

"जरूर चलेगी। सब लोग जाएँगे। मैं सीट रिजर्व रखने के लिए फोन कर दूँ ?" हरि एक ही घूँट में प्याला खाली करता हुआ, जल्दी-जल्दी बोलता है।

"तुम चलोगी तो कोई भी फिल्म हो, जरूर चलेंगे। इधर महीनों से तुम हमारे साथ बाहर नहीं निकली हो। लोग पूछते हैं मुझसे—'तुम्हारी आन्टी क्यों नहीं आती ?' तुम तैयार हो जाओ; मैं तो ऐसे ही चली चलूँगी," मीनल की आँखों में शिकायत है। मेरी तरफ तो वह निगाहें उठाकर देख भी नहीं पाती है।

"मुझसे तो कोई पूछता भी नहीं...फिर मैं कैसे जाऊँ ?" शकुन्तला मेरी केरेली की किताब से आँखें ऊपर उठाती है। मैं मुस्कुराता भी नहीं। मुझसे भी तो कोई नहीं पूछता कि मैं भी चलूँ। फिर भी मैं जानता हूँ, पार्वती सिर्फ मेरे लिए ही यह फिल्म देखने जा रही है। यानी मैं यह फिल्म जरूर देखूँ। पार्वती ने 'आई विल क्राइ टुमॉरो' पुस्तक पढ़ी है। इसमें एक 'अलकोहलिक' औरत की कहानी है। शराब के कारण हुए उसके अधःपतन, उसकी विकृतियों की कहानी। मैं शराब पीता हूँ, सो पार्वती मुझे यह फिल्म दिखाकर मेरे मुँह पर तमाचा मारना चाहती है।

"मैं नहीं जाऊँगा ! मुझे एक-दो एप्लिकेशन्स टाइप करना है। आप लोग जाइए।" मैं नीचे ड्राइंग रूम से बाहर निकलकर ऊपर की सीढ़ियाँ चढ़ने लगता हूँ। एम्बेसेडर जूते की आवाज लकड़ी की सीढ़ियों पर गूँजती है—आप लोग जाइए...आप लोग चले

जाइए...आप लोग...।

मगर मुझे जाना ही होता है। अप्रैल के दिन हैं, और कैमेल बैंक से कुल्लरी बाग जाने का रास्ता सुनसान है, और सिक्ख रेजीमेंट का कैम्प पास की ही घाटी में लगा है। अगल-बगल की सारी घाटियाँ कल रात पहाड़ी औरतों की चीख से गूँजती रहीं। और इन तीन औरतों को हरि अकेले कैसे ले जा सकेगा ? देव बाबू, तुम्हें जाना ही होगा।

लेकिन, देव बाबू ने एक बार भी 'नहीं' क्यों कहा ? पार्वती, मीनल, हरि, नाराज हैं। नाराज नहीं है तो शकुन्तला। शकुन्तला परिवार के व्यक्तियों से खिन्न है। वह लिटरेचर की किताबें पढ़ती है, इसलिए। उसे मेरे प्रति कोई व्यक्त आकर्षण नहीं है, इसीलिए। वह पार्वती और मीनल दोनों के चरित्र की दुर्बलताओं से परिचित है, इसीलिए।

अपनी नाकामयाब जिन्दगी से ऊबी हुई और सस्ती शराब के भारी नशे में डूबी हुई सूसन हवार्ड सत्रह मंजिले मकान की ऊँची खिड़की से बाहर कूदकर जान देने लगती है तो शकुन्तला और हरि एक साथ चीख उठते हैं—"नहीं ! नहीं ! ऐसा नहीं !" पीछे की सीटों पर बैठी हुई अमरीकन टूरिस्ट महिलाएँ चिहुँक पड़ती हैं। किनारे की सीट पर बैठा हुआ मद्रासी लड़का दृश्य बर्दाश्त नहीं कर पाता और रूमाल से मुँह छिपाए हॉल से बाहर चला जाता है। सूसन हवार्ड रुक जाती है। कमरे की टेबुल पर गिरकर रोने-छटपटाने लगती है।

"मरकर भी चैन न पाया, तो फिर किधर जाएँगे ?"

मीनल सीट के पीछे से अपनी बाँह बढ़ाकर मेरा कन्धा झकझोर देती है। उसकी आँखों में आँसू हैं। उसके चेहरे पर सूसन हवार्ड के लिए नहीं; देव बाबू के लिए सहानुभूति है। देव बाबू के लिए जो अब सिर्फ फ्लश खेलता है और सिर्फ नीट ह्विस्की और रम पीता है। देव बाबू, तुम ड्रिंक नहीं करो, देव बाबू, तुम खुदकुशी नहीं करो।

और पार्वती की पत्नी-दृष्टि मीनल की बाँह और मेरे कन्धे देखती है। फिर गुस्से में भरकर उठ खड़ी होती है और जंगल में लगी आग की तेजी से बाहर निकल जाती है। मीनल के दिमाग पर सन्नाटा फैल जाता है। स्याही की आड़ी-तिरछी लकीरें कतार में बैठे हुए हम सभी को छूती हुई, हवा में तैरने लगती हैं।

"आन्टी कहाँ चली गईं ?"—पाँच ही मिनट बाद शकुन्तला पूछती है।

"आन्टी क्यों चली गईं ?"

"आन्टी क्यों चली गईं ?"

"आन्टी...——"

आन्टी का रूमाल भीग गया है और मीनल की बाँह के दाग उसके सीने पर उभर आए हैं।

मैं अपने जर्मन दोस्त, पीटर न्यूवर्ड को एक विशालकाय पत्र लिखता हूँ, मगर पत्र पोस्ट नहीं हो पाता है। पहले पार्वती के हाथ, फिर भाई साहब और भाभी जान के

हाथ में पेश होता है—क्योंकि उस पत्र में मैं हूँ—मेरी दिमागी कशमकश की सही और सीधी तस्वीर है। और यह तस्वीर है मीनल, फिर मीनल।

रानी भाभी पत्र पढ़ती हैं और जलने लगती हैं। पार्वती पत्र पढ़ती है और तूफान उठाने लगती है। शकुन्तला पत्र पढ़ती है और आँखों में एक सवाल है—"अंकिल, आपके मन में भी पाप है ?" भाई साहब पत्र पढ़ते हैं और पढ़कर चाय पीते हैं और चाय पीकर क्लब जाते हैं। पत्र मीनल के हाथ में दिया जाता है। वह पढ़ती नहीं, वह जानती है।

शाम को कोई घूमने नहीं जाता। हरि अपने कमरे में पियानो बजा रहा है...पार्वती कुर्सी पर सिर झुकाए रो रही है...बाकी सारे कमरे अन्दर से बन्द हैं।

किसी ने अचानक कुछ कहा और मेरी जिन्दगी की दास्तान शुरू हो गई और 'अचानक' रास्ता बन गया। मेरा रास्ता अनजान का रास्ता है, अचानक का रास्ता है।

मैं स्विच बन्द कर देता हूँ और सोने की कोशिश करता हूँ। अँधेरा हो जाता है। पार्वती का सूजा हुआ चेहरा मैं नहीं देख पाता हूँ। उजाला नहीं है और अँधेरे की पार्वती दूसरी पार्वती है—जो डरती है। औरत डरती है तो कितनी गैर मामूली दीखती है ! औरत का भयग्रस्त चेहरा मैं पहचान नहीं पाता—कौन है वह ? राइडर हेगार्ड की 'आयशा' !

मैंने 'आयशा' से प्यार किया है और वह बहुत कम अर्से तक अक्षत यौवना रह सकी है...जिसे वह अमरता की जलधार समझकर उसमें नहाई, उसमें डूबी, और ऊपर आई तो यह हजारों साल की बूढ़ी औरत थी—यह पार्वती ! मुझे कभी-कभी इस औरत पर वाकई प्यार आने लगता है, मगर यह दौर ज्यादा देर तक टिकता नहीं। जो टिकता है, उसे कुछ नहीं, घृणा ही कहेंगे।

डॉक्टर दत्ता ने मिसेज दत्ता को, जयमाला दत्ता ने जगतनारायण को, जगत नारायण ने...इसी क्रम में अजीत ने मुझसे कहा कि भाई साहब कह रहे थे कि देव बाबू ने तीस हजार रुपये कैश लेकर पार्वती से विवाह किया है ! मुझे गुस्सा नहीं आता, दुख होता है ! क्योंकि यह बात सच नहीं है...विवाह में मुझे प्लैटिनम की एक अँगूठी मिली थी, जिसमें नीलम के तीन बड़े-बड़े टुकड़े जड़े थे। अँगूठी देते वक्त रानी भाभी ने कहा था कि इस अँगूठी के पीछे बड़ा लम्बा इतिहास है। लुई चौदहवें की इतिहासप्रसिद्ध महारानी एने ने यह अँगूठी अपने इतिहासप्रसिद्ध प्रिंस ऑफ बकिंघम को दिया था—मगर तीस हजार रुपये होते तो मैं सुबह का इन्तजार नहीं करता। चुपचाप बी.ओ.ए.सी. के टिकट कटाता और आठवें ही दिन बर्लिन के पुस्तकालयों या पेरिस के लुब्रे या बेनिस की झीलों या लन्दन की सड़कों पर होता। मैं मसूरी में हूँ और मुझे भाई साहब की बातों से नफरत होने लगी है।

इस नफरत को मैं प्यार में बदलता हूँ, जैसे एक बड़े सिक्के के बदले कई छोटे सिक्के लेते हैं। मैं जेब से एक-एक सिक्का निकालता हूँ और पानी में फेंकता जाता हूँ, ताकि भँवर बने, वृत्तों से फूल खिलें और बड़े-बड़े होकर फूल फटते जाएँ, फटते जाएँ...।

हरि अकेला स्केटिंग करने लगा तथा मैं और मीनल गैलरी की कुर्सियों पर चुप-चुप बैठे रहे। कितनी देर बाद मैंने अपने आपसे कहा कि साथ रहने के कारण ही मीनल से बातें करता हूँ और कोई कारण नहीं है। चाहता हूँ कि मीनल बहुत बड़ी आर्टिस्ट बने, विदेशों में उसके चित्रों की प्रदर्शनियाँ लगें, इसीलिए उससे आर्ट की बारीकियों की बात करता हूँ और कोई कारण नहीं है।

बात यह है कि मीनल मुझे पसन्द करती है। वह बोलती है, मैंने जो कहा है, उसे समझकर बोलती है–"देव बाबू, आइ लाइक यू। तुम आदमी नहीं हो, फरिश्ते हो !" वह बोलती रहती है कि वह हर ऊँची और महान और नई चीज को प्यार करती है, जैसे सुबह, जैसे हिमालय, जैसे बर्फ, जैसे मैं ! वह हर चीज को प्यार करती है, जिसमें नयापन हो, अपरिचय हो, रूमानियत और ऐडवेन्चर की गन्ध हो, आकुलता हो, जो आँखों और मन और बाँहों को तृप्त-परितृप्त कर सके; जैसे विवेकानन्द की तस्वीर, जैसे ग्रगरी पेक की ऐक्टिंग, जैसे अलेक्जेन्डर ड्यूमा के उपन्यास। और ऐसी चीजें मेरे इर्द-गिर्द हैं, ऐसा भ्रम मीनल को अवश्य हुआ है–नहीं हो तो सस्ती, रूमानियत की यह दास्तान किनारे कैसे लगे।

कहते हैं कि औरतों को एक उम्र में आकर यह भ्रम होता ही है। भ्रम मुझे भी हुआ है, और मेरी प्रतिभा, मेरा ज्ञान, मेरा शील, मेरे स्वप्न, संतोष लेकिन मैं मीनल को कुसूरवार क्यों ठहराऊँ ? मैंने अपना यह सब जानबूझकर बरबाद किया है–मेकियाविली की रचनाएँ पढ़कर, अपने ही दम्भ से पीड़ित होकर आलस से और शराब से ! द' आर्त्तगाँ, एथेंस, पोर्थस और ऐरमीज की कहानियाँ...हेनरी द' नवारे की कहानियाँ... मेंटोक्रिस्टो के काउण्ट की कहानियाँ...मुझ जैसे मामूली आदमी की बरबादियों के पीछे पता नहीं कितनी कहानियाँ हैं !

नौ

जुलेखा, यह तुम्हीं थीं जिसके कारण मैंने हसीन से हसीन साकियों और रक्कासाओं के हाथों में छलछलाते जाम से इनकार कर दिया था। ग्रेनेडा में ही बोआदबिल था और तुम्हारे लिए ही मैं जानेरलिफ के बागों को सींचता था।

बिल्किस, मैं ही सुलेमान था, जब तुम दक्खिन के सागर-तीर से आई थीं और अपने कठिन प्रश्नों से मेरी परीक्षा ले रही थीं।

ब्राथशेवा, मैं अपने सुनहले बत्तख को पकड़ने के लिए दौड़ा जा रहा था, तो मैंने ही तुम्हें वस्त्ररहित अवस्था में स्नानागार जाते देखा और इसलिए मैंने ही तुम्हारे पति को मरने के लिए भेज दिया; मैं डेविड था।

तनार, मैं ही तुम्हारा सहोदर एम्नेन हूँ। मैंने ही तुम्हें पाने की हबिस अपने अन्दर

पाली थी और उस दुख के कारण महाप्रस्थान के पथ पर चला गया था।

जुबेदा, मैं ही वह हरकारा था और जब तुम बाजार करने जा रही थीं, तो मैं ही तुम्हें मिला था और तुम्हें मुझ पर प्यार आ गया था और तुम्हीं मुझे अपनी दोनों बहनों के साथ रात भर रहने देने के लिए राजी हुई थीं।

एरिड्नें, यह तुम्हीं थीं जिसके साथ मैंने विश्वासघात किया और जिसे बैकिअस की सीमाओं में दयनीय स्थिति में छोड़कर अपने रास्ते पर आगे बढ़ गया।

युरीडीज, यह तुम्हीं थीं, जिसे मैंने इनदीज में देखकर पहचानना तक नहीं चाहा, मैं तुम्हारे प्रति इतना उदासीन हो गया था कि बाद में मैंने तुम्हें अपना लेना चाहा।

एक्टे, यह तुम्हीं थीं, जिसे मैंने मिस्र में जबरदस्ती अपने आगोश में भर लिया था; तब मैं दुनिया का सबसे बड़ा बहादुर और अक्लमन्द आदमी था—और यह तुम्हीं थीं, जिसने मुझे सबसे बुजदिल और सबसे बेवकूफ आदमी बना दिया।

और मैं जानता हूँ कि मैं किसी भी औरत को प्यार नहीं कर सकता। प्यार नहीं कर सकता कि औरतें मेरे लिए माध्यम मात्र हैं, उद्देश्य नहीं हैं, और साधन को सिद्धि समझ लेने की गलती मैं नहीं कर सकता हूँ। औरतों के माध्यम से मैं समाज को देखता हूँ, या समाज को नहीं तो कम-से-कम औरतों को देखता हूँ, उन्हें समझने की आकांक्षा और चेष्टा करता हूँ। जैसा तॉल्सतोय ने और शरतचन्द्र ने समझा था। मैं यह नहीं कहता। ऐसा कहना अपने आपको ही धोखा देना होगा और अपने में धोखा दे सकूँ यह तन्मयता मुझमें कहाँ ! पूरे तौर से हेडोनिस्ट न भी रहूँ, इतना तो है ही कि आराम से कट जाए, ऐसी जिन्दगी मुझे प्यारी है और इसे अच्छी और अमीर औरतों के बगैर हासिल नहीं किया जा सकता—गोयेटे, दान्ते, शेक्सपियर, बायरन से लेकर हमारे आज के भारतीय कवियों तक की जीवन-कथा यही उपदेश देती है। आज के ही कवि क्यों, इस कतार में कालिदास, भवभूति, माघ, बाणभट्ट, जयदेव और विद्यापति सबको खड़ा किया जा सकता है।

मुझे भी मसूरी हिल की इस आरामतलब और आरामदेह जिन्दगी में अमीर और बेवकूफ औरतें मिल गई हैं—ऐसा मैं अभी भले ही सोचता नहीं होऊँ, मगर यह बात सच है।

'लाग अगर दिल को नहीं, लुत्फ नहीं जीने का।
उलझे-सुलझे किसी काकुल के गिरफ्तार रहो'।

मीर साहब ने फर्माया है, सो मुझे भी प्यार नहीं है, फकत 'लाग' है और जीने का और मैं जीने का लुत्फ उठा रहा हूँ। और, एक औरत क्या मेरा यायावर तो एक शहर तक बर्दाश्त नहीं कर सकता है। मैंने नेपाल की राजधानी काठमाण्डू देखी है, जैसे कोई शहर नहीं हो, हिमालय की बाँहों में सोई हुई अबोध और नींदमाती लड़की हो। किसी आवारा और अल्ट्रा-माडर्न महिला की तरह समुद्र में नंगी होकर नहाती हुई महानगरी में रहा हूँ। मैंने टोकियो देखा है और मुझे लगा है कि कोई कश्मीरी युवती जलती हुई धूप में भेड़-बकरियाँ चरा रही है और उसके सुर्ख होंठ सूख रहे हैं और उसके

माथे पर मेहनत के पसीने की मोतियाँ चमक रही हैं। कोलम्बो सुबह में मोहब्बत के डर से थरथराता है और रात में मोहब्बत से तड़पता, चीखता है। कलकत्ता तो सिर्फ एक व्यापारी है, जो मन्दिरों में काली माई की मूर्तियाँ और लाल बल्बोंवाली कोठरियों में मुर्दा औरतों के सड़े जिस्म रखता है और दोनों एक साथ, एक दाम पर, एक ही ग्राहक के हाथ बेचता है ! मैंने रंगून देखा है, और देखा है कि जिस शहर में औरतें अधिक हैं उस शहर में रहना खतरे से खाली नहीं है।

और, हर शहर में औरतें अधिक हैं और औरतों के कारण शहरों से, और शहरों के कारण औरतों से और शहरों से भागता रहता हूँ, और भागता रहूँगा। औरतों और शहरों में दरअसल कोई फर्क नहीं है। कीमत दोनों की चुकानी पड़ती है और दोनों के लिए चुकानी पड़ती है। चाहकर या नहीं चाहकर, आदमी कीमत चुकाता ही है। शहर आदमी की आत्मा पर लोहे की ब्रशों से, जहर-बुझे रंगों से बड़े-बड़े मकानों की और नई-पुरानी मोटरों, ट्रामों, बसों से लदी सड़कों की और बैंकों के ऊँचे काउण्टरों की और पगड़ीदार बेयरोंवाले होटलों की केबिनों के पर्दों से नंगे पाँव निकलकर बैठी हुई आइसक्रीम या कोकाकोला या बीयर पीती हुई औरतों की तस्वीरें खींच देता है। और औरतें आदमी के अन्दर आत्मा रहने नहीं देतीं, ग्रीक गाथाओं की, समुद्री टापुओं पर राज्य करनेवाली प्रेत कन्याओं की भाँति आत्मा की जगह आदमी के अन्दर अपनी तस्वीर भर देती हैं। शहरों ने मुझसे यही व्यवहार किया है। औरतों ने मुझसे यही व्यवहार किया है। मैं वर्षों से इस व्यवहार की कीमत चुकाता आ रहा हूँ। कर्ज चुकाता आ रहा हूँ। आदमी को कर्ज चुकाना ही पड़ता है।

"अंकल, तुम आरकेस्ट्रावालों से कह आओ। जरा वो म्युजिक सुनना चाहती हूँ—ह्वाइ आइ लव यू !"—मीनल कहती है और मैं उसका हुक्म बजा लाता हूँ।

मीनल गैलरी पर बैठी है और मैं उसकी तरफ देखता हुआ नीचे उतर रहा हूँ। हरि बहुत तेजी से स्केटिंग के दौर में नाचने लगा है टक्-टक्, ट्रा-ट्रा, टक्-टक्, ट्रा-ट्रा, टक्-टक्। और, उसके इर्द-गिर्द लाल-लाल फ्राकवाली अमरीकन लड़कियों के फूल उग रहे हैं। सेंट मेरिया और विन्सेंट हिल स्कूल और जोजेज और उडस्टाक की लड़कियाँ...और मैं बहुत ही खुश हूँ। स्केटिंग का इन्सट्रक्टर चन्दन शाह मुझसे पूछता है "...देव बाबू, आज तुम स्केट नहीं करता ? सोनाली नहीं आया है, इसीलिए नहीं। आएगा तब करेगा !"—मैं हँसता हुआ आगे उतर जाता हूँ। चन्दन शाह भी हँसता है।

सोनाली की बात सुनकर सभी हँसते हैं। हँसना ही चाहिए। सोनाली बैकलेस ब्लाउज पहनती है, चारमीनार सिगरेट पीती है, टूरिस्टों की तरह हरदम गले में कैमरा लटकाए रहती है, सारी-सारी रात होटलों और क्लबों में हँसती-खेलती काट देती है, हैवेलोक एलिस के सिद्धान्तों पर गम्भीरतापूर्वक तर्क करती है, इसलिए !

सेनाली, वीनस, शकुन्तला, पार्वती और इन सभी से आगे और ऊपर, यह मीनल ! मैंने इसे नया नाम दिया—मिनलिया ! कितना देहाती और कितना प्यारा नाम है—मिनलिया ! इस नाम से क्या मीनल मेरे लिए एकदम नई और एकदम अपनी नहीं हो जाती है ?

इस एकदम अपनी मिनलिया के लिए, ताकि मैं बिना झिझके उससे बातें कर सकूँ—टाइगर की एक पूरी बोतल बीअर पी लेता हूँ। काउण्टर पर मैं अकेला नहीं हूँ, मीनल की तेज निगाहबानी है; और कई लड़के हैं, पाँवों में स्केट शू बाँधे, पंजाबी या अंग्रेजी में मौसम और लड़कियों की बातें करते हुए। लड़कियाँ भी हैं।

ह्वाइ आइ लव यू...ह्वाइ आइ लव यू ह्वाइ आइ लव यू...

"मैं तुम्हें क्यों इतना प्यार करती हूँ कि तुम्हारे शरीर से उतरी हुई ह्विस्की की गन्ध भी मुझे प्यारी लगती है ?"—मीनल अभी ह्विस्की और बीअर के गन्ध का फर्क नहीं पकड़ सकती है। उसके लिए शराब का मानी है—ह्विस्की ! उसके लिए पुरुष का मानी है—मैं ! इतने नजदीक से उसने और किसी पुरुष को नहीं देखा है...

मगर इस देखने से अधिक अभी कुछ नहीं होता है। कभी नहीं हुआ है। मीनल डरती है। मीनल शरमाती है। इसके अलावा वह जानती भी नहीं कि प्यार हमेशा ही प्रतिदान माँगता है।

आज एक नई बात हुई है। शायद, मेरे जानते पहले-पहल, पार्वती ने मुझसे पूछा है—"आज शाम को तुम मुझे साथ ले चलोगे ?"

"कहाँ ?"

"जहाँ कहीं भी ! पहले लाइब्रेरी बाजार चलेंगे। मेरी एक सहेली आई है, मुझसे मिलना चाहती है। मुझे कुछ कपड़े भी लेने हैं। रुपये हैं तुम्हारे पास ?"

"रुपये हैं ! मगर मेरे नहीं, तुम्हारे ही रुपये हैं। कितने चाहिए ?"—मैं मुस्कुरा रहा हूँ और खुश हूँ। मैं उसे अपनी तरफ खींच लेता हूँ, और कहता हूँ—"पारो, मैं बहुत खुश हूँ !"

शाम हुई है और उसने मेरे जानते पहले-पहल कान्टिनैन्टल ड्रेस पहना है—लो कट और ओवरगाउन ! बालों को पिनों और रिंगों की सहायता से इस तरह लपेटा गया है कि पीछे से लगता है, पार्वती नहीं है, कोई मिस स्वेडेन या मिस हँगरी है। पार्वती को बताया गया है कि मैं साड़ी से अधिक विदेशी लिबास पसन्द करता हूँ। वीनस शार्ट्स पहनती है, इसीलिए मैं उसका दोस्त हूँ, इसीलिए पार्वती देहरादून जाकर शार्ट्स बनवा आई है, इसलिए मुझे दुख हुआ है, इसीलिए मैं खुश हूँ।

पार्वती नहीं समझ पाती कि मैं दुःखी हूँ। फिर भी इतना तो वह अनुभव कर लेती है कि मुझे अच्छा नहीं लगा है। मुझे अच्छा नहीं लगा है और पार्वती इस बार भी पराजित हो जाती है। मैं जैसे उसके शृंगार और वस्त्रों और ताजा गहनों और बालों में अटकी गुलाब की कली को टाल जाता हूँ। मेरे टालने से पार्वती घबरा जाती है। अपनी पराजय से पार्वती सुलगने लगती है। उसकी यह सुलगन पराजय में नहीं, पराजय के कारण भी नहीं है शायद ! हारी तो वह पहले भी है। उसने चाहा है कि वीनस और मीनल और...और वह हारी है। लेकिन इस बार मेरी आँखों में यह निष्कर्ष है कि पार्वती, रंगीन और नए कट के कपड़े पहनकर तुम मुझे अपनी तरफ रूज नहीं कर सकोगी पार्वती, तुम पहले से और भी सस्ती हो गई हो...! इस निष्कर्ष ने पार्वती को आग लगा दी है।

पार्वती के चेहरे में स्थिरता है, मर्यादा है, साहस और पार्थिव सौन्दर्य भी है—मगर, इश्क की वह तेज धारा नहीं है, जिसमें बह जाने की इच्छा उपजाई जा सके। पार्वती का चेहरा बर्फ की मूरत का सफेद और ठंडा चेहरा है। उसके चेहरे से दो ही व्यवहार किया जा सकता है—उसका मजाक उड़ाया जाए, या पंजों में उसे दबाकर चूम लिया जाए। मुझे ये दोनों व्यवहार हरदम अच्छे नहीं लगते; चाहे माथे पर सिन्दूर की रेखा चमक रही हो, चाहे होंठों पर लिपिस्टिक की पर्तें चमक रही हों।

दस

भाई साहब के कमरे में ट्रिब्यूनल बैठता है। ज्ञानीजी, रानी भाभी, भाई साहब, पार्वती और इन सभी की शिकायतों-फरियादों का शिकार—मैं ! मैं जानता हूँ, इतनी रात गए; जब परिवार के बाकी सारे लोग सो गए हैं या सोने का बहाना किए बिस्तरों में कैद हैं; यह कान्फरेन्स बुलाने की क्या जरूरत है ! मैं जानता हूँ। मैं शुरू से ही जानता था।

पार्वती कोने की टेबुल पर खड़ी प्यालों में कॉफी डाल रही है। वह मेरी तरफ देखना नहीं चाहती, साहस नहीं उसे, डरती है वह !

"देव साहब, तुम्हारे खिलाफ लोगों की शिकायतें हैं !"—भाई साहब के स्वर में अधिकार है। भाई साहब के स्वर में कठोरता है ! गुस्सा है।

"क्या शिकायतें हैं ? मैं सुनना चाहता हूँ," मेरे होंठों पर मेकिया-वेलियन मुस्कान है। कुटिल, चपल और सायास।

"सुनना हमें है देव साहब ! यह सब क्या हो रहा है ?"—भाभी पूछती हैं। पार्वती सबको प्याले थमाती है और कमरे से बाहर चली जाती है।

"तुम यहीं बैठो पारुल ! तुम्हारा रहना बहुत जरूरी है !"—भाई साहब एक ही घूँट में प्याला खत्म करते हैं और एक सिगार जलाते हैं।

मैं हर शाम पार्वती को अपने साथ क्यों नहीं ले जाता हूँ।

वीनस और सोनाली से मेरे क्या सम्बन्ध हैं, और मैं उनके साथ देर-देर तक होटलों और रेस्ट हाउसों में क्यों बैठा रहता हूँ।

मैं मसूरी क्लब में फ्लश क्यों खेलता हूँ ? और मेरे पास इतने पैसे आते कहाँ से हैं ?

एम्प्लायमेन्ट *(एप्वाएन्टमेन्ट)* लेटर पाकर भी मैं ऑल इण्डिया रेडियो ***वाली नौकरी पर*** दिल्ली क्यों नहीं गया, मैं नौकरी-चाकरी नहीं करना चाहता तो भाई साहब के बिजनेस में हाथ क्यों नहीं बँटाना चाहता ***(बँटाया करता)*** हूँ ?

डॉक्टर दत्ता की पत्नी श्रीमती जयमाला दत्ता को मैंने प्रिंसेज होटल के ऐनुअल बॉल में इनसल्ट क्यों कर दिया ? और, यह शशि देवी कौन हैं ? उनके पत्र मैं अजीत सिंह के पते पर क्यों मँगाता हूँ ? उसके पत्र मैं पार्वती को क्यों नहीं देखने देता ?

"इनमें कोई भी ऐसा सवाल नहीं है जिसका मैं जवाब देना चाहता हूँ ! ये सब बच्चों जैसी बातें हैं। मैं पूछता हूँ, पार्वती मेरे साथ क्यों नहीं रहती ? मेरी तरह क्यों नहीं रहती ? पार्वती संन्यासियों और पुजारियों से क्यों घिरी रहती है ? पार्वती लिटरेचर और आर्ट की बातें क्यों नहीं कर पाती है ? मैं पूछता हूँ, सोनाली क्या, वीनस क्या, किसी भी महिला से मुझे दोस्ती रखने का अधिकार नहीं है। मैं फ्लश तो आपके पैसे से नहीं खेलता ? मेरे पास अपने रुपये थे और अपने रुपये हैं। मैं फ्लश में कभी हारता नहीं, किसी शाम नहीं हारा हूँ। हारना मेरा पेशा नहीं है, आपका पेशा है। नौकरी मैं दिल्ली या मसूरी या बम्बई में नहीं करूँगा। करना ही होगा तो पटने में करूँगा, जहाँ मेरा घर है, मेरे दोस्त हैं, मेरा परिचित वातावरण है, मेरी परिस्थिति है। पार्वती मेरे साथ पटना क्यों नहीं चलती ? मसूरी और पटने में क्या फर्क है ? वह कौन-सी वस्तु है जो पार्वती को मेरे साथ जाने से रोकती है ? मैं बिजनेस में लग नहीं सकता। यह मेरा रास्ता नहीं है ! मैं कागज के नोट तौलने के लिए पैदा नहीं हुआ। जयमाला को मैंने इनसल्ट नहीं किया, वह अपमान किए जाने लायक भी नहीं है। वह औरत नहीं है, गोश्त के लोथड़ों से बनी मशीन है, चमड़े का ज्यूक-बाक्स है, जिसमें चवन्नियाँ डालकर मनचाहा गीत बजाया जा सकता है। मैं उससे और उसके गीतों से नफरत करता हूँ। इसीलिए मैंने उस रात उससे कहा था कि वह अकेली अपने घर चली जाए, मैं उसे पहुँचाने नहीं जाऊँगा; क्योंकि उसे कोई भी पहुँचाने जाए, कोई फर्क नहीं पड़ता है। रास्ते में उसे डर लगने ही लगेगा और वह मर्द की बाँहों का सहारा चाहेगी ही। यह बात जयमाला की इनसल्ट नहीं थी, उसकी आदत थी ! और शशि कौन है ? कोई भी हो, आपको क्या ? मैं आपका ताबेदार हूँ। शशि नहीं है।"

और जब मैं वहाँ से बाहर उठकर चला जाता हूँ तो सीढ़ियों के साये में मीनल और शकुन्तला खड़ी हैं। मीनल अपने कमरे की तरफ भागती है और शकुन्तला मुझसे कहती है—"अंकल, यू आर ब्रूट !"

मैं कुछ नहीं कहता और बेडरूम में आकर बाहर जाने के कपड़े पहनने लगता हूँ। अभी बारह बजे होंगे और क्वालिटी का बार अभी खुला ही होगा।

"मेरी कोई गलती नहीं है ! भाई साहब ने पूछा तो कहना ही पड़ा। मेरा कोई अपराध नहीं है, मुझे गलत नहीं समझो, देव डियर। पार्वती दरवाजे पर खड़ी है, और उसकी आँखों में सच्चे आँसू तैर रहे हैं, और अब नहीं लगता कि किसी भी दिन आँसू मुझे रोक सकेंगे...।

"गलती तो मेरी है कि मैं तुम्हारी जैसी सस्ती औरत के कहने पर मसूरी आया ! तुम्हारी गलती क्यों रहेगी ? गलती तो मेरी है। तुम तो अमीर हो...तुम्हारे बड़े भाई बड़े भारी बिजनेसमैन हैं...मैं क्या हूँ ! मेरा तो अपना कोई घर नहीं, मेरे लिए तो किसी के भी दिल में जगह नहीं...मुझे क्या मिला ? तुमसे शादी करके अपनी छोटी-सी दुनिया और अपनी मामूली-सी जिन्दगी से दूर आकर मुझे क्या मिला ? भाभीजान के नाते और भाई साहब के बोल और पार्वती के आँसू और..." मैं कमरे के पिछले दरवाजे खोलकर

बालकनी पर आता हूँ; सीढ़ियाँ उतर जाता हूँ।

मेरे सामने अन्धकार है और नीचे की घाटियों में जंगल जल रहा है। पेड़ काटने के पहले पहाड़ी लोग जंगलों में आग लगा देते हैं ताकि छोटे पौधे झुलस जाएँ, पेड़ों की डालें नंगी हो जाएँ और काटने में आसानी हो। नीचे जंगल में फैली यह उजली आग मुझे भी जलाने लगती है। इतनी रात गए रिक्शा नहीं मिलता। मैं पैदल ही होता हूँ। अकेला ही। उदास ही। और सीधा कुल्लड़ी आता हूँ। क्वालिटी का द्वार बन्द है। लाइब्रेरी बाजार आता हूँ। सारी दुकानें बन्द हैं। मैं फिर कुल्लड़ी वापस आता हूँ और चन्दर बुक डिपो की बगल की पतली गली से होकर कैमेल बैंक की ओर मुड़ता हूँ। श्रीनगर लौज के पास, जहाँ पहले कभी पहाड़ी वेश्याएँ रहती थीं, कुछ रिक्शा कुली आग का अलाव जलाकर वृत्ताकार बैठे हैं और देशी शराब की बोतलें खोल रहे हैं। इतनी ज्यादा सर्दी है, और रात काटने का दूसरा उपाय इनके पास कुछ नहीं है। रिक्शेवाले मुझे देखकर आतंकित तो नहीं होते, चकित होते हैं। भाई साहब के रिश्तेदार और पार्वती के शौहर के रूप में सभी रिक्शेवाले मुझे जानते हैं। पार्वती इनकी सेवा-सहायता करती रहती है। पार्वती के ही कारण इधर के पहाड़ी इलाकों में जो कुछ ग्राम-विकास के कार्य हुए हैं, रिलीफ बँटे हैं। यह भी पार्वती की एक आदत है। फुरसत मिलने पर वह आसपास के गाँवों में जाती है और कभी रोटरी क्लब से, कभी सेवा समिति से, कभी किसी दूसरी संस्था से गाँव में रिलीफ के कपड़े और अनाज और अमरीकन दूध के डिब्बे और कम्बल बाँटती है। ऐसी समाज सेविका श्रीमती पार्वती देवी का पतिदेवता मैं, इतनी रात गए क्यों आवारा घूम रहा हूँ।

साहस करके एक कुली पूछता है—"रिक्शा चाहिए, सेठजी ?"

"नहीं, शराब चाहिए ! मुझे एक बोतल दे सकोगे ?"—मैं जेब से पर्स निकालता हूँ। शराब मिल जाती है। अलाव के पास बैठकर खुद भी पीता हूँ और दूसरों को भी पिलाता हूँ। शराब का नशा और मौसम की पागल सर्दी और चारों तरफ बढ़ता हुआ धुआँ !

विचारों की थरथराती लहरें मेरे मन में फैलने लगीं—इन बातों को एक दूसरी दृष्टि से भी देखा जा सकता है। शायद, मैं अपने को इन लोगों की सोसाइटी में फिट नहीं कर सकता हूँ। शायद, मेरी अपनी सीमाएँ हैं। शायद, ये लोग चाहते हैं कि हर मामले में मैं इन लोगों का आश्रित हूँ। मेरे पास पैसे न रहें और मेरे पास पार्वती के अलावा ऐसी कोई औरत न रहे जिससे मैं बातें करना चाहूँ और किसी भी स्थिति में ऐसा सम्भव नहीं है...।

सुबह उठने में बहुत देरी हो गई है। सुबह की कॉफी आज मीनल ने नहीं दी है, पार्वती ने भी नहीं ! घर में जैसे खामोशी छाई हुई है। हरि और मीनल स्कूल गए हैं। पार्वती नीचे किचेन में है। भाई साहब और भाभीजान और शकुन्तला का भी कुछ पता नहीं।

मैं चाहता हूँ कि कोई काम करूँ या कोई तस्वीर बनाऊँ—मगर, होता नहीं ! बस,

यों ही कमरे में चक्कर काटता रहता हूँ और फूलदानों के शीशों को बारी-बारी से छूता हूँ। फूल एक में भी नहीं हैं। तब सुबह की पहली डाक लेकर आया ऊपर आती है और अपने घाघरे को सँभालती हुई एक लिफाफा निकालती है। मेरे पास आकर कहती है–"मीनल बीबी दिया है।"

"मिलना जरूरी है। तुम शाम को सात बजे मिसेज जैनेट शॉ की कोठी में आ जाओ। किसी को मालूम न हो। सात बजे, जैनेट शॉ की कोठी। भूलोगे नहीं !"–मीनल का पत्र मैंने पढ़कर वेस्ट बॉक्स में डाल दिया है और मन-ही-मन मुस्कुराने लगा हूँ। सभी जानते हैं कि मिसेज जैनेट शॉ की कोठी कोई अच्छी जगह नहीं। वहाँ कमरे और औरतें और मर्द और उत्तेजक वातावरण किराए पर मिलते हैं। वहाँ बड़ी अजनबी और भयानक बातें होती हैं। फिर, मीनल ने वही जगह क्यों चुनी है ?

"बीबीजी जवाब देने को बोला है !"–आया पूछती है। खिड़की से झाँककर देखता हूँ, पार्वती सहन में खड़ी कैंची से गुलाब की डालें कतर रही है। धूप उग आई है और उसका चेहरा और भी पीला हो उठा है। मैं पार्वती को नहीं, इस नई आया को देखता हूँ। इसका नाम है–बसन्ती। कुमायूँ जिले की रहनेवाली है। चार सहोदर भ्राता मिलकर इसे खरीद लाए हैं–डेढ़ सौ रुपये और दो गाएँ बसन्ती के बाप को मिली हैं, और बसन्ती को मिले हैं चाँदी और पीतल के मोटे-मोटे गहने ! शादी इसी फागुन में हुई है और पहाड़ की यह बेटी खुश है। अब से हमारे यहाँ काम करने लगी है, रोज नहाने और कपड़े बदलने की आदत लग गई है इसे ! और इस साफ-सुथरी पहाड़ी लड़की और पार्वती में मुझे कोई खास फर्क नहीं दीखता...।

"बीबीजी को बोलना, हम जाएगा !"–मैं उत्तर देता हूँ और बसन्ती की बाँहें थामकर उसे अपने करीब खींच लेता हूँ और वह न शरमाती है, न बाँहें छुड़ाना चाहती है, सिर्फ खिलखिलाती है।

दरवाजे पर दस्तक देकर शकुन्तला कमरे में आ जाती है। बसन्ती किनारे हटकर बिस्तर ठीक करने लगती है। फिर बाहर चली जाती है। शकुन्तला हाँफ रही है। शकुन्तला बहुत दुःखी और बहुत उत्तेजित है।

"क्यों ?"–मैं सिगरेट जलाकर उसके सामने की कुर्सी पर बैठता हूँ !

"मैं जानती हूँ, देव अंकल, पार्वती आन्टी पागल हैं, मेरी मिनियाँ भी पगली है ! दोनों अपने को बरबाद कर रही हैं।"

"हो सकता है !"–मैं एशट्रे में राख झाड़ता हूँ और शकुन्तला की तरफ देख नहीं पाता।

"कल सारी रात मिनियाँ सोई नहीं, बस मेरी बाँहों में मुँह छिपाए रोती रही। तुमने अंकल, उसे जादू कर दिया है। तुम्हारी आँखें उसे विवेकानन्द महाराज की आँखें जैसी लगती हैं–पागल बना देनेवाली आँखें ! वह सारी रात रोती रही, अंकल !"–शकुन्तला की बातों में मीनल के लिए अथाह प्रेम है और मेरे लिए है अव्यक्त घृणा।

"और, पार्वती आन्टी नहीं चाहतीं कि तुम उनके अलावा किसी दूसरी औरत से

बात भी करो ! इसका कारण है। जीवन के इतने साल उन्होंने अकेले गुजार दिए। कभी एक रात का भी सुख नहीं मिला है उन्हें ! अब तुम उन्हें मिले हो तो वह एक-एक सेकेन्ड तुम्हारे साए में काटना चाहती हैं !"—शकुन्तला की बातों में पार्वती के लिए प्रेम भी है और घृणा भी।

"तुम कहना क्या चाहती हो, कुन्तल ?"—मैं साफ और सीधे शब्दों में पूछता हूँ और वह सहम जाती है।

"कुछ नहीं चाहती मैं तो ! सिर्फ यही चाहती हूँ कि इन सारी बातों के केन्द्र तुम्हीं हो। तुम्हीं मीनल को निर्मल बना सकते हो, पार्वती आन्टी को शान्ति और सुख दे सकते हो ! मुझे विश्वास है, तुम मीनल की जिन्दगी बरबाद नहीं चाहोगे...।"

"क्यों ? इसमें जिन्दगी बरबाद होने की क्या बात है ?"

"है क्यों नहीं ! तुम इतना भी नहीं समझते ? वह तुम्हारे साथ यहाँ से भाग जाना चाहती है ! मीनल बहुत सेन्टिमेन्टल है अंकल ! उसे तुम्हीं बचा सकते हो, अच्छे रास्ते पर वापस ला सकते हो।"—शकुन्तला का चेहरा ग्लानि से स्याह होने लगा है।

तभी पार्वती आती है और कहती है—"कुन्तलिया, तू पत्थर से बातें क्यों करती है ? इस आदमी के पास दिल नहीं है, पत्थर ही पत्थर है !"

और शाम के सात बजे जैनेट शॉ के दरवाजे खटखटाता हूँ तो मुझे याद है कि मुझे आदमी नहीं, पत्थर मान लिया गया है। मैंने यह नहीं विश्वास किया है कि मैं पत्थर हूँ, सिर्फ इतना ही बोधगम्य है कि मेरे सीने पर पत्थरों का बोझ है। मैं मीनल के इस अभिसार-मिलन की बात सोचता हूँ...उसने मिसेज शॉ के यहाँ ही क्यों बुलाया है मुझे ? एक-से-एक होटल थे, एक-से-एक मुलाकात की वीरान और एकान्त जगहें थीं, रेस्ट हाउस...पहाड़ी घाटियाँ...खाली कोठियाँ और मीनल को मिसेज शॉ का पता क्यों है ? कैसे है ?

मीनल से मेरी यह मुलाकात महज भेंट-मुलाकात नहीं है, एक फैसला है—और फैसला करने के मामले में मैं बहुत बुजदिल हूँ।

खैर, कमरा बहुत छोटा है और हल्की हरी रोशनी का बल्ब बीच के टेबुल पर जल रहा है। फरनीचर के नाम पर लोहे की एक चारपाई है जिस पर अस्पताल के वार्ड जैसी सफेद धुली चादर बिछी है। छोटा-सा गोल टेबुल है, जिस पर पीटर चेनी की दो-तीन फटी-पुरानी किताबें पड़ी हैं, प्लास्टिक के फूलों का एक गुलदस्ता भी है। फिर एक कुर्सी है, जिस पर मीनल अकेली-सी बैठी है। कान्वेन्ट स्कूल का, नीले रंग का ड्रेस; गले में लाल स्कार्फ जिस पर सफेद-सफेद बूटे; मजबूत बेल्ट में कसी कमर। मीनल घुटने सिकोड़कर और बाँहों में चेहरा छिपाए बैठी है, और लगती है, मीनल नहीं है, एक आहत हिरनी है जिसने शिकारी को अपना सब कुछ सौंप दिया है। चुस्त गाउन में कसे उसके स्तन थरथरा रहे हैं, और वह पसीने से भीग रही है।

"मीनल"—मैं कुर्सी की पीठ पर खड़ा हो गया हूँ। मीनल सिर उठाकर मुझे देखती है फिर चेहरा छिपाने लगती है। मैं उसके सामने आकर, टेबुल के सहारे देर तक खड़ा

रहता हूँ। जब वह प्रकृतिस्थ होकर मेज पर पड़े टॉवेल से आँसू और पसीने की धार चेहरे से मिटा लेती है, तो मैं फिर पूछता हूँ—"मीनल, क्यों रोती हो ?"

आँसू, पसीने, उछलते हुए सीने, चीख; नारी-सुलभ भावुकताओं की कितनी ही भूमिकाओं के बाद, मीनल दो बातें कहती है—एक यह कि वह मेरी है और उम्र भर मेरी ही रहेगी, और दूसरी यह कि मैं हमेशा-हमेशा के लिए मसूरी चला जाऊँ। सम्भव हो सके तो पार्वती को भी साथ ले जाऊँ।

"मैं जोर नहीं डालती कि तुम्हें ऐसा करना ही होगा। मैं सिर्फ तुमसे यह भीख माँगती हूँ। आन्टी के सुख के लिए, पापाजी और मम्मीजी के सुख के लिए यह जरूरी है।" वह मेरे दोनों हाथ अपनी बाँहों के आस-पास जकड़ लेती है और मुझे लगता है कि मुझे कोई बात सुनाई नहीं पड़ रही है। जैसे मीनल की बात, जैसे बगल के कमरों की ताजा खिलखिलाहटें, जैसे पास में सिर्फ मैं हूँ, अकेला मैं ! चैतन्य रह नहीं गया है...

"आइ विल थिंक ओवर इट।"—मैं कहता हूँ और कमरे का दरवाजा खोलकर बाहर खड़ी मिसेज शॉ से कहता हूँ—"एक बीअर और एक सोलन !"

आज मीनल नहीं कहती कि मैं सोलन और बीअर का सस्ता कोक्टेल नहीं पिऊँ। आज मीनल कुछ नहीं कहती है। ***वह सिर्फ मुक्ति चाहती है ! मगर, मुक्ति इतनी आसान नहीं है...***

"तुम सोचती हो कि मेरे लिए मसूरी से चला जाना इतना आसान है ? क्या तुम लोगों ने मुझे वही मामूली-सा आदमी रहने दिया है जो मैं पहले था? मैं कहाँ जाऊँ ? किस तरह जाऊँ ?"—मैं यह सब मीनल से नहीं कहता। नहीं कहता हूँ, क्योंकि मीनल मुक्ति चाहती है और मैं किसी की मुक्ति को बाधित क्यों करूँ ? इसलिए मैंने कहा—"सोचूँगा ! मुझे दुख हो तो हो, मैं ऐसा रास्ता अवश्य सोचूँगा जिसमें तुम और तुम्हारी आन्टी और तुम्हारा परिवार और तुम्हारा यह समाज सुख, चैन और शान्ति पा सके !"

मीनल का चेहरा सुर्ख हो गया है। सुर्ख, और तब सफेद, और तब स्याह पड़ गया है। वह आतंकित हो उठी है और खुदगर्जी ने उसे शर्मिन्दा कर दिया है। और, धीमे-धीमे और तौले हुए अल्फाज में बोलती है—"शान्ति तुम्हें चाहिए, देव बाबू ! हम लोगों से ज्यादा शान्ति की जरूरत तुम्हें है।"

मेरे हाथ में सोलन की बोतल है और वह घनी बरसात में भागती हुई बूढ़ी औरत की तरह झुकी-झुकी-सी, पाँव बचाती हुई-सी, कमरे के बाहर चली जाती है !

"मीनल !"—मेरी आवाज में थरथराहट है और वासना है।

"कहो !"—वह पीछे घूमती है और बड़ी-बड़ी आँखों में बहुत सारा दुख बटोरकर मुझे देखती रहती है।

"अपने कमरे का पिछला दरवाजा खुला रखना। मैं दो, तीन बजे तुम्हारे पास आऊँगा। आइ विल कम !"—शब्दों के एक-एक अक्षर पर जोर देता हुआ कहता हूँ।

"नहीं, नहीं ! नॉट दैट...नॉट दैट...नेवर...नहीं !"—वह तड़प उठती है और बिजली की चमक की तरह दरवाजे के बाहर गायब हो जाती है। मैं अपनी जिन्दगी की आखिरी मुस्कुराहट मुस्कुरा लेता हूँ।

ग्यारह

आधारकर की यह सुनन्दा मेरे लिए पार्वती और मीनल दोनों ही है। मेरी पार्वती मेरी पत्नी भी है, मेरी प्रेमिका भी है। और, इस दोहरे भार से मैं जड़ हूँ, अचैतन्य हूँ और मेरी अपनी अचेतनता में मुझे यह आधारकर बहुत ही काल्पनिक, बहुत ही असंगत और अस्वाभाविक दीखता है। देवदास की तरह काल्पनिक अर्थशास्त्र के नियमों-उपनियमों से बन्धित-प्रतिबन्धित इस संसार में आधारकर या सुनन्दा का उद्‌भव, स्थापन और विकास सम्भव नहीं है।

नारी किसी भी स्थिति में, इच्छा करके भी कालिदास की वह हथिनी नहीं हो पाती है कि अपना सारा जल अपने प्रिय को अर्पित कर दे। नारी बहुत चीजें अपने लिए बचाकर रख लेती है—क्योंकि अपनी अस्तित्व-रक्षा ही उसके लिए एकमात्र चेष्टा रह गई है। अपना अस्तित्व वह किसी मूल्य पर नष्ट करना नहीं चाहती, क्योंकि उसे अपने आपसे मोह होता है। अगाध मोह।

और, पार्वती जानती है कि मेरे साथ मसूरी से बाहर जाकर वह अपना अस्तित्व बचा नहीं सकेगी—उसे मुझमें अपने-आपको प्रतिष्ठित कर देना होगा।

वीनस और अजीत सिंह में शादी नहीं हो सकी। वीनस को 'पर्वत-प्रिय' का मालिक श्यामलाल जगतनारायण अपने साथ बम्बई ले जाता है, और हफ्ते ही भर बाद वीनस मिसेज 'पर्वत-प्रिय' बनकर होटल लौट आती है। सोनाली की माँ मिसेज सेनगुप्ता सारे कर्जदारों को निराश करके चुपचाप पटना लौट जाती है...सोनाली मिलती है, मगर उखड़ी-उखड़ी-सी दीखती है। लोग कहते हैं उसे कोई भयानक बीमारी हो गई है, और वह मर जाएगी। ज्ञानीजी अब हमारी कोठी पर नहीं आते। भाई साहब से उनका झगड़ा हो गया है उसी बूढ़ी इटालवी मेम साहब को लेकर, जिसके नाम पर किसी राजा ने कोई महल बनवाया था...ज्ञानीजी सत्पुरुष हैं, उसका पक्ष लेते हैं। डॉक्टर दत्ता सदा के लिए मसूरी से चले गए हैं; अब हरिद्वार में रहेंगे, वहीं डिस्पेन्सरी करेंगे। मिसेज जयमाला दत्त हरिद्वार नहीं गई हैं, उनके लिए अभी मसूरी मरी नहीं है। सीजन गुजर गया तो क्या हुआ, बरसात आ गई तो क्या हुआ, चमन में न सही, दिल में बहार बाकी है।

मगर, मेरे लिए नहीं। मेरे लिए बहार नहीं है। कोई भी मौसम नहीं होता है, मेरे लिए। हफ्ते, महीने और साल गुजर गए हैं। पिछली जिन्दगी का कोई भी गवाह पत्र नहीं लिखता। किसे लिखे, मैं था ही कहाँ। सिर्फ एक शशि है और आठ-सात महीने बाद उसका पत्र आया है—"तुम्हारे गए कितने दिन बीत गए। लोग यहाँ बरसात के

लिए रो रहे हैं, मगर पानी एक बूँद नहीं बरसता कि खेतों की प्यास बुझे। अखबारों में पढ़ती हूँ, तुम्हारी तरफ बरसात ही बरसात है।''

सच, बरसात ही बरसात है। चारों ओर का परिवर्तन इतना स्पष्ट और गहरा है कि उसे झुठला सकने में लगता है, अनुभव के सत्य के साथ बलात्कार करता होऊँ। 'आषाढ़स्य प्रथम दिवसे' वाला आषाढ़ आ गया है, मगर इतनी अपरिचित क्यों हो गई है सारी प्रकृति...इतना जर्जर और वृद्ध क्यों हो गया हूँ। दिल के अन्दर जो काल्पनिक संसार बसाया था, उसमें मैंने खुद नीरो बनकर आग क्यों लगा दी है ? मरीचिकाएँ हार गई हैं। तृष्णाएँ बुझी जा रही हैं, शायद वर्ष-भोग्य शाप की मियाद पूरी हो रही है।

मीनल की आँखों में छिछला हल्कापन है, विकार है। उन्मुक्तता नहीं है। लम्बी बेंत-सी काया, मरा शरीर और श्लथ-श्लथ-सा वातावरण। मीनल के करीब खड़ा होना अब स्वस्थ नहीं लगता। बात यह है कि मैं स्वयं अस्वस्थ हूँ। बीमार हूँ। 'उनके देखे से भी मुँह पे रौनक' नहीं आती है। नहीं आती है।

''नहीं, कोई नहीं पहचानेगा मुझे
एक उभरा हुआ मांसपिंड
जो, तड़प उठता है जरा छू देने से !''
–(मायाकोवस्की/ए क्लाउड इन ट्राउजर्स)

मैं स्पर्श से भागता हूँ। ध्वनि से, गन्ध से, दृश्य के हृदय की हर धड़कन से भागता हूँ क्योंकि, अपनी ही साँस में स्वकीयता मालूम नहीं पड़ती। लगता है मेरी साँसों में किसी दूसरे का घुटन भरा व्यक्तित्व घिर आया है और अपना अस्तित्व ही पराया लगता है। अपना ही स्वर अपरिचित।

आर्किमिडीज ने कहा था कि मुझे खड़े होने भर की जगह दो और देखो मैं सारी पृथ्वी को हिला दूँगा। मैं आर्किमिडीज तो हूँ, मगर खड़े होने की मेरी जगह छीन ली गई है। मेरे पाँवों तले समुद्र, धरती नहीं है।

''मैं कल शाम को चला जाऊँगा।''–मैं बहुत ही सीधे और स्पष्ट शब्दों में रानी भाभी से कहता हूँ। भाई साहब दो दिन पहले शकुन्तला को पहुँचाने बम्बई चले गए हैं और हम लोग ड्राइंग रूम में बैठे चाय पी रहे हैं।

''मैं कल शाम को चला जाऊँगा।''–पार्वती के हाथों से चम्मच छूटकर फर्श पर बिखर जाता है।

''कहाँ जाओगे ?''–भाभी पूछती हैं और उनके चेहरे पर मेरे प्रति कृतज्ञता है।

''अपने गाँव जाऊँगा।''

बस। इतनी-सी बात होती है। सभी चुपचाप चाय पीते रहते हैं। फिर सबसे पहले मीनल उठती है और तेजी से सीढ़ियाँ चढ़ती हुई अपने फ्लैट में भागती है। फिर हरि जाता है। फिर पार्वती। फिर भाभी मुझसे कहती हैं–''देवकान्त बाबू, पारुल-बीबी का चौथा महीना चल रहा है।''

''मैं कल शाम को चला जाऊँगा।'' मैं बरामदे में आ जाता हूँ और नीचे की घाटी

पर फैलते हुए कुहरे को निहारने लगता हूँ। कुहरा ऊपर उठ रहा है।*

नींद से अचानक जागकर सिगरेट के धुएँ के साथ अपने इर्द-गिर्द सोचने लगा हूँ, धुएँ में लिपटे अपने चतुर्दिक को पहचानने की कोशिश करने लगता हूँ। मगर कुछ देख नहीं पाता। शायद, कभी किसी दिन देख नहीं पाऊँगा।

क्यों नहीं देख पाऊँगा ?

●●

* 'सुनो व्रजनारी' में यहाँ के बाद अध्याय बदल दिया गया है।

बीस रानियों के बाइस्कोप

'तीसरी कसम' के कवि शैलेन्द्र को

'बाइस्कोप' के बारे में

'बाइस्कोप' के बारे में लिखी गई, यह मेरी पहली किताब है। किताब मैं लिखना नहीं चाहता था, क्योंकि जिन्दगी के इस दौर में, अभी मेरी उम्र ज्यादा, और दागदार नहीं हुई है। लेकिन, अभी नहीं लिखता, तो फिर कभी कुन्दन बाई को मैं लिख नहीं पाता, शिवाजी सिंह को भी नहीं। ये लोग इतने छोटे और इतने मामूली हैं कि बाद में इन पर लिखने की कोई जरूरत नहीं रह जाती। बम्बई के सिनेमा का वक्त, अदब और संस्कार अब बदला जा रहा है।

एक स्तर पर शिवाजी सिंह जैसे लोग खत्म हो रहे हैं, और नई उम्र की एकदम नई फसल सामने आ रही है, कुन्दन और लाजवन्ती के बाद की फसल। यह नई फसल ही अधिक महत्त्वपूर्ण है। सार्थक भी है।

मन्टो ने सितारा बाई, श्याम और कुलदीप कौर को नजदीक से देखा था। वे लोग अब नहीं रहे। उन्हीं के वक्त में यह शिवाजी सिंह भी था, लेकिन, मन्टो दूसरे माहौल में रहता था। उसकी सिंह से किसी भी स्टूडियो के फ्लोर पर या शराबखाने में मुलाकात नहीं हुई। पुखराज से मन्टो मिला था। पुखराज से अमरीकी लेखक स्कॉट फिट्ज़रैल्ड भी अपनी किताब 'द ग्रेट गैट्सबाई' में मिल चुका है। मन्टो ने पुखराज बेगम को अपनी लम्बी कहानी 'बाबू गोपीनाथ' में अंकित किया। लेकिन मन्टो दरअसल वहाँ गोपीनाथ की नपुंसक मानवीयता की बात कहना चाहता था। इसलिए, वह पुखराज को, तस्वीर में, सामने नहीं ला सका। मन्टो की पुखराज एक रोमानी लबादे में छिपी-ढकी रह गई। इस 'बाइस्कोप' की पुखराज, कुन्दन, लाजवन्ती, नयनतारा, कोई भी औरत ढकी-छिपी नहीं है। मैंने इन्हें अक्सर नंगी करके और बिना कोई लहँगा या चोली पहनाए हुए देखा है। ऐसा ही अंकित भी किया है।

जिसे हम लोग 'फिल्म-कल्चर' कहते हैं उस पर ज्यादा लोगों ने ज्यादा अच्छी तरह नहीं लिखा है। रोशनी के जादू में आँखें काम नहीं देतीं। 'सेलूलाइड' के बाहर से नहीं, उसके अन्दर से ही अपने देश के एक कोने में, बम्बई में, पनपते हुए इस 'कल्चर' को समझा जा सकता है।

'बाइस्कोप' के बारे में एक बात यह कह देना जरूरी है कि यह 'बायोग्राफी' या इतिहास नहीं है, कहानी है। कहानी की सारी खराबियाँ, सीमाएँ, नीरसताएँ और बदसूरती इसमें है। जिन्दगी कहानी बनकर बदसूरत हो जाती है, ऐसा मैं तय करता हूँ। जिन्दगी को कहानी नहीं होना चाहिए, अपने असली रूप में, जिन्दगी ही रह जाना

चाहिए।

मगर, हम लोग तो कहानी ही लिखते हैं। इतिहास हमसे सम्भव नहीं है। हमसे सम्भव नहीं है जिन्दगी। इसलिए, हम बदसूरत चीजों को और बदसूरत सच्चाइयों को कहानियों में सहते हैं। दूसरा कोई रास्ता नहीं है।

–राजकमल चौधरी

1
नया चिराग : नए अलादीन

मलाबार-पहाड़ी पर, पार्क के ठीक सामने, 'साज-रेस्तराँ' में वे लोग बैठे थे। तीन मर्द, एक औरत। फ्रांसीसी दाढ़ीवाला बूढ़ा आदमी बीच में ही उठकर चला गया था। जाते समय उसने कहा था, 'मिस्टर शिवाजी सिंह, कुन्दनजान का नाम हटा दो। तभी कोई बात हो सकेगी। वह औरत नहीं है, कपड़ा धोने की मशीन है।'

बूढ़े आदमी ने, जो कान से कम सुनता था और सुनने का काम ज्यादातर अपनी बन्द होती हुई आँखों से ही लिया करता था, कुन्दनवाली बात इतने जोरों से कही कि आसपास के टेबुलों पर तफ़रीह के लिए बैठे हुए पारिवारिक और सामाजिक कबूतरों के जोड़े पंख फड़फड़ाने लगे। एक औरत दोनों हाथों में फ्रूट-जूस का गिलास उठाए थी, सारा जूस उसकी चोली के अन्दर चला गया, और वह गन्दी हो गई। डर से गन्दी हो गई। शिवाजी सिंह शरमा गया। शर्मीली आँखों से बहुत नीचे, बहुत दूर चौपाटी की तरफ देखती हुई, सिंह के टेबुल की लड़की ने अपना चेहरा घुमा लिया। वह गोआनी लड़की थी, सलोना चेहरा और सुडौल हाथ-पाँव...थोड़ी बे-जुबान, और थोड़ी मासूम। उसने अपने साथ बैठे हुए सेठ से कहा, 'ओल्ड मैन बहुत भारी बोलता। देसी मुर्गा है। है ना सेठ ?' सेठजी हँसने लगे। यह मुहावरा उन्हें बहुत प्यारा लगा—देसी मुर्गा ! उन्होंने हँसते हुए, और गोआनी की ठुड्डी उँगलियों से पकड़कर हिलाते हुए कहा, 'देसी मुर्गा नहीं है। सेठ त्रिकमदास विक्रमदास बिस्कुटवाला है। फिल्मों में पैसे लगाता है। जब चाहे तुमको इज्निस बेलफोर्ड से उठाकर सीधे मीनाकुमारी बना देगा।'

इज्निस बेलफोर्ड की आँखें, हवा भरे जाते हुए बैलून की तरह फूलने लगीं और फूल-फूलकर किरासन तेल का पीपा हो गईं। उसने किहुनी की ठोकर मारकर सिंह से पूछा, 'अब तो बड़ा सेठ चला गया। तुम बात क्यों नहीं करता ? कुछ बोलो, मिस्टर सिंह, नहीं बोलने से कैसे चलेगा ?'

शिवाजी सिंह ने उसकी बात अनसुनी कर दी। वह टेबुल पर बिखरे हुए कागज़ के टुकड़ों को अपने फोलियो-बैग में एक-एक कर सँभाल रहा था। उसकी आँखें नम होकर नीचे झुक गई थीं। काली, घनी, चौड़ी बरौनियों पर मानसिक कष्ट और चिन्ताओं का तनाव जम गया था। बन्द किताब की तरह उसका चेहरा बन्द हो गया। बोला कुछ नहीं, सिर्फ अपनी छोटी गर्दन और मोटी कमर के नीचे बन्द हो गया। शुतुर्मुर्ग की तरह गर्दन उचकाकर उसने एक बार पार्क की बगल से निचली सड़क पर, सिर झुकाए हुए,

चुपचाप चले जाते हुए सेठ त्रिकमदास विक्रमदास बिस्कुटवाला को देखा; फिर वह बन्द हो गया। त्रिकमदास की उम्र सत्तर से एक दिन भी कम नहीं होगी।

प्रभात-स्टूडियो के ज़माने से फिल्मों में 'फिनान्स' का कारबार करता है। शर्तें उसकी अपनी होती हैं। निर्माताओं की गर्दन अपने हाथ में रखेगा। झपटते हुए बाज की तरह उसका चेहरा। यूराल-पहाड़ियों के तोते की तरह उसकी नाक। आँखें उसकी, इस बुढ़ापे में भी, कटार की तरह चमकती हैं। कान उसके पास नहीं हैं। वह जो देखता है, अपनी आँखों से देखता है, और जिसे देखता है, उसी को सुनता है। त्रिकमदास ढलान तक पाँव-पैदल जाएगा, फुटपाथ के किनारे-किनारे, अगल-बगल से गुजरते हुए चेहरों को गौर से देखता हुआ, पहचाने हुए चेहरों के साथ मुस्कुराता हुआ। वह रुकेगा नहीं। सलाम का जवाब नहीं देगा। सिर्फ, मुस्कुरा देगा। ढलान के पास उसकी नई गाड़ी है, सफेद क्रीम के रंग की 'इम्पाला'। सारी दुनिया के अक्लमन्द लोग इस गाड़ी को पहचानते हैं।

इस गाड़ी का नम्बर याद रखने की जरूरत नहीं है, सिर्फ रंग का 'शेड' याद रखने से चल जाएगा—सफेद क्रीम के रंग का सफेद 'शेड'। गाड़ी पर आगे की सीट में सपना बैठी होगी। कोई जासूसी किताब पढ़ रही होगी। सपना सरकार, उसका पूरा नाम है। हमेशा जासूसी किताबें और कहानियाँ पढ़ती रहती है। गाड़ी मलाबार-पहाड़ी से उतरकर, वार्डेन रोड की तरफ जाती रहेगी। सपना सरकार ड्राइवर के पास की सीट पर बैठी हुई देख रही होगी कि अमरीकी वकील पेरी मैसन ने अपने उस हसीन और दिलकश मुवक्किल को, कानून की मदद से, उसके आवारा-हाल शौहर के पंजे से छुड़ाया या नहीं !

और, पिछली सीट पर सेठ त्रिकमदास बिस्कुटवाला आँखें बन्द किए निढाल पड़ा होगा। त्रिकमदास मन-ही-मन हिसाब जोड़ रहा होगा कि कुन्दन को, जो उन दिनों तक दूसरे दर्जे की हीरोइन भी नहीं बन पाई थी, आठ साल की लम्बी मेहनत के बाद भी नहीं, हीरोइन ले लेने से, सिंह की प्रस्तावित फिल्म को किस बाजार से कुल कितना पैसा मिल सकता है।

नहीं, त्रिकमदास मेरी फिल्म के बारे में कुछ भी नहीं सोच रहा होगा, शिवाजी सिंह ने यही फैसला किया। उसने फैसला किया, त्रिकमदास मेरी बात भी भूल चुका होगा। मेरा नाम भी उसे अब याद नहीं होगा। सिंह ने फैसला कर लिया। उसके चेहरे पर एक अजीब-सी शैतानी छा गई। वह जब बेहद खुश होता है, उसके चेहरे पर काली-काली लकीरें फूटने लगती हैं। शिवाजी सिंह से मेरा पुराना परिचय है।

पिछले दस बरसों से मैं इस साज रेस्तराँ में बैरा हूँ, और पिछले दस बरसों से वह यहाँ आता है। पहले यहाँ इतनी रौनक नहीं होती थी। ज्यादातर अंग्रेज और दूसरे विदेशी टूरिस्ट आते थे। आम जनता नहीं आती थी। सिंह हमेशा कॉफी पीता है। अकेले आएगा, चाहे दस मेहमानों के साथ आएगा, सिर्फ कॉफी पियेगा। जब बहुत खुश होगा, उसके चेहरे पर शैतानी छा जाएगी। मोटे, स्याह, भद्दे होंठों पर बेहद ईमानदार शरारत

नमूदार होगी। फिर वह अपनी बड़ी-बड़ी आँखों की पुतलियाँ नचाने लगेगा। उसकी भूरी-हरी पुतलियाँ, आँखों की सफेद सतह पर, पलकों के किनारे-किनारे, चाँद की तरह डूबती-तैरती रहेंगी। फिर, दोनों पुतलियाँ, एक-एक करके, ऊपर की दोनों पलकों में डूब जाएँगी। आँखें खुली रहेंगी। सफेद सतह पर सिर्फ हल्के लाल-नीले डोरे रह जाएँगे। सफेदी रह जाएगी। आपको लगेगा, शिवाजी सिंह की आँखों में पुतलियाँ नहीं हैं, कभी थीं भी नहीं। आपको लगेगा, वह जन्म से अन्धा है। देखने की ताकत उसकी आँखों में किसी दिन नहीं थी।

वह खुश होता है तो हर बार ऐसा ही करता है। पिछले दस सालों में, मैंने उसे कितनी बार ऐसे मौकों में देखा है। एक शाम वह अकेला यहाँ बैठा था, एकदम किनारे के उस टेबुल पर। कुछ लिख रहा था। जहाँ तक याद है, बंगाली हर्फों में कोई खत। उस अकेलेपन में उसने मुझे बताया था कि बारह-तेरह साल की कच्ची उम्र में, 'भगत पूरनमल' का बाइस्कोप अपने शहर में देखने के बाद, वह बम्बई भाग आया था।

एक मेहरबान भिखारी ने उसे पलकों में पुतलियाँ डुबो लेने का 'आर्ट' सिखा दिया। शिवाजी सिंह अपने भिखारी उस्ताद की तरह पुतलियाँ चढ़ाकर 'अन्धा बालक' बन जाना, और कोलाबा, अँधेरी, सर फीरोजशाह मेहता रोड के फुटपाथों पर चहलकदमी करके रोज दो-चार रुपये भीख माँग लेता था। मराठी फिल्मों के एक प्रसिद्ध डाइरेक्टर ने सिंह के इस 'आर्ट' को पहचान लिया। अँधेरी से उतरकर जब शिवाजी सिंह प्रभात-स्टूडियो में गया, एक मराठी फिल्म का मुख्य अभिनेता बनकर गया। इस फिल्म में उसने एक अन्धे भिखारी बालक का रोल किया था।

जब सेठ त्रिकमदास विक्रमदास बिस्कुटवाला उसकी आँखों से ओझल हो गया, सिंह ने मुझे पास आने का इशारा किया, और इज्निस बेलफोर्ड की तरफ देखता हुआ, आँखों की पुतलियों का तमाशा करने लगा। मैं सिंह के पास आया, तब तक वह अन्धा हो चुका था। उसने मुझसे कहा, 'तीन प्याले गर्म कॉफी, चारमीनार-सिगरेट की डिब्बी, और मेमसाहब के लिए एक प्लेट मक्खन के पकौड़े।'

गोआनी लड़की शिवाजी सिंह की इस हरकत से डर गई। उसका चेहरा शैतान का चेहरा हो चुका था। मुस्कुराहटों के सारे दाग मिट गए। स्याह रेखाएँ गहरी हो गईं। गोआनी लड़की तो उसके माथे पर भेड़ियों के दो सींग भी देखने लगी होगी। वह घबरा गई। उसके चेहरे पर पसीने की बूँदें पाउडर की पर्तों को तोड़कर ऊपर उभर आईं। फटे हुए बैलून की तरह उसकी बाँहें, उसका सीना, उसकी पूरी देह अब सिकुड़ने लगी। उसने काँपते हुए लहजे में कहा, 'सिंह साहब, तुम ऐसा क्यों हो गया ? बोलो, हमको क्या बोलता है ? हम यहाँ रहेगा, ना हम इस सेठ के साथ 'सैण्डी-होटल' चला जाएगा ?'

'कुन्दन को हम मीनाकुमारी नहीं बना सके। हम बाज़ी हार गए, बिजलीजान, हम हार गए। लेकिन हम तुमको मीनाकुमारी जरूर बनाएँगे। हम तुमसे वादा करते हैं ! क्यों, ठीक है न ?' अन्धे शिवाजी सिंह ने इज्निस के बाएँ कन्धे पर हाथ मारते हुए जवाब

दिया। इज्निस घबरा गई। मिस्टर सिंह हमको मीनाकुमारी बना देगा, यह बात तो ठीक है, लेकिन वह हमको 'बिजली' क्यों बोलता है ? हम क्या ग्लैमर गर्ल नहीं है, हम क्या बिजली का स्विच है ?—

इज्निस की खास बगल में बैठे हुए सेठजी अब सावधान हुए। इतनी देर तक वे भी सेठ त्रिकमदास की बात ही सोच रहे थे। ये लोग चार ही बजे यहाँ आ गए थे। त्रिकमदास ठीक चार बजकर चालीस मिनट पर आया। इज्निस अथवा सेठजी की तरफ, सवा घंटों की बातचीत के दौरान, उसने एक बार भी आँखें उठाकर नहीं देखा।

वह शिवाजी सिंह की बातों में मशगूल रहा। प्रस्तावित फिल्म-प्रोडक्शन के आँकड़े देखता रहा। कुल चालीस दिन की 'आउट डोर-शूटिंग' के लिए एक लाख बीस हजार रुपए ! छह गानों की रिकार्डिंग के लिए अस्सी हजार ! एक लाख रुपयों के 'सेट' और 'कॉस्ट्यूम' बनेंगे। स्टूडियो के अहाते के अन्दर देहाती मेले का एक पूरा दृश्य लगाया जाएगा। इसी दृश्य में फिल्म का प्रस्तावित हीरो दिलीप कुमार, प्रस्तावित गुंडों के हाथ से, अपनी सहेलियों के साथ नाचती-गाती हुई, मेले में आइसक्रीम खाती हुई अल्हड़ कुन्दनजान को बचा लेगा। फिल्म की कहानी, स्क्रीन प्ले, संवाद और निर्देशन के लिए शिवाजी सिंह कुल दस हजार रुपये लेंगे। बजट ऐसे ही बनाया गया था। बजट तैयार करने में सेठजी ने सिंह की मदद की थी। सेठजी अपने इन दिनों के अज़ीज़ दोस्त शिवाजी सिंह के मददगार हैं। दोनों ने साथ मिलकर 'प्रेम प्यारी मूवीटोन' का बैनर खड़ा किया है।

सेठजी का पूरा नाम है बीरबलनाथ सेठजी। लाहौर से आए हैं। बम्बई में कई बरसों से कैमरा चलाते हैं। 'कैमरा मैन एण्ड स्टिल-फोटोग्राफर' यह मुहावरा उन्होंने खुद अपने कार्ड पर छपवाया है। सेठजी जैसा खूबसूरत 'विजिटिंग-कार्ड' पूरी बम्बई में किसी के पास नहीं है, लोग ऐसा मानते हैं। बर्फ की तरह सफेद चमकते हुए मोटे आर्ट-बोर्ड के आयताकार टुकड़ों पर, गहरे सीपिया रंग के नन्हे-नन्हे गोथिक-अक्षरों में छापा गया है, 'बीरबल एण्ड सेठजी, कैमरामैन एण्ड स्टिल-फोटोग्राफर, नीलोफर भवन, तीसरा माला, बम्बई-पचास, फोन नम्बर 131310, ग्राम : बीरबल।'

यह कार्ड जिस किसी के भी पास जाए, वह मुझे मिलने से इनकार कर नहीं सकता, यह दावा सेठजी खुद भी करते हैं। लेकिन, अब तक शिवाजी सिंह ने एक बार भी सेठजी से, दूसरे लोगों की तरह, नहीं कहा है, 'यार, हमारा भी एक कार्ड ऐसा छपवा दो !'

इज्निस बेलफोर्ड से भी सिंह का परिचय सेठजी ने अपनी तबीयत से करवाया है, सिंह के कहने पर नहीं। वह ऐसी बातें नहीं कहता है। वह ज्यादा ऊँची बातें कहता है। उसने बातचीत और हिसाब-पत्तर के दौरान त्रिकमदास से भी ऊँची और बड़ी बातें कही थीं। दस-बीस मिनट के लिए इज्निस और सेठजी दोनों को लगा था, त्रिकमदास जिबह होने को तैयार हो गया है। इस जिबह होने को फिल्म-संसार में 'जिबह' होना ही कहते हैं।

फिनान्सर निर्माता से जिबह होता है। निर्माता अपने सितारों से, सेलूलाइड पर

चमकते हुए, गोल्डेन-जुबली सिल्वर-जुबली, सितारों से जिबह होता है। इस संसार में जिबह होना ही है। इसके बगैर मोक्ष और अमरत्व की प्राप्ति नहीं होती है। एक-दूसरे को जिबह करते रहने की लगातार कोशिश ही यहाँ तपस्या है, साधना है, एकमात्र कर्म है। लेकिन, अन्त में शिवाजी सिंह द्वारा यह सवाल पूछे जाने पर कि 'तो हम लोग किस दिन कुन्दन के घर में बैठकर सारी बात पक्की करेगा बॉस ?' त्रिकमदास चौंककर होश में आ गया था। क्षण-भर के लिए उसकी भवों पर तनाव आया। फिर, उसने मुस्कुराते हुए कहा, 'देखो मिस्टर सिंह, तुम बहुत बड़े स्क्रीन-प्ले-राइटर हो, और तुमसे अच्छा डायलॉग इस वर्ल्ड में कोई नहीं लिख सकता। यही बातें मुझे मालूम हैं। कितनी बार मैंने अपनी फिल्मों में तुमसे काम लिया है। लेकिन डाइरेक्टर तो मैं तुमको अपनी शर्तों पर बनाऊँगा। प्रोड्यूसर तुम मेरे बनाने से बनोगे, दूसरे किसी के बनाने से नहीं। तुम अपनी इस फिल्म में कुन्दन के बदले किसी भी, क्लास-वन की लड़की तय कर लो। वैजन्ती, मीना, वहीदा, साधना, आशा, क्लास-वन की कोई भी हिरोइन चलेगी। अपनी इस कुन्दनजान को हटाओ। उस लड़की में दम नहीं है। वह कागज की नाव है, डूब जाएगी। बोलो, तो मैं तुम्हारी तरफ से इनमें से किसी को भी 'साइन' कर लूँगा।'

इज्निस आँखें फैलाकर फ्रांसीसी दाढ़ीवाले इस बूढ़े आदमी को देख रही थी। यह आदमी कौन है ? इस उम्र में, इतनी ताकत से कैसे बात कर पाता है? सिंह ने सेठजी या इज्निस से सेठ त्रिकमदास विक्रमदास बिस्कुटवाला का परिचय नहीं करवाया था। उसने सोचा था, बातचीत के दौरान त्रिकमदास ऐसा मौका जरूर लाएगा, जब किसी रोमांटिक चरित्र के लिए एक नई लड़की लाने की बात उठे। उसी वक्त सिंह इस भरपूर गदराई हुई, तन-बदन से खुली हुई, गोआनी लड़की का नाम शुरू करेगा। तब बजट के बारे में बहस की जा रही थी। ऊटी और खन्डाले में 'आउटडोर' नहीं करके, गर्मी और सर्दी, दोनों मौसम में दो बार, बसन्त के वक्त और फिर बर्फ गिरने के वक्त 'आउटडोर' कर लिया जाए कश्मीर में, और ऊपरी आसाम में। इस हिसाब में, बजट में ढाई लाख रुपये बढ़ा दिए जाएँ। इस बातचीत के वक्त सेठजी ने दो-एक बार शामिल होने की कोशिश की थी।

'बात ऐसी है'–'हाँ सर, ठीक कहते हैं'–'हम लोग सोचते हैं'–जैसे अधूरे और बेमतलब वाक्य उन्होंने शुरू किए और चुप हो रहे। त्रिकमदास ने, एक बार भी, उनके बुद्धिजीवी दिखते हुए सूखे चेहरे का मुआयना नहीं किया। मोटे लाइब्रेरी फ्रेम का काला चश्मा उसने देखा ही नहीं ! वह सिंह की गर्मागर्म और सब्ज़ बातों में खोया रहा। सेठजी की सारी बातें, सारी हरकतें, सारी दरबारी आदतें त्रिकमदास की अनदेखी रह गईं। क्योंकि, त्रिकमदास खरीदार था, खरीद के सामान से बाहर की चीज वह नहीं देखता था। उसके पास कान नहीं थे, सिर्फ आँखें थीं, जिनसे वह चीजों को तौलता था और कीमत भी लगाता था।

सेठजी और इज्निस बेलफोर्ड इशारों में बातें करते रहे। इशारों की बातें नहीं, ताज्जुब और गुस्से को जाहिर नहीं कर पाने की गरीब मजबूरियों की बातें। इज्निस ने

बीच-बीच में अपने पूरे अस्तित्व को अपमानित अनुभव किया था।

इतने खूबसूरत रेस्तराँ में, बम्बई की समुद्री शाम के इस मौसम में, जबकि पाँवों के नीचे आलसी लड़की की तरह, समुद्र की रानी लहरों का जूड़ा छितराए हुए सो गई हो, धीरे-धीरे कोहरे के जाल में डूबते हुए हर ऊँचे मकान की रोशनी किसी क्षण बुझ जाने को तैयार हो, इज्निस ने अपने-आपको अपमानित मान लिया कि सेठ त्रिकमदास या शिवाजी सिंह, दोनों में एक भी उसकी तरफ एक निगाह भी नहीं देख रहा है। इसीलिए, त्रिकमदास के जाते ही, उसने सेठजी से पूछा, 'कौन है यह बूढ़ा आदमी ? हू इज ही ?'

यह सवाल करने के वक्त इज्निस चकित थी। कुछ समझ नहीं पा रही थी। लेकिन अब सिंह की अन्धी आँखों और डरावने चेहरे के सामने भयभीत है। कुछ समझ नहीं पा रही है। सिंह का चेहरा तोड़ने के लिए, उसके चेहरे पर बिखरी हुई शैतानियत-भरी ख्वाहिशों की स्याह लकीरों को तोड़ने के लिए सेठजी अपनी पतली और संगीतमय आवाज में बोले, 'क्यों बेकार पागल बनते हो सिंह, हम लोग इससे ज्यादा कर ही क्या सकते हैं ? यह सेठ नहीं तैयार हुआ, कोई दूसरा सेठ तैयार हो जाएगा। घबड़ाने की क्या बात है ? क्यों इस लड़की को डरा रहे हो ? क्या फायदा...?'

शिवाजी सिंह ने पलकें सीधी कीं। पुतलियों को सही जगह पर कायम किया। मैं कॉफी के प्याले ले आया था। इज्निस के सामने पकौड़े का प्लेट डालते हुए मैंने महसूस किया, बीस या सोलह साल की यह ताजा धुली हुई लड़की 'डफल-ड्रीम' का कीमती इत्र लगाती है। क्योंकि आग की तेज लपट बनकर तेज सुगन्ध मेरी नाक और मेरे दिमाग में फैल गई। यह इत्र पहले गुलाबदास सर्राफ के यहाँ कन्नौज में बनता था। एक फ्रांसीसी कम्पनी, गुलाबदास सर्राफ को सवा लाख रुपए नकद देकर, 'ख्वाबे-नूरजहाँ' के नाम से प्रसिद्ध इस इत्र को बनाने का नुस्खा खरीद ले गई।

'डफल-ड्रीम' गुलाब के फूलों से बनता है। लखनवी नस्ल के एक खास गुलाब के फूलों से। फ्रांसीसी कम्पनी इस लखनवी गुलाब की हजारों कलमें शीशे के गमलों में जमा कर ले गई थी। उस कम्पनी ने इस लखनवी गुलाब को भी एक नाम दिया है—'मादमोज़ील सिमॅन द' पारी।'

इस सिमॅन द' पारी गुलाब के इत्र की खूबी यह होती है कि शरीर के इर्द-गिर्द यह इत्र तेज सुगन्धियों का एक मजबूत जाल बुन देता है। यह जाल किसी के लिए भी, किसी क्षण, आसाम के मछुओं का महाजाल बन सकता है। मुगल दरबार की बेगमें 'ख्वावे-नूरजहाँ' का इस्तेमाल करती थीं। गुलाबदास सर्राफ कन्नौजवाले के पुरखों की बादशाह हुमायूँ के अमल से ही सनद और मन्सबदारी मिली है। गुलाबदास का बड़ा लड़का चन्दरदास जब भी बम्बई आता है, शामें उसकी इसी रेस्तराँ में बीतती हैं।

मुझे, रेस्तराँ का एक मामूली बैरा होकर भी, उसकी सोहबत का मौका मिलता था। बल्कि यों कहा जाए, मुझसे उसकी दोस्ती हो गई थी। इस दोस्ती के कई कारनामे, और कई सीमाएँ थीं। मैंने उसके कन्नौजी इत्रों के लिए उसे एक बड़े गाहक दिए थे। वह

सवा तीन रुपए की शीशी, बड़े भोलेपन के साथ, सैंतालिस रुपये चौदह आने में बेच आता था। चन्दरदास कन्नौजवाले ने ही मुझे इत्रों की पहचान सिखाई। जब इज्निस बेलफोर्ड को मैंने 'नूरजहाँ' वाला फ्रांसीसी इत्र लगाए देखा, मेरी समझ में आ गया, यह लड़की ऊँचे दर्जे की महफिलों में जाती-आती है।

जैसा कि बाद में इज्निस को मैंने बताया भी, उसी क्षण इज्निस पर मेरी श्रद्धा बढ़ गई। श्रद्धा इसलिए भी कि वह फ्रॉक पहनना जानती है। जब चाहेगी, देखनेवाले को, ज़रा कायदे से झुककर, सीने के गोलाम्बर दिखा लेगी। मैंने मक्खन के हल्के भुने पकौड़े और कॉफी उसके सामने रखकर, ऊँचे रेस्तराओं के पुराने बैरे की तरह थोड़ा नीचे झुककर, धीमे लहजे में कहा, 'मिस बाबा, आपकी हैंकी नीचे गिर गई है। मैं उठा दूँ ?'

'नहीं, हम उठा लेता है'—उसने चौंककर कहा, और अपनी नन्ही-सी जान को दाईं तरफ ढाल देते हुए उसने रूमाल उठा लया। उसके सलोने चेहरे पर पसीने की बूँदें अभी तक कायम थीं। सेठजी अपना सवाल आँखों में लिए हुए, सिंह की तरफ देख रहे थे। मैं उम्मीद करता था, इज्निस मुझे 'थैंक्स' कहेगी। उसने कहा नहीं। लगता है, गोआ से आए हुए ज्यादा दिन नहीं बीते हैं। कच्चे खजूर की तरह उसका रंग है, ठीक बादामी भी नहीं, और ठीक 'क्रीम' भी नहीं।

अगर मैंने कभी फिल्म बनाई और इज्निस इसी तरह कच्चा खजूर बनी रही, मैं इसे ही हीरोइन बनाऊँगा; मैं 'थैंक्स' की बात भूलकर यही सोचने लगा था। तभी, शिवाजी सिंह ने मुझसे कह दिया, 'ईश्वर, मेरे लिए पानी का गिलास नहीं लाओगे ? चारमीनार भी नहीं आई। गरीबों को भूलने से काम नहीं चलेगा ईश्वर साहब, हम लोग आर्टिस्ट हैं, पैसा नहीं दे सकते हैं, मगर हम लोग दिल निकालकर दे सकते हैं।'

इतना लम्बा फिल्मी-डायलॉग बोलकर, शिवाजी सिंह अपने दोस्त और मददगार की ओर मुखातिब हो गया। इज्निस ने अपनी कुर्सी खिसकाकर सिंह के करीब रख ली। रूमाल से पसीना सुखाने के बाद, वह थोड़ी आश्वस्त दीख रही थी। सिंह भी अब स्वस्थ था और एक चालाक बिजनेसमैन की तरह, मुस्कुराता जा रहा था। चारों तरफ रोशनी फैल गई थी। चारों तरफ आसमान बुझ चुका था और समुद्र की स्याह सतह में डूब गया था। इस रेस्तराँ में, मगर अभी तक रोशनी नहीं की गई है।

और थोड़ी देर तक यहाँ अँधेरा, और अँधेरे में तैरती हुई हल्की खिलखिलाहटें कायम रहेंगी। एक बड़े चट्टान की समतल छत पर निकाला गया यह छोटा-सा रेस्तराँ, मीठी और रसीली बातों की शोख भनभनाहटों में गूँजता रहेगा।

यह शाम कितनी खूबसूरत है, कितनी दिलफरेब है,...सुनो मीरा, सुनो लोलिता, तुम ये नीलम की अँगूठी उतार दो। इसके बदले मैं तुम्हें सच्चे हीरे का एक कीमती हार पहनाऊँगा। तुम जानती हो, मुझे नीलम बुरा असर करता है...रेस की यह घोड़ी, यह मिस बटरफ्लाई मेरी किस्मत बदल सकती है। सिर्फ एक बार, यह मेरे नम्बरों में...चली आए, सिर्फ एक बार, सिर्फ एक बार और...एक बार यह रेस्तराँ फरियाद और सपनों से गूँजता रहेगा। जब रात थोड़ी गहरी होने लगेगी, हर टेबुल से कोई न कोई जोड़ा,

पारिवारिक दम्पति का, अथवा सामाजिक दोस्तों का, एक मर्द और एक औरत, एक औरत और एक मर्द, उठकर खड़ा होगा, और संगीत के पदों की तरह सँभल-सँभलकर होटल की सीढ़ियाँ, जो अब तक किसी ऐतिहासिक पियानो की पटरियाँ बन गई होंगी, उतर जाएगा। यह 'साज' रेस्तराँ जिन्दगी का साज घर है। यह रेस्तराँ बाइस्कोप है, मौत का बाइस्कोप ! अपनी-अपनी गाड़ियों में लोग बिखर जाएँगे।

औरतें अपने बच्चों के बारे में, मर्द अपने कारोबार के बारे में सोचते हुए, सारी रात हल्की झपकियाँ लेते रहेंगे। नींद किसी को नहीं आएगी। इस शहर में नींद किसी को नहीं आती है। यहाँ का हर कोई अपनी चिन्ताओं और अपने सपनों में सारी रात जगा रहता है।

थोड़ी निराशा और थोड़ी थकान महसूस करते हुए सेठजी ने दुबारा सवाल किया, 'कुन्दन के बदले कोई बड़ी हीरोइन ले लेने से क्या नुकसान था सिंह ? तुम कुन्दन के लिए इतने अड़ क्यों गए ?'

यह बात तुम्हारी समझ में आ पड़े तो तुम सिर्फ अपने विजिटिंग कार्ड के हर्फों में ही नहीं, बड़ी-बड़ी बिल्डिंगों और ऊँचे दफ्तरों में भी कायम हो जाओगे बीरबल बाबू ! यह बात अक्ल से मतलब रखती है, उम्र से नहीं ! मैं कुन्दन का नाम वापस कर लेता, तो इसके बाद तुरन्त ही सेठ त्रिकमदास मुझसे उसी लहजे में, सुदीप कुमार साइड हीरो का नाम भी वापस लेने को कहता। इसके बाद संगीत-निर्देशक बदल दिया जाता, फिर कैमरामैन। तुम्हारे बदले किसी पचास हजार के रेटवाले कैमरामैन का नाम लिया जाता। तुम अपनी ही 'यूनिट' में कहीं नहीं होते। और अन्त में हमारी फिल्म का बजट, आठ लाख रुपये से बढ़कर पूरे पच्चीस लाख का हो जाता। तब दार्शनिकों की तरह गम्भीर मुद्रा में, सेठ त्रिकमदास बिस्कुटवाला, जिसने बड़े-बड़े निर्माताओं और वितरकों को अपने बाएँ हाथ की तरजनी उँगली पर नचाया है, मुझसे क्षमा-याचना के स्वर में कहता कि सुनिए शिवाजी साहब, बात ऐसी है कि आप आदमी नहीं हैं, काठ के उल्लू हैं। मुझे पच्चीस लाख में फिल्म बनवानी होगी, तो मैं आप जैसे कलम-घिस्सू स्क्रीन-प्ले-राइटर से नहीं, किसी 'ए-वन' डाइरेक्टर से फिल्म बनवाऊँगा। ऐसे डाइरेक्टर से, जो कुन्दनजान की नहीं, 'ए-वन हीरोइनों' की सिफारिश करता है। और इतना कहकर त्रिकमदास मेरी तरफ ऐसी निगाहों से देखता, जैसे शिवाजी सिंह नहीं, जुहू किनारे चाट बेचता हुआ कोई खोमचेवाला हूँ। मैं इसीलिए कुन्दन के नाम पर अड़ गया। अगर त्रिकमदास कुन्दन को मंजूर कर लेता, तो हमारी फिल्म बन जाती। कुन्दन नहीं ली गई, हमारी नाव डूब गई। अब हम एक नई नाव बनाएँगे, ऐसी नाव, जिसे त्रिकमदास किसी हाल में डुबो नहीं सके—शिवाजी सिंह ने ये सारी बातें एक क्षण में सोच लीं। लेकिन उसने इनमें से एक बात भी सेठजी से नहीं कही। क्यों कहेगा ? फिल्म की दुनिया में मन की बात नहीं कहते हैं। कह दें तो सारा तमाशा खत्म हो जाए, सारी खूबसूरती खत्म हो जाए। यह दुनिया कोप-भवन है, कैकेयी का कोप-भवन, जहाँ चुप रहकर गुस्सा किया जाता है। चुप रहकर राजा दशरथ को पिघलाया जाता है।

सिंह ने मुस्कुराते हुए, और भरपूर-सी निगाहों से इज्निस बेलफोर्ड पर गौर फरमाते हुए इतना ही कहा, 'सेठजी, कुन्दन जैसी आर्टिस्ट इतनी बड़ी बम्बई में और कोई नहीं है!'

यह बात कई बार पहले भी वह सेठजी से कह चुका है। मन की असली बात वह किसी को नहीं बताता, यानी, अब नहीं बताता है। इस उम्र में आकर शिवाजी सिंह ने यही एक बात सीखी है।

2
इसे कहते हैं पुखराज !

शिवाजी सिंह ने अब इस उम्र में आकर धन्धा, यानी 'बिजनेस' शुरू किया है। पहले यह धन्धा नहीं करता था, काम करता था। काम से उसे लगन थी। एक मराठी फिल्म में अन्धे लड़के का पार्ट करके उसने काम शुरू किया था। किशोर साहू, मोतीलाल, और पुराने अशोक कुमार के उस जमाने में यह सम्भव नहीं था कि मंगोल-कट के काले चेहरे और बेमेल दाँतोंवाला यह शिवाजी सिंह, जिसने एक बड़े फिल्म-निर्माता के कहने पर भी अपना नाम 'मधुप कुमार' नहीं रख लिया, किसी हाल में हीरो बनकर टिक जाता।

फिल्म 'तकदीर' रिलीज हो चुकी थी और अभिनय के नए अन्दाज लेकर जद्दन बाई की क्वाँरी कली जैसी लड़की नरगिस फिल्मों में कदम रख चुकी थी। धीरे कदमों से चलता हुआ राजकपूर सामने आया। जिन दिनों राजकपूर अपनी पहली फिल्म 'गोपीनाथ' में एक मामूली भूमिका कर रहा था, उस वक्त शिवाजी सिंह ने उस जमीन की प्रसिद्ध ऐतिहासिक फिल्म 'बादशाह हुमायूँ' में राणा संग्राम सिंह की भूमिका अदा की थी।

अब भी सिंह के पास अपनी उस ऐतिहासिक फिल्म के कुछ स्टिल-फोटोग्राफ हैं, जिनमें वह वाकई राजपूताने का काना सेनापति राणा संग्राम सिंह दीखता है। वही रोबीला चेहरा, चेहरे पर लगातार लड़ाइयों के फूलदार जख्म, वही शान जो सीजर, नेपोलियन, चाणक्य, कुँवर सिंह, किसी भी बहादुर सिपाही के व्यक्तित्व में होती है। सिपाही इसी शान के कारण लड़ता है, और सख्त-से-सख्त जमीन फतह करता है। और अगर वह हार भी जाता है, अगली लड़ाई की तैयारियाँ तुरत शुरू कर देने की वजह से, उसके चेहरे पर हार जाने की परेशानी और तकलीफ अपने निशान नहीं बना पाती है।

किसी भी बहादुर जाति के साथ ऐसा ही होता है। इतिहास लिखनेवाले कहते हैं कि मध्ययुग के भारतवर्ष के साथ यही होता था। इस युग के जर्मनी, रूस, जापान के साथ भी यही हुआ है। फौज और हथियारों की दूसरी बड़ी लड़ाई खत्म होते ही ये सारे देश जमीन, मशीनों, कारखानों, खानों, बिजली, शिक्षा, विज्ञान, कला, साहित्य, और देश

के नवनिर्माण की लड़ाई में शामिल हो गए। शिवाजी सिंह किसी लड़ाई में शामिल नहीं हुआ था, लेकिन उसने राणा संग्राम सिंह का सफल अभिनय किया।

उसकी एक आँख (संग्राम सिंह काने थे) शूटिंग के पहले दिन बन्द हुई, तो फिर फिल्म के 'प्रीमियर-शो' की शाम को ही खुली। बीच के पूरे चार महीने वह काना ही बना रह गया, ऐसा शिवाजी सिंह ने कई बार अपने बारे में 'इण्टरव्यू' देते हुए कहा है।

लेकिन अभिनय के इस जादू के बाद भी शिवाजी सिंह की किस्मत का दरवाजा नहीं खुला। वह फिल्मों में अलीबाबा बना, तो फिल्म 'डब्बा' हो गई। वह नाजनीं मार्जीना और दौलत के खजाने का मालिक नहीं बना। एक दिन के लिए भी वह 'ओप्न-सीसेम' कहकर दरवाजा खोल नहीं पाया। दो-एक छोटी-मोटी ऐतिहासिक फिल्मों में उसे शेर अफगन, या मीरजाफर, या किसी राजपूत सिपहसालार का रोल मिला। बाद में, ऐतिहासिक फिल्मों का बनना ही बन्द हो गया। ऐतिहासिक फिल्मों की जगह धार्मिक और 'स्टण्ट' फिल्मों ने स्वीकार कर ली। इधर सामाजिक संगीत प्रधान फिल्मों का नया दौर शुरू हो गया। कामिनी कौशल और दिलीप कुमार फिल्म 'नदिया के पार' बनाने लगे। बादशाहत और जोर-जुल्म के महान अभिनेता चन्द्रमोहन ने दिलीप और कामिनी के साथ अपनी आखिरी फिल्म 'शहीद' में काम किया।

यह चन्द्रमोहन ही शिवाजी सिंह का मसीहा था। चन्द्रमोहन की तुलना यह यूरोप के बड़े-बड़े अभिनेताओं से करता था। कहता था, "शान्ताराम की 'अमर ज्योति' में चन्द्रमोहन ने जो काम किया, शेक्सपीरियन-नाटकों के महान-से-महान अभिनेता अपने 'ऑथेलो' या अपने 'मैकबेथ' में नहीं कर सके।"

काम से शिवाजी सिंह को मुहब्बत थी। लेकिन, उसे काम मिलना बन्द हो गया। इतने दिनों में उसने थोड़ी हिन्दी और कामचलाऊ अंग्रेजी पढ़ ली थी। अपनी लगन और अपनी मेहनत के बल पर उसने रंगमंच पर खेले जाने लायक बेहद छोटे-छोटे नाटक लिखे, जिन्हें दो-एक स्त्री और दो-चार पुरुषों के साथ करके खेला जा सकता था।

पृथ्वीराज कपूर के 'पृथ्वी थियेटर्स' के रंग-ढंग पर उसने एक छोटा-सा 'ग्रुप' तैयार किया। नाम रक्खा 'शिवाजी ग्रुप'। अपने नाम से उसे जबर्दस्त मोह है। अपना नाम, 'शिवाजी सिंह' वह दुनिया के हर मकान के दरवाजे पर लिख देना चाहता है। हिन्दी, मराठी और गुजराती, सभी भाषाओं में उसने घंटे-आध घंटे के नाटक लिखे। हास्य, व्यंग्य, रूपक, 'फेन्टेसी' और राष्ट्र-प्रेम से भरे हुए नाटक। कुन्दनजान की बड़ी बहन पुखराज बेगम उसके साथ हुई।

पुखराज बनारस की एक गली से बम्बई आई थी। कत्थक नाचने में उसका कोई मुकाबला नहीं। पच्चीस-छब्बीस की होकर भी उसने अपनी देह को कायम रक्खा है। मगर फिल्मों में कत्थक का सिलसिला नहीं जमा था। अभी तक शान्ताराम ने अपनी फिल्म 'झनक-झनक पायल बाजे' बनाई नहीं थी। कत्थक-नाच को महाराष्ट्र, गुजरात, पंजाब और बंगाल के निर्माता अपना नहीं पाए थे। इसीलिए पुखराज बेगम को कोई बड़ा काम नहीं मिला।

वह कत्थक के अलावा कोई काम नहीं जानती थी, नजाकत और माशूकपन उसमें नहीं था। कत्थक की एक मशहूर देवी, सिताराबाई उन दिनों हीरोइन थी लेकिन कत्थक-नाच की वजह से नहीं, अभिनय और सामाजिक संपर्कों की वजह से। श्याम जैसा कद्दावर हीरो सितारा बाई के चरणों पर सोया पड़ा रहता था। आसिफ शाह उसके पास था। उम्र, अनुभव, देह-यष्टि और अभिनय करने की कला उसके पास थी।

लेकिन धीरे-धीरे नरगिस, सुरैया, निम्मी, गीताबाली, बीना राय के सामने सितारा बाई एक-एक सीढ़ी नीचे उतर रही थी। फिर यह मुश्किल था कि जिप्सी कायदों और विदेशी धुनों की नकल पर तैयार किए गए, सिर्फ नारी-शरीर के चढ़ाव-उतार उजागर करने के लिए रचे गए, हल्के-फुल्के नाच-गानों के नए जमाने में पुखराज बेगम की पूछ होती। वह दादर और अँधेरी के सपने भूलकर, फारस रोड के एक गन्दे होटल में रहने चली आई।

फारस रोड में शिवाजी सिंह को सारे मवाली और भैया जानते थे। वह यहीं पला था, यहीं से उठकर यहाँ-वहाँ गया था। पुखराज को सिंह का तौर-तरीका पसन्द आया। वह 'शिवाजी ग्रुप' में आने लगी। शिवाजी सिंह नाटककार और निर्देशक, धनीराम हीरो, दुष्यन्त कुमार खलनायक, किराए पर लाए गए दो-चार छोटे अभिनेता और पुखराज बेगम हीरोइन।

पुखराज बेगम के यहाँ, फारस रोड में, संगत करने के लिए जो साजिन्दे आते थे, उन्हीं में कुछ लोगों को पुखराज की पसन्द से चुनकर, एक आर्केस्ट्रा पार्टी भी बना ली गई। इस पार्टी का एक गाना, जिसकी पहली लाइन थी—'सावन की घटा, काजल की छटा, अब घूँघट तनिक उघार लो, दरपन में रूप निहार लो'—उन दिनों बहुत मशहूर था और बाद में इसी गाने पर पुखराज बेगम की छोटी बहन कुन्दन ने शिवाजी सिंह की कहानी और स्क्रीन-प्ले पर बनी फिल्म, 'रात की रानी' में अपना पहला नाच पेश किया था।

कुन्दन अपनी बड़ी बहन के चरित्र और स्वभाव से एकदम अलग थी; परिस्थितियों से समझौता कर लेनेवाली लड़की थी। शोरगुल नहीं करती, सह लेती थी। छोटी उम्र में पुखराज के साथ बम्बई आ गई। जमाने के सारे दुःख उसने देखे। फारस रोड के बीमार मौसम में वह बड़ी हुई। उसके लिए सबसे बड़ी बात यही थी कि आदमी जिन्दा रहे, मर नहीं जाए। बाकी जो कुछ होना है वह तो हर हाल में होगा। होनी को कोई रोक नहीं सकता। हम अपनी कोशिशों से सिर्फ मौत को रोकते रहें, इतना ही काफी है।

पुखराज उसे फिल्मों में काम करने से रोक रही थी। लेकिन कुन्दन ने अपना मेकअप खुद ही कर लिया, और टैक्सी में बैठकर स्टूडियो जाने की तैयारी करके, अपनी बड़ी बहन से कहा था, 'देखो दीदी, बात ऐसी है, मैं काम करके जीना चाहती हूँ, शादी-ब्याह करके नहीं। हम जिस खानदान से आए हैं उसमें ब्याह का रिवाज भी नहीं है। दो दिन, दस दिन बाद फारस रोड लौट आने के लिए मैं 'टेम्पोरेरी' शादी करना

नहीं चाहती। मुझे फिल्मों से उम्र-भर दस रुपये रोजाना भी मिलते गए, तो मैं मौज से जी लूँगी। सोने के लिए दो गज़ जमीन, और खाने के लिए दो-चार रोटियाँ। फटे-पुराने कपड़े पहनने में मुझे कोई शर्म नहीं होगी।'

शर्म खाने की जरूरत कुन्दन को आज भी नहीं हुई है। न वह शराब पीती है, और न रेस खेलने जाती है। जिन्दगी में कभी कोई जुआ और दाँवपेंच उसने नहीं किया है। जैसे लोग अपनी नौकरी पर दफ्तर जाते हैं, वह स्टूडियो जाती रही है। काम नहीं रहा तो खारपली रोड के अपने कमरे में रेडियो सुनती रही है।

कोई गाना सुनती हुई, कोई नाटक सुनती हुई, सो जाएगी। शाम को नाच सिखाने वाले रामजी महाराज आएँगे। तीन-चार घंटे कत्थक का रियाज करेगी। पसीने-पसीने होगी। नौकरानी से मालिश करवाएगी। दो फुलके और एक गिलास दूध पीकर सो जाएगी। इस दिनचर्या में शर्म खाने की कहीं कोई खाली जगह नहीं है। उसके यहाँ निर्देशकों और भावी निर्माताओं की महफिलेशाम नहीं जमती। उसका कमरा छोटा है, ज्यादा लोग एक साथ बैठ भी नहीं पाएँगे।

पुराने परिचय के कारण, एक शिवाजी सिंह आता है, एक मास्टर रामजी महाराज ! महाराज बनारस के हैं, कालिका प्रसाद से 'नटवरी-नृत्य' सीखने का सौभाग्य मिला था। अब भी, शराब के नशे में, अपने गुरुजी की याद करके आठों आँसू रोने लगते हैं।

कुन्दन की तरह, शिवाजी सिंह की तरह, नए जमाने के नए और तीरन्दाज 'फार्मूलों' से समझौता करके भी, किसी-न-किसी कमजोरी के कारण सबसे अगली कतार में नहीं आ पानेवाले हर 'बी-ग्रेड' आदमी की तरह रामजी महाराज भी ज्यादातर उदास रहते हैं। और क्या करें ?

शिवाजी सिंह खाली और उदास रहकर भी कोई-न-कोई सिलसिला जमाए रहता है। सिलसिला उसे चाहिए, और काम चाहिए। काम के वक्त वह सारा नशा, सारा दुःख, सारी शैतानियत भूल जाता है। इसीलिए पिछले कई बरसों तक फिल्मों की कहानियाँ लिखने, स्क्रीन-प्ले तैयार करने और डायलॉग दुरुस्त करने के कामों की उसके पास कमी नहीं रही। आइसेस्टीन, पुडोवकिन, और चैप्लिन के ज्यादातर 'स्क्रीन-प्ले' उसने तकनीकी नजरिए से पढ़ लिए थे।

सिंह 'स्क्रीन-प्ले' का यह आन्तरिक गुण समझ गया था कि एक-एक दृश्य के ज्यादा-से-ज्यादा जितने टुकड़े किए जाएँ, फिल्म के एक 'फ्रेम' पर, और एक 'फ्रेम' से दूसरे 'फ्रेम' की गति-योजना पर जितनी मेहनत की जाए, 'स्क्रीन-प्ले' उतना ही मजबूत और शानदार बनेगा।

वह मेहनत करता था। मेहनत करने का उसका तरीका उसका अपना तरीका था। फिल्म की कहानी वह हमेशा यहीं, इसी 'साज' रेस्तराँ में बैठकर सोचता था। समुद्र की तरफ देखते हुए, कीमती कागज पर वह बेहद बारीक अक्षरों में कहानी का सार-संक्षेप लिखता था। 'सिनॉपसिस' तैयार हो जाने के बाद, निर्माता और निर्देशक से घटना-क्रमों और कथा-विकास का सिलसिला तय करके, कई दिनों तक लगातार पुखराज बेगम या

ऐसी ही किसी पुरानी औरत के घर में बैठकर वह शराब पीता था और 'स्क्रीन-प्ले' लिखता था।

'सोलन' की पीली ह्विस्की, चारमीनार की डिब्बियाँ, भुने हुए पापड़ और बादाम के प्लेट और बीच-बीच में कुर्सी की बाँह पर थाप देते हुए, किसी पुरानी गज़ल की कोई कड़ी गुनगुनाते रहना–

'लाग अगर दिल को नहीं, लुत्फ़ नहीं जीने का
उलझे-सुलझे किसी काकुल के गिरफ्तार रहो'

शिवाजी सिंह कभी दो हफ्ते, कभी तीन हफ्ते, इसी दौर में गिरफ्तार रहता था। कभी-कभी दो-चार मिनट के लिए पुखराज साथ देने आती थी। कोई 'सीन' सुनकर, किसी 'शॉट' के बारे में अपनी राय बताकर, सिंह के गिलास से ही दो-एक घूँट व्हिस्की पीकर, पुखराज बेगम अपने कमरे में चली जाती थी। सिंह सारी रात लिखता था और सारा दिन लिखता रहता था।

पुखराज या उसके यहाँ आनेवाली दूसरी औरतें शिवाजी का नशा तोड़ नहीं पाती थीं। वह अपने टेबुल की सरहद में बँधा हुआ, रेस के घोड़े की तेजी में कभी लिखता था, कभी उसी तेजी में सोचता था।

रोशनदान से एक काली बिल्ली झाँकती है। टेबुल पर ज़हर की शीशी। शीशी कैमरे के 'क्लोज-अप' में आती है। कैमरा 'पैन' करता है। दीवार पर लगी हुई बड़ी-सी घड़ी बन्द है। पेन्डुलम नहीं हिलता। रात के साढ़े दस बजे घड़ी बन्द हुई होगी। कट। कैमरा एक आरामकुर्सी पर खुलता है, जिस पर बलराज बाँहें फैलाए सोया हुआ है। बलराज करवट लेता है। कट! रोशनदान से कूदकर काली बिल्ली फर्श पर चली आती है, फॉलो-अप। कैमरा बिल्ली के पीछे-पीछे चलता है। बलराज कैमरे के फ्रेम में आता है। कट! बिल्ली कूदकर टेबुल पर चढ़ जाती है। ज़हर की शीशी का फूटना। बलराज चौंककर जगता है। 'कम्पोजिट शॉट'। बिल्ली जहर चाटने लगती है। बलराज बिल्ली को देखता रहता है। बिल्ली धीरे-धीरे बेहोश हो जाती है। बलराज पास जाकर बिल्ली को गोद में उठा लेता है। 'क्लोज शॉट'। बलराज की बाँहों में दो-एक बार छटपटाकर बिल्ली शान्त हो जाती है। 'क्लोज अप'। बलराज के चेहरे पर बिल्ली की मौत का दर्द। बिल्ली मर चुकी है।

–बिल्ली की मौत में उलझा हुआ शिवाजी सिंह न तो पुखराज को, न दूसरी औरतों को ही देख पाता है। वह काम के नशे में है। वैसे भी, औरतों की देह के लिए उसके मन में कभी फुरसत नहीं रही है। शराब उसे ज्यादा पसन्द है। औरतों की लालसा के कारण जो उलझनें पैदा होती हैं, सिंह उनसे हमेशा दूर रहता है।

अपने 'शिवाजी ग्रुप' थियेटर की पुखराज बेगम के पास भी, इस हैसियत से वह कभी नहीं आया। कभी कोई छोटी-बड़ी बात हो भी गई तो समझदार और अनुभवी व्यक्तियों की तरह सुबह सारी बातें भूल गए।

'रात तुम नशे में थे'...'कुन्दन जगी हुई थी क्या ?' 'पागल बनोगे, तो मैं बनारस

भाग जाऊँगी'—चाय के वक्त ऐसी कुछ बातें कही-सुनी गईं। थोड़ी शर्म कर ली गई और सारी बातें भूल गए। मगर, अब इतना भी नहीं होता है। पुखराज बेहद मोटी और बेडौल हो गई है। बनारसी किमाम के साथ मगही-पान के बीड़े गालों में दबाकर, दूसरे लोगों की बातों में रस लेती है। अपने रस का स्वाद भूल चुकी है पुखराज बेगम।

अब भी वह, फारस रोड के पास, उसी मकान में रहती है। होटल अब उठ गया है। तीन-तीन कमरों का फ्लैट किराये पर उठा दिया गया है। पुखराज के फ्लैट में दो बंगाली बहनें रहती हैं। कलकत्ते से आई हैं। वहाँ भी फिल्मों में काम करती थीं। अभी यहाँ आकर छोटे-मोटे रोल कर रही हैं।

पुखराज बेगम को बतौर किराए के सौ रुपए हर माह देती हैं। किसी माह नहीं भी देती हैं। बड़ी बहन से राय-मशविरा करके, कुन्दन अब खारपाली रोड पर चली गई है। खार और बान्द्रा दूसरे दर्जे के फिल्मवालों का बाजार है। यहाँ रहने से कुन्दन को जब-तब कोई-न-कोई काम मिलता रहता है। कोई भी रोल मिल जाए, वह मंजूर कर लेती है। इनकार नहीं करती।

मगर, पैसे वक्त पर माँग लेगी। पैसा उसे चाहिए। आप चाहे जो काम लीजिए, चाहे जितने 'आउटडोर', जितने 'इन्डोर', जितने 'री-टेक' कर लीजिए। मगर पैसा एकदम वादे के मुताबिक देना ही पड़ेगा।

कुन्दन से काम लेने में ज्यादा खर्च नहीं पड़ता है। वह सफेद रुपए लेती है, काले रुपए नहीं लेती। कहती है, 'कोई भी काला धन्धा मैं नहीं करती। मैं तो जोगन हूँ शिवाजी भाई, फिल्मों में बेकार चली आई। लेकिन और कहीं जाती भी कहाँ ? काला धन्धा तो हर जगह है, मन्दिर में भी और कोठे पर भी। फिर कहीं भी रह लें, क्या फर्क पड़ता है ?'

शिवाजी सिंह और कुन्दनजान ने एक-दूसरे को कई फिल्मों में काम दिलाए हैं। उन दिनों लोग शिवाजी सिंह की तरफ तेजी से भागते थे। सिंह 'हालीवुड' में बनी फिल्मों की शानदारी और 'सेक्स अपील', और 'टालीगंज' में बनती हुई बंगाली फिल्मों की सादगी और सामाजिक भावुकता; दोनों को अपनी कहानी और अपने स्क्रीन-प्ले में शामिल कर लेता था।

'तारों भरी रात' उसकी एक फिल्म थी जिसमें उसने एक अमीर लड़के की शादी एक गरीब टाइपिस्ट लड़की से करवा दी थी और कहानी का अन्त आते-आते एक खूँखार जमींदार को उसने देश की आजादी के लिए मरते-मिटते हुए दिखा दिया था। उसकी एक फिल्म 'कागज की नाव' एक वेश्या के त्याग और बलिदान के बारे में थी; और उसकी दूसरी फिल्म 'गलियों में अँधेरा है' एक सफल 'कॉमेडी' थी, जिसमें कत्थक, मनीपुरी, भाँगड़ा, भरत नाट्यम्, कैबरे, खेमटा, सारे नाचों का इस्तेमाल किया गया था और शास्त्रीय मालकौस से लेकर पंजाबी टप्पों तक को गानों में शामिल किया गया था।

शिवाजी सिंह ने एक ऐसी फिल्म की कहानी लिखी थी जिसमें फुटपाथ पर अखबार बेचनेवाला एक लड़का अपनी किस्मत की ताकत से करोड़ों की सम्पत्ति का मालिक

हो जाता है। लेकिन इसके बावजूद वह अपने बचपन की प्रेमिका को नहीं भूलता जो अब एक अस्पताल में नर्स हो गई है। एक अमीर और आशिक मिज़ाज लड़की के साथ अपनी कार में सैर करते वक्त, गाने गाते हुए, उसे अपने बचपन की 'राधा' की याद आती है, वह खो जाता है, कार एक प्यारा-सा 'एक्सीडेण्ट' कर देती है। और वह करोड़पति प्रेमी उसी अस्पताल में लाया जाता है, जहाँ 'राधा' नर्स है।

उन दिनों फिल्म-निर्माता और वितरक लोग ऐसी ही कहानियों के पीछे भागते थे। शिवाजी सिंह के पास अपनी एक 'हडसन' गाड़ी हो गई थी और उसके चेहरे-मोहरे पर रौनक आ गई थी। उसकी 'हडसन' ज्यादातर पुखराज बेगम और कभी-कभी कुन्दन के यहाँ पड़ी रहती थी।

एक बंगाली छोकरे को उसने 'शोफर' भी कर लिया था। मगर उसकी आदतें नहीं बदली थीं। कहानी लिखने के लिए वह उसी तरह मेरे रेस्तराँ में आता था। उसी तरह कॉफी और चारमीनार पीता था। चौड़ी मोहरी का पाजामा और भागलपुरी तसर का कुर्त्ता, यही उसका लिबास था। सूट उसने कभी पहना नहीं। आँखों पर ऐनक, धूप से बचने के लिए भी वह नहीं चढ़ाता था।

दोहरी काठी का नाटा-सा आदमी, जब अपनी चौड़ी खुली आँखें नशे में ढालकर किसी निर्माता या किसी बड़े आर्टिस्ट को फिल्मी कहानी सुनाने लगता था तो सुननेवाला चाहे किसी हैसियत का आदमी क्यों न हो, वह मन्त्रमुग्ध हो जाता था। सिंह पुराने सँपेरों की तरह बीन बजाता था और उसकी कहानी साँप की तरह फन काढ़कर झूमने लगती थी।

कहानी सुनता हुआ आदमी झूमने लगता था। बीन की संगीत-लहरी; साँप का झूमना; शिवाजी सिंह की सुर्ख आँखों में गुस्सा, नफरत और प्यार, सभी एक साथ; उसके चेहरे पर एक भाव ज़हर की तरह चढ़ता है और दूसरा भाव भाटे की लहर में उतर जाता है।

शिवाजी सिंह ने इसी कायदे से पाँच साल में ग्यारह फिल्मों की कहानी बेची, चौदह फिल्मों का 'स्क्रीन प्ले' लिखा, आठ फिल्मों में कुन्दन को 'साइड-हीरोइन' का रोल दिलाकर अपना जी खुश किया, और 'डायलॉग' उसने कितनी फिल्मों में लिखे, यह तो अब उसे खुद भी ठीक-ठीक याद नहीं है।

फिल्मों में अभिनय करना वह छोड़ ही चुका। 'शिवाजी ग्रुप' की अब जरूरत नहीं रह गई थी। 'हडसन' गाड़ी, पुखराज और कुन्दन के कमरे, 'साज' रेस्तराँ, और शाम के बाद 'सोलन' की बोतलें, एक 'सीन' के बाद दूसरा 'सीन', दूसरे के बाद तीसरा, काम और सिर्फ काम, उसकी जिन्दगी बन गया था।

3
अब सीढ़ियाँ उतरती हैं

कुन्दन अपनी बड़ी बहन से ज्यादा उसकी कद्र करती थी, मुहब्बत भी करती थी, लेकिन एक तो सिंह काले पत्थर की सख्त, खुरदरी चट्टान की तरह था। उसके व्यक्तित्व में कोमलता और प्यार किए जाने लायक भावुकता कहीं नहीं दीखती थी।

फिर कुन्दन भी हल्के मिजाज की औरत नहीं थी। जल्दी खुल नहीं पाती थी। सिंह को अपने हाथों से चाय-कॉफी बनाकर उसने किसी दिन पेश नहीं किया। सिंह को सिर्फ इतनी छूट थी कि कुन्दन के कमरे में, जब वह अन्दर से सारे दरवाजे बन्द करके 'शूटिंग-स्क्रिप्ट' लिख रहा हो, व्हिस्की पी सकता है।

एक बार शिवाजी सिंह को 'लीवर' की जबर्दस्त शिकायत हो गई थी। लेकिन वह एक बड़ी फिल्म पर काम कर रहा था और इस फिल्म में उसे पहली बार 'कटिंग' का काम भी करना था। शराब पीना उससे छूटा नहीं। दर्द से परेशान वह शराब पीता रहा और अपना 'स्क्रिप्ट' लिखता रहा।

कुन्दन उसके पास आकर बोली, 'मैं पुलिस को फोन करके तुम्हें गिरफ्तार करा दूँगी। तुम्हारे पास महीने में कुल पाँच बोतलों की परमिट है। मगर तुम एक रात में दो-दो बोतल पी जाते हो ! मैं गवाही दूँगी, तुम जुहू-बीच के असगर खाँ के यहाँ से 'ब्लैक' की शराब लाते हो !'

'मैं शराब पीने के लिए ही जिन्दा हूँ। मेरे जीने की और कोई वजह नहीं है, कुन्दन बाई'—'बाई' शब्द पर जोर देते हुए, शिवाजी सिंह ने चेहरा घुमाकर उसकी ओर देखा और अन्धा हो गया। उसकी आँखों से पुतलियाँ गायब हो गईं। उसका चेहरा ज्यादा खुरदरा और ज्यादा स्याह। मगर कुन्दन को उसके माथे पर दो सींग नज़र नहीं आए।

वह हँस-हँसकर दोहरी होती हुई सोफे पर बैठ गई और बोली, 'मुझे अपना तमाशा मत दिखाओ सिंह साहब, मैं तमाशबीन नहीं हूँ, खुद तमाशा बनने का पेशा करती हूँ ! तुम्हें पता है, तुम 'सिरोसिस' के मरीज हो ?—इतनी शराब पिओगे तो अपना सारा तमाशा चार दिन में खत्म कर बैठोगे।' ये सारी बातें कुन्दन हँस-हँसकर कह रही थी, उदास होकर नहीं। उदास वह नहीं होती है। किसी मौत पर भी नहीं !

'क्या फर्क पड़ता है, कुन्दन ! जैसा तमाशा हम लोग कर रहे हैं, उसमें क्या फर्क पड़ता है ? क्या इसी को तमाशा कहते हैं ? एडविन पोर्टर ने क्या इसी तमाशे के लिए तमाशा दिखाने की मशीन का ईजाद किया था ?' शिवाजी सिंह ने अपनी आँखें खोलते हुए कहा। चलती-फिरती तस्वीरों की मदद से भी कहानी कही जा सकती है, रंगमंच से अधिक सुविधाजनक शिल्प-माध्यम बनाया जा सकता है, यह तय करके संसार की सबसे पहली फिल्म, 'द ग्रेट ट्रेन रॉबरी' बनानेवाले अमरीकी शिल्पज्ञ एडविन पोर्टर का नाम शिवाजी सिंह अक्सर लिया करता है। पोर्टर, ग्रिफिथ, स्ट्राहेम, क्लेचर और चैप्लिन, निर्वाक् चित्रों के ये मसीहा शिवाजी सिंह को श्रद्धा और पूजा की भावनाओं से भर देते हैं।

क्लेचर की 'लॉ मिलियाँ', 'स्लोपस्टिक' हास्य-कथाओं की फिल्में, स्ट्राहेम की 'ग्रिड', ग्रिफिथ की 'बर्थ-अॅव-ए-नेशन', चैप्लिन की 'गोल्डरश', बर्टन क्रीटन के व्यंग्य-विद्रूप की फिल्में अब भी सिंह को बोलती हुई आज की फिल्मों से ज्यादा पसन्द हैं। अगर उसका बस चले तो वह गानेवाली और बातें करनेवाली फिल्मों का बनना ही बन्द कर दे और सिर्फ पार्श्व-संगीत की सहायता लेकर जापानी 'आइलैंड' जैसी फिल्में बनाए, जिनमें गति हो। दृश्य-परिवर्तन के सूक्ष्मतम प्रयोग हों। 'फोटोग्राफी' और 'कटिंग' का जादू हो। लेकिन गाने नहीं हों और संवाद भी नहीं हों।

गाने और संवाद फिल्म के निजी प्रभावों को नष्ट और कुरूप कर देते हैं। फिल्म एक स्वाधीन शिल्प माध्यम है, संगीत, रंगमंच, नाटक, साहित्य, कविता और चित्रकला पर आश्रित नहीं है। फिल्म-माध्यम भाषा की विशेषताओं और सीमाओं पर भी आश्रित नहीं। गीत और संवाद फिल्म को 'ला दोल्से-विता' (फेलिनि) और 'साइलेन्स' (बर्गमैन) जैसी फिल्मों को भी, रंगमंच और साहित्य की सीमाओं में बाँध देते हैं।

'मुझे मौका मिले, तो मैं पैशन्स-अॅव-जीन-अॅव आर्क जैसी निर्वाक् फिल्में बनाऊँ। साहित्य और संगीत, और चित्रकला, और रंगमंच मेरी फिल्मों का मददगार होगा, मेरी फिल्मों पर हावी नहीं हो पाएगा—शिवाजी सिंह जब अपनी यह बात बम्बई के निर्देशकों और निर्माताओं से कहता है, उनमें से अधिकांश लोग, मुस्कुराते हुए और मासूमियत से भरी सहानुभूति के साथ पूछ बैठते हैं, 'आज कुछ ज्यादा चढ़ गई है क्या ? यार, यह सब छोड़ो। यह तो बताओ, तुम्हारी पुखराज बेगम के क्या हाल हैं ?'

लेकिन शिवाजी सिंह बोलना शुरू कर देता है, तो अपनी बात पूरी किए बगैर चुप नहीं होता। क्योंकि बोलने के साथ ही, वह सोचता भी रहता है, और नई बातें तय करता जाता है।

रंगमंच की तरह फिल्म भी कला को, जीवन और सौन्दर्य को व्यक्त और स्थापित करने के लिए, स्वाधीन माध्यम है। फिल्में रंग-मंच का वैज्ञानिक विकास नहीं है। फिल्में स्वाधीन माध्यम हैं, और रंगमंच से एकदम अलग प्रभाव देती हैं। सवाक् फिल्मों में इसका ठीक उल्टा होता है।

सवाक् फिल्मों में लय और छन्द से अलंकृत गाने होते हैं। साहित्यिक मूल्यों और व्यंजनाओं से भरे संवाद होते हैं। इन संवादों को चित्रात्मक स्वरूप देने के लिए रंगमंचीय अभिनय होता है। और इन सबको एक साथ समेटने के लिए सेट डिजाइन में चित्रकला की 'ए सर्टेन स्पेस गिवेन ऑन ए सर्टेन फ्रेम' (सीमित स्थान और स्थान के सीमित टुकड़े) की योजना अपनाई जाती है।

ऐसा होना नहीं चाहिए। ऐसा होता है तो यह शहर के चौराहों पर पेश किए गए खानाबदोश नटों और देशी जादूगरों के खेल-तमाशों से ज्यादा कीमत नहीं रखता है।

'तुम दस हजार रुपये लेकर चार गाने और चार नाच और प्रेम-दृश्यों और देह-दृश्यों के साथ दस हजार फीट 'सेलूलाइड' भर देती हो, और अपने घर आकर मजे की नींद सो रहती हो। यह तमाशा जितनी जल्दी खत्म हो जाए बेहतर है, कुन्दन बाई !' शिवाजी

सिंह ने कह दिया, और सिर झुकाकर अपना 'स्क्रिप्ट' लिखने में मशगूल हो गया। कुन्दन सोफे से उठ खड़ी हुई। अपनी बड़ी बहन की तरह कुन्दन एक लम्बी-चौड़ी औरत है। मगर मोटी नहीं है। लगता है, पत्थर की चट्टानों से यह नदी बाँध दी गई है। कमनीयता उसमें कहीं नहीं, और न ही शहरी सलोनापन। इतमीनान, आलस्य और सादगी से भरी हुई यह पूरी औरत अपने जिस्म में या अपने जी में अल्हड़पन को कहीं कोई हक नहीं देती। इसीलिए ज्यादातर ऐसे लोगों को, जो फिल्मों में औरतों के पारखी समझे जाते हैं, कुन्दन का चेहरा सपाट लगता है। लगता है, उसके व्यक्तित्व में कोई शोखी, कोई नमी, कोई नरमाई कहीं नहीं है।

भरे हुए कूल्हों, सुडौल रानों और चौड़ी पीठ के बावजूद वह एक सपाट औरत दीखती है ! कुन्दन की छातियाँ ज्यादा उभरी हुई भी नहीं हैं। वह प्लास्टिक या रबर पहनकर, उन्हें बड़ा और उभरा हुआ दिखाना भी नहीं चाहती। अपने घर में और कहीं बाहर जाने पर भी, वह जैसी है, वैसी ही रहना चाहती है।

स्टूडियो के मेकअप रूम में कपड़े पहनानेवाली औरत उसके सीनों पर 'पैड' डालने लगती है तो कुन्दन को बड़ी कोफ्त होती है। नकली सीने वह डालना नहीं चाहती। लेकिन उपाय नहीं है। 'लव-सीन' करना है। हरी घास के मैदानों में सीना छलकाते हुए, दौड़ना-भागना होगा। पूरे 'स्क्रीन' पर गर्दन, बाँहों और सीनों का 'क्लोज अप' करना होगा।

उसे गुस्सा आने लगता है मगर मेकअप वाली औरत कोई गन्दा-सा चुटकुला कहकर उसे खुश करने लगती है, और कुन्दन होंठों पर एक मजबूर-सी मुस्कुराहट चुपेड़ देती है।

ऐसी ही मुस्कुराहटों में लिपटी हुई कुन्दन खड़ी हो गई और यह कहती हुई, 'जैसा तमाशा तुम करना चाहते हो, शिवाजी भाई, आखिर कर क्यों नहीं लेते ? क्यों मुफ्त में 'परदेसी बालम' और 'महासती मन्दोदरी' जैसी फिल्मों में जान गंवा रहे हो ? कोई ऐसी फिल्म बनाओ न भाई, जो तमाशा नहीं हो, वाकई फिल्म हो !'—कमरे से बाहर होने लगी। कुन्दन ने मजाक किया है, या बात उसके दिल से निकली है, सिंह उस वक्त समझ नहीं सका।

मगर उसने लिखना रोककर, आँखों में तनाव पैदा करके, आसमान से उतरे हुए फरिश्तों के लहजे में कहा—'सुनो कुन्दन, आज न हो, कल मैं फिल्म बनाऊँगा जरूर, और तुम्हीं को हीरोइन करके बनाऊँगा। मैं सच कहता हूँ, मेरी कलम से नहीं, मेरे दिमाग से निकली हुई कहानी की हीरोइन होने की ताकत और किसी फिल्म-आर्टिस्ट में नहीं है। ताकत तुममें है, और मुझमें भी है, लेकिन हम लोगों की पद्मिनी भाड़ों के पाले पड़ गई है !'

कुन्दन ने शिवाजी सिंह की बात सुनी। छत की तरफ दोनों हाथ उठाकर, जैसे दुआ करती हुई 'जोन ऑव आर्क' की मुद्रा में एक क्षण खड़ी रही। फिर हँसती हुई बेहद एक दिलकश हँसी में शराबोर, कमरे से बाहर चली गई। सिंह ने नई सिगरेट जलाई, और

'बेवफा से दिल लगाकर, खाक कर ली जिन्दगानी' इस गाने के दृश्य अपने दिमाग में बिठाने लगा। यही 'परदेशी बालम' फिल्म का 'थीम-सौंग' है।

सिंह के मन में कुन्दन के लिए (फिल्म के पर्दे पर, 'क्रेडिट-कार्ड' में जिसका नाम लिखा जाता है, 'कुन्दन कुमारी') कद्र है। सिंह इस बात को मानता है कि जहाँ तक फिल्मी अभिनय का प्रश्न है, वह बम्बई की अकेली लड़की है। लड़की नहीं, भरी-पूरी औरत।

उसकी आवाज में दम है, मासिक धर्म की बीमार, कमजोर औरतों की तरह खोखलापन नहीं है। वह एक क्षण में अपना रंग-रूप, अपनी आवाज का बाँकपन, अपने चेहरे की सख्ती, अपने अंग-अंग का लोच बदल सकती है। 'मेकअप' से कोई सहयोग लिए बगैर यह किसी भी पर्दे, किसी भी चरित्र में ढल जा सकती है। एक बार मैंने उसे ढल जाते हुए, अपनी आँखों से देखा था।

नई दिल्ली से एक अमीर लड़का फिल्म बनाने की गरज से बम्बई आया था। कुन्दन को हीरोइन बनाएगा। अपने एक पुराने निर्देशक के कहने पर यहीं 'साज' रेस्तराँ में कुन्दन आई। नई दिल्लीवाले लड़के से बातचीत तय होगी। मुझे वह शिवाजी सिंह की वजह से खूब जानती है। सर्विस के लिए उसने मुझी को पास बुलाया। काले रेशम का गरारा, उसी रेशम के हल्के शेड की चुनटदार कमीज पहनकर कश्मीरी दुल्हन दीख रही थी।

लेकिन वह चुप थी। शोख नहीं थी। बिजली की तरह चमक नहीं रही थी। चाय-पानी के बाद बातचीत शुरू हुई। निर्देशक ने प्रेम कुमार मनचन्दा और कुन्दन की कहानी का 'आइडिया' सुनाया। मनचन्दा ने कहा, 'इस कहानी की लड़की बड़ी अल्हड़ है, बड़ी-बड़ी मस्तियाँ करनेवाली ! कुन्दनजी को ऐसा रोल पसन्द नहीं आएगा। आप देखते नहीं, ये कितनी 'सीरियस' रहती हैं ? कोई दूसरी कहानी बताइए बनर्जी साहब !' कुन्दन इस बात का रंग-रूप समझ गई। व्यंग्य भी समझ गई, समझ गई कि यह शरीफ लड़का पेटीकोट के नीचे की चीजें पसन्द करता है।

समझ जाने के बाद एक बार घूमकर उसने मुझे देखा, जैसे मुझे इस घटना का साक्षी बनाना चाह रही हो। फिर जहरीले साँप की तेजी से वह प्रेमकुमार मनचन्दा की ओर घूमी कि अब काट खाएगी। फिर रुक गई। फिर, अचानक एक पल में उसका चेहरा नर्म हो गया।

दोनों हाथों से टेबुल का किनारा पकड़कर वह थोड़ा आगे झुकी, अपनी छातियाँ टेबुल की सतह पर उतर जाने दीं। नीली ओढ़नी को हवा में थोड़ा सरका दिया। एक पल मुस्कुराई। एक पल हल्की हो गई। और अपने एक-एक शब्द में हल्की-सी मिठास, हल्का-सा नशा घोलकर बोली, 'मुझे शोखी बहुत ज्यादा पसन्द है, मिस्टर मनचन्दा ! मगर शोख होने का कोई मौसम भी तो हो।'

मैं टेबुल से खाली प्याले उठाने में लगा हुआ था। मैंने बहुत करीब से देखा। कुन्दन की आँखों में चौदह साल की नासमझ और निडर लड़की की मासूम शरारतें तैर रही

थीं। फिल्मों में कभी 'वैम्प' और कभी हीरोइन की सहेली या ननद बननेवाली कुन्दन कुमारी यह नहीं थी।

यह थी कोई चंचल और अबोध लड़की, जिसे न तो प्यार का मतलब मालूम हो और न जिन्दगी का। हँसने और शरमाने के सिवा, और हल्की-सी भी ठेस लगने पर चूर-चूर हो जाने के सिवा, जिसने अपने अबोध जीवन से कुछ भी सीखा नहीं हो। जैसे 'ब्लैक-आर्ट' का जादूगर अपनी उँगलियों के इशारे से भूतनाथ जिन्न को जन्नत से आई हुई परी में बदल देता है, कुन्दन ने अपने सपाट व्यक्तित्व को, नजाकतों और शरारतों में, एक पल में बदल लिया था।

प्रेम कुमार को नशा आ गया। एक चम्मच से चाय के प्याले पर जल-तरंग बजाती हुई कुन्दनजान की निगाहों से झिझकते हुए उसने कहा, 'बनर्जी साहब, बात यहीं खत्म कीजिए। कहानी आपको पसन्द है, कुन्दनजी को भी पसन्द है। यही कहानी बनेगी और कुन्दनजी के साथ बनेगी। आप सारे 'एग्रीमेण्ट' तैयार कर लीजिए और काम शुरू कर दीजिए।'

कुन्दन के शरीर में जैसे ज्वार आ गया था। चेहरे पर ख्वाहिशों के रंग तैरने लगे। भवें इन्द्रधनुष बन गईं। होंठ ज्यादा सुर्ख हो गए। आँखें ज्यादा नशीली हो गईं। लहज़े में, नींद से जगने के बाद का खराश ज्यादा फैल गया। बातचीत के दौरान कुन्दन ने एक 'शेर' कहा—

'जो कहीं भी और चले गए उन्हें यहाँ बुलाएँ क्या,
जो गज़ल कभी गाई न गई अब हम वही सुनाएँ क्या।

और उसने यह भी कहा कि यह गजल उसी ने लिखी है और अपनी गज़ल वह किसी को सुनाती नहीं है। सुनाने का कोई मौसम भी तो हो ! मेरे लिए यह एक नई कुन्दन थी।

मैंने कुन्दन की सारी फिल्में देखी हैं। फिल्में देखने के सिवा मुझे कोई नशा नहीं है। लेकिन उसे इतना खूबसूरत अभिनय करते हुए मैंने किसी फिल्म में नहीं देखा है। शिवाजी सिंह की बात सच है। कुन्दन एक ही छत के हेर-फेर से आंड्रे हेप्बर्न की तरह शोख और नासमझ, अनीता एकबर्ग की तरह 'सेक्स-पॉट' और सोफिया लॉरिन की तरह तेज-तर्रार और जलती हुई बन जा सकती है। कुछ भी बन जाने, और देर तक बने रह जाने की अभिनय-प्रतिभा उसमें है।

फिल्मों की शूटिंग में चेहरे पर एक ही भाव, एक ही लहर, एक ही अन्दाज देर तक, 'रिहर्सल' से लेकर 'री-टेक' के वक्त तक, कायम और स्थिर रखना पड़ता है। रंगमंच के अभिनय से फिल्मों के अभिनय में यह लम्बा और उबा देनेवाला फर्क है। चंचल अभिनेत्रियाँ ऊब जाती हैं और हर बार नई गलती करके, 'री-टेक' के बाद 'री-टेक' करती जाती हैं।

कुन्दन ऊबती नहीं, बर्दाश्त की हद तक आकर पत्थर की बुत बन जाती है। निर्देशक चाहे उसे जैसे तराश ले, वह इनकार नहीं करेगी। अल्हड़ प्रेमिका बन जाएगी

और निर्देशक चाहेगा तो दूसरे ही क्षण, घर-के-घर तबाह कर देनेवाली खलनायिका भी हो जाएगी। उसके लिए दोनों में, किसी भी रूप से, फर्क नहीं पड़ेगा।

इसीलिए वह कोई 'टाइप' नहीं हो सकी। उसे मीनाकुमारी की तरह हिन्दुस्तान की घरेलू बीवी नहीं बनाया जा सका, निरूपा की तरह धार्मिक फिल्मों की सीता और पार्वती भी नहीं। वह कुन्दन कुमारी ही रह गई, 'टाइप' नहीं हो सकी। इससे उसे नुकसान ही हुआ, फायदा नहीं हुआ। वह निर्माताओं के लिए न तो जरूरी, और न मजबूरी ही बन पाई।

आर्थिक मजबूरियों के कारण प्रेमकुमार मनचन्दा की फिल्म बन नहीं सकी। तीस हजार फीट की 'शूटिंग' करके, पैसे लाने के लिए मनचन्दा दिल्ली वापस चला गया। कभी लौटा नहीं। बूढ़े पिताजी ने रोक लिया होगा। और कुन्दन हीरोइन नहीं हो पाई। तीसरे दर्जे की 'स्टण्ट' फिल्मों में प्रधान अभिनेत्री का काम मिलने भी लगा तो कुन्दन ने खुद मना कर दिया। जिमनास्टिक और घुड़सवारीवाली फिल्मों में उसने कभी काम नहीं लिया। 'साइड-हीरोइन' बनकर उसने काम शुरू किया था, इसी चौराहे पर रुकी रह गई।

'परदेशी बालम' और 'महासती मन्दोदरी' की स्क्रिप्ट पूरी करने के बाद, पहली बार सेठजी के साथ शिवाजी सिंह मेरे रेस्तराँ में आया। दोनों दोस्तों ने पी रक्खी थी। सेठजी के कोट में गुलाब की दो कलियाँ लगी थीं। कोकाकोला का आर्डर देकर दोनों एक किनारे बैठ गए।

'प्रेम-प्यारी मूवी-टोन' की नींव उसी शाम को डाली गई। मुनाफे का साठ प्रतिशत सिंह लेगा। चालीस प्रतिशत बीरबलनाथ सेठजी। अपने हिस्से से दोनों आदमी दस-दस प्रतिशत कुन्दन को देंगे। पार्टनर दो हुए, मगर मुनाफा तीसरे हिस्सेदार को भी मिला। 'मूड' में आकर शिवाजी सिंह ने मुझे अपने दोस्त से मिलवाया और कहा, 'फिल्म शुरू हो जाए, तुमको मैं अपने 'प्रोडक्शन' में ले आऊँगा। आदमी बना दूँगा तुम्हें !'

सिंह को पता नहीं था कि मैं खुद एक 'प्रोडक्शन' शुरू करने के चक्कर में हूँ। कई लोग लाहौर में ताँगा हाँकते थे। अब वे प्रोड्यूसर बन गए हैं। कुछ लोग फुटपाथ पर जूता बनाते थे। उन्होंने भी कम्पनी खड़ी कर ली। भगवान ने चाहा तो 'फेमस' बिल्डिंग में या 'नाज' बिल्डिंग में अपना भी एक साइनबोर्ड खड़ा हो जाएगा। जब भगवान के चाहने से ही सारी बातें होती हैं, तो मैं हिम्मत क्यों हार दूँ? ऊपरवाले के करिश्मों पर भरोसा क्यों नहीं रक्खूँ ?

कुदरत का खेल यह हुआ कि शिवाजी सिंह की कहानी और 'स्क्रीन-प्ले' की दोनों फिल्में, 'महासती मन्दोदरी' और 'परदेसी बालम' डब्बा हो गईं। 'मन्दोदरी' बम्बई के तीन सिनेमाघरों में कुल दो-दो दिन चली। 'परदेशी बालम' चार ही दिन बाद परदेस चला गया।

दोनों फिल्मों के निर्माताओं ने सिर पीट लिया और घाटा होने का सारा इल्ज़ाम शिवाजी सिंह 'राइटर' और हुकुमचन्द 'डाइरेक्टर' के मत्थे मढ़कर, अपने-अपने वितरकों

के पास जा-जाकर रोने लगे। बम्बई हर बात में बड़ी जगह है, लेकिन इस एक बात में बहुत छोटी-सी जगह। यहाँ की बात हवाई जहाज की तेजी से वहाँ पहुँच जाती है।

इसलिए सुबह नींद खुलने पर शिवाजी सिंह ने देखा, उसके नए निर्माता ने, जो उसे 'एडवान्स' के रुपए तक दे चुका था, एक दूसरे मुंशीजी से बात पक्की कर ली है। सिंह ने कई बार फोन किया। किन्तु निर्माता महोदय से बातें नहीं हो सकीं। महीने-भर बाद, कुन्दन की सिंफारिश पर एक दूसरा निर्माता, सिंह के पास आया भी, मगर उतने कम पैसों में काम करना शिवाजी सिंह ने मंजूर नहीं किया।

एक दिन सिंह अकेले 'साज' में आया। कॉफी पीने के बाद मुझसे बोला, 'तुमने कुछ रुपये बचाए हैं ? मुझे रुपए उधार चाहिए।' मैंने रुपए जमा कर रक्खे थे। रेस्तराँ में काम करने के अलावा मैं कई तरह के बेतरतीब धन्धे किया करता था। कभी-कभी सूद पर रुपए भी लगाने की आदत थी।

रुपए मेरे पास थे। मैंने कह दिया, 'रुपए हैं। कितने रुपए चाहिए ? तीन सौ ? पाँच सौ ? हजार ? ज्यादा रुपये नहीं होंगे।' वह मेरी बात सुनकर समुद्र के अँधेरे में देखने लगा। संजीदा होकर बोला, 'अभी तुरत नहीं चाहिए। अभी पैसे हैं। मगर, महीने-भर बाद नहीं रहेंगे तब पैसे लूँगा। अभी नहीं।'

फिर मैंने सुना, शिवाजी सिंह ने अपनी 'हडसन' राधारमण फिल्म 'एडीटर' को बेच दी है। फिर कई बातें सुनीं। यह भी कि पुखराज बेगम से उसकी लड़ाई हो गई है। वह अब रात-दिन सोलन की बोतलों में डूबा रहता है। कई महीनों के बाद, वह इञ्जिस बेलफोर्ड और सेठजी के साथ त्रिकमदास से मिलने के लिए 'नाज़' रेस्तराँ में आया था।

4

पैदाइश एक सितारे की

रात के बारह या एक बज गए होंगे। मैं जूहू-बीच के अपने कमरे में पड़ा हुआ कन्नौज वाले चन्दरदास से बातें कर रहा था। उसने प्रेम और समाज-सुधार के जोश में आकर अपने मुहल्ले की एक अमीर विधवा से शादी कर ली थी। अब उसकी पहली बीवी और उसके पिताजी ने मिलकर उसे घर से निकाल दिया है।

पड़ोसिन विधवा साथ आई है। फर्श पर बिछे होल्डऑल पर, भारी साँसें खींचती हुई सो रही है। चन्दरदास खुश है। वह इत्र बेचना छोड़कर फिल्म बनाएगा। इसी तरह की बातें हो रही थीं कि सेठ त्रिकमदास विक्रमदास बिस्कुटवाले की लम्बी 'इम्पाला' मेरे कमरे के नीचे रुकी।

मेरे पास दो कमरे हैं। और दूसरे कमरे में शिवाजी सिंह सोया हुआ है। अब कई दिनों से वह अपने घर नहीं जाता। यहीं सोया रहता है। सिंह जिसमें सोया है, तेरह

नम्बर का वह कमरा समुद्र में खुलता है, और चौदह नम्बर का यह कमरा सड़क की तरफ।

अरसे पहले जुहू के समुद्र-तट पर एक सिलसिले से लगातार बनाए गए ये सात कमरे समुद्र-त्तट के पहरेदारों के लिए बनाए गए थे। जब तट-रक्षकों के लिए अलग 'बैरक' बन गए, तो कार्पोरेशन ने ये कमरे किराए पर डाल दिए। मैंने एक अरसा पहले 1954 में ही एक कमरा लिया था।

थोड़े दिनों बाद साथ वाला तेरह नम्बर का कमरा भी ले लिया। तेरह नम्बर में पहले एक फिल्मी शायर रहा करते थे। जिस हीरोइन से इश्क करते थे, वह अपना सारा माल-पत्तर समेटकर पाकिस्तान चली गई। इश्क, कर्ज़ और उधार, बेकारी, और अपनी शायरी की मायूसियों में गर्क होकर शायर ने यहीं, इसी तेरह नम्बर में आत्महत्या कर ली। हम लोग काफी परेशान हुए।

पुलिस मुझे गिरफ्तार करके ले गई। बड़ी मुश्किल से जमानत हुई। खैर, यह कमरा भी खुदा-खुदा होकर मुझे मिल गया। दोस्तों के काम आता है।

जब कई बार हॉर्न बजाया गया, तो मैं चन्दरदास को सो जाने के लिए कहकर नीचे सड़क पर आ गया। ड्राइवर मुझे जानता है। खिड़की से गोल्ड-फ्लेक की एक सिगरेट मेरी तरफ बढ़ाकर उसने कहा, 'बड़े साहब ने भेजा है ! सारी बम्बई छान आया, कहीं नहीं मिली। धनराज के यहाँ भी नहीं।'

'क्या चाहिए ?' मैंने सवाल किया। उसने बताया कि कुछ भी चाहिए। 'स्कॉच' मिल जाए, 'वैट—69' मिल जाए, कुछ नहीं तो 'ब्लैक नाइट' ही सही। कोठी में पार्टी हो रही है। जितनी शराब आई थी, चुक गई। बड़े लोग आए हुए हैं। कोई लम्बा 'बिजनेस' तय हो रहा है। एक नई लड़की भी है। हीरोइन बनाई जा सकती है।

मैंने पूछा, 'सपना देवी नहीं हैं ?' वह भी है। कई आदमी हैं। सारा कुछ आज ही रात में, पक्का-पक्की हो जाना है। दो-तीन 'जर्नलिस्ट' भी आए हैं। बातचीत तय हो जाए तो कल सुबह सारे अखबारों में नई हीरोइन की तस्वीर छपेगी। तस्वीरें और 'राइट-अप'।

त्रिकमदास विक्रमदास कोई काम कच्चे तरीके से नहीं करता है। फिर, इस बार तो एक बहुत बड़े 'प्रोड्यूसर' से बातचीत हो रही है। फिल्म एकदम 'ईस्टमैन' में बनेगी। सारा 'आउटडोर' हिमालय-पहाड़ की घाटियों और हिल-स्टेशनों में होगा। इजिप्ट से एक 'बेली-डान्सर' बुलाई जाएगी और वह कश्मीरी लड़की का रोल करेगी।

ड्राइवर ने कहा, 'बड़े साहब ने कहा है, चाहे जो कीमत लगे, दो-चार बाटली लेकर ही आओ ! अब तुम्हीं मेरी जान बचा सकते हो।'

मैं ऐसे ही मौकों के लिए दो-चार बोतलें बचाकर रखता हूँ। यह मेरा अपना धन्धा है। सिर्फ फिल्मवालों को 'सप्लाई' करता हूँ। सो भी, खास चुने हुए लोगों को। मनमानी कीमत लेता हूँ। जान-पहचान भी बढ़ती है।

इसी तरह एक रात एक बड़ी हीरोइन को मैंने 'स्कॉच' की दो बोतलें 'सप्लाई' की

थीं। एक फिल्म में काम करने का आठ लाख रुपया लेती है। तीन लाख सफेद, और पाँच लाख काले रुपए। 'शूटिंग' के लिए शिमला या दार्जिलिंग जाएगी तो अपने साथ चार-पाँच औरतें ले जाएगी। माँ हमेशा साथ रहती है। 'मेकअप' के लिए दो लड़कियाँ। एक लड़की सेक्रेटरी बनकर जाती है।

फिर, एक 'टेरियर-नस्ल' का कुत्ता है जिसे हर जगह साथ रखेगी। इस हीरोइन का 'रेकर्ड' है कि एक दिन में एक 'शॉट' से ज्यादा काम इसने कभी किया ही नहीं। लेकिन जिस फिल्म में काम करेगी, उसके निर्माताओं का भाग्य खुल जाता है। फिल्म 'हिट' हो जाती है। 'जुबली' मना लेती है। कभी-कभी 'एवार्ड' भी उठा लाती है। लेकिन 'स्कॉच' की एक बोतल के बिना हीरोइन प्यासी मछली की तरह छटपटा रही थी।

मद्यनिषेध के इस जमाने में, बम्बई में, रात के ग्यारह-बारह बजे शराब कहाँ मिलेगी? मैं खुद बोतलें लेकर उसके फ्लैट में गया। वह बहुत खुश हो गई। बोतल में ही मुँह लगाकर, एक घूँट कलेजे में डालकर, उसने कहा, 'बोलो, क्या माँगते हो ? तुम कोई 'प्रोड्यूसर' होते तो मुफ्त में तुम्हारी फिल्म बना देती। क्या काम करते हो ? कितनी शादियाँ की हैं ? देखो, आज से तुम्हीं मुझे 'सप्लाई' दिया करो। हर शाम दो बोतलें चाहिए। 'सटर्डे' को तीन बोतलें। लेकिन कभी नागा नहीं होना चाहिए। एकदम गोली मार दूँगी। क्या बताया ? 'नाज' में बैरागिरी करते हो ? क्यों करते हो ? यही धन्धा किया करो।...प्रोड्यूसर बनोगे ? हाँ जी, तुम प्रोड्यूसर बन जाओ।'

फिर उसने अपनी माँ को बुलाया। उसकी माँ रुद्राक्ष की माला और 'वायल' की सफेद साड़ी पहने थी। गहरी नींद से उठाई गई है। शायद सोते वक्त माला उतारकर रखना भूल गई थी। आँखें मलती हुई आई। गुस्सा कर सकती थी। मगर 'स्कॉच' की दो बोतलें एक साथ देखकर प्रसन्न हो गई। बोली, 'ले-देकर यही तो एक 'हॉबी' है मेरी लाडली को। वक्त पर सो भी नहीं मिलती। बैठो बाबू, क्या नाम है तुम्हारा ?'

बीस गज चौड़ा और तीस गज लम्बा यह ड्राइंगरूम हीरोइन की आदमकद तस्वीरों और तोहफों से भरा पड़ा था। रैकों पर 'एवार्ड' में मिली मूर्तियाँ करीने से सजाई गई थीं। एक कोने में टेबुल पर एक 'कॉर्न-पीस' लगा था, जिसमें प्लास्टिक के अक्षरों में लिखा गया था, 'यू आर हियर, दिस इज़ योर रूम।'

आप यहाँ हैं और यह कमरा आपका है—मैं इस 'सुभाषित' वाक्य का मतलब समझने की कोशिश कर ही रहा था कि हीरोइन ने कहा, 'अम्मी, मैं इस लड़के को फिल्म-निर्माता बनाना चाहती हूँ।' किसी चूहे को रॉयल-बंगाल-टाइगर बनाते वक्त दन्त-कथाओं का वह ऋषि जिस तरह मुस्कुराया होगा, हीरोइन ठीक उसी तरह मजा लेकर हँसने लगी।

उसकी अम्मी अपने लिए और अपनी लाडली के लिए 'स्कॉच' ढाल रही थी। हीरोइन ने गले में शराब उतार ली। फिर मेरे पास आकर बोली, 'ड्राइवर तुम्हें घर तक छोड़ आएगा। इन दो बोतलों की कीमत भी दे देगा। तुम जिस दिन निर्माता बनना चाहो, मुझे बताओगे। दो-चार जगह फोन कर दूँगी। तुम बहुत खूबसूरत आदमी हो, बैरागिरी

छोड़ दो...।'

मैंने फैसला किया, मुझे बोतलें लेकर खुद सेठ त्रिकमदास के यहाँ जाना चाहिए। ऐसे मौके बार-बार नहीं आते। मेरा 'स्टॉक' तेरह नम्बर में ही रहता है। वहाँ शिवाजी सिंह सोया हुआ है, नींद में बेखबर। उसे जगाना ठीक नहीं होगा। उसे सोने देना चाहिए।

सुबह आठ बजे सेठ त्रिकमदास के यहाँ से लौटकर मैंने शिवाजी सिंह को बताया कि इज्निस बेलफोर्ड का नाम आज सुबह से 'नयनतारा' हो गया है। और वह पी.पी. पी. प्रोडक्शन्स की नई फिल्म 'सुबह-शाम' की हीरोइन हो गई है। मैंने यह भी बताया कि त्रिकमदास ने पी.पी.पी. के परमेश्वर प्रसाद पाहूजा को तीस प्रतिशत की दर पर 'फिनान्स' देने की हुण्डी के कागजात तैयार कर लिए हैं। दस्तखत भी रात में ही हो गए।

'कौन इज्निस ? इज्निस कौन है ?'—रात की ह्विस्की का धुन्ध अभी तक सिंह के दिमाग से टूटा नहीं था। वह बार-बार अँगड़ाई ले रहा था। हाथ-पाँव झटक रहा था। लेकिन जब वह हाथ-मुँह धोकर तैयार हुआ तो उसके चेहरे पर हवाइयाँ उड़ रही थीं।

उसने पास के एक होटल से तुरत सेठजी को फोन किया। बेचारे सेठजी को भी कुछ पता नहीं था कि यह सब कैसे हो गया। वे इसी दम टैक्सी लेकर इज्निस बेलफोर्ड के यहाँ जाएँगे। उसे पकड़कर यहीं तेरह नम्बर में ले आएँगे। इज्निस को सेठजी ने ही 'सैंडी-होटल' में कमरा दिलवाया है।

मगर इज्निस वहाँ नहीं थी। मैनेजर ने सेठजी को बताया, वह रात ही सारा हिसाब-किताब चुकाकर एक बड़ी 'इम्पाला' में बैठकर चली गई है। कहाँ गई, कुछ पता नहीं। जैसा कह रही थी, शायद कोलाबा या मरीना-प्लाइण्ट में कोई फ्लैट मिल गया है उसे। भाई, ऐसी लड़कियों का क्या ठिकाना, कहीं-से-कहीं पहुँच जाती हैं। आज फुटपाथ पर खड़ी हैं तो कल शाम तक मैरिन-ड्राइव की कोई बिल्डिंग खरीद ले सकती हैं।

सेठजी बैरंग और बदरंग होकर चले आए। चन्दरदास और उसकी विधवा बीवी नहा-धोकर किसी कमरे की तलाश में दादर की तरफ चले गए थे। सेठजी, शिवाजी सिंह और मैं—तीनों आदमी चुप होकर बैठे रहे। मैंने सिंह से कहा, 'मुझे अपने रेस्तराँ पर जाना है। आप लोग जो कीजिए। मैं तो भाई अब नहा-धो लूँ।'

सेठजी ने पूछा, 'अब क्या करोगे ? इज्निस तो 'नयनतारा' बन गई।' सिंह ने कोई **जवाब** नहीं दिया। अपने ही घुटनों पर सिर रखे, वह आँखें बन्द किए हुए था। इतने दिनों के परिचय में मैंने उसे इतना दयनीय, इतना निरीह और इतना शोकग्रस्त कभी नहीं देखा था।

भीतर-ही-भीतर उसे कोई बात, कोई सच्चाई, कोई भारी चीज दबाती और तोड़ती जा रही थी। कुछ भी बोलना उसके लिए मुमकिन नहीं था।

सेठजी अपनी बुशर्ट उतारकर फर्श पर लेट गए। इज्निस बेलफोर्ड के नाम उन्होंने एक भद्दी-सी गाली निकाली। सिंह को गाली बिल्कुल पसन्द नहीं है। लेकिन उसने कुछ

कहा नहीं, सिर झुकाए बैठा रहा।

फर्श जगह-जगह से उखड़ गई है। नीचे से ईंटें झाँकती हैं। दीवारें सीलन-भरी हैं। पानी के पीले दाग जगह-जगह तस्वीरें बनाते हैं। एक दीवार पर सीता-हरण का कैलेण्डर है। जटायु-पक्षी के दोनों पंख रावण ने काट दिए हैं। सीता के बाल खुले हैं। वह रो रही है। नीचे रामायण की एक चौपाई लिखी हुई है।

मुझे सिंह पर बड़ी दया आई। मैंने पूछा, 'पुखराज बेगम को खबर कर दूँ क्या ?' सिंह मुस्कुराया। बोला कुछ नहीं। सेठजी ने गम्भीर स्वर में बताया, 'पुखराज से सिंह ने तकरार किया था। मारने दौड़ा था। वह बनारस चली गई है। कह गई है, अब कभी यहाँ नहीं आएगी। कभी नहीं आएगी।'

शिवाजी सिंह ने सेठजी की बात का प्रतिवाद नहीं किया। उसी तरह चुप, उसी तरह उदास, उसी तरह सिर झुकाए हुए बैठा रह गया। मैंने तय किया, अब जिन्दगी में कभी वह उठकर खड़ा नहीं होगा। मुस्कुराएगा नहीं। अन्धा जादूगर नहीं बनेगा। और यह तय करके मैं अपने रेस्तराँ के रास्ते चला गया।

आज बस पर नहीं, टैक्सी पर अकेले बैठकर रेस्तराँ जाने की तबीयत होती है। मलाबार-हिल की चढ़ाई पर जाते हुए, दोनों ओर के मकानों को देखते चलेंगे। बाईं तरफ समुद्र सोया है। दोपहर के पहले समुद्र की नींद नहीं खुलती। जब सूरज सफेद से पीला होने लगता है और सफेद लहरें अनदेखे सपनों की तरह झिलमिलाने लगती हैं, वह जागता है। नहा-धोकर कपड़े बदलता है।

तैयार होकर मेरिन-ड्राइव अथवा कोलाबा की तरफ 'लन्च' के लिए चला जाता है। 'नटराज' में बैठना और ऊँचे समाज की लड़कियों को घूरते रहना उसे अच्छा लगता है।

मजबूरी और बेकारी उसे खींचकर कभी-कभी दादर या महालक्ष्मी या पास-दूर के छोटे-बड़े कस्बों में ले जाती है। मराठी होटलों का खाना उसे खूब पसन्द है। छोटी-छोटी कटोरियों में चावल, कढ़ी, हरी सब्जियाँ और 'फिरनी' की तरह की एक चीज। नाम उसका बड़ा ही प्यारा होता है—'श्रीखण्ड'। बंगाल का 'पायस' ऐसा ही होता है। समुद्र को मद्रासी खाना भी पसन्द है। वह ईरानी होटलों में जाता है, जहाँ खुदरा चीजों के व्यापारी, फिल्मों के 'ऐक्स्ट्रा', छोटे दर्जे के काम करनेवाले बैठते हैं।

बम्बई का कोई भी मर्द आदमी दोपहर का 'लन्च' अपने घर में नहीं लेता। घर से लाए गए टिफिन के डिब्बों के साथ सारे लोग किसी-न-किसी होटल में घुस जाते हैं। एक-एक लुकमा खाते हुए किसी अमीर लड़की की आवारगी, या अपने बच्चों की आदतों के बारे में सोचेंगे। साथियों से बात करेंगे।

इस बार कम्पनी कितने महीनों की तनखाह बोनस में देगी। देश का भविष्य ठीक नहीं है। जवाहरलाल नेहरू के बाद देश की बागडोर कौन सँभालेगा ? किसी अमीर और अन्धी विधवा से शादी करके आदमी चूड़ियों की एक दूकान खोलकर बैठ जाए, इससे बड़ी बात और कुछ नहीं हो सकती। मुहल्ले के सारे फटे-पुराने लड़के अब कन्धे पर जापानी 'ट्रैन्जिस्टर' लादे चलते हैं। कमर के साए में पड़ा 'ट्रैन्जिस्टर' हमेशा एक ही

गीत बजाता चलता है—तुम मेरे बिस्तरे में आओगी या नहीं ? और तुम मुझे इस खिदमत के एवज में क्या दोगे ?

लोग ऐसे ही फिल्मी गानों की बातें करेंगे। और अन्त में, एक प्याला चाय पीकर, अपने दफ्तरों के अपने-अपने दरबों में समा जाएँगे। मैं ऐसे किसी दरबे में 'फिट' नहीं हो सका। मुझमें अक्ल या पैरवी, कुछ भी नहीं थी। मैं 'लन्च' पेश करनेवाले किसी होटल में नहीं गया, मैं शाम के इस 'साज' रेस्तराँ में चला आया, जहाँ का चीफ-बैरा हो जाना, मेरे लिए अब कोई मज़ेदार बात नहीं है। रेस्तराँ में आई हुई औरतों की तरफ अब हम नहीं देखते। सिर्फ 'टिप' के पैसे देखते हैं। समझदार आदमी एक रुपया फेंकते हैं। जो ज्यादा समझदार हैं, वे पाँच तक दे सकते हैं। 'टिप' देने से दूसरों पर रौब पड़ता है। आपको बिजनेस करना है, तो रौब से रहना सीखिए।

इस जमाने में पैसों से या अक्ल से रौब नहीं पड़ता। रौब पड़ता है, पैसों को खर्च करने के आपके अपने तरीकों से। आप दो आदमी आएँगे, और लम्बी डिशें खा जाएँगे, तो आपको चौबीस रुपये सात आने का बिल चुकाना होगा। लेकिन आपने सिर्फ 'क्वीन-इन-द-बेड' आइसक्रीम का आर्डर दिया। हमारे रेस्तराँ की शाम को गुनगुनाते हुए, बैठे रहे। जाने के वक्त बैरे को पाँच रुपयों का एक लम्बा 'टिप' दिया। और ऐसे मुस्कुराने लगे जैसे सिर्फ आज ही आप आइसक्रीम लेने आए थे, बाकी हर रोज तो सात कोर्स का भारी-भरकम 'डिनर' खाकर ही दम लेते हैं। बैरा मुस्कुराने लगेगा। काफी नीचे झुककर, ब्रिटिश-कायदे का फर्शी सलाम ठोकेगा।

इस तरीके में आप अपने साथी, या अपनी औरत पर ज्यादा मजबूत, ज्यादा टिकाऊ रौब गालिब कर सकेंगे। पाँच कोर्स का 'डिनर' तो गैरसमझदारी की बात है। समझदारी यह है कि अपने-आपको काफी रौब और ताक़त के साथ पेश किया जाए। तभी अपना 'माल' ऊँची कीमतों पर बेचा जा सकता है।

वणिक-सभ्यता का आदि-मन्त्र यही है। डेल-कार्नेगी ने ही नहीं, आधुनिक सभ्यता की गौरवशाली परम्पराओं ने हमें यही कुछ सिखाया है। महात्मा गाँधी की बात और थी। वे राजनीति से नहीं, सन्त-परम्परा से अपना जीवन और अपने कार्य अनुशासित करते थे। उन्होंने इस नई सभ्यता के इस नए युग में भी साबित कर दिया कि भारत-भूमि आखिर भारत-भूमि है, जहाँ हमेशा से शासकों से ऊँचा स्थान सन्तों को मिलता रहा है।

मेरा एक दोस्त था, हाजी रसूल। कालबादेवी में बैंगर-हाउस के फुटपाथ पर अखबार बेचा करता था। धीरे-धीरे उसके फुटपाथ पर उर्दू के दो-चार शायर, और पीले कवर की किताबें खरीदनेवाली चार-छह बूढ़ी औरतें जाने लगीं। ज्यादातर माल उधार के खाते में जाने लगा। फुटपाथ की अखबारी दुनिया सूखने लगी। दो-एक कर्जदारों से पिटने-पिटाने के बाद, हाजी रसूल डबल मोहरवाले सरकारी गाँजे की पुड़िया खरीदने लगा और लगे हाथों सन्त बन गया।

उसी फुटपाथ के पास की एक अन्धी गली में बहुत पुराना अस्तबल था। अस्तबल

में डेरा-डंडा डालकर हाजी रसूल, अस्तबल का शाही फकीर, ख्वाजा मोहम्मद रसूल निजामी कहलाने लगा। मैं एक-दो बार, उन दिनों में, हाजी रसूल से मिला भी था। गाँजे और मदक की गहरी पिनक में उसकी आँखें बन्द रहती थीं।

उसने दाढ़ी सुर्ख कर ली थी, और पेशेवर जादूगरों की तरह एक काला रेशमी चोगा पहन रखा था। उसके पास ज्यादातर बुर्केवाली औरतें आती थीं। आठ-दस भइये हमेशा उसके इर्द-गिर्द बैठे रहेंगे। गले में चौखट-ताबीज लटकाए, बुर्केवालियों को अपना सीना और नंगे पुट्ठे दिखलाते रहेंगे। साल-भर के अन्दर हाजी रसूल के पास अपनी गाड़ी हो गई। उसने अपना मकान खरीद लिया। गाँव से अपने भतीजे को बुलाकर उसे एक डेयरी फॉर्म खुलवा दिया।

रेस खेलनेवाले। फिल्मों के निर्माता। जुहू की रातें काटनेवाली औरतें। शेयर-बाजार के लोग। मिनिस्ट्री के निर्माता। सभी ख्वाजा रसूल की निजामी के अस्तबल में आते थे। जब तक बम्बई में रहा, वह अपने अस्तबल से कहीं बाहर नहीं गया। लेकिन इन्हीं दिनों पुलिस उसके पीछे पड़ गई। इन्कम टैक्स वाले भी हिसाब पूछने लगे। कुछ लोगों ने यह भी कहा कि वह पाकिस्तानी जासूस है। तब एक दिन कालबादेवी का यह महान् सन्त अपने एक शायर-दोस्त की बीवी के साथ पाकिस्तान भाग गया। अपनी सारी सम्पत्ति बेचकर उसने सोने की ईंटें खरीद लीं, और एक हवाई जहाज चार्टर करके कराँची उड़ गया।

मैं हाजी रसूल को छोटा सन्त नहीं मानता हूँ। आज के दिन तो हाजी रसूल ही सबसे बड़ा सन्त है। उसकी बाँहें राजनीति से कोकशास्त्र तक फैली हुई हैं।

राजनीति से कोकशास्त्र का रिश्ता बहुत पुराना, बहुत करीब का है। पंडित कोका, जो शायद, वात्स्यायन पंडित से भी ऊँचे दरजे के कोकशास्त्री थे, कश्मीर के राज-दरबार में राज-मन्त्री यानी वजीरे-आलम की नौकरी में थे। विद्यापति भी और कालिदास भी।

हर बड़ा आदमी पहले कवि होता है, फिर कवि-दरबार के रास्ते से राज-दरबार में घुसता है। और तब अपना मनसब कायम रखने के लिए राजा और प्रजा, दोनों को प्रसन्नचित्त रखने के लिए, नया कोकशास्त्र लिखने लगता है। कविता, राजनीति, कोकशास्त्र—दुनिया पर राज करने के लिए यही तीन आसन आदमी के पास हैं।

हर आदमी पहले कवि होता है। लेकिन बालिग हो जाने पर उसकी कविता अपनी शर्मो-हया बेचकर, खानगी वेश्या बन जाती है। राजनीति, अर्थतन्त्र, सामाजिक प्रतिष्ठा और अपने पराजित 'अहं' के बिस्तरे में घायल साँप की तरह छटपटाती हुई वेश्या। मैंने एक शायर का नाम सुना है जिसने राजदरबार को खुश करके 'एम्बेसेडर' की गद्‍दी पाने के लिए, स्वर्ग की वेश्याओं के नखशिख और जवानी का 'बाबर-नामा' लिखना शुरू किया। लेकिन इस शायर का काम कोकशास्त्र के नुस्खे से पूरा नहीं हुआ। इसीलिए, वह हाजी रसूल की तरह सन्त हो गया। उसकी कविताओं में अचानक मन्सूर, मीराबाई, कबीर, और महात्मा गाँधी की तस्वीरें और बातें उभरने लगीं। फुरसत के वक्त वह हस्तरेखा और ज्योतिष भी करने लगा।

उसने भविष्यवाणी की, तो एक सोडावाटर कम्पनी का मालिक नए चुनाव में 'बैलेन्सिंग वोट' अख्तियार करके, किसी नए विभाग का उपमन्त्री हो गया। कवि निश्चित रूप से ज्योतिषी भी होता है, यह बात उमर खय्याम ने कही है और अरस्तू ने साबित की है।

इस कवि ने अपने ज्योतिष और तन्त्र के बल पर दो उपमन्त्रियों को मन्त्री बना दिया। लेकिन, इतनी मेहनत और अक्लमन्दी के बावजूद वह खुद 'एम्बेसेडर' नहीं बन सका। मेहरबान राजदरबार उसे वक्त-वक्त पर लोहे और कोयले और 'इम्पोर्ट-एक्सपोर्ट' के ठेके और लाइसेंस देता रहा। वह राजदूत बने बगैर राजशाही ठाठ से रहने लगा।

उसने पेरिस में, बीच शहर में, एक कोठी खरीद ली, जहाँ वह बुढ़ापे में रहना चाहता है और बोरिस पेस्तरनाक की तरह अपने देश के बारे में एक लम्बी कविता लिखना चाहता है। कविता से ही शुरुआत और कविता से ही अन्त। आदमी को और चाहिए ही क्या ?

आदमी को बहुत कुछ चाहिए—कुन्दन की निगाहें और उसके ढीले-ढाले कपड़े कह रहे थे। मैं किनारे की एक कुर्सी पर बैठा हुआ उसका कहना-सुनना सुन रहा था। सेठजी दोपहर में मेरे रेस्तराँ पर आए थे, बोले थे कि चन्दरदास से उनकी बातचीत हुई है और शाम को कुन्दन के यहाँ चलना है।

चन्दरदास हम लोगों से बातचीत करना चाहता था, लेकिन अब यहाँ आकर वह बिल्कुल चुप हो गया है। उसकी विधवा भी साथ आई थी। कमरे में यहाँ-वहाँ घूमकर सजावट और तस्वीरें देख रही थी। सिंह यहाँ नहीं था।

उसने कहा है, वह यहाँ कभी नहीं होगा। उसने कहा है, काले बाजार और काले चेहरों की इस दुनिया में अब वह अपनी लड़ाई शुरू करेगा। आर्ट और जेहन की सच्ची लड़ाई, जो तलवारों से नहीं, दिमाग की नसों के तनाव से लड़ी जाती है। शिवाजी सिंह ने कहा है, और तेरह नम्बर कमरे में सोया पड़ा रहा है, सोलन के अद्धे के साथ। सेठजी, चन्दरदास और वह विधवा औरत, जिसने अब अपना नाम 'लाजवन्ती' रख लिया है, तीनों व्यक्ति यहाँ चले आए हैं। मैं भी आ गया हूँ।

कुन्दन गाल पर तलहत्थी रखे, गौर से सारी बातें सुन रही है। किसी तरह इग्निस बेलफोर्ड उर्फ नयनतारा हम लोगों को 'डॉज' देकर चली गई। किसलिए सेठ त्रिकमदास ने कुन्दन के नाम पर एतराज किया ? क्यों शिवाजी सिंह परेशान है और दुनियावालों को मुँह दिखाना नहीं चाहता ?

कुन्दन बोली, 'देखो सेठजी, मैं सिंह को शुरू से ही जानती हूँ। वह आदमी नहीं है, महज एक नौटंकीवाला है। नौटंकी करता है और अपने-आपको नटों का सिरताज समझता है। आदमी होता तो त्रिकमदास के पास नहीं जाता। उसे इतनी अक्ल जरूर होती कि त्रिकमदास जैसे बड़े 'फिनान्सर' से बातें करने के लिए नैनतारा या कुन्दन बाई का नहीं, पाँच लाखवाली हीरोइनों का नाम लेना चाहिए। खैर, चन्दरदासजी, आप बताइए। कितना 'फिनान्स' है आपके पास ?

कुन्दन के इस सवाल के बाद धरती का गोला बड़ी तेजी से घूमने लगा। 'ख्वाबे-नूरजहाँ' की एक बड़ी शीशी चन्दरदास ने कुन्दन बाई को पेश की। यह लम्बा-चौड़ा ड्राइंगरूम एक ही क्षण में मीठी सुगन्धों का जंगल बन गया।

कन्नौज की अमीर विधवा उर्फ लाजवन्ती ने सामने के बड़े शीशे में अपना चेहरा बार-बार देखा। उसने तय किया कि इसी तरह एक दिन कोई फिल्म-निर्माता उसे भी 'डफल-ड्रीम' की बोतलें पेश करेगा। सेठजी ने अपना कैमरा दुरुस्त किया। बड़े सलीके से कुन्दन और लाजवन्ती को पास-पास बिठाकर, अलग-अलग कोशिशों में कई तस्वीरें लीं। तस्वीरों के किसी-न-किसी फ्रेम में हम लोग भी आ गए।

धरती का गोला तेजी से घूमता रहा और बीच-बीच में करवटें भी लेता रहा। हम लोग कुन्दन की बड़ी कार में बैठकर जुहू चले आए। आज वह खुद कार चला रही थी।

आज वह पहली बार अपनी बगल में बैठी हुई औरत से कह रही थी, 'मैंने और मेरी बड़ी बहन ने इस नौटंकीवाले शिवाजी सिंह के लिए सारा कुछ लुटा दिया। फायदा क्या हुआ ? कोई फायदा नहीं हुआ। पुखराज बेगम वापस चली गई है। मगर मैं नहीं जाऊँगी। मेरी लड़ाई खत्म नहीं हुई है। मैंने अपनी हार का दुख भूलने के लिए 'सोलन' पीना शुरू नहीं किया है। तुम मेरा साथ दोगी लाजवन्ती ?'

और लाजवन्ती बड़े फोहश ढंग से मुस्कुराती हुई, कुन्दन के कन्धे पर एक हाथ रखे हुए, ऊपर लगे गोल शीशे में चन्दरदास का भोलाभाला चेहरा देख रही थी। नीचे सड़क पर कार लगा दी गई। हम लोग ऊपर आए। कमरा बन्द था। शिवाजी सिंह ने ग्यारह नम्बरवाले अहमद खाँ को कमरे की चाबी दे दी थी।

खाँ ने बताया, 'सिंह चला गया है। बोला है, अपने देश जा रहा है। अब वापस नहीं आएगा। अपने साथ व्हिस्की की दो बोतलें ले गया है। और कुछ नहीं ?'

कुन्दन समुद्र-तट की तरफ उतरनेवाली सीढ़ियों पर बैठ गई। फिर मुस्कुराती हुई, जैसे अपने-आपसे बोली, 'यह भी अच्छा ही हुआ। वह सीधे बनारस चला जाएगा। और कहीं जा भी नहीं सकता है।'

5
बाइस्कोप और बाइस बीवियाँ

शिवाजी सिंह और कहाँ जाएगा ? इस कोप-भवन से वह शायद बाहर निकल भी गया हो। मगर बाहर कहीं कोई रास्ता नहीं है। पुखराज बेगम तो इस बाइस्कोप के लम्बे तमाशे में कभी थी भी नहीं। दूर ही रहती थी। इसीलिए वापस भागने में सफल हो गई। लेकिन यह शिवाजी सिंह ?

बीच समुद्र में रुके हुए जहाज पर बैठी हुई चिड़िया किसी दूसरी जगह की तलाश में उड़ती है। मीलों तक चारों ओर पानी देखकर जहाज पर वापस चली आती है। यह मुहावरा बहुत पुराना है। बाइस्कोप की पैदाइश के सैकड़ों साल पहले यह मुहावरा कबीरदास ने या तुलसीदास ने बनाया था। क्या हमारा यह शिवाजी सिंह इस मुहावरे को झुठला देगा ?

नयनतारा चली गई। सिंह चला गया। पुखराज अब बनारस से कभी वापस नहीं आएगी। लेकिन कुन्दन नहीं जाएगी, और न ही परेशान ही होगी। परेशान होने की कोई जरूरत नहीं है। कुन्दन हम लोगों को समझाती हुई बोली, 'देखो भाई, कलर पिक्चर बनाओ। दो लाख रुपये तो चन्दरदास लगा ही रहा है। इतने में दो-तीन रील पिक्चर जरूर बन जाएगी। रॉ-स्टॉक मैं उधार दिलवा दूँगी। स्टूडियो भी तीन महीने की 'क्रेडिट' पर मिल ही जाएगा। मैं हुई हीरोइन, मुझे अभी पैसा नहीं चाहिए। 'साइड' में मेरी यह बहन लाजवन्ती रहेगी। सुनो, कोई बड़ा हीरो हम लोग 'साइन' कर लेते हैं। राजेन्द्रकुमार, या नहीं तो धर्मेन्द्र। किसी भी फिनान्सर से दो-चार लाख मिल जाएँगे। फिर इतना लम्बा बाजार डिस्ट्रीब्यूटरों का भी है। भगवान ने चाहा तो हम लोग बाजी मार लेंगे।'

बात मुझे पसन्द आ गई। बहुत दिन हुए, सिंह ने एक फिल्मी कहानी लिखी थी। 'स्क्रीन-प्ले' और 'डायलॉग' भी तैयार कर लिया था। सिंह ने यह स्क्रिप्ट कुन्दन के हवाले किया कि वह कोई फिनान्सर ढूँढ़ ले। फिनान्सर नहीं मिला। फिल्म 'प्रेम-दीवानी' की पूरी फाइल कुन्दन के पास रह गई।

कुन्दन का रूप-रंग ख्याल करके ही यह फिल्म लिखी गई थी। प्रेम-दीवानी है एक नाचनेवाली औरत, जो एक काले-कलूटे, ताकतवर, आदिम जानवरों की तरह दीखते हुए आदमी से प्यार कर बैठती है। यह आदमी शिमला हिल-स्टेशन के सबसे बड़े होटल का मैनेजर है। यह नाचनेवाली अपने एक हमदर्द राजासाहब के साथ शिमले गई थी। इसी होटल में ठहरी थी। राजासाहब बूढ़े हैं। दिल की बीमारियों के शिकार हैं। यह औरत, जिसका नाम शिवाजी सिंह ने बड़े प्यार से कस्तूरी रखा था, बूढ़े आदमी के लिए नाचनेवाली भी थी और नर्स भी।

कुन्दन यही औरत थी। नाचनेवाली भी और नर्स भी। फिल्म 'अनहोनी' की नरगिस की तरह वह दो अलग लड़कियाँ नहीं थी। 'डबल रोल' में नहीं थी। वह एक ही कस्तूरी थी और उसके दो हिस्से थे। एक हिस्सा रूप और अय्याशी की आग में जलता था। दूसरा हिस्सा सुनसान जंगल में बने हुए किसी पुराने मन्दिर की तरह शान्त, पवित्रता और एकान्त में। कुन्दन दो अलग लड़कियाँ नहीं थी। वह एक साथ, एक ही देह और एक ही सीने में दो लड़कियाँ थी।

शिवाजी सिंह यह बात जानता था। इसीलिए उसने अपने बारे में और कुन्दन के बारे में और शंकरगढ़ के राजासाहब के बारे में यह फिल्म-कहानी लिखी थी। शिमले के होटल मैनेजर के रूप में उसने अपने-आपको पेश करना चाहा था। वह खुद, शिवाजी सिंह, जो इतना भारी और इतना कद्दावर इन्सान होकर भी अपने अन्दर वही छोटा-सा

लड़का था। आँखें रहते हुए, अन्धा बननेवाला वह लड़का, जो फिल्म 'पूरनमल' देखकर अपने गाँव से बम्बई भाग आया था।

सिंह ने मुझे राजासाहब की बात किसी दिन नहीं बताई थी। यह घटना वह मुझसे भी छिपा गया था। घटनाओं और लोगों को अपने अन्दर छिपा जाना वह जानता था। उसके अन्दर एक स्याह तहखाना था, जहाँ लोग कैद होते थे और वहीं भूख-प्यास से तड़पकर मर जाते थे। जो चीज सिंह के सीने के अन्दर चली गई, वहीं मर गई। कभी बाहर नहीं आई।

ऐसे आदमी दुनिया में बहुत कम होते हैं। लेकिन जो ऐसे होते हैं, उनकी बदनसीबी का कभी अन्त नहीं होता। वे जिन्दगी-भर इसी तरह अपने अन्दर व्यक्तियों, घटनाओं, वस्तुओं, जिन्दगी की कीमतों और सच्चाइयों को लगातार कत्ल करते जाते हैं। और एक दिन खुद भी, अपने अन्दर ही अन्दर, कत्ल हो जाते हैं। फिर जी नहीं पाते।

पुखराज जी नहीं पाई। शिवाजी सिंह कहीं भी भागकर जाएगा, जी नहीं सकेगा। और राजासाहब ? फिल्म 'प्रेम-दीवानी' की कहानी पर बातचीत और बहस करने के दौरान, टुकड़ों-टुकड़ों में, आज एक घटना को तीन दिनों के बाद दूसरी घटना कहकर कुन्दन ने हम लोगों को राजासाहब की बात बताई थी। बताना चाहती नहीं थी। बात आप-ही-आप लेकिन तहखाने से निकलने लगती थी। उत्तर प्रदेश के एक पहाड़ी इलाके में उनकी छोटी-सी रियासत है। कुन्दन की एक मौसी 1925-1935 में बनारस की नामी-गिरामी तवायफ थी। ये राजासाहब उसे बनारस से उठाकर अपनी रियासत पर ले आए थे। दो हजार रुपये माहवार। रहने के लिए एक कोठी। राजासाहब के पास जाने के बाद उसकी मौसी ने महफिलों में जाना बन्द कर दिया। लेकिन साल में एक बार वह अपनी बहनों और रिश्तेदारों से मिलने बनारस जरूर आती थी। साथ होते थे राजासाहब। तीन-चार दिन बनारस की गलियों में जश्न होता था। तिलंगियों में दस-दस के नोट बाँधकर उड़ाए जाते थे। कनकौए उड़ते थे। 'कत्थक' के उस्तादों और फूलवालों-पानवालों की बन जाती थी।

लेकिन जब कुन्दन का जन्म हुआ तो राजासाहब साठ के आसपास पहुँच चुके थे। कुन्दन की मौसी, जिसे बनारस के लोग-बाग रानी बेगम कहा करते थे, कृष्ण की पुजारिन थी। हर सुबह चाँदी की राधा और सोने के कृष्ण की छोटी-छोटी दो मूर्तियों के सामने बैठकर, मीराबाई और सूरदास के पद गाती थी। एक बार राजासाहब के साथ मथुरा-वृन्दावन गई। सात दिन वहाँ तीरथ-व्रत करती रही। साधुओं के समाज में उसने भजन गाया। 'मेरो तो गिरिधर गोपाल, दूसरो न कोई। निस दिन बरसत नैन हमारे। कंचुकी नहिं सूखत सजनी। उर बिच बहत पनारे। गिरिधर के घर जाऊँ। सखी री, गिरिधर मेरो साँचो साँवर। ता संग रास रचाऊँ, सखी री। माधव कत तोर करब बड़ाई...' रानी बेगम गाती रही और मन्दिर-मन्दिर जाकर पूजा-पाठ करती रही। सात दिनों तक।

आठवें दिन जब वे दोनों वृन्दावन के एक मठ से वापस आ रहे थे, कुन्दन की मौसी, रानी बेगम पागल हो गई। रोने लगी। हँसने लगी। तन के सारे कपड़े उतारकर बीच

सड़क पर नाचने लगी—'गिरिधर के घर जाऊँ, ता संग रास रचाऊँ।'

वृन्दावनी रास के लहजे में, उसने सड़क पर नाचते हुए अपनी अंग-भंगिमाओं के द्वारा, राधा और कृष्ण की प्रेम-लीलाओं का वर्णन किया। फिर वह रोने लगी। फिर हँसने लगी। उसने पागल औरतों की तरह आँखें निकालकर कमर के बल थोड़ा नीचे झुककर, दोनों बाँहें सामने फैलाकर, चीखते हुए कहा, 'मैं क्वाँरी हूँ, मुझे किसी ने अब तक छुआ नहीं है। गन्दा नहीं किया है। मैं क्वाँरी राधा हूँ। अपने किशन महाराज से मैं ब्याह रचाऊँगी...मैं क्वाँरी हूँ। किसी ने छुआ नहीं मुझे। मुझे किसी ने गन्दा नहीं किया...।'

चालीस-बयालीस साल की वह लम्बी-चौड़ी औरत, वृन्दावन के चौराहे पर नंगी खड़ी थी और चीख रही थी। वह नीचे झुकी तो उसकी दोनों जाँघें सख्त हो गईं। पिंडलियाँ कस गईं। उसके स्तन अभी तक आम के बड़े फल की तरह गोल थे और आगे झुक आए थे। रानी बेगम लगभग दो मिनट इसी तरह सामने झुकी हुई जाँघों पर हाथ रखकर चीखती रही। फिर जमीन पर गिरकर बेहोश हो गई।

दुःख, लज्जा, क्रोध और ग्लानि से भरे हुए बूढ़े राजासाहब चुपचाप अपनी 'लैंडो' गाड़ी में जाकर बैठ गए। उन्होंने गाड़ी हाँकने का हुक्म दिया। फिर नौकरों से बोले, 'तवायफ बेगम को कपड़े पहनाकर किसी तरह स्टेशन ले आओ। हम लोग अभी तुरत वापस लौट जाएँगे।'

कुन्दन ने बताया, रियासत पर लौटने के बाद भी रानी बेगम अच्छी नहीं हुई। उसका पागलपन खत्म नहीं हुआ। लोग कहते हैं, राजासाहब ने उसे ज़हर खिलाकर मार दिया। एक बार कुन्दन ने राजासाहब से पूछा भी था, 'मेरी मौसी, रानी बेगम साहिबा की मौत कैसे हुई ?' राजासाहब चुप हो गए थे। आँखें बन्द करके, जैसे दस हजार साल पहले बीती हुई किसी घटना की याद कर रहे हों, चुप हो गए थे। मिनट-भर बाद वे मुस्कुराने लगे थे और बोले थे, 'हम मौत और ईश्वर के बारे में कभी कोई बातचीत नहीं करते। इससे हमारे दिमाग में उलझनें पैदा होती हैं। मौत को हम रोक नहीं सकते, इसीलिए मौत के बारे में कोई सोच-फिक्र नहीं करते हैं। यही बात ईश्वर के बारे में भी है।'

रानी बेगम की मौत के बाद उसकी हड्डियाँ गंगाजी में डालने के लिए राजासाहब बनारस आए थे। पुखराज तब आठ-दस साल की थी और राजासाहब को सलाम करने गई थी। कुन्दन को अच्छी तरह याद है, सलाम के बदले पुखराज को सच्चे सोने की एक मोहर मिली थी। कुन्दन तब और भी छोटी थी। इसके बाद राजासाहब कभी बनारस नहीं आए।

वे बम्बई आए। जब वे साठ की उम्र के आसपास थे और कुन्दन फिल्मों में काम पाने के लिए कभी फ्रॉक, कभी शलवार, कभी गरारा पहनकर इस स्टूडियो से उस स्टूडियो पैदल भागती रहती थी। उन दिनों तो बड़ी-बड़ी हीरोइनों के पास भी अपनी गाड़ी नहीं होती थी।

ट्राम पर चलने का रिवाज था। दुर्गा खोटे, ललिता पवार, शान्ता आप्टे और स्नेहप्रभा प्रधान के साथ कितनी बार कुन्दन को ट्राम में साथ जाने का मौका मिला।

तब वह बहुत छोटी थी।

वह बहुत छोटी थी और राजासाहब फिर भी पुखराज के पास नहीं जाकर, सीधे उसके पास आए थे। शायद पुखराज ने चाहा था कि राजासाहब कुन्दन के पास जाएँ। अपने परिवार पर राजासाहब के अहसान वह भूली नहीं थी। उस वक्त, वह अपने फारस रोडवाले कमरे के एक कोने में लैम्प जलाकर अंग्रेजी की 'प्राइमर' पढ़ रही थी। अंग्रेजी सीखना जरूरी है, शिवाजी सिंह ने उसे बताया था। राजासाहब ने अपनी छड़ी कोने में रख दी। जूते उतार दिए। कुन्दन के पास आकर बैठ गए। उसे अपने पास बिठाकर, छोटे बच्चों की तरह दुलार करते हुए, उसके गाल अपने हाथों में लेकर बोले, 'पुखराज बेगम ठीक ही कहती है। तुम्हारी आँखें बिल्कुल तुम्हारी मौसी की तरह हैं। रानी बेगम का नाम सुना है तुमने ?'

फिल्म 'प्रेम-दीवानी' के राजासाहब यही राजासाहब थे। शिवाजी सिंह ने उन्हें जरा भी गलत नहीं दिखाया था। कस्तूरी भी यही कुन्दन थी, पुखराज की छोटी बहन और शिवाजी सिंह नौटंकीवाले या होटलवाले को मन-ही-मन प्यार करती हुई, आदर करती हुई।

शिमले के एक होटल में, दिल की हरकत रुक जाने से राजासाहब की मौत हुई। तब कुन्दन एक फिल्म के 'आउटडोर' में शिमले गई थी। अपनी यूनिट के साथ वहीं रुककर वह होटल में राजासाहब के साथ ही रह गई थी। नहीं रहती तो राजासाहब को तकलीफ होती।

कुन्दन नींद में थी। नींद में ही उसने रेशमी रजाई अपनी ओर खींच ली थी और सिमटकर सो गई थी। राजासाहब उसी रजाई में सोए हुए थे। सुबह होने से कुछ ही पहले कुन्दन की नींद खुली। ठीक पाँच बजे मेकअप करके तैयार हो जाना है, तभी उगते हुए सूरज की रोशनी में 'शूटिंग' की जा सकेगी। बिस्तरे से उतरकर कुन्दन पूरी रजाई राजासाहब के शरीर पर डालने लगी। अचानक उसने महसूस किया कि उनका शरीर बर्फ हो गया है। बर्फ जैसा सख्त और बर्फ जैसा ठण्डा।

कुन्दन रजाई वहीं डालकर कमरे से बाहर चली आई। बाहर आकर उसने पास ही रहनेवाले एक डॉक्टर को बुलवाया। डॉक्टर ने पुलिस के सामने बयान दिया, 'राजासाहब की मौत दिल के 'फेल' हो जाने से हुई है।'

अपनी कहानी में थोड़े-बहुत हेर-फेर के साथ शिवाजी सिंह ने इसी मौत की बात पेश की थी। एक आदमी मर जाता है। और कई आदमी धीरे-धीरे, अपने अन्दर जलती हुई ज्वालामुखी में भस्म होते हुए मरते रहते हैं। मौत का कारण क्या है? आदमी क्यों मरता है ? और आदमी क्यों मरना नहीं चाहता ?

'मैं हम लोगों की इस फिल्म में यही सवाल पेश करना चाहती हूँ', कहानी के बारे में चलती हुई हमारी बहस को खत्म करती हुई, कुन्दन ने पढ़े-लिखे और समझदार लोगों के अन्दाज में हम लोगों से कहा। चन्दरदास यह बात समझ नहीं सका। एक नए डर में गिरफ्तार होते हुए उसने कुन्दन से बेहद धीमे लहजे में पूछ लिया, 'क्यों कुन्दनजी,

हम लोगों की फिल्म हमारे पैसे तो वापस ले आएगी न ?'

चन्दर के सवाल पर कुन्दन हँसने लगी। कितनी देर तक हँसती रही। हम लोग जुहू के एक रेस्तराँ में बैठे थे। यहाँ माँगने पर शराब और शराब के साथ की हर चीज चली आती है। हँसी रोककर कुन्दन ने सेठजी से कहा, 'सुनो बीरबल, चन्दर के इस महान् सवाल पर हम लोग अपनी सारी तौबा तोड़ दें। किसी बैरे से कहो, 'सोलन' की एक बड़ी बोतल उठा लाएगा। सिंह यही शराब पीता था न ?' कुन्दन ने सारी तौबा तोड़ दी। वह आजाद हो गई। एक ही लम्बे सोच-विचार के बाद उसने अपने मन को समुद्र जैसा बना लिया। समुद्र, जो कहीं से शुरू नहीं होता। कहीं खत्म नहीं होता है।

फिर, अपनी आँखों में जमाने भर की प्यास और भूख और तड़प भरकर चन्दरदास से उसने कहा, 'अब फिल्म में कहानी नहीं चलती है। चन्दर, फिल्म में चलती है हीरोइन की नंगी हरकतें। हीरो का बाँकापन चलता है। यह सब तो हमारी फिल्म में जरूर रहेगा। मैं खुद रहूँगी। चन्दरदास ! और मैं चाहूँगी तो अपने कपड़े उतारे बिना देखनेवाले तमाशबीन के सारे कपड़े उतरवा लूँगी। यह फनकारी मेरे खून में है, मेरे एक-एक अंग में है।'

अपने बारे में कुन्दन बाई जब ये बातें कह रही थी, उसका सपाट सीना अचानक नारियल के कच्चे फल की तरह सामने सीने पर उभर आया। बीच के दो बटन खुल गए। मांसपेसियाँ उभरने लगीं। चेहरे पर आग में सुलगते हुए सोने की रौनक फैलने लगी। चन्दरदास को कुन्दन के चेहरे की ओर देखने की हिम्मत नहीं हुई तो उसने उसके सीने की तरफ देखना शुरू किया। कुन्दन अपनी हुकूमत और अपनी बेकरारी की आग में तपी हुई कुन्दन है।

लाजवन्ती फिल्मी अन्दाज में शरमाती हुई बोली, 'जब हम चलाने पर तैयार होंगे तो हमारी फिल्म चलेगी क्यों नहीं कुन्दन दीदी ?'

कुन्दन रात-दिन किराए की एक प्राइवेट गाड़ी में बैठकर सारा शहर भागती रही। हीरो को एडवान्स दे दिया गया। गाने लिखवाए जाने लगे। कहाँ कैसे शूटिंग होगी, सारी बातें तय की गईं। बीरबलनाथ सेठ हमारा कैमरामैन है और हरनाम सिंह हमारा डाइरेक्टर। गाड़ी चल निकली है। कुन्दन ने हफ्ते-भर एक डिस्ट्रीब्यूटर का पीछा किया।

हम लोगों से उसने कहा, 'जो माँगेगा, उसे दूँगी। जो भी माँगेगा। मगर मुझे उसके हाथ एक 'सर्किट' तो किसी तरह बेच ही डालना है।' मुझे लगा वह नशे में है। शराब उसने नहीं पी हो, वह नशे में थी।

नशे की हालत में ही उसने बम्बई और दिल्ली-यू.पी. की 'टेरिटरी' सात लाख रुपयों में बेच डाली। एग्रीमेण्ट के कागज़ात अपनी तिजोरी में बन्द करके वह हँसने लगी। हँसती हुई पागल होने लगी। कहने लगी, 'लाजवन्ती, तुम नाच सीख रही हो न ? तुरन्त सीख लो। थोड़ा-सा कत्थक और थोड़े-से फिल्मी नाच। जितना अच्छा नाचोगी, बाजार में तुम्हारी कीमत उतनी ज्यादा बढ़ेगी। तुम देख लेना, 'प्रेम-दीवानी' के बाद कुन्दन की कीमत पाँच लाख रुपए हो जाएगी। एक फिल्म के लिए पाँच-पाँच लाख रुपए।'

पहले दिन की शूटिंग में कस्तूरी बाई के कोठे पर नाच का एक 'सीन' फिल्माना

था। राजासाहब अपने दोस्तों के साथ कस्तूरी बाई का नाच देख रहे हैं। 'कत्थक' का चूड़ीदार और चुन्नीदार कमीज पहनकर, कस्तूरी बाई और 'कोरस' की बाइस लड़कियाँ नाच रही हैं। बाइसों लड़कियाँ लाल-हरी-पीली कमीज पहने हुए हैं। मगर कस्तूरी सादी कमीज में है। और उसके जूड़े में जूही के सफेद फूल हैं।

जब एक शॉट ले लिया गया और हरनाम सिंह चाय पीते हुए सेठजी से बातचीत करने लगे, कुन्दन मेरे पास चली आई। मेरे पास की कुर्सी पर बैठकर उसने काफी संजीदा लहजे में कहा, 'कल तक मैं भी इन्हीं बाइस बीवियों में एक थी। आज मैं इनसे अलग और ऊपर हूँ। मैं हीरोइन हूँ। सुना आपने ?...आपसे ही कह रही हूँ मैं हीरोइन हूँ और आप मुझसे अब अदब-कायदे से बातचीत किया कीजिए।'

इतना कह लेने के बाद उसके चेहरे से संजीदगी की नकाब हट गई। और वह हँसने लगी, कुन्दन की तरह हँसने लगी।

6
शिवाजी सिंह नौटंकीवाला

कुन्दनबाई बाइस्कोप की बाइस बीवियों में एक बीवी नहीं रही। वह हीरोइन हो गई। कभी फिनान्सर के कहने पर उसे भरी सर्दियों में, स्टूडियो के तालाब में मछलियों की तरह नहाना पड़ा। कभी किसी डिस्ट्रीब्यूटर ने कह दिया, पूरी जिम्मेवारी से कह दिया कि बर्फानी घाटियों में एक और 'लव-सीन' करना होगा तो हरनाम सिंह ने 'स्क्रिप्ट' में जरूरी फेर-बदल कर लिया। और स्टूडियो में नकली बर्फ और नकली पहाड़ियों के सेट लगवाकर कुन्दन मनचाहा उछल-कूद करने लगी। एक बार उसने शूटिंग के दौरान एक ऊँचे टीले से छलाँग लगाने में अपनी बाईं टाँग तोड़ ली। दूसरी बार उसने डाइरेक्टर हरनाम सिंह और कैमरामैन बीरबलनाथ को लगभग मजबूर करके और गुस्से में लाकर एक ही 'शॉट' के चालीस 'री-टेक' लिए। जब तक थक नहीं गई, जब तक हर तरह से वह सन्तुष्ट नहीं हो गई, कुन्दन ने इस एक 'शॉट' को ओ.के. नहीं किया। इस शॉट में वह अपने बिस्तरे में मरे पड़े हुए राजासाहब की लाश पर रजाई डालकर कमरे से बाहर चली जाती है।

वह अपने चेहरे पर मौत की गहरी, काली, वीभत्स और भयानक छाप अंकित करना चाहती थी। उसके जबड़े कसे हुए। उसकी आँखों में रुके हुए पत्थर के दो गोल टुकड़े। पसीने की मटमैली बूँदों से दागदार उसके गाल। होंठ नीचे झुक आए हैं। शायद नीले हो गए हैं। आखिरी बार डाइरेक्टर ने 'कट' किया। कुन्दन ने, बहुत भीतर से बोलते हुए कहा, "अब 'शॉट' ठीक हुआ होगा। सेठजी, दूसरे 'शॉट' की तैयारी कीजिए।"

और इतना कहकर वह अपनी कुर्सी पर चली आई। एक हाथ से अपना चेहरा

ढाँपकर वह कुर्सी की बाँह पर झुक गई। जैसे अपना नन्हा-सा बच्चा मर जाने के बाद, गाँव की औरतें रोती हैं, कुन्दन रोने लगी। मैंने पास जाकर कहा, 'आप थक गई हैं। अपने ड्रेसिंग-रूम में जाकर आराम कीजिए। नया सेट लगाना है। 'शॉट' में अभी काफी देर होगी।'

'मैं थकी नहीं हूँ, फूलचन्द,' पहली बार कुन्दन ने मुझे मेरे अपने नाम से पुकारते हुए कहा, 'मेरी थकान इस 'शॉट' के बाद हमेशा के लिए खत्म हो गई। और मैं इसीलिए रो रही हूँ, थकान खत्म होने के गम में।'

कुन्दन ने इतने दिनों के बाद पहली बार मेरा नाम लिया। क्योंकि इससे पहले मेरा कोई नाम नहीं था। मैं 'साज' रेस्तराँ का एक बैरा था और होटल के बैरों का, कुलियों का, टैक्सीवालों का और औरत के दलालों का कभी कोई नाम नहीं होता है। इनका नाम होता है इनका पेशा; इनका चेहरा नहीं, इनकी अन्दरूनी जिन्दगी नहीं, इनका नाम भी नहीं।

लेकिन अब मैं रेस्तराँ का बैरा नहीं, फिल्म-प्रोड्यूसर था, फिल्म 'प्रेम-दीवानी' का निर्माता, फूलचन्द होटलवाला। 'होटलवाला' टाइटिल मुझे चन्दरदास की बीवी और हमारी साइड-हीरोइन लाजवन्ती ने दिया है। पहले मेरे पास कोई टाइटिल नहीं थी।

मैं अपनी टाइटिल के बारे में सोच ही रहा था कि कुन्दन ने रूमाल से चेहरा पोंछकर मुझसे कहा, "काश, आज इस 'शॉट' के वक्त वह नौटंकीवाला यहाँ होता ! कितनी खुशी होती उसे मेरा इतना शानदार काम देखकर !"

मेकअप का ट्रे लेकर कुन्दन की एक असिस्टेन्ट लड़की उसके सामने चली आई। छोटा-सा आईना उठाकर कुन्दन अपना चेहरा 'पफ' करने लगी। मैंने पूछा, 'कौन' ?

'वही, शिवाजी सिंह ! वह यहाँ होता...'—कुन्दन कहते-कहते रुक गई। आईने में अपना चेहरा देखने लगी। कई मिनटों तक अपना चेहरा, अपनी आँखें, अपने होंठ देखती रही। आगे कुछ नहीं बोली। कभी नहीं बोली। इसके बाद, कभी किसी दिन उसके होंठों पर शिवाजी सिंह का नाम नहीं आया।

आदमी मर जाए तो धीरे-धीरे उसका नाम भी मर जाता है। नाम के भीतर जो एक अर्थ होता है, वह अर्थ मर जाता है।

●●

एक अनार : एक बीमार

साहित्य में अश्लीलता आरोपित करनेवाली 'पुलिस' मनोवृत्ति के लोग यह किताब न पढ़ें, उनकी सेहत के लिए यही अच्छा रहेगा।

—राजकमल चौधरी

कलकत्ता शहर के बीच में एक बड़ा मैदान है। शाम का कोहरा घिरते ही मैदान के हर कोने में सैकड़ों-हजारों साँप ताजा हवा और नमक पीने चले आते हैं। कोहरे का स्वाद पसीने जैसा नमकीन। पसीने के स्वाद का जिन्हें पता नहीं है, वे विक्टोरिया महारानी के मकबरे के सामने चहलकदमी करते हैं। बंगाल की खाड़ी यहाँ से नजदीक है। यही पचास-एक मील। यह खाड़ी रिलीफ नक्शों में किसी बूढ़ी औरत की जाँघों के बीच बनी हुई सिकुड़नों जैसी दीखती है। यह बूढ़ी औरत जिसकी जाँघों के बीच से कोहरे में लिपटे हुए जहाज, और माल-पानी खींचनेवाले ड्रेजर और इन्दर-सभा की कन्दीलें, और हरी-नीली परियाँ झाँकती हैं। परियों को और काम ही क्या है ?

मेरी इन्हीं कन्दीलों और परियों के साए में ईश्वर से मुलाकात हुई थी। वह एक लैम्प-पोस्ट के नीचे खड़ा था, और तमाशा देख रहा था। कोहरे का तमाशा। सड़क के नीचे खुले मैदान में दो अदद इन्सान पड़े थे, एक-दूसरे में पड़े हुए। ईश्वर चुपचाप खड़ा तमाशा देख रहा था। मैंने ईश्वर से पूछा—क्या तुम्हें और कोई काम नहीं है ?

मुफ्त का तमाशा देखना, और मज़ा लेना—ईश्वर ने मैदान में आँखें जमाए हुए कहा—मेरे लिए यही सबसे बड़ा काम है। और कुछ मैंने कभी सीखा ही नहीं।

ईश्वर ने काम और अपनी तबीयत के बारे में उसी वक्त मुझे कई और सारगर्भ बातें भी कहीं। उसने बताया, अब उसकी मर्जी से कहीं कुछ नहीं होता है। औरतें जहाँ और जब चाहती हैं, अपनी इच्छा से गर्भ धारण कर लेती हैं। बच्चे पैदा होते हैं, और पाँवों में पैसों का स्केट बाँधकर सैर पर चल देते हैं। वापस नहीं लौटते। होटल में खाना खाते हैं, फिर भी नहीं उठते। बस सोए रहते हैं।

इसलिए, अब ईश्वर भी किसी दूसरे की मर्जी से कुछ नहीं करता। मुफ्त का तमाशा देखता है। मजा लेता है। वह किया करे, ऐसा कोई काम बच भी नहीं गया है—ईश्वर ने मेरा हाथ थामकर कहा, और हम दोनों चौरंगी रोड पर आकर एक ऐसे रेस्तराँ में घुस गए, जहाँ हर दीवार पर किसी न किसी देवी-देवता की तस्वीर लगी है।

मुझसे चाय और आलू के भुने हुए बारीक कतरों का आर्डर दिलवाने के बाद ईश्वर बोला—इस रेस्तराँ के मालिकों की माँ पहले बहू-बाजार में होती थी, अब दीवार पर इन तस्वीरों में होती है। बेचारी गरीब औरत और कहाँ जाती !

1
अन्धे कुएँ के भीतर

उस रात, या किसी भी रात को ग्यारह के बाद ईश्वर डिम्पल लेन के अपने कमरे में वापस आया तो सीता फर्श पर नंगी सोई थी। यानी, सीता नंगे फर्श पर नंगी सोई थी, दरवाजा खुला था और पड़ोस के किराना स्टोर का कुत्ता दरवाजे के नीचे बैठा पहरा दे रहा था। ईश्वर आ गया तो कुत्ता एक किनारे होकर भूँकने लगा, लेकिन सीता की नींद नहीं खुली। डिम्पल लेन के सारे कमरे सो चुके थे। इस गली में ज्यादातर लोग आठ बजे सो जाते हैं। पाँच बजे सुबह उठकर खिदिरपुर डेक या काशीपुर के जूट कारखानों में जाना होता है। आठ बजे रात में घर वापस लौटकर सो जाओ। नींद में सपने देखा करो। सपनों में अपने कारखाने के जर्मन या फ्रांसीसी या एंग्लो इंडियन मैनेजर के साथ खाना खाओ ! सपनों में वैजन्तीमाला की फिल्में देखो। सपनों में लाल होंठोंवाली मेमों के जापानी प्रिन्ट फ्रॉक और सफेद अण्डरवीयर चिथड़े-चिथड़े करके दाँतों से चला डालो। पाँच बजे सुबह उठो, और डिम्पल लेन खाली कर दो। चले जाओ।

गली में कीचड़ है, और बदबू। ईश्वर रोशनी नहीं जलाता, अँधेरे में कपड़े उतारता है। कपड़े तह करके ट्रंक में सावधानी से रखता है। अपने दुबले शरीर पर कुल एक अण्डरवियर डाले हुए, वह दरवाजे पर बैठ जाता है। गली में नहीं, उसका मुँह सीता की ओर है।

सीता सीधी लेटी हुई है, और उसके स्तनों पर, बाँहों पर बड़े-बड़े चींटे रेंग रहे हैं। काले, बदसूरत, बेडौल चींटे। इनमें जहर नहीं होता है, ईश्वर को मालूम है। ये काटते नहीं, सिर्फ रेंगते हैं। सिर्फ चीनी और नमक चाटते रहते हैं। सीता की देह में चीनी के दाने चिपके हुए हैं। किराना स्टोर का कुत्ता पूरे कमरे को तहस-नहस कर देता है। चीनी का डब्बा उलट गया है। अलमूनियम की हाँड़ी में भात है, मगर भात में कोयले के टुकड़े पड़े हैं।

सीता सीधी लेटी हुई है, और दरवाजे पर उकड़ूँ बैठा हुआ ईश्वर उसके काले, बदसूरत, बेडौल स्तनों को देख रहा है, जिसके चारों ओर चींटे चहलकदमी कर रहे हैं। ईश्वर को तस्वीरों में देखा हुआ सारनाथ का भग्न स्तूप याद नहीं आता। खजुराहो की वज्रस्तनी प्रस्तर नायिकाएँ भी नहीं। सीता की नींद में दोनों स्तन चौड़े होकर फैल गए हैं। बीच की ऊँची जगह, 'निप्पल' के इर्द-गिर्द भूरे रोएँ हैं, जिनमें चीनी के सफेद टुकड़े चमकते हैं।

रात चाँदनी है। दरवाजा खुला है। कुत्ता किसी और दरवाजे की तलाश में भूँकने चला गया है। ईश्वर अपने नंगे टखने देखता है। सूखे हुए पाँव। पिंडलियों पर जरा भी गोश्त नहीं है। डिम्पल लेन के इस चार फीट चौड़े, नौ फीट लम्बे कमरे का किराया है, कुल पन्द्रह रुपये। महीने में अक्सर तीस दिन होते हैं। यानी हर दिन के लिए चार फीट, नौ फीट जगह चाहिए, यानी हर दिन के कुल आठ आने। रात चाँदनी है।

यह रात, या ऐसी कोई भी रात चाँदनी होती है। और चाँदनी में खँडहर चमकते हैं। अपनी देह के खँडहर। आँखों के इर्द-गिर्द गड्ढों, गले, और बाँहों, और कमर, और टखनों के जोड़ों पर मैल और दुर्गन्ध के खण्डहर। आल्बेयर कामू ने इसी को शारीरिक विवशता कह दिया था। शरीर से छुटकारा पा सकते हैं, शरीर की विवशताओं से नहीं। भूख, प्यास, नसों का तनाव, किसी भी और की सिकुड़न में घुस जाने की बेताब ख्वाहिश। सर्दी, कश्मीरी कम्बल, बुखार, पसीने की टघार, और चरमराती हुई खटिया अथवा चौकी की आवाज। नंगे फर्श पर घुटने छिल जाते हैं। वेश्याओं के रेशमी गद्दों पर रानों और पसलियों में गुदगुदी भर आती है।

सीता के इर्द-गिर्द भूरे, रोएँदार बाल हैं, जिन पर चीनी के सफेद टुकड़े चमक रहे हैं। यहाँ इस डिम्पल लेन में किसी के नंगे सो जाने को कोई बुरा नहीं लेता। बुरा लेने का सवाल ही नहीं है। ज्यादातर कमरों में दरवाजे नहीं हैं। दरवाजे हों भी तो क्या फर्क पड़ता है। इम्प्रूवमेण्ट ट्रस्ट के ऊँचे मकानों की छाया में कीचड़ और सीलन, कूड़े और छाई से भरा मैदान है, और मैदान की झोपड़ियों में शहर की गन्दगी साफ करनेवाले राजस्थानी और मध्यप्रदेशी डोम-मेहतर रहते हैं।

सूअर, बकरियाँ, भेड़, कुत्ते और आदमी। सभी एक साथ रहते हैं। इम्प्रूवमेंट ट्रस्ट के ऊँचे मकान, राजस्थानी डोम, किराना स्टोर का कुत्ता, खिदिरपुर डॉक के कामगार, सीता, कार्पोरेशन के पाखाने, ईश्वर, और ईश्वर की विवशताएँ, सभी साथ रहते हैं। कोई किसी के होने का, नहीं होने का बुरा नहीं लेता। सभी साथ रहते हैं। अन्धे, या आँखें मूँदे हुए चुपचाप या जुबान पर तालाबन्दी किए हुए, गूँगे, बहरे, पैंतीस नम्बर की 'जै माँ काली' छाप देसी शराब में डूबे हुए या नींद में डूबे हुए।

कोई फर्क नहीं पड़ता। किसी बात का कोई फर्क नहीं पड़ता। साड़ी और ब्लाउज के अभाव में, या बिना खिड़की के कमरे की उमस और गर्मी से बचने के लिए सीता नंगी सोई है, तो सोई रह जाए। कोई फर्क नहीं पड़ता। सिर्फ एक कुत्ता आएगा, और ठंडे भात की हाँड़ी उलट देगा। सिर्फ ईश्वर आएगा, और दरवाजे पर बैठकर अपनी सूखी-टटाई हड्डियाँ और अपने माँ के सूखे पिंड देखता रहेगा। देखता रहेगा, और सोचता रहेगा—यही है, ऐसा ही है, जिसे यही और ऐसा ही बने रहना चाहिए।

2
काल विभाजन की समस्या

ईश्वर और सीता की यह पौराणिक कथा समय-सापेक्ष नहीं है, इसलिए शब्द-सापेक्ष भी नहीं है। सीता के योनि-कुंड के भीतर से वह सब नहीं देखा जा सकता, जो अर्जुन ने देखा था, कवि व्यास की कल्पना में कालपुरुष या विराट् रूप। सीता के योनिकुण्ड से नाग, जटायु, तक्षक, हनुमान, जामवन्त, नील-सुनील, गन्धमादन, ऐरावत, भूरिश्रवा, अहिरावण, कालनेमि, हिडिम्बा, सर्प, मृग, कुछ भी नहीं निकल सकते।

निकल सकती है केवल एक नीली दुर्गन्धि और रक्तवर्ण कीचड़, जिसमें अपना लिंग डालकर कुछ क्षणों तक पुराण, इतिहास और सभ्यता को भूला जा सकता है। मगर, ईश्वर इतना भी नहीं करता। करने का उसे अवसर नहीं है, यह नहीं। करने की उसे शक्ति नहीं है, यह भी नहीं। मात्र यह कि अवसर, शक्ति, इच्छा और प्रीति का उसने स्वभाव से परित्याग कर दिया है। वह नहीं करता जो सभी करते हैं; जीने के लिए, शारीरिक-मानसिक संतुष्टि के लिए, समय का दाह बुझाने के लिए, रोटी, मकान, वस्त्र, सामाजिक मर्यादा, आत्मतोष, तृप्ति, बुभुक्षा, उत्तेजना के लिए, वह, यानी वह ईश्वर जो डिम्पल लेन के एक फटे-पुराने कमरे में रहता है, नहीं करता है। दस साल की एक लड़की उसके साथ रहती है—सीता, उस लड़की को यह नाम ईश्वर ने स्वयं नहीं दिया है।

जब ईश्वर के पास आई थी, तो इस नाम के अतिरिक्त सीता के पास कुछ नहीं था। देह पर एक गज कपड़ा भी नहीं। विक्टोरिया मेमोरियल के मैदान में वह बेखबर नींद सो रही थी। शाम के दस-ग्यारह बजे अकेली। ईश्वर उसे डिम्पल लेन ले आया। क्यों ले आया, इसका उत्तर अभी तक ईश्वर के दिमाग में नहीं आया है। आदम और हौवा की बात वह नहीं सोचता है। जमदग्नि, च्यवन, विश्वामित्र और अन्य ऋषियों और वेश्याओं, राजकन्याओं की बात नहीं। सुकन्या, तारा, मेनका, क्लियोपेट्रा, हेलेन, एफ्रोदिती भी नहीं।

लेकिन, दस साल की लड़की सीता, नींद में बेखबर, नंगी, बेसुध, बदहवास, माँ नहीं, बाप नहीं, बड़ी बहन विक्टोरिया अथवा लॉर्ड क्लाइव, अथवा महात्मा गाँधी की ऊँची और काले ब्रोंज की मूर्तियों के साये में सोती है। एक बार सो लेने के पाँच रुपए। कभी दो रुपए। कभी सरकारी रेस्क्यू होम। कभी अलीपुर का जेलखाना, और कभी मटियाबुज का गन्दा अस्पताल, जहाँ मेहतर और डॉक्टरों की आमदनी बराबर है।

दस साल की सीता चली आई, और कई साल बीत गए, मगर सीता अब भी दस साल की है। अब भी विक्टोरिया के मैदान में नंगी सोई है, बेसुध, बदहवास। बेखबर नींद में सीता की यह पौराणिक कथा समय-सापेक्ष नहीं है; क्योंकि ईश्वर ने उसे जनक, बालि, विन्ध्याचल, रावण, कहीं से मुक्त नहीं किया है।

मुक्त करना, या मुक्त होना, किसी में ईश्वर की आस्था नहीं है। कलकत्ता नेशनल म्यूजियम की बगल से जाती हुई सदर स्ट्रीट में मेरा हाथ थामकर वह कहता है—मुक्ति की बात झूठी है। आप किस बात से मुक्त होंगे ? अपने शरीर से ? अपने खण्डित लिंग

से गिरकर पाजामे या बिस्तरे की चादर या सीता की जाँघ पर पड़े हुए वीर्य से ? अपने काले रंग से मुक्त होंगे ? मौसम, बरसात, नदी, पहाड़, साँप, हाथी, किससे ? कानून और अर्थ-व्यवस्था से मुक्ति कोई मानी मतलब नहीं रखती है, जब तक अनिवार्यताओं और सीमाओं से मुक्ति नहीं मिले। साहब, आप जीवन से मुक्ति लीजिए, तभी स्वाधीन हो सकेंगे। मृत्यु लीजिए। पाजामे और बिस्तरे की चादर से मुक्ति नहीं होती, सिर्फ स्खलन होता है।

शायद, सीता में स्खलन करके मुक्ति पाने की चेष्टा वह नहीं करता है। वह, यानी वह ईश्वर, जो 'डिम्पल लेन' के एक फटे-पुराने कमरे में दस साल की सीता, एक बड़े ट्रंक, एक सुराही, एक जनता स्टोव और डालडा के कुछ खाली टिनों के साथ, जिनमें कभी-कभी अनाज, सब्जियाँ, साबुन भरे जाते हैं, रहता है, मुक्ति पाने के लिए कुछ भी नहीं करता है। बस, म्यूजियम के सामने मैं उसे मिल जाता हूँ, और हम सदर स्ट्रीट में चल देते हैं।

पहले एक चर्च है, फिर एक अंग्रेजी कायदे का छोटा-सा स्कूल है। इसके बाद दर्जियों, होटलों, 'प्राइवेट' घरों, पुरानी किताबों की दुकानों और सैलूनों की लम्बी कतार। यह कतार, और ऐसी ही कतारों का यह आधा अंग्रेज, आधा हिन्दुस्तानी, आधा ईसाई, आधा मुस्लिम इलाका मुझे अत्यन्त प्रिय है, जो यहाँ हैं, और होते रहते हैं।

ईश्वर ज्यादातर अकेले इधर आता है, दोपहर में। खासकर बुधवार के दिन, जब 'ड्राई डे' होता है, और इस इलाके की मेम साहबें, आधी औरतें, आधे मर्द, साहब, अपने कमरों में बन्द और बेहोश पड़े शराब या जुआ, ताश या लूडो, हस्तमैथुन या 'होमोसेक्सुअलिटी' करते होते हैं। ईश्वर आता है, और महज़ तफरीहन मैडम या सिल्विया या फूलकुमारी के लिए उन्हीं के पैसों की शराब ला देता है। 'ड्राई डे' के दिन व्हिस्की की देसी बोतल पन्द्रह रुपए में आती है। ईश्वर अपनी हिकमत से कुल एक रुपया 'ब्लैक' देकर दस में बोतल लाता है और पाँच रुपए सीता के लिए बचाकर रख लेता है।

सीता से ईश्वर का इतना ही, इन्हीं पाँच रुपयों का ही रिश्ता है। पाँच रुपयों में सीता राशन की दुकान तक चली जाती है। इससे आगे का रास्ता उसने अब तक पहचाना नहीं है। सीता दुकान पर जाएगी, चावल, दाल, आटा, नमक, तेल, हल्दी, प्याज, सरसों और आलू खरीदेगी। पास-पास खड़े लोग, आसपास के परिचित लोग, हल्का मजाक करेंगे—सीता भाभी सिनेमा नहीं जाओगी ? सीता भाभी, तुम्हारी देह क्यों भारी दीखती है ? सीता भाभी, आजकल ईश्वर भैया से तुम्हारी लड़ाई नहीं होती ? सीता भाभी, कल रात भी सेठजी का कुत्ता तुम्हारा हंड़िया चाट गया था ? मुहल्ले के परिचित लोग हल्का मजाक करेंगे। भारी मजाक वे नहीं कर पाते। गरीब हैं। अपने धन्धे में लगे रहते हैं। फुरसत कहाँ है।

जनता—खास स्टोव सुलगाकर वह चावल धोएगी। जब तक ईश्वर बाथरूम से वापस आ जाएगा। गली में एक किनारे कॉर्पोरेशन के बाथरूम हैं। एक साथ पाँच संडास। अगल-बगल बैठने से एक-दूसरे का सिर दीखता है। बातचीत कर सकते हैं। सिगरेट या माचिस माँग ले सकते हैं। कह सकते हैं कि कब्जियत की वजह से पाखाना नहीं उतरता है; जब तक एक कड़क-चाय और दो मुर्गी छाप बीड़ियाँ नहीं पी जाएँ।

बाहर लोटा, या डालडा का टिन, या 'मग' लिए खड़े आदमी चिल्लाएँ—अरे ईश्वर बाबू, जल्दी निकलो ! मुझे हाजत जोर की है ! औरतें इस बाथरूम में नहीं आतीं। चार बजे सुबह उठकर गली के किनारे-किनारे जाती हुई खुली नाली पर बैठ जाती हैं। लगातार औरतें खुली नाली पर बैठी हुई, मुँह-नाक पर कपड़ा डाले जाँघ और टखने खुजलाती रहती हैं। दूसरे मुहल्ले में दूध की बोतल और ताजा अखबार ले जाते हुए साइकिल-सवार भागते रहते हैं, और औरतों की बेशर्मी पर गालियाँ बकते हैं।

मगर औरतें क्या करें ? मगर ईश्वर क्या करे ? खाना और पाखाना, दोनों जरूरी हैं। अनिवार्य हैं। शारीरिक सीमाओं की आत्यन्तिक अनिवार्यता हैं। इनसे मुक्ति नहीं मिल सकती। इसलिए आदमी और औरतें शर्म से मुक्त हो जाते हैं। ईश्वर वापस आ जाता है। डालडा का टिन कोने में डाल साबुन से हाथ मलता है। सीता पूछती है, कब बाहर जाओगे ?

आलू उबाल दो। दाल मत बनाओ। मैं खाना खाकर जाऊँगा—ईश्वर कहता है। नहाने के इरादे से कपड़े उतारने लगता है। सीता एक गन्दा पेटीकोट पहने हुए है, और ऊपर एक लाल रंग का गमछा डाले हुए। ब्लाउज उसके पास कुल दो ही हैं, साड़ी एक ही बच गई है। ईश्वर से साड़ी के लिए कहना सीता नहीं जानती है। जिस रात पहली बार ईश्वर के इस कमरे में आई थी, पूरे दो दिन, दो रात नंगी पड़ी रही थी। ईश्वर बाहर से ताला डालकर सुबह चला जाता था, और शाम को कागज के ठोंगे में मुस्लिम होटल की तन्दूरी रोटी और बड़े गोश्त का कबाब लेकर आ जाता था।

दो दिन, दो रात यही हालत रही। ईश्वर नहीं चाहता था कि मुहल्लेवाले जान पाएँ कि वह एक छोकरी उठा लाया है। पुलिस आ सकती है। सीता की बड़ी बहन आ सकती है। हाथीबगान के गुण्डे, और बीडन स्ट्रीट के समाजसेवी कार्यकर्ता आ सकते हैं। तीसरे दिन ईश्वर मिर्जापुर स्ट्रीट के रिफ्यूजी मार्केट से हाथकरघे की दो साड़ियाँ और दो अदद रेडीमेड ब्लाउज ले आया।

साड़ी पहनकर दस साल की सीता एकदम बीस साल की सीता बन गई। ईश्वर ने कहा—एक दिन चौरंगी ले जाकर तुम्हारी फोटो उतरवाऊँगा।

सीता फोटो उतरवाने का मतलब नहीं समझती थी। चौरंगी का मतलब समझती थी। कभी-कभी उसकी बहन कहती थी—जरा तू बड़ी हो जाए तो चौरंगी के बड़े होटल में ले जाऊँगी। सीता इसलिए चौरंगी का मतलब समझती थी। वैसे उसकी बहन को कोई भी आदमी होटल में नहीं ले जाता था। विक्टोरिया मेमोरियल और रेसफोर्स के मैदान से आगे और ऊपर उसकी बहन कभी नहीं गई। कभी अपने घर चावल और आलू से ज्यादा सामान नहीं ला सकी। लाइफबॉय साबुन, शालीमार कम्पनी का नारियल तेल और सात रुपये की हाथ करघे की साड़ी। एक बार बेहद खुश होकर वह सीता के लिए सस्ते प्रिंट की एक फ्रॉक और अंडरवियर ले आई थी। मगर उसी रात दर्द से तड़पने लगी थी। सारी रात चीख-चीखकर उसने पड़ोस की औरतों से गालियाँ सुनी थीं। सुबह मटियाबुर्ज अस्पताल चली गई थी।

बहन के वापस आने तक सीता ने फ्रॉक और अंडरवियर नहीं पहना था। सामने,

कमरे में रहनेवाली निर्मला मौसी ने कहा था—तेरी बहन को गर्मी हो गई है। तू बड़ी हो जाएगी तो तुझे भी गर्मी होगी। इस मुहल्ले की हर औरत को यही होता है। मुझे भी हुआ था। निर्मला मौसी पागल है, कुछ से कुछ बकती रहती है—लौटकर बड़ी बहन ने कहा था और सीता को अपनी गोद में बिठाकर, बाँहों से जकड़ती हुई रोने लगी थी।

सदर स्ट्रीट पर मेरे साथ चलते हुए ईश्वर ने कहा—देखो कमल बाबू, तुम्हारा सार्त्र और कामू और जेने जो कुछ कहता है, मुझे उससे कोई मतलब नहीं। मुझे सिर्फ इतना मतलब है, सो भी अपने-आपसे कि मैं कुछ करना नहीं चाहता। क्योंकि करने से कुछ नहीं होता है। कुछ भी हो जाए, मगर आप कर क्या सकते हैं ? बहुत करेंगे, रामधारी सिंह दिनकर की 'उर्वशी' लिख देंगे। शान्ति प्रसाद जैन को पचपन लाख रुपयों का जुर्माना कर देंगे। स्तालिन की लाश 'क्रेमलिन' की दीवार से उखाड़कर वोल्गा नदी में बहा देंगे। आकाशवाणी से पंचसाला योजनाओं के बारे में नाटक और गीत पेश करेंगे। डलहौजी स्क्वायर से निकलती हुई भीड़ में शामिल होकर किसी ट्राम-बस-टैक्सी के नीचे आ जाएँगे। इससे ज्यादा आप कर ही क्या सकते हैं ? सुनो कमल बाबू, यह सब करना कोई अर्थ नहीं रखता है। इससे न कुछ बनता है, न कुछ बिगड़ता है। दक्ष प्रजापति, रावण, कंस, दुर्योधन की कहानियों से लेकर अब ख्रुश्चेव-माओ-त्से-तुंग तक कोई बात नहीं बदली है। सारा कुछ वैसा ही है जो तब था और सारा कुछ वही रहेगा जब तक हम रहेंगे। और हम नहीं रहे, तब क्या रहेगा, क्या नहीं रहेगा, इसकी हमें परवाह नहीं है।

सदर स्ट्रीट जहाँ फ्री-स्कूल स्ट्रीट से मिलती है, उसी कोने पर किताबों की फुटपाथ-दुकान में एक मोटा-सा बंगाली बाबू बैठा था। ईश्वर को देखकर वह मुस्कुराया। मुझे रुक जाना पड़ा, क्योंकि ईश्वर तब तक उस आदमी की बगल में पड़े बेंत के खाली मोढ़े पर बैठ चुका था। ईश्वर ने कहा—अब मैं यहीं बैठता हूँ। इस मोटे आसामी से दो-चार रुपये ऐंठकर डिम्पल लेन चला जाऊँगा। कल रात से ही घर में खाना नहीं पका है। काली सितवा की आँत सुलग रही होगी। तुम जाओ कमल बाबू, सीधे पार्क स्ट्रीट चले जाओ।

काली सितवा—यह नाम ईश्वर ने अपनी सीता को प्यार से दिया है। प्यार को इससे बड़ा नाम ईश्वर दे नहीं सकता, यह मैं अनुभव से जानता हूँ। ईश्वर और सीता और उनके इर्द-गिर्द बिखरी हुई, फैली हुई, भयभीत, साँप की तरह कुंडली मारती हुई जिन्दगी के अनुभव से जानता हूँ।

यह साँप किसी दर्शन, किसी जीवन-दर्शन, किसी संस्कार, परम्परा, सभ्यता, इतिहास, समाजशास्त्र, अर्थनीति, व्यवस्था, आचार-विचार का आश्रित नहीं है। केवल अपने शरीर-धर्म पर आश्रित है यह साँप। सिर्फ हवा पीता है। और, सिर्फ कुंडली मारकर बैठा रहता है। काटता नहीं; क्योंकि इसके दाँतों में जहर की पोटली नहीं है। क्योंकि इसके दाँत ही नहीं हैं। ईश्वर अपने-आपको सपेरा कहता है और इस सपेरे ने अपने साँप के दाँत और जहर की पोटली और फुँफकारने की ताकत और अपनी गिरफ्त में पड़ी किसी भी चीज को तोड़ डालने की ताकत छीन ली है।

ईश्वर कहता है—ये ताकतें इस जिन्दगी के पास किसी दिन नहीं थीं। ताकत होती

तो यह जिन्दगी मौत की काली घाटी बन जाती, जहाँ हर चीज रुकी हुई, हमेशा के लिए ठहरी हुई, मृत, निर्जीव, गतिहीन, परिवर्तनहीन होती। फिर जरूरत नहीं पड़ती कि आदमी नागासाकी—हिरोशिमा पर बमबारी करे। फिर वियतनाम की मादाम नू की जुबान जहरीली छुरी से कतर नहीं दी जाती। फिर पॉस्तरनाक को किताबें और कविताएँ लिखने की जरूरत नहीं होती। फिर मर्लिन मनरो को नींद की गोलियाँ, हेनरी मिलर को अदालत और हवालात के नुस्खे, फ्रांसीसी और ब्रिटिश सेठों को रिवेरिया और अमरीकी सेठों को होनोलुलू के जुएखाने बख्शने का सवाल नहीं उठाया जाता।

मगर यह साँप चलता है, हवा में साँसें लेता है, फन नहीं काढ़ता, कुंडली मारता है और सो रहता है तो नींद तोड़कर अँगड़ाई भी लेने की कोशिश करता है। यह साँप। यह जिन्दगी। यह सीता। यह ईश्वर, जो बूढ़ी मेमों के लिए जवान मर्द-औरतों के यौन-व्यापारों की किताबें रखनेवाले दुकानदार से पाँच रुपयों का एक नोट लेकर डिम्पल लेन वापस लौट जाएगा।

सीता अब तक जगी होगी और कोयले के अधजले टुकड़ों से कमरे की दीवार पर कुत्ते की शक्ल बना रही होगी। जीभ से अँगूठा तर करके, गर्दन, काँख, चूतड़, जाँघ की मैल साफ कर रही होगी। पड़ोस की बीवी से साथ गली में खड़ी होकर, नाली में खड़े-खड़े पेशाब करते हुए बाबू साहब पर हँस रही होगी।

वह हँसती रहती है। पाँच नए पैसे में बाइस्कोप का तमाशा देखकर हँसती रहती है। ग्वालियर का किला। तंजोर की मोटी महारानी। जगन्नाथपुरी का मन्दिर। विश्वनाथ महादेव का लिंग। हापुड़ की सेठानी। हावड़े का पुल। सीता हँसती है। स्टोव पर चावल उबालती हुई, ईश्वर का दुखता हुआ माथा दबाती हुई, कोयले के टुकड़े तोड़ती हुई, किराना स्टोर के कुत्ते को बाहर भगाती हुई सीता हँसती रहती है।

सीता के हँसने पर ईश्वर को गुस्सा नहीं आता। ईश्वर कहता है—गुस्सा करने का कोई फायदा नहीं है। वशिष्ठ मुनि ने अपने साँप को गलत सीख दी थी।

3
वह पौराणिक साँप

वशिष्ठ मुनि ने अपने साँप को गलत सीख दी थी। साँप के गुस्से और फुँफकार का अब किसी पर असर नहीं होता, गली में क्रिकेट खेलते हुए बच्चों पर भी नहीं। बच्चे क्रिकेट खेलते हैं, दोपहर की शो में आधी कीमत की फिल्में देखते हैं और अपने साथ के किसी एक खूबसूरत बच्चे को फिल्म की हीरोइन मान लेते हैं।

बच्चे साँप से नहीं डरते। क्योंकि, साँप के भीतर जहर नहीं है, सिर्फ सफेद कारखानों की चिमनियों से निकलता हुआ काला धुआँ है। गोया, साँप नहीं है, धुएँ की एक मटमैली-सी

हल्की लकीर है। ईश्वर इस लकीर की व्याख्या करके मुझे समझाना चाहता है कि धुएँ का यह इन्कलाब बेकार है, सहारा मरुभूमि में चलते हुए, क्लियोपेट्रा के शयनकक्ष का सपना कायम करने की तरह। लेकिन मैं ईश्वर को समझाना चाहता हूँ, वह डायोजिनीस हो सकता है, लाओजे भी हो सकता है, लेकिन यह कुछ, ऐसा कुछ होने का वक्त बहुत पहले बीत चुका है। अब लाओजे नहीं, अब आइनरैन्ड के 'एटलस श्रग्ड' के वे काल्पनिक धुएँ और सपनों से बनाए गए पात्र भी नहीं, जो कहते हैं कि वे हड़ताल कर रहे हैं और वे दुनिया का हर काम रुक जाने तक हड़ताल किये रहेंगे।

यहाँ तक कि तेज और लगातार चक्कर मारता हुआ ग्लोब रुक जाएगा। स्वयं नहीं रुके, तो मशीनी ताकत से रोक दिया जाएगा। आधे ग्लोब में रात, आधे ग्लोब में रोशनी। और इस रात और रोशनी में, अँधेरे और दिन में कोई परिवर्तन नहीं। स्त्रियाँ आतंकित होकर अपने अंडरवियर और पेटीकोट उतार फेंकेंगी। पुरुष आतंकित होकर अपनी सूखी हुई नीली नसें स्त्रियों के अन्दर डालने की कोशिश करेंगे। मगर स्त्री सिकुड़ी हुई रह जाएगी। पुरुष सूखा हुआ बना रहेगा। नए बच्चे पैदा नहीं होंगे। जो बच्चे दुनिया में हैं, वे सिफलिस और कैन्सर में मुब्तिला होकर आत्महत्या कर लेंगे या पागल हो जाएँगे या बड़े शहरों के चौराहों पर ट्रैफिक पुलिस के गोलाम्बर में खड़े होकर हस्तमैथुन करते रहेंगे। यह करने के सिवा किसी आदमजाद के पास कोई काम नहीं होगा, कोई उद्देश्य नहीं, कारण नहीं, कुछ भी नहीं।

लेकिन आइनरैण्ड भी बीत चुकी है। ईश्वर अब उसे अपने पास बुलाकर, उसके खाली सीने में उँगलियाँ नहीं टटोल सकेगा। फिर वह हड़ताल क्यों ? किसके खिलाफ ? और किसके फायदे के लिए ? मैंने ईश्वर से पूछा तो वह सिर झुकाकर तय करने लगा। थोड़ी देर बाद सिर उठाकर उसने ऊपर छत में देखा, और ग्रीक दार्शनिकों की तरह एक पुरानी मुस्कुराहट में अपना चेहरा लपेटने लगा।

इधर कुछ दिनों से उसने बाल कटवाना और दाढ़ी-मूँछ काटना बन्द कर रखा था। शेव के पैसे बच जाते हैं, वह नहीं कहता था। कहता था, क्या फायदा है ? मुझे नहीं दफ्तर जाना है, नहीं किसी माशूक से मिलना है, नहीं इन्टरव्यू देना है। मगर शेव के पैसे बच जाते थे। बचे हुए पैसों से वह सीता के लिए सिनेमा के टिकट या गंगूराम हलवाई के रसगुल्ले नहीं खरीदता था। कितनी बार कह चुकी थी, एक बार कालीघाट ले चलो। बस, और कहीं नहीं, सिर्फ काली माई के पास। मगर पैराडाइज सिनेमा-घर या कालीघाट मन्दिर, सीता को अपने साथ कहीं ले जाना ईश्वर से नहीं होगा।

ईश्वर से कोई काम नहीं होगा, सिवा इसके कि वह दाढ़ी-मूँछ बढ़ाकर ग्रीक दार्शनिकों का 'जेबी एडीशन' दिखे और छोटे रेस्तराँ के बड़े टेबुल पर हाथ पटककर कहे—नहीं करना। मुझे कुछ नहीं करना ! मैं हड़ताल भी नहीं करता। मैं कुछ नहीं करता, सिर्फ तमाशा देखता हूँ। मेरे पास दो आँखें हैं और मैं देखता हूँ।

और इतना कहकर ईश्वर हँसने लगा। इतनी जोर का ठहाका उसने लगाया कि बगल के केबिन में अपने पति या अपने ग्राहक के साथ मीट कटलेट खाती हुई औरत ने पर्दा

हटाकर बाहर झाँका और शरमा गई। उसे लगा होगा कि ईश्वर ने उसी के बारे में ठहाका लगाया है। मैं सारा दिन अपने फिल्म-निर्माता के इधर-उधर दौड़ता रहा था। फिल्म की हीरोइन बम्बई से इस बंगाली फिल्म में काम करने आई थी। निर्माता उसकी खुशामद में ग्रेट ईस्टर्न से टालीगंज तक मखमली गद्दे बिछा रहा था। मैं फिल्म का सहायक निर्देशक होकर भी निर्माता के लिए 'चमचा' और उसकी हीरोइन के लिए 'छोटा चमचा' होकर रह गया था। अब शाम को, खाली होने के बाद, मैं गुस्से में था।

मैं चाहता था कि मुझे कहीं से ओल्ड मौंक की एक छोटी-सी बोतल मिल जाए और कहीं से एक छोटी-सी बंगाली लड़की मिल जाए, जो मुझे किसी कदर जानती-पहचानती नहीं हो। 'साँ जुआँ' के कवि बायरन की तरह मुझे अनजानी लड़कियाँ ही अच्छी लगती हैं। बातचीत में वक्त बरबाद नहीं करतीं। सिर में उँगलियाँ डालकर हौले-हौले सहलाती नहीं हैं। छोटी लड़कियाँ, जिन्हें गोद में बिठाकर पूरी ताकत से दबाया जा सकता है। मैं चाहता था कि इसके बाद मैं अपने घर चला जाऊँ और कोई फिल्म-अखबार पढ़ते-पढ़ते सो जाऊँ।

लेकिन टालीगंज ब्रिज के पास ईश्वर मिल ही गया। बोला—तुम्हारी तलाश में गया था। इन्द्रपुरी स्टुडियो में पता चला, तुम भगवान दास की गाड़ी से निकल गए हो। मैंने यह नहीं पूछा कि वह मुझे क्यों तलाश कर रहा था। पूछने की जरूरत नहीं थी। हम लोग रास बिहारी एवेन्यू की तरफ पैदल बढ़ते गए और बीच में एक रेस्तराँ पाकर अन्दर चले आए। चाय पी लेना जरूरी है। फिर मैं कोशिश करूँगा कि ईश्वर मुझे अकेला छोड़कर वापस चला जाए और मैं पान-पत्ता खाकर अकेला बसु श्री सिनेमा से प्रिया सिनेमा तक घूमता रहूँ। मेरे पास बीस रुपये से ज्यादा हैं। दस रुपयों की बोतल और पाँच रुपयों की लड़की। बालीगंज झील के किनारे बैठिए तो पुलिस को दो रुपए देने पड़ते हैं।

मेरे पास दो आँखों के सिवा क्या है ? दिमाग ! दिमाग को मैं बन्द रखता हूँ, नहीं तो पागल हो जाऊँगा। पागल होकर सीता को जहर दे दूँगा और उसकी लाश कन्धे पर उठाए शहर के उस कोने से उस कोने तक भागता रहूँगा। लेकिन इसे एक पौराणिक रूप देने में दो बातों की कसर रह जाएगी। पहली बात यह कि सीता इतनी लम्बी-चौड़ी है कि वह ऐसे भी मेरे कन्धे पर नहीं जमेगी। लाश तो और भारी होती है, मुझसे उठाई नहीं जाएगी। फिर ऐसा होगा कि बीडन स्ट्रीट के चौराहे तक आते-आते पब्लिक और पुलिस मुझे हिरासत में ले लेगी और कार्पोरेशन की कूड़ा ढोनेवाली गाड़ी में सीता को लादकर केवड़ा तल्ला मसानघर भेज देगी, इसलिए कमल बाबू, मैं बन्द किताब की तरह दिमाग बन्द रखता हूँ—ईश्वर ने इस तरह अपनी लम्बी स्पीच खत्म की।

मुझे बेहद भूख लगी थी और मैं बीस-बाइस रुपयों का मालिक था, इसलिए मैंने ईश्वर के बन्द दिमाग की तरफ नहीं, सीता के लम्बे-चौड़े शरीर की तरफ ध्यान दिया। मैंने सोचा, ईश्वर जब उसके शरीर पर कीड़े की तरह रेंगता होगा, देर तक रेंगता रहता होगा, तो सीता क्या करती होगी, और कैसे करती होगी।

यह सब सोचने से मेरा गुस्सा बढ़ने लगा। मैंने गुस्से में आते हुए पूछ ही लिया—तुम मुझे किसलिए पता कर रहे थे ? रुपये मेरे पास हैं; किन्तु मैं दूँगा नहीं। मैं दिनभर भगवानदास

फिल्म प्रोड्यूसर और बीना कुमारी फिल्म हीरोइन की रासलीला देखता रहा हूँ। मैं गुस्से में हूँ। मुझे दस की शराब और पाँच की औरत चाहिए।

मेरी बात सुनकर ईश्वर नाराज नहीं हुआ। हतप्रभ भी नहीं। जेब से एक मुड़ा हुआ गोल्डफ्लेक निकालकर उसने बैरे से माचिस मँगवाई। सिगरेट जलाने के बाद बोला—सिर्फ रुपए नहीं लेने थे। एक और बात थी। अमर सिंह को तुम जानते हो। कोयले की दलाली करता है। दलाली क्या करेगा, कोई मोटा आसामी फाँसने के चक्कर में है। खैर, वह इधर कई दिनों से मेरे घर आता है। मैं नहीं रहता हूँ, ज्यादातर तभी आता है।

तो इसमें मैं क्या करूँ ? तुम नौकरी नहीं करोगे, घर-बार चलाने लायक पैसे नहीं कमाओगे, तो एक नहीं, कितने अमर सिंह तुम्हारे घर आएँगे। तुम उन्हें कब तक बाहर रोक पाओगे ? रोकोगे भी, तो सीता घर के बाहर चली जाएगी—मैंने ईश्वर को बताया। मैंने ईश्वर को इसलिए बताया कि सीता ऐसी ही लड़की है। उसे देखकर, दो मिनट उसके कमरे में बैठकर आदमी बने रह जाने की इच्छा नहीं होती है। इच्छा होती है, आदमी जानवर बन जाए। अल्सेशियन कुत्ता, या फिर अजगर साँप। सीता को चाटता रहे, जब तक खून नहीं निकल आए। या फिर निगल जाए।

सीता इतनी गन्दी, इतनी अपवित्र, इतनी कुत्सित और जानवर बनी रहती है, अपने छींट के मोटे पेटीकोट में, अपने बेनहाये चेहरे में, अन्धे कुएँ-जैसे अपने बन्द कमरे में कि आदमी सिफलिस या मासिक धर्म के रक्तस्राव के सिवा कोई दूसरी बात नहीं सोच सकता है। सोचने के लायक दूसरी बातें अब कहीं भी बच नहीं गई हैं—ईश्वर कहता है। मेरी समझ से दूसरी बातें दूसरी जगहों पर हैं। आदिवासी इलाकों के उन गाँवों में, जहाँ अब तक जमीन और पालतू जानवर और औरतें गाँव के हर आदमी के लिए होती हैं, किसी एक की मिल्कियत नहीं। उन जंगलों में, जहाँ दार्शनिक थोरे ने अपने लिए शान्ति और स्वाधीनता पाई थी। वे किताबें, जो सच्चाइयों और बड़ी सच्चाइयों को खोजने और समझने के लिए लिखी गईं। अमृता शेरगिल की तस्वीरें, जिनमें तिहरी-गढ़वाल और कश्मीर के पंडित और किसान, गाँव-गँवई की औरतें और नंगे-अधनंगे बच्चे।

फय्याज खाँ साहब की ठुमरी की कोई प्यारी-सी गत। टाइगर हिल पर खड़े होकर सोने की जाँघोंवाली उस औरत के बिल से निकलता हुआ सूरज का गोला, जो हर सफेदी को सुर्ख, और हर सुर्खी को पीला और फिर सफेद बना देता है। आदमी यहीं मर जाता है। और आदमी यहीं से जन्म लेता है। लेकिन सीता में नहीं। सीता में नहीं और अपनी दुग्गी दाढ़ी में डूबे हुए ईश्वर में भी नहीं। ईश्वर में मृत्यु नहीं होती। ईश्वर में जन्म नहीं होता है।

वह रुका हुआ आदमी है। किसी भी चौराहे के एक किनारे आने-जानेवाली बसों, ट्रामगाड़ियों को देखता हुआ। डि-सिका ने फिर एक नई फिल्म बनाई है—'टू वूमन' ? दो औरतें। बसवारी की जहरीली आवाजों से भागती हुई आतंकित हिरनी, सोफिया लॉरेन। सोफिया एक जमाने से इस डि-सिका की बीवी है। अन्ना मैगनानो के बाद इस दुनिया की सबसे बड़ी औरत, सोफिया लॉरेन, जिसने मदनाभिषिक्त शारीरिक उद्दीपन को नहीं,

मातृसत्तात्मक पशुता को अपने अस्तित्व की व्याख्या दी। ईश्वर व्याख्या नहीं देता है, अपनी गतिहीनता को नहीं, सीता की पशुता को भी नहीं। व्याख्या प्रत्येक स्थिति में गतिमय होती है। उसमें शामिल होता है भविष्य। उसमें भविष्य और अतीत, दोनों शामिल होता है।

सोफिया लॉरेन उस अँधेरे मकान में, खुली हुई खिड़की के स्याह फ्रेम में अपनी नन्ही-सी जान को बाँहों में दबाए बैठी रही। कैमरा पीछे ट्रैक बैक करता रहा। तस्वीर छोटी होती गई। दूर होती गई। जिस रात पहली बार उसके बरामदे में बारूद का जलता हुआ गोला फट पड़ा था। जिस रात पहली बार एक आदमजाद ने अपने थरथराते हुए पंजों में उसके पके हुए स्तन निचोड़ लिए थे। पहली बार, और कितनी देर के बाद, स्याह फ्रेम में बुत की तरह जकड़ी हुई सोफिया लॉरेन। यह एक लम्बी व्याख्या है। अर्थों का एक खामोश जुलूस। सारे लोग सिर झुकाए, आँखों पर सफेद पट्टी बाँधे हुए, चुपचाप, बेहद चुपचाप, कहीं चले जा रहे हैं। वह क्लान्त अन्त और गति ही व्याख्या है, सोफिया लॉरेन के अस्तित्व की व्याख्या।

जले हुए कोयले के टुकड़े से सुबह-सुबह दाँत मलती हुई सीता किसी भी गति की व्याख्या नहीं है। सीता और उसका होना ही पर्याप्त है। सीता है, और अपनी मोटी उँगलियों से दाँत मल रही है। कोयले का झाग उसके होंठों को चीरता हुआ गरदन तक चला आया है। मोटे होंठ। गोल ठुड्डी जिस पर एक काला तिल बना हुआ है। यह तिल, ये होंठ, ये उँगलियाँ हैं, और सीता है। सीता के होने की कोई व्याख्या नहीं है।

वह बनी है और डेमोक्रेसी के इस युग के अन्त तक बनी रहेगी। ऐसी ही व्याख्याहीन। इतनी ही बेमतलब, बेखबर, इसी तरह बटन टूटी ब्लाउज में सेफ्टी पिन घुसाती हुई। सेफ्टी पिन घुमाती हुई वह अमर सिंह के करीब आकर खड़ी हो गई थी, अपने दरवाजे पर। बोली थी—तुम आटा ले आओ, हम रोटी ठोक देंगे। आटा नहीं है। स्टोव में किरासन तेल नहीं है। तुम ले आओ, हम पका देंगे। इससे ज्यादा हम क्या कर सकते हैं ? औरत की जात हैं, और क्या करेंगे ? रोटी ठोक देंगे, पीठ में तेल चुपड़ देंगे, चार ठो बात बोलेगा, तो सुन लेंगे। और क्या करेंगे ? आटा लाओ। किरासन लाओ। पका देंगे।

अमरसिंह दलाली करता है और दुर्गाचरण मित्रा स्ट्रीट की रंडियों के पास जाता है। घंटा, आधा घंटा गुजारकर वापस आ जाएगा। सिन्धी होटल में दो पराँठा लेगा, रोशन-जोश का क्वार्टर प्लेट। बैरे को पूरी एक चवन्नी। गिरीश पार्क में बैठकर एक सिगरेट पीना। आसपास के दसमंजिलों की दूधिया आँखोंवाली खिड़कियों को हसरत से देखना—इक पल के लिए हाय, तू बाम पे आया होता ! फुटपाथ पर धीमे-धीमे चलते हुए तय करना कि कल सुबह बंसल साहब से क्या कहना होगा !

बंसल साहब ने अपनी कम्पनी के कोयला डिपार्टमेन्ट में अमरसिंह को नौकरी देने का वादा किया था। वादा वे नहीं करते, सिंह को नजदीक से जानते हैं। लेकिन बंसल साहब को एक साइड-हीरोइन लड़की के चलते फिल्म बनाने की धुन सवार हो गई है। 'मैक्सिम' रेस्तराँ के एक जल्से में रीना मजुमदार कह रही थी—मैं बम्बई में दो साल तक वैजन्तीमाला की 'डमी' रह चुकी हूँ। फिल्म 'साधना' के सारे लांग-शॉट मुझ पर

किए गए थे, क्योंकि वैजन्ती अपना नाच दिखाने अफ्रीका चली गई थी।

बंसल साहब ने पूछ लिया—रीना देवी, ये 'डमी' क्या होती है ? सवाल सुनकर अपनी आँखों का सारा खुमार अपने होंठों पर लाती हुई साइड-हीरोइन रीना मजुमदार ने कह दिया—बंसल साहब, 'डमी' क्या होती है, समझकर क्या कीजिएगा ? कोयला बेचते हैं तो कोयला बेचिए। 'डमी' का चक्कर कीजिएगा तो कोयला जलकर राख हो जाएगा। इस जवाब से बंसल शरमा गए और बात कोयले के टुकड़े की तरह उनकी आँखों में चुभ गई। रीना अपनी ही बात पर खिलखिलाई, पास ही जमे बैठे फिल्म डाइरेक्टर शचीन दा के हाथ पर हाथ मारकर, लटका गुनगुनाने लगी—कोयला जल भई राख, मैं बिरहिन ऐसी जली, कोयला भई न राख ! रीना मजुमदार को इतनी-सी बात मालूम है कि जलपरी ने राजकुमार से कहा था—सात समुन्दर चौदह नदी के पार एक ताड़ के पेड़ पर सोने के पिंजरे में नीलमणि रखी है, जिसकी पहरेदारी करता है चौबीस भुजाओं का आठ आँखोंवाला महाबली दैत्य !

अपने सैंतीस इंच के सीने को हल्की-सी अँगड़ाई और मीठा-सा झटका देकर रीना मजुमदार बयालीस इंच बना लेती है। बाँहों के मोड़ को थोड़ा-सा कड़ा कीजिए, अंडरवियर का बेल्ट ऊपर खिंच आएगा, स्तनों की गोलाई उभरेगी, नुकीली हो जाएगी। बंसल साहब घर वापस आ गए। अपनी पत्नी की तरफ देखने-सुनने की ख्वाहिश मर गई। दूसरे दिन दफ्तर आए। अमरसिंह से बोले—सिंह साहब, हम यहीं कलकत्ते में एक हिन्दी फिल्म बनाएँगे। फिल्म की टाइटिल होगी, 'कोयला भई न राख।'

बंसल जानते हैं, कोयले की दलाली से पहले सिंह बरसों टालीगंज में चक्कर काटता रहा है। न्यू थियेटर्स की किसी हिन्दी फिल्म में। अमरसिंह ने थोड़ा काम भी किया था। बोला—सुत्रिता सेन को हीरोइन लीजिए, दिलीप कुमार को हीरो। साहब, नए 'देवदास' जैसी एक हिट फिल्म बना लीजिए। कहानी मैं लिख दूँगा। न्यू थियेटर्स की तीन फिल्मों की कहानी मैंने लिखी थी। 'पनघट', 'सौदागर' और 'स्कूटर मास्टर' ! नाम दोनों में दूसरों का गया।

4

आदमी क्यों जीता है ?

इक पल के लिए हाय, तू बाम पे आया होता—यह कड़ी गुनगुनाते हुए अमरसिंह फुटपाथ पार करके गली में चला आया। बंसल साहब को कल सुबह बताना होगा कि रीना मजुमदार उनकी फिल्म में आने को तैयार है। पाँच हजार रुपये लेगी। तीन हजार काले, दो हजार सफेद। एग्रीमेण्ट पर दस्तखत करेगी, रात-भर फिल्म की कहानी सुनेगी, सुबह एक हजार की पहली किस्त लेकर चली जाएगी।

इक पल के लिए हाय—अमरसिंह बेहद खुश था और अपनी खुशी किसी गैर को, किसी गैर औरत को बाँटता चाहता था। औरत उसने देखी थी, मगर सिर्फ दुर्गाचरण मित्रा

स्ट्रीट में। अपने घर में नहीं। अपने कमरे में कभी नहीं। बचपन में ही गाँव से भागकर कलकत्ता आ गया। तब से यहीं है। जो कुछ किया है, यहीं किया है। कोयले के गोदामों में, टालीगंज में, काशीपुर के जूट मार्केट में। औरत में नहीं। वेश्याओं के पास जाकर वह चाय-पान कर आता है, मजाक और गालियाँ सुन लेता है, और पसीने-पसीने होकर तश्तरी में दो-पाँच रुपए डाल देता है।

अपनी नसों पर उसे अनुशासन नहीं है। सन्ध्यारानी पसीने से भीगी हुई ब्रेसरी ऊपर खींचकर कच्चे नारियल जैसे स्तन निकालती है। कहती है—सिंह साहब, पास आओ, तुम्हें दूध पिला दूँ।

अमर सिंह की नसें चटाख-चटाख बजने लगती हैं। आसपास खड़ी और वेश्याएँ ठहाके मारती हैं। भोलू पहलवान कहता है—सिंह बाबू, तू मरद नइखे बा ! हेतनी गो मेहरारू तोहरा के पछाड़ देलस...! अमरसिंह पसीने-पसीने हो जाता है, और तश्तरी में दो-पाँच रुपये डाल देता है। इससे ज्यादा उसके बस की बात नहीं। पैंतीस-सैंतीस की उम्र है, शादी नहीं हुई है, किसी बंगालिन को घर में बिठा लेने लायक पैसे नहीं हैं, अकेला रहता है, दो कमरे हैं, साथ बाथरूम भी है, लेकिन अमरसिंह हस्तमैथुन नहीं करता। नींद में सम्भोग, उन लड़कियों के साथ, जो ट्राम-बस में, दफ्तरों में, फिल्म के पर्दे पर, दुर्गाचरण और बहूबाजार की गलियों में दीखती हैं, नींद में सम्भोग, और नींद में वीर्यपतन।

वीर्यपात होते ही आँखें खुल जाती हैं। पाजामे और जाँघों पर सफेद-सफेद लिसलिसे धब्बे। अमरसिंह की पूरी जिन्दगी इन धब्बों से भरी हुई है। फिर भी वह अपनी खुशी किसी परायी औरत को बाँटना चाहता है। कोई भी परायी औरत ! तब सीता कहती है—उनका क्या ठीक, कब आएँगे। आप रोटी खा लो। मैं भी खा-पीकर सो जाऊँगी। चौखट पर फिसल गई थी। घुटने में चोट लगी है। दरद होता है। बहुत दरद होता है।

अमरसिंह रोटी खाने के लिए फर्श पर बैठ गया है और सीता पेटीकोट ऊपर खींच कर अपना जख्मी घुटना दिखाने लगी। घुटनों पर मैल जमी हुई है। भूरे बालों की धारियाँ हैं। फर्श पर बैठे हुए सिंह को भरी हुई जाँघों का पीलापन नजर आता है। वीभत्स पीलापन। वह सिहरकर आँखें बन्द कर लेता है। कहता है—सीता भाभी, ईश्वर कोई नौकरी क्यों नहीं करता है ?

सीता जवाब देती है—कुत्ते को घर से भगा रही थी मगर चौखट पर पाँव फिसल गया। घुटने में चोट आ गई। खून नहीं निकला, मगर पाँव सुन्न हो गए। कितनी देर तक चौखट पर पड़ी रह गई। तुम आ गए। आटा ले आए। मैंने रोटी ठोक-पका दी। उनके आने का कोई ठीक नहीं। नहीं भी आएँगे।

लेकिन अमरसिंह के जाने के पहले ही ईश्वर आ गया। न्यू मार्केट के बिहार मुस्लिम होटल से वह दो नान और सूखी हुई कलेजी ले आया था। बक्से पर बैठकर बोला—क्योंजी सिंह, तुम्हारी फिल्म में क्या हमारी सीता भी कोई पार्ट करेगी ?

सिंह घबरा गया। जानता है, ईश्वर बेशर्म आदमी है। कोई भी गाली दे सकता है। कुछ भी कह दे सकता है। डर, लिहाज, शर्म, हया, इस आदमी में कहीं नहीं है। सिंह घबरा

थे। मैं, ईश्वर, और हम दोनों जैसे ही बहुत सारे लोग। दफ्तर से भागे हुए। बीमार पत्नी से भागे हुए। औरतें, जिन्हें नींद में अपनी उम्र का ख्याल आता है। जयश्री ने एक बार मुझसे कहा था–'उम्र भूल जाना औरतों को आता है। भूल जाने के कारण ही वे जिन्दा रहती हैं।'

बात सच है। भूल जाना, वक्त और मौसम को भूलते रहना जरूरी है। नहीं तो आदमी क्यों जिन्दा रहे ? किसलिए ? उम्मीद किस बात की ? भरोसा किस मांस के टुकड़े पर ? अँधेरे में जाने और अँधेरे से भाग आने का शौक क्यों ? लाइम-लाइट ! रोशनी कहाँ है ! रोशनी की तलाश। मछलियाँ बाँहों में। मोनताज। बाम पर आना माशूक का, और तबस्सुम करके तीसरे दरवेश से पूछा–'बता मेरे मालिक, रजा तेरी क्या है ?'

बात सच है, और उम्र के बारे में कही गई है। क्योंकि आस्कर वाइल्ड ने अपनी सपनीली कहानी के नायक से उसकी उम्र छीन ली थी। डोरियन ग्रे बेउम्र आदमी था, हिन्दू देवताओं की तरह खूबसूरत और कमसिन और माशूक ! गौरीशंकर महादेव उत्तेजित होकर विष्णु देवता के पीछे नंगे होकर भागते रहे थे। आस्कर वाइल्ड ने अदालतों में गवाही दी कि उसके चित्रकार को डोरियन ग्रे से कोई शारीरिक मतलब नहीं था। यह सब सिम्बॉलिक है। जैसे लड़कियों के छात्रावास के लिए एक नम्बर की मोमबत्तियाँ सिम्बॉलिक होती हैं कि उम्र बढ़ती नहीं, घटती भी नहीं है। वक्त के बहाव में पत्थर के एक भारी टुकड़े की तरह ईश्वर रुका हुआ है। वह एक कदम भी आगे नहीं बढ़ेगा। किसी राह में नहीं। लेकिन बहाव का पानी धीरे-धीरे उसे छोटा करता रहेगा और वह वक्त ऐसा आएगा जब किसी सिनेमाघर की कुर्सी से, किसी रेस्तराँ के काउंटर, किसी पब्लिक बाथरूम से वह अचानक गायब हो जाएगा, हवा में घुल-मिलकर गायब हो जाएगा, जैसे खुली बोतल से फास्फोरस खत्म हो जाता है।

डोरियन ग्रे। गौरीशंकर महादेव। चार्ली चैप्लिन। ईश्वर। ऐसे कितने नाम हैं, जिनका मेरे लिए कोई मानी-मतलब नहीं है। मैं अपने इसी समाज का एक मामूली आदमी हूँ, इसलिए। मैं समाज को अथवा समाज के अन्दर राजनीतिक, आर्थिक, सामाजिक कारणों से बदलती-बिगड़ती हुई परिस्थितियों को अपने रंग में, अपनी हैसियत और अपनी हस्ती के रंग में ढालना नहीं चाहता हूँ, क्योंकि मुझमें ताकत नहीं है। हौसला नहीं है। वहशत भी नहीं है।

फिर भी, ईश्वर है। वह रहेगा। उसे नहीं रहने देने का अधिकार और सामर्थ्य अभी समाज ने, यानी मैंने, यानी मेरे साथ 'लाइम-लाइट' देखकर बाहर आते हुए मर्दों और औरतों ने नहीं पाया है। बाम पर नहीं आई है अभी माशूक ! अभी रात नहीं आई है। पूरे शहर में साइरन की घंटियाँ बजाकर घूमते हुए पुलिस अफसर ने ऐलान नहीं किया है कि रोशनी नहीं जलेगी। अब इस शहर में रोशनी कभी नहीं, किसी घर में नहीं जलेगी। हर गली में अँधेरा होगा। सूरज की पैदाइश के पहले ऐसा ही अँधेरा था–क्योंकि यह धरती खुद आग का गोला थी।

एक बार फिर धरती आग का गोला बन जाएगी, जैसे सचिवालय में तीसरे दर्जे की

नौकरी करनेवाले किरानी नाटक के स्टेज पर शाहजहाँ बन जाते हैं। अँधेरा हो जाएगा और एक बार यह धरती सीता बन जाएगी, डिम्पल लेन की सीता ! ईश्वर आग के गोले में जल जाएगा। स्टेज के एक किनारे खड़े किए गए छज्जे पर आकर माशूक यह अधूरा शेर दुहराएगी—बता मेरे मालिक, रजा तेरी क्या है ?

ईश्वर एक निर्जीव पदार्थ है, जो रिजर्व बैंक की दीवारों में चुन दिया गया है। रिजर्व बैंक या लक्ष्मीनारायण मन्दिर ? कोई फर्क नहीं पड़ता है—अन्त में ईश्वर ने एस्प्लेनेड के बीच में बसाए गए पेशाबघर से निकलने के बाद शान्त होते हुए कहा—कोई फर्क नहीं पड़ता है, चाहे मैं तुम्हारे घर जाऊँ या तुम मेरे घर चलो। कहीं भी बैठ सकते हैं, जहाँ तुम पसन्द करो।

ईश्वर शान्त और प्रसन्न था। पेशाबघर से लौटकर वह इसी तरह हो जाता है। उसका कहना है—यह पेशाबघर कलकत्ते की जिन्दगी का बेहतरीन सिम्बॅल है। स्वयं डाक्टर विधानचन्द्र राय ने इसका उद्घाटन किया था। बीच शहर में इसे बनाया गया है। यहाँ के मेहतर पाखाना जाने के लिए डालडा का टिन देते हैं और दो नए पैसे लेते हैं। टिन में कई छेद होते हैं। ताकि पानी निकल जाने के डर से आप जल्दी पाखाना खाली करके बाहर आ जाएँ। दूसरों को मौका दें। दो-चार मिनट गन्दगी और दुर्गन्ध में टिके रहने का मौका दें। यही जिन्दगी है, खासकर कलकत्ते की जिन्दगी !

ईश्वर ऐसी ही बातें कहता है। मैं सुन नहीं पाता हूँ। क्योंकि मैं उसके बोलने के वक्त ज्यादा बड़ी बातें सोचने लगता हूँ। मैं पूछने लगता हूँ—शराब पियोगे ?

'लाइम-लाइट' में हँसते हुए चार्ली चैप्लिन को रोते हुए देखकर जब हम लोग बाहर आए और मुझे लगा कि अब मुझसे आठ आना या एक रुपया वसूल करके ईश्वर अपने घर चल देगा, तो मैंने कहा—शराब पियोगे ? कितने दिन हो गए, कभी पी नहीं ! आज पीते, जी भरकर पीते रहते...

ईश्वर ने गौर से मेरी ओर देखा। यह निमन्त्रण किसलिए दिया जा रहा है। मैं फालूत पैसे खर्च नहीं करता, शराब-पानी में एकदम नहीं, मुफ्त में मिल जाए बात और है। फिर आज यह शाहशाही क्यों ?

बात मैंने फिल्म देखते वक्त ही तय की थी। मैं जो कुछ तय करता हूँ, उसमें ताजगी न हो, तेजी जरूर होती है, ऐसी और इतनी तेजी कि कच्चे शराब के नशे की तरह असर करता है। मुझ पर भी, और बात जिसके लिए तय की गई है उस पर भी। शायद यही कारण है कि असर का नशा, यानी नशे का असर बड़ी तेजी से उतर जाता है। उतरने से पहले मैं अपना काम पूरा कर लेना पसन्द करता हूँ। इसे कहते हैं तात्कालिक लाभ।

तात्कालिक लाभ इस प्रकार कि मेरे फिल्म-निर्माता की नई फिल्म की पुरानी साइड-हीरोइन नयनतारा देवी निर्माता और फिनान्सर की कोठी से वापस आ रही है और खुश है, यानी नशे में है। शराब का नशा नहीं, रुपयों का नशा। काम बन जाने का नशा। इस बात का नशा कि पुरानी साइड-हीरोइन को नई फिल्म में भी काम मिल गया है। तात्कालिक लाभ इस प्रकार की नयनतारा देवी ज्योंही चौरंगी में फिनान्सर की गाड़ी से उतरी, मैं उनके

सामने जाकर खड़ा हो गया और अपने सूखे हुए गालों पर मुस्कुराहटों का रोगन डालकर बोला—नमस्ते जी ! आई एम हैप्पी ! मुझे खुशी है कि इस बार भी आप हमारे साथ हैं। आप हैं, तो फिल्म बॉक्स ऑफिस जरूर तोड़ेगी। और बॉक्स ऑफिस टूटेगा तो हम सबकी किस्मत को तीन-चार चाँद लग जाएँगे। हो सकता है, निर्माता जी हम लोगों को जुबली के उपहार में एक-एक टेबुल घड़ी दे डालें।

तात्कालिक लाभ इस प्रकार की मेरी हाजिर जवाबी से खुश होकर नयनतारा देवी कहती हैं—'देखो जी, कमल बाबू, हम बहुत अकेली-अकेली फील करता है। टाइम है तुम्हारा पास ? थोड़ा देर हमारा पास बैठकर हमारा ब्यूटी और ग्लैमर का तारीफ करेगा ?'

मैं इसी प्रकार का तात्कालिक लाभ चाहता हूँ। नकद दान से महाकल्याण होता है, यह गुरुमन्त्र है। मैं ईश्वर को शराब पिलाकर इसी मन्त्र का प्रतिफल हासिल करना चाहता हूँ। सीता कहाँ होगी ? क्या कर रही होगी ?

किस्सए चहार दरवेश का एक उन्मान है—'बाम पर आना माशूक का और तबस्सुम करना तीसरे दरवेश को देखकर !' मैं सोचता हूँ, सीता कहाँ होगी, क्या कर रही होगी ? मैं सोचता हूँ पहला दरवेश है ईश्वर और दूसरा दरवेश है अमरसिंह और तीसरा दरवेश मैं खुद हूँ। और मैं खुद चाहता हूँ कि माशूक बाम पर आए और तात्कालिक लाभ इस प्रकार हो कि पूरे शहर की बत्तियाँ गुम हो जाएँ और सायरन की घंटियाँ बजाता हुआ कोई बड़ा पुलिस अफसर भोंपे पर ऐलान करता फिरे कि ये बत्तियाँ अब कभी किसी दिन नहीं जलेंगी।

ऐसा एक बार हो चुका है। यानी इसे कानून की भाषा में प्रिसिडेन्स कहते हैं। जॉब्स चार्नक मर चुका था। सूतानटी और चितपुर ग्राम के पुराने निवासी गायब हो रहे थे। थियेटर में लाल गत्ते से बनाए गए सूरज की तरह हुगली के पानी से उदय हो रहा था—नया एक शहर, कलकत्ता !

उन्हीं दिनों पार्क स्ट्रीट बन रहा था और पार्क स्ट्रीट में बनी थी अंग्रेजों के इस औपनिवेशिक नगर की फ्रांसीसी नगर-नायिका मादाम रिचेली के लिए एक नन्ही-सी, प्यारी-सी हवादार कोठी। रिचेली मैन्शन में लाल तालाब इलाके के, जिसे अब डलहौजी स्क्वायर कहते हैं, नए अंग्रेज अफसर आते थे। माल-जहाज में तैयार माल भरकर बरतानिया से इण्डिया आनेवाले जहाजी अफसर आते थे। और इन अफसरों के छिपे-चोरी आया करते थे वे बंगाली और मुसलमान रईस जिनके पास थोड़ी-बहुत जमीन और जमींदारी बच रही थी, जिसे धीरे-धीरे भुनाकर वे, यवन और आंग्ल सौन्दर्य का रसपान किया करते थे।

ऐसे ही एक रसपायी ने कल रात विषपायी बनकर मादाम रिचेली का प्राणान्त कर दिया। तीस-बत्तीस साल की मदाक्रान्ता नवयौवना रिचेली को रक्त-श्लथ स्थिति में अपने पलंग पर सही-शाम को मृत पाया गया। जहर से उसका शरीर नीला पड़ गया था। जाहिर था, उसे शराब में जहर मिलाकर पिलाने के बाद ही उसके साथ बलात्कार किया गया था, जाहिर यह भी था, सम्भोग की इस क्रिया के दौरान ही उसने अपनी साँसें तोड़ दी थीं।

सुर्ख आग की लपट की तरह जब यह खबर लाल तालाब इलाके में पहुँची तो ईस्ट

इण्डिया कम्पनी की सरकार के सारे अफसर लहूलुहान हो गए। चारों ओर भगदड़ मच गई। नौजवानों ने गमगुसारी में शराब के पीपे तोड़ डाले।

कम्पनी का हिसाब लिखनेवाली राइटर्स बिल्डिंग के सबसे बड़े अफसर से भी बड़े अफसर, जोसेफ मोन्टेरल के दिमाग की नसें फटने लगीं। क्योंकि मोन्टेरल इलाके के किसान का एक लड़का जोसेफ, फ्रांसीसी कस्साब की बेटी मादाम रिचेली का रखैल था, और रिचेली उसकी रखैल थी।

दोनों सगे भाई-बहन की तरह लगते थे और गर्मियों की रात में रिचेली मैंशन के सामने के लॉन में नंगे बदन मच्छरदानी में सो रहे थे। इसीलिए जोसेफ को रोना आ गया कि उसकी नसें फटने लगीं कि पसीने से तर-ब-तर पार्क स्ट्रीट की तरफ भागने लगा कि उसके पीछे राइटर्स बिल्डिंग के सारे नौजवान अफसर और खानसामे और तलबगार भागने लगे।

मुनादी पीटकर शहर कोतवाल ने पार्क स्ट्रीट और अलीपुर के इलाकों में एलान किया कि आज की रात मादाम रिचेली के मातम में कहीं रोशनी नहीं जलेगी। अँधेरा-ही-अँधेरा होगा सारी रात। और मुनादी पीटने के बाद शहर कोतवाल अपने घर के दरवाजे अन्दर से बन्द करके सोने चला गया और सारी रात पुर्तगाली रम और फ्रांसीसी ह्विस्की पीने के बाद शाम को मोन्टेरल और उसके अफसर साथी खुली बग्गियों में बैठकर अलीपुर के उस इलाके में घुस गए जहाँ रईस जमींदार और अमीर देसी बनिए रहते थे।

अँधेरा था। रोशनी नहीं थी। अंग्रेज अफसरों की सोहबत करनेवाले ये देसी बनिए, जमींदार, रईस, साहबी बंगलों और नाइट क्लबों में चक्कर काटने चले गए थे। औरतें उनके घरों में थीं। वैसी ही औरतें, परदेवाली, अनपढ़, गँवार, बेवकूफ औरतें, जैसी एक औरत ईश्वर के घर में ही है। जानवर औरत, सीता !

अंग्रेजी में इसका अनुवाद होगा—सीता, द एनिमल ! यह एनिमल औरत कहाँ होगी ? और चहार-दरवेश की वह माशूका बाम पर कब और कैसे आकर तबस्सुम करेगी ? कब ऐलान करेगा शहर कोतवाल कि आज की रात शहर में रोशनी जलाना मना है ?

शहर कोतवाल ने मुझसे कहा—चलो, अब एय्यासी पर उतर ही आए हो तो ह[illegible]ए ! यानी, बस हो जाए। किसी सस्ते शराबघर में बैठकर फ्रांसीसी चित्रकारों की बातें क[illegible] वॉन गाग किस मुल्क का आदमी था ?

वॉग गाग आदमी नहीं था, आदमी की जाँघों के बीच अपने आप उग आया हुआ शिवलिंग था—मैंने ग्रान्ट लेने के उस चीनी होटल के अन्दर टेबुल पर ईश्वर के साथ बैठते हुए कहा—और इस शिवलिंग से, जानते हो ईश्वर पूरी एक दुनिया पैदा कर दी गई। सिफलिस की बीमार रंडियों की दुनिया। हस्तमैथुन के बीमार कवियों की दुनिया। इस दुनिया में बीमार ही बीमार आदमी हैं। यह नई दुनिया है। जो दुनिया आइजक न्यूटन और नेपोलियन बोनापार्ट के पहले नहीं थी।

चीनी पोहे का पहला गिलास खाली कर लेने के बाद ईश्वर पेशाब करने चला गया, फिर पैंट के बटन लगाता हुआ वापस आया। बोला—बीमारी की बात मत करो कमल साहब, यह आदत बुरी है। मुझे अभी बाथरूम में ऐसा लग रहा था कि लगातार पेशाब

की धार से पीले पड़े यूरिनल (इसका हिन्दी क्या होता है ?) में सिफलिस के कीड़े रेंग रहे हैं और ये कीड़े मेरी जाँघों में चिपक जाएँगे !

मैं हँसने लगा। मैं हँसाते हुए सोचने लगा, इसे कहते हैं, चीनी शराब का जादू ! जादू पूरे असर पर है।

जादू पूरे असर पर है और आइजक न्यूटन, नेपोलियन बोनापार्ट, पर्सी बेसी शेली की दुनिया मर-खप चुकी है। क्योंकि, ईश्वर अपने डर, सिफलिस के डर को छिपाने के लिए शेली की लाइन गुनगुनाने लगता है—द डिज़ायर ऑव द मोथ फॉर द स्टार !

सितारे के लिए एक कीड़े की ख्वाहिश ! ईश्वर गुनगुनाता है और अपनी जाँघों के बीच बाएँ हाथ से खुजलाता हुआ, दाएँ हाथ से 'पोहे' का गिलास पी जाता है। मैं ईश्वर को मौका दे रहा हूँ। इस बात का मौका कि वह पहली बार अपनी हस्ती, अपनी हैसियत को भूल जाए। इस तरह का मौका, जैसे फाँसी के कैदी को जेल के वार्डेन और सिपाही और गीता का कोई श्लोक सुननेवाले पुरोहित देते हैं—नैनं छिन्दन्ति शस्त्राणि, नैनं दहति पावकः !

मनुष्य की आत्मा शस्त्र से नहीं कटती है, और मनुष्य की आत्मा आग से नहीं जलती है। आत्मा अमर है। केवल नश्वर है शरीर। और आत्मा में शायद परमात्मा का निवास-स्थान है (जैसे आत्मा नहीं, हजारीबाग के जंगल में बनाया गया डाकबंगला हो)—यह सोचने और महसूस करने की सुविधा मैं ईश्वर को देना चाहता था।

लगभग रात के 11 बजे होंगे, जब ईश्वर ग्राण्ट लेन में एक किनारे रुकी हुई खाली टैक्सी के सामने, छाती पर हाथी चढ़ा लेनेवाले पहलवान राममूर्ति शेरे-हिन्द की तरह खड़ा हो गया और दोनों हाथ दोनों ओर फैलाकर चीखने लगा—मैं अपने सीने पर यह हाथी चढ़ा सकता हूँ ! आओ, हाथी आओ ! आई एम गामा द ग्रेट ! चढ़ आओ ! गामा द ग्रेट !

बगल में खड़े होकर चाय पीते हुए बूढ़े सरदारजी हँसने लगे। बोले—क्यों साब, कहीं पहुँचाएगा ? बोलो, पहुँचा देता है। एक मिनट साब !

और सरदारजी की मदद से मैं ईश्वर को पिछली सीट पर डालने में सफल हो गया। दो रुपए पच्चीस नए पैसे में ग्राण्ट लेने से डिम्पल लेन। फिर चौराहे की दुकान से दो डबल रोटियाँ, और एक प्लेट गोश्त। मुर्गे का नहीं, खस्सी का गोश्त। रोगनजोश। रोगन का रंग बेहद गन्दा होता है। लेकिन मुझे इतना होश तो नहीं है। टैक्सीवाले सरदारजी चले जा चुके हैं। ईश्वर बीच सड़क पर पाजामा उतारकर पेशाब मार रहा है। मेरे एक हाथ में रोटियाँ हैं, दूसरे हाथ में रोगनजोश। मेरे पास तीसरा हाथ नहीं है। तीसरी आँख भी नहीं।

फिर भी, मैं ईश्वर को सीता देवी के कमरे तक खींच लाता हूँ। वह आगे बढ़ जाता है, फिर पीछे आ जाता है। जैसे वह वाकई स्टेज पर हो और टेनीसी विलियम्स के किसी बीमार ड्रामे का हीरो बन गया हो। मेरी मुट्ठी में इस पूरी दुनिया की चाभी है। मैं सारे ताले खोल सकता हूँ। सुबह होती है। शाम होती है। देखो सीता, राम नाम सत्त है ! जुआ कौन नहीं खेलता ? शराब कौन नहीं पीता ? फैलसूफ अपने जेहन की, शायर अपने अल्फाज की, बादशाह अपने खजाने की, मसखरा अपने जुबान की शराब पीता है। लेकिन जिसके

पास जेहन या जुबान कुछ नहीं होती, वह जै काली माता छाप की पैंतीस नम्बर की शराब पीता है। पीना हराम है, न पिलाना हराम है। पीने के बाद...पीने के बाद..

ग्रामोफोन के टूटे हुए रिकार्ड की तरह ईश्वर रुक गया। क्योंकि सामने दरवाजे पर पत्थर की चट्टान की तरह सीता खड़ी थी। उसके बाल चेहरे की दोनों तरफ बिखरे हुए थे। वह सिर्फ एक गन्दा पेटीकोट और सिर्फ एक बेडौल ब्रेसरी पहने हुए थी। कमरे के अन्दर लैम्प की पीली रोशनी जल रही थी। लेकिन सीता डरती हुई दरवाजे से उतरकर नीचे चली आई और ईश्वर अन्दर चला गया।

अन्दर फर्श पर बैठ गया। बैठकर लगातार उल्टियाँ करने लगा। सीता ने उसको सँभालने की कोशिश नहीं की। मैं दरवाजे पर खड़ा तमाशा देख रहा था। सीता नीचे खड़ी मुझे देख रही थी। डबलरोटी के पैकेट में रोगनजोश का पुरवा डिम्पल लेन के अँधेरे में कहाँ गिर चुका था ? मुझे पता नहीं। मैं लैम्प की धुँधली रोशनी में बेडौल ब्रेसरी के नीचे ढलक आई हुई छातियाँ देख रहा था। मैं देख रहा था कि अपने ही किए हुए रोगनजोश जैसी कै पर ईश्वर लेट गया था—माई फ्रेंड ! मेरे दोस्त ! मर्डर मी ! मुझे मार डालो ! एण्ड, फॅक माई लेडी ! और मेरी औरत को पेंग मारते रहो। होल नाइट। सारी रात। सारी रात पेंग मारते रहो, मेरी औरत को, मुझे मार डालने के बाद मेरे दोस्त ! माई फ्रेंड...ईश्वर चीख रहा था और उल्टियाँ कर रहा था।

यह ईश्वर वही ईश्वर था जिसने यह शहर, यह दुनिया बनाई थी। यह सीता वही सीता थी, जो क्षीर सागर से अमृत-कुम्भ के साथ निकली थी और सीधे ईश्वर के पास चली गई थी। लेकिन यह सीता, वही सीता अभी बेहद डर गई थी, भीगी हुई बिल्ली की तरह, चोट खाई हुई कुतिया की तरह, और, आतंकित होकर कभी मेरी ओर कभी चीखते हुए ईश्वर की ओर फटी हुई निगाहों से देख रही थी, देखती जा रही थी।

सीता ने इससे पहले कभी ईश्वर को शराब पीकर मरते हुए नहीं देखा था। इसीलिए उसने मेरे बहुत करीब आकर, बेहद धीमी आवाज में मुझसे कहा—बाबू, तुम उसको जहर दे दिया है !

मैंने उसकी नादानी पर मुस्कुराते हुए उसे और भी नजदीक कर लिया और उसने जरा भी एतराज नहीं किया। बिल्लियाँ और कुत्ते एक-दूसरे से ऐतराज नहीं करते हैं।

●●●

गया, कहने लगा—तुम्हें देखने आया था। सीता बोली, घर में आटा नहीं है। मैंने सोचा, सिन्धी होटल को दो रुपये देंगे, उससे बेहतर है यहीं आटा और घी ले आएँ। सीता पका देगी, हम दोनों भाई खा लेंगे।

ईश्वर बेशर्म होकर हँसने लगा। बोला—सीता के लिए घी-आटा ही नहीं, एक साड़ी भी ला दो। पेटीकोट पहने रहती है। एक ही पेटीकोट है, कभी इसे धोती तक नहीं। सूँघकर देखो, पाखाने की तरह महकता है। तुम अब फिल्मी आदमी हो गए हो, सीता को ला दो। साबुन, तेल, कंघी, पाउडर-स्नो, सारा सामान ला दो। फिर बाथरूम ले जाकर इसे नहलाओ। अंग-अंग की मैल साफ करो। सेफ्टीरेजर से इसके बाल साफ करो। बाँहों के नीचे और जाँघों के बीच का जंगल। फिर, अपने साथ अपने सेठ वैद्यनाथ बंसल के पास ले जाओ। ले जाओगे ?

ईश्वर हँसने लगा, और मिट्टी के पुरवे से कलेजी का टुकड़ा निकालकर खाने लगा। अमरसिंह खाना छोड़कर उठ गया। पाँवों में चप्पल डालकर बाहर निकल गया। हाथ धोने के लिए भी नहीं रुका। वह स्वाभिमानी नहीं है, लेकिन डरता है। बड़ी से बड़ी गाली सुनकर भी मुस्कुराते रहना उसे नहीं आता है। जिस दुकान से लम्बा उधार लेता है, पूरे पैसे चुकाने का इन्तजाम किए बगैर सिंह उस गली में नहीं जाता है। लगभग डेढ़ साल वह न्यूमार्केट नहीं गया था; क्योंकि वहाँ एक बुकस्टॉल से उसने पैरी मैसन सिरीज की तीन-चार किताबें उधार ली थीं। यह संयोग ही था कि जिस दिन उसकी जेब में आठ-दस रुपये थे, अमरसिंह उसी दिन भूल से न्यू मार्केट चला गया था। स्टॉलवाले को पैसे मिल गए।

इसी कायरता के कारण वह अचानक उठकर सड़क पर चला गया। यह तय करके कि अब सीता के घर कभी आऊँगा नहीं। ईश्वर नहीं बुलाए तो नहीं आऊँगा। और ईश्वर उसे वापस बुलाने के 'मूड' में नहीं था। अकेले सारी कलेजी और एक रोटी खाने के बाद उसने सीता से कहा—जल्दी से खाना खाकर 'लाइट' बुझा दो। मैं अब सोऊँगा।

ईश्वर सो गया। आँखें उसकी बन्द हो गईं, दिमाग उसका काम करता रहा। क्यों और कैसे दिमाग चालू रहा, यह बात दूसरे ही दिन सुबह ईश्वर ने मुझे बताई। वह मेरे दफ्तर आ गया था—मुझसे बातें करने के लिए। यह बताने के लिए कि कलकत्ते में सातवीं बार चार्ली चैप्लिन की फिल्म 'लाइम-लाइट' आई है। 'प्रिया' सिनेमा गृह में चल रही है। देखना होगा। बारीकी से देखना होगा। कॉमेडी और ट्रैजेडी किस बिन्दु पर एक जगह इकट्ठे होते हैं, यह जानना बेहद जरूरी है।

5

बाम पर आना माशूक का !

'लाइम-लाइट' में हँसते हुए चार्ली चैप्लिन को रोते हुए देखकर हम लोग बाहर चले आए